孙亦平◎著

东亚道教概论

人民出版社

序

牟钟鉴

孙亦平教授是我国道教学研究领域优秀的女性学者，她的著作《杜光庭思想与唐宋道教的转型》《道教的信仰与思想》等书和一系列学术论文都富于开拓精神，在学术界及社会上产生了积极而广泛的影响，我从中也受益颇多。她主编的《西方宗教学名著提要》具有国际视野，是我在作比较宗教学题目时经常翻阅的重要参考书。更令我钦佩的是，她在学术上从不停歇、继续前行，近五年又跨入前人很少涉足的整体性东亚道教研究领域，筚路蓝缕，克服重重困难，终于给社会贡献出一部七十余万字的《东亚道教研究》，进一步展示了孙教授的学术实力，也体现出她刻苦奋进的可贵精神，这使我惊喜，也使我受到很大鼓舞。

中国道教学研究自民国以来在学术上一向是薄弱地带，改革开放之后趋于活跃、后来居上，成为中国各大宗教研究中的显学，至今不过三十余年，初步扭转了世人所说"道教在中国，道教研究在外国"的可叹局面，显示出蓬勃朝气，在世界道教学界已进于领先地位。中国道教学的发展，无论是学术队伍的成长，还是科研成果的质量数量，以及学术机构的建设与学术活动，都在走向繁荣，这是老中青三代学人相继努力的结果，其中也有孙教授一份辛劳。

道教是与中华传统文化融为一体的宗教，理论上以老庄道家智慧为导向，博大精深；活动上又最接近民间民俗文化生活，草根性强。道家道教与孔孟儒学的互补，形成中华文化的底色，研究道教对于人们准确把握中华民族性格特征、心理结构和行为方式，对于推动今后中国文化建设事业，都是一项重要的工作。依此而论，许多课题仍需拓展深化，道教研究尚任重而道远。同时，研究道教对于人们准确认识东亚文化的特质、内涵及其在世界文明中的地位，对于推动东西方文化比较研究和文明对话，也有重要意义。然而在这个方面，中国学界反不如日本学界。如日本学者福井文雅著《汉字文化圈的思想与宗教——儒教、佛教、道教》一书，能从东亚文化圈的高度论述儒、佛、道三教文化是难得的。中国学界早先有傅勤家《中国道教史》简略地论及道教在海外的传播，近来有卿希泰主编《中国道教史》第四卷论到道教在朝鲜、日本、东南亚及欧美的传播和影响，李养正著《当代道教》也谈到道教在亚洲国家的传播，楼宇烈、张志刚主编《中外宗教交流史》设专章介绍道教在朝鲜、日本、越南的传播。上述论著都在推动中国宗教学学者把研究的眼光投向亚洲乃至世界。其不足之处有二：一是论述尚不够系统细致，二是未能将道教置于东亚文化共同体之中加以考察，致使整体性东亚道教研究至今仍是有待开发的处女地。原因是多方面的：语言文字的障碍，文献资料的分散，研究基础的薄弱，以及道教"隐性传播"、"杂而多端"、与民间信仰界限不清的特点，还有东亚文化圈已经在西学东渐中破碎，等等。然而，"地球村"形成了，中国正在走向世界。时代要求中国文化学者关注东亚文化和各国文化，开展跨民族文化研究。东亚地区在历史上形成了东亚文化共同体，宗教文化形成了"东亚模式"，其经验仍有现代意义，在当前世界性文化研究中，东亚文化研究成为一个不可或缺的要素。中国与国际的学界主流都认为历史上存在过一个东亚文化圈，许多人也认同东亚文化圈由儒家文化圈和佛教文化圈叠加而成。东亚有没有一个道教文化圈？它有何种精神主旨和表现形态？对很多人而言还是一个模糊而说不明白的问题，因为在这方面还缺乏有分量的学术成果。

孙教授用了六年时间写出的《东亚道教研究》，第一次向世人提出"东亚道教"的概念，阐述了它形成、演化的历史，揭示了它丰富的内涵，开创出东亚道教研究崭新的局面。该书以道教从中国向朝鲜半岛、日本列岛、越南半岛传播的历史为经，以道教文献、信仰特点、教义哲学、养生修道术、医学成就和文化形式为纬，以道教与道家、儒家、佛教、神道教及各民族宗教之间的互动关系和"中心"与"边缘"的关系为"问题阈"，全方位呈现东亚道教的面貌，从而填补了未曾有过的整体性东亚道教研究的空白，这是该书最主要的贡献。

资料整理是研究的基础，作者花大力气从事相关历史文献与考古资料的搜集、筛选、认定、归纳工作，将散见于各国文献的道教质素加以发掘、鉴定，进而梳理和解读，形成系列，为东亚道教研究提供了坚实的资料基础，这是一项难度很大的工作，其中的辛苦可想而知，表现出作者求真务实的科学态度和坚持不懈的毅勇精神，是十分难能可贵的。作者在写作过程中大量参考了中、日、韩学者研究道教的成果，进行综合创新，遂使该书能够集思广益而又立于学术前沿。

此书探讨了中国道教文化以和平方式传播于朝鲜、日本、越南并与该国民族文化相结合的历史，分阶段地介绍了这些国家与道教的互动关系、固有的宗教信仰在涵化中国道教过程中发生的变化及新出现的新道派，阐释了东亚道教以得道成仙为核心、以太上老君为教祖、以三清、玉皇为至上神、由众多神仙组成仙界的多神崇拜特色，列述了东亚道教文献中的道书、老庄著作、诗词歌赋、神仙传记、文学小说及劝善书，厘清了东亚道教养生文化中的外丹、内丹、气功及其他修道之术，探索了东亚道教的医学成就，展示了东亚道教在宫观建筑、雕塑绘画、斋醮科仪、绿章青词等文化形式创作上的业绩。由此，东亚道教一体多态、演变分化、和谐共生、异彩纷呈的形象得到确立。

以中国为腹心的东亚信仰多元通和系统，与亚伯拉罕三大一神教系统、印度一元多神教系统并列为世界三大信仰河系。东亚文化圈曾长期在世界文明史上处于领先地位。近代以来，西方工业文明以浩荡之势席卷全球,东亚文明处于落后状态,甚至被妖魔化,东亚文化共同体在向西方学习的大潮中走向解体。然而世界历史总是以螺旋式上升的方式向前运动:西方文明在到达巅峰状态后弊病丛生,而东亚文明并未消亡,它在吸收西方文明营养之后,获得新生,从衰落中走向复兴,人们的思想认识也在改变。现实的未必是合理的。当代的国际实践生活中,亚伯拉罕系统三大一神教之间的争斗、冲突时隐时现,成为民族对抗与国际政治焦点的重要因素,而东亚宗教文化系统长期无战事,儒、佛、道三教反而成为联结东亚各国的黄金纽带,基督教和伊斯兰教进入东亚之后也不同程度地减弱了排他性,增强了包容性,显示出东亚宗教固有的贵和传统的影响力;但在当代的国际宗教学术研究中,东亚宗教研究却一直处在边缘地带,由以亚伯拉罕宗教系统为背景或基石的研究占据着主导地位。随着世界文明由冲突向对话的转型,情况开始发生历史性的变化,东亚文明模式的当代和未来意义正在凸显,基督教、伊斯兰教、犹太教与东亚儒学、佛教、道教的平等对话逐步展开,推动了和谐世界的建设事业。在这种情势下,加强对东亚模式的研究是东亚和中国学者的责任和机遇。2008 年 8 月初,由中、日、韩三国学者发起的东亚宗教文化学会在韩国釜山正式成立,标志着东亚人文化自觉时代的到来。合理的将会变成现实的。中华文化正以新的面貌在中国复兴,东亚文化共同体虽然不复存在,但共同的历史文化传统却仍然以巨大的惯性而延续下来,特别是东亚宗教文化的多元通和模式还在发挥着积极作用,西方宗教学界有识之士看到了这一模式的未来生命力,东亚学人也开始有了文化主体意识,通过比较宗教学研究,总结东亚经验,并使之走向世界。《东亚道教研究》一书提炼出的东亚道教特色、成就及其当代价值,尤其是其中的积德行善、和平共荣、重道贵生的优秀传统,是东亚精神的有机组成部分,值得我们认真研究与发扬。我在给 2011 年 10 月南岳"国际道教论坛"提供的论文《以道为教多元通和》中,将道教信奉的大道分疏为五:一,以道为教,把尊生与敬神统一起来,是为生道;二,以道为教,把行善与成仙统一起来,是为善道;三,以道为教,用包容的态度做救世的事业,是为公道;四,以道为教,协调各种关系,使人间臻于淳朴,是为和道;五,以道为教,会通各种信仰和文化,是为通道。道文化就是生、善、公、和、通五道的融会,可以成为"地球村"健康生活的重要精神资粮。

东亚地区的儒学文化圈研究已有多种论著问世,佛教文化圈研究也有一批论著出版,道教文化圈研究则刚刚起步,还有许多后续工作需要进行。就国别而言,日本与韩国道教研究比越南道教研究成果要多,不仅是道教,中国学界对越南各种宗教的研究都是薄弱的一环。就资料而言,还有继续发掘的空间。如存留下来的汉文典籍或未曾汉译的东亚各国文字的相关文献需要搜求,现实生活中含有道教因素的东亚各国民俗文化有待实地考察,问世的东亚各国学者的道教研究学者的成果需要广泛借鉴。就问题而言,东亚文化中儒、佛、道三教各自的地位作用以及如何重叠交渗要做综合性研究,东亚道教的现代变迁与未来走势还是一个新鲜的课题。还有,中、日、韩、越诸东亚国家的学者在宗教研究尤其道教研究领域的交流尚未能充分开展,如此等等,今后显然需要更多学者的参与和有力推动。我希望能有一批青年学者喜欢东亚文化,亲近东亚精神,又熟悉其中一国或数国语言文字,有志于研究东亚儒、佛、道三教文化,在孙亦平教授《东亚道教研究》的启示下,远借欧美,近察东亚,返观中国,大力推动地区文化研究,找回失落的东方精神,即仁爱忠恕、通和共处、修德尚礼、天人一体、重生贵养的精神。我相信,东方精神的重生和流布会使世人减少许多苦难,能使世界变得比以往美好。

2012 年 5 月

目 录

绪　论

　　道教是以"得道成仙"为基本信仰的中国传统宗教。在有着悠久历史的东亚思想与宗教中，由中国道家和道教奉为最高宗旨的"道"至今都是最具有象征性和影响力的文化符号。中国的神仙思想早在秦皇、汉武进行的海上求仙活动时，就开始走出中国大门，漂洋过海，对东亚地区的朝鲜半岛、日本列岛的一些国家和地区产生着持续影响。魏晋时，创立不久的中国道教随着移民的脚步开始向东亚各国传播，东亚道教开始形成并在唐宋时达到了高潮。近代以来，随着东西方文化交流的展开，道教又被介绍到西方世界，在多元文化的冲突和交融中展现出新的价值，体现出某种世界性的文化影响力。东亚道教既是东亚世界中长期存在的一种历史事实，也是一个与东亚儒学或东亚佛教相并列而具有多元形态的文化概念，但至今为止，仍然缺乏对它的系统研究，其原因是多方面的。因此，本书以"道"的思想为基点，以比较宗教学为方法，以道教在中国、朝鲜、日本、越南的传播历史为经，以道教文献、神灵信仰、教义思想、养生修道术、医学成就和文化形式为纬，将道教置于东亚世界的文化脉络中，对东亚道教进行系统深入的研究，来探讨其历史价值及文化特征。这就是一个既具有理论价值，又具有现实意义的重要课题。

一、何谓"东亚道教"

　　"东亚道教"是"东亚"与"道教"的有机结合，它并非是一个顾名思义就可以不证自明的词语，而是涉及诸多事实判断，有待于将之置于特定的历史文化境遇中，通过具体入微的研究，超越到底有没有所谓的"东业道教"的问题争论，来回答为什么"东亚"与"道教"能够结合成一个文化概念的问题。

东亚指亚洲东部地区，它既是一个地理概念，也是一个人种概念，还是一个文化概念。从地理的角度看，一般认为，东亚主要是指中、朝、韩、日等国，它们都处于亚洲东部的环太平洋地区，蓝色的大海将它们联结在一起，在典型的季风气候中形成了一个互为背景与资源的区域共同体，这个幅员广阔的世界就是东亚道教活动的大舞台。若从文化的角度划分，处于中南半岛的越南也属于以中华文明为核心的"东亚汉字文化圈"的一个分支，如日本学者西嶋定生（1919—1998）在《东亚世界的形成》中提出"东亚汉字文化圈"时，就将越南包括进来。这是因为越南的政治、宗教、文字、礼仪、饮食、服饰和习俗都深受中华礼乐文明的影响，与东南亚其他国家显著不同，与东亚各国却具有相似性，所以，在研究东亚道教时，依文明来划分地区，虽然主要着眼于中国道教在日本、朝鲜的传播，但也将越南作为关注的对象，以期更好地展现道教在"东亚汉字文化圈"中的地位及影响。

今天使用的"东亚"一词，原本是一个日本词汇，它有两种书写方法：一是日本古汉语繁体字的"東亞"；二是"東アジア"，这是用日本"片假名"来音译的"东亚细亚"（Asia）。[1]"东亚"最早在日本是作为一个界定区域文化的概念，如用来表述"东亚佛教史""东亚美术史"的专用名词，但到 1930—1940 年间，"东亚"被赋予了"一个具有强烈政治意味的地缘政治学色彩的概念"[2]。日本以建设东亚新

---

[1] 参见陈玮芬：《近年日本汉学的"关键词"研究：儒学及其相关的概念的演变》，台湾大学出版社中心 2005 年版，第 101—135 页。

[2] ［日］子安宣邦：《东亚论：日本现代思想批判》，吉林人民出版社 2011 年版，第 81 页。

秩序为由，提出"东亚共同体""大东亚东荣圈""东亚政治秩序""东亚区域合作""东亚经济新格局"等词语，内含着因领土、资源争端而出现的血雨腥风的战争以及东亚人民对和平、秩序和繁荣的向往。

从历史上看，东亚世界上曾出现过"二种一元论"，一种是以古代中华文明为中心，另一种是以近代日本帝国为中心。"显然'二种一元论'的内涵有根本不同，但其论述方式却惊人的一致——即均以某种普遍主义的'一元论'为观念的基础"①。子安宣邦指出，当日本帝国以"东亚共荣圈"为旗号开始针对以中国为主的亚洲地区展开政治、经济、军事以及文化侵略时，这个"实体的东亚"很明显地成为带有负面印象的地域概念。因此，在第二次世界大战之后的很长一段时间里，"东亚"一词在日本成为禁语，"不仅在国家层面上，就是于知识分子的认识层面都被淡化了"，取而代之的是"東アジア"，译成汉语即"东亚细亚"。令子安宣邦感到忧虑的问题是：第一，日本一直没有对第二次世界大战之前的"东亚"概念作出认真反省与彻底清算；第二，这种一元论的东亚论也有可能导致中华文化一元论在今天复活。因此，他反对重构一个"东亚"实体，亦反对视"东亚"为本质之同一这种观点。② 这种反省的态度和对"东亚"现代性的探讨是值得重视的。

东亚道教以中国道教的神仙信仰为中心，是综合了东亚传统中的多元宗教、多种民俗、多样哲学和多款艺术而形成的一种历史文化形态和内涵丰富的信仰系统。从历史上看，中国道教通过神化老子以及有关"道"的学说，以"得道成仙"为基本信仰，形成自己的教理教义和修道方法，在东汉时逐步建立起自己的道团组织——太平道和五

---

① 吴震：《关于"东亚儒学"的若干问题》，载郭齐勇主编：《儒家文化研究》第六辑，三联书店 2013 年版，第 443 页。
② 参见 [日] 子安宣邦：《东亚儒学：批判与方法》，台湾大学出版中心 2008 年版，第 18 页。

斗米道。魏晋时，道教通过不断地去除民间化、粗俗化和异端化而走到了中国文化的前台，一度与以道家和儒家结合而成的玄学并肩而立，构成了道家的两条不同发展方向：宗教性的道教和哲学性的玄学。从正始之音到江左玄风，盛行于魏晋的玄学经过一百余年的递嬗演变，逐渐淡出中国思想文化的历史舞台，虽然标志着道家学派的沉寂，但道家哲学却一方面通过人们对道家经典的注释发挥和道教的宗教化改造而得以延续和发展，另一方面又作为一种"东亚智慧"成为道教在东亚传播的先导。南北朝时，随着一些具有较高文化水平的世家名门子弟纷纷入道，葛洪、陆修静、陶弘景、寇谦之等人致力于造作道书，建构教理教义，制定斋醮科仪，这些适应着士族精神需要的道教，随着东亚移民潮的涌动而逐渐向东亚各国传播。

东亚自古幅员辽阔，族群众多，汤因比（1889—1975）英国历史学家曾指出，就东亚文化圈而言，中国为主要文明，朝、日、越为卫星文明。[①] 由政治、经济、军事、教育和风土等问题而引发的中心与边缘的文化互动，主流文化圈与非主流文化圈的碰撞，使宗教传播在许多情况下表现为强势主流文化向弱势非主流文化的推进。唐代时，儒学昌明、佛教兴盛、道教流行，中国文化展现出繁荣发展的盛况，为当时东亚各国所翘首瞩目。唐朝开国之始，唐高祖、唐太宗曾派遣使者入朝鲜半岛传播道教。公元 8—15 世纪时，在朝鲜半岛历代统治者的支持下，道教在朝鲜半岛得到了上至贵族、下至平民的广泛信奉。道教与朝鲜本有的祖先崇拜和原始宗教信仰相结合而具有了鲜明的民族文化特点，并形成了两大派：以斋醮为主的"符箓派道教"，因以禳灾祈福为目的，备受国家保护；而"丹鼎派道教"则流行于民间，但仍无法形成有规模的宗教体制，与儒、佛鼎足而立。[②] 这两大派形成的不同传播路向，至今仍然对韩国文化

---

① 参见 ［英］阿诺德·汤因比：《历史研究》（修订插图本），上海人民出版社 2000 年版，第 50 页。

② 参见 ［韩］车柱环：《韩国道教思想》，人民文学出版社 2005 年版，第 2 页。

产生着潜移默化的影响。

在日本的奈良朝到平安朝时期，来自中国与朝鲜的信道者，以及随遣唐使团去中国留学的日本人，不仅将《道德经》等道书带回日本，而且还在学习汉字和接受汉文化的过程中逐渐了解了道教。编于9世纪末的《日本国见在书目》①中记载的道书就多达八十多种，道教的长生信仰、神仙思想、斋醮科仪和术数方技不仅在日本得到了传播，而且也逐渐融入日本文化之中。流传到今天的明版《道藏》编撰于15世纪，刊行后不久就传到了东亚各国。

随着道教在东亚文化圈中的传播，东亚各国也出现了一些用汉语书写的道教文献，例如，朝鲜王朝时出现的《海东传道录》《海东异迹》《青鹤集》等就讲述了道教丹学如何从中国传播到朝鲜半岛。以古汉语的方式呈现出来道教文献不仅仅是"中国制造"，16世纪，道教劝善书《太上感应篇》《太微仙君功过格》等在日本社会上流行，引发了一些日本人用日语对劝善书进行阐释，还出现了在日本翻刻印刷的"和刻本"。虽然这些道书只占浩若烟海的道教文献中的一小部分，但它的"域外"身份就越显得弥足珍贵，因此，保留至今的这些富有特色的道教域外汉籍，反映了道教在东亚社会的传播以及影响，就成为今天了解并研究东亚道教的重要资料了。

唐代是中国经济文化繁荣发展的历史时期，声誉远播，与当时东亚各国均有往来。唐王朝作为东亚世界的宗主国，一方面担起了维持世界秩序的任务。当时朝鲜半岛上高句丽、百济和新罗三国鼎立，日本又常有侵略朝鲜半岛的野心。隋唐两代，通过四次征伐朝鲜，平定了东亚国家的纷争，稳定了东亚世界的秩序。另一方面，唐朝也以自己的文明优势吸引了万国来朝。东亚各国的文化交流更为广泛，尤其是在来华留学生、遣唐使和中国道士的努力下，道教

---

① ［日］藤原佐世：《日本国见在书目》，中华书局1991年版。

通过官方途径正式向东亚各国传播，以神仙信仰为中心的东亚道教逐渐形成。

从历史上看，东亚世界的形成有赖于两个文化支撑点：一是从华夷之辨到以华变夷，以中国古代的"礼乐文明"作为社会秩序与人生价值之源；二是以中国的中央集权制王朝为政治中心，通过郡县制、分封制、朝贡制等，将中国置于东亚世界的中心地位。中华文明以自己的文化优势来吸引和改造周边民族，周边民族也通过积极认同中华文明而发展出相似的政治体制、哲学精神、生活习惯和宗教信仰，为东亚道教的传播发展奠定了基础。①

政治、哲学和宗教上的趋同性标志着东亚世界在隋唐时形成。东亚各国在饮食习惯、文明礼仪、农耕经济的生产方式等方面又表现出相似性，大多具有吃稻米、用汉字、定律令、奉儒学、信佛教的文化习俗。随着对东亚文化圈研究的深入，人们发现除了西嶋定生提到的上述因素之外，实际上还存在着一些具有相似性的文化因素，如科学技术、医药知识、文学诗歌、家族结构、教育制度、生活方式等。笔者认为，中国传统宗教——道教，也在东亚文化圈中占有特殊的地位。根据上述，笔者在研究东亚道教时，依据"东亚汉字文化圈"的理论，主要着眼于中国道教在日本、朝鲜的传播，但也将越南作为关注的对象，以期更深入地探讨道教在"东亚汉字文化圈"中的历史地位及文化影响，从而为更好地理解今天的东亚哲学及东亚宗教提供一种借鉴与参考。

二、何谓"东亚道教研究"

"东亚道教研究"主要探讨的是"道教在东亚"或"东亚世界中

---

① 参见孙亦平：《东亚道教：历史价值与文化特征》，《哲学研究》2014 年第 7 期。

的道教"等学术问题，关注道教以什么方式在东亚世界传播与演变，表现出哪些独特的宗教精神，因此，"东亚道教"这个概念主要是一种学术性的建构。子安宣邦提出的只有用"方法的东亚"这个观点来对"实体的东亚"进行批判和解构，才能在 21 世纪的全球化视域中重建东亚的多元论述；韩国学者白永瑞提出"作为知性实验的东亚"，即"不把东亚看成一个实体，而看成在自我省察过程中流动着的某种东西"①，以及力图在东亚地区的各个民族和社会之间，寻求对东亚这个共同体的认同感，并通过这种思考与实践，逐渐形成能省察"东亚中的自我、自我中的东亚"的看法；中国学者葛兆光有关东亚是"想象的同一性与实际的差异性"②的看法；台湾学者黄俊杰站在"寓一于多"立场上提出的建构"东亚儒学"的设想："'东亚儒学'是一个自成一格的、自成体系的学术领域，它并不是中国大陆及台湾地区、日本、朝鲜、越南各地儒学的机械式组合或拼装，也不是东亚各地儒学的总和。相反地，当东亚各地儒者共同诵读孔孟原典的时候，东亚儒者已经超越各地之局限性而形成一种'儒学共同体'，共同体的成员都分享儒家价值理念。"③这些观点都可从不同的角度为东亚道教研究带来有益的启发。

19 世纪末到 20 世纪初，与当时中国学者对道教大多持有批评或不屑的态度相比，一些日本与韩国学者出于各种原因，在了解佛教史、神道史、民族文化史和中国思想文化的过程中开始接触并研究道教，所取得的相关成果为今天的东亚道教研究开拓了一个学术空间。从朝鲜方面看，李能和辑述《朝鲜道教史》第一次对道教在

---

① ［韩］白永瑞：《思想东亚：朝鲜半岛视角的历史与实践》，生活·读书·新知三联书店 2011 年版，第 117 页。
② 葛兆光：《渐行渐远：17 世纪中叶以后的中国、朝鲜和日本》，《清华历史讲堂初编》，三联书店 2007 年版，第 158 页。
③ 黄俊杰：《东亚儒学：经典与诠释的辩证》，台湾大学出版中心 2008 年版，第 55—56 页。

朝鲜的传播历史进行了系统研究①；从日本方面看，一些学者站在日本文化立场上开始涉足道教研究，陆续出版了一些道教研究的专题著作。当一些日本人把研究的注意力从文献资料的分析转向民众的日常生活时，为了更好地了解中国文化，他们还开始对中国道教进行实地考察。例如，被鲁迅称为"那个比我们还了解中国的"橘朴（1881—1945）在中国生活了16年，受中野江汉《白云观游记》的影响，从1914年就开始实地调查中国的民间道教，他曾在《支那统一论》中说："诸位想把民众从夹杂着可笑迷信的道教中解救出来是可以的，但不要忽视了道教虽然有一言难尽的弊端，它可是将构成支那思想核心的一神思想传到今日的唯一的组织。"②他不太赞成鲁迅从科学与宗教、民智与迷信的对立中来看待道教，也不认同当时中国学者中的一种较为普遍的看法，即中国民智未开的原因在于道教之类的迷信毒害，只有根绝了道教，才有可能开启民智；而是从民众的宗教心理和道德感情的角度来解读道教，认为道教代表着民众，儒教代表着士阶层，它们在中国社会中占有不同的位置，那些存在于中国人的生活之中道教是了解中国民间社会的重要窗口，这成为一些日本人率先考察道教的主要动因。

在第二次世界大战之前，日本学者研究道教的立场与进路主要有二：一是站在日本文化语境中来研究并评判道教，故与道教之间有一种挥之不去的疏离感。虽然其中也有一些日本学者，如小柳司气太、妻木直良、津田左右吉等，为了更好地了解道教，乃前往中国，走入道教宫观，开展实地调查研究，身临其境地感受道教。如被福永光司称为日本"对道教真正研究的奠基者"③的小柳司气太，于1931年8月受日本外务省派遣，到北京白云观进行田野调查，回日本后写成《白云观志》（附东岳庙志）七卷，其中包括"道士小传""斋日""道

① 参见孙亦平：《李能和与朝鲜道教研究》，香港《弘道》2015年第1期。
② 孙江：《橘朴与鲁迅》，《读书》2012年第3期。
③ ［日］福永光司：《中国的哲学、宗教和艺术》，人文书院1988年版，第224页。

观之区别""授戒""道士的生活及宗规""方丈资格""经济状态""道教分派"等内容，①为日本人了解中国道教的现状起到了积极作用。然而，在小柳司气太的著作中还是不时闪现出"道外论道"的学术倾向。二是站在佛教或儒学的立场上，从哲学、思想、社会风俗等方面涉及道教。如佛教史研究专家妻木直良1912年在《东洋学报》上发表的《道教研究》就是站在佛教研究的立场上来看道教。还有常盘大定的《支那佛教与儒教、道教》（东洋文库1930年版）、久保田量远的《支那儒道佛三教史论》（东方书院1931年版）更是因研究儒、道、佛三教关系而不得不涉及道教，故他们不属于那种力图呈现道教本来面貌的"历史原貌派"。

吉冈义丰（1916—1979）作为日本佛教真言宗智山派的代表人物，从佛教与道教的关系为切入口来研究中国道教，他带着对中国文化的敬爱之情，从1939年来华到1946年离开，对中国的宗教遗迹进行了广泛的实地调查，足迹几乎踏遍整个华北地区。在华时就发表了介绍道教的文章，如《道教小志》（1940）、《道教的实态》（1941）、《白云观的道教》（1945）。1946年，吉冈义丰回日本后又著有《道教研究》（法藏馆1952年版）、《道教经典史论》（道教刊行会1955年版）、《追求长生》（淡交社1970年版）。朱越利先生认为，吉冈义丰的道教研究有两个特点：第一，不存佛道门户之见；第二，采取"论从史出"的方法，尊重史实。吉冈义丰还将道教看作是与佛教并列的宗教，由此而撰写的《道教与佛教》三大册相继问世后，其声誉更为隆盛，一些日本学者称吉冈义丰的道教研究为"吉冈道教学"，称他为"道教学者中的学者"②。

20世纪30年代，日本社会盛行着"脱亚入欧"的思潮，学术界围绕着科学与史学、汉学与国学的讨论此起彼伏，其实质就是希望

---

① 参见《藏外道书》第20册，巴蜀书社1994年版。
② 参见朱越利：《吉冈义丰与道教研究及中日关系》，《中国道教》1989年第3期。

通过检讨江户汉学①和明治以来的东京学派②的研究方法，使"科学"这一西方话语和研究范式作为一种精神与方法，来促使明治以后的日本汉学研究逐渐具有符合现代"民族—国家"需要的学术性质，为日本确立在亚洲的统治地位提供思想依据，京都大学的东洋史学京都学派应运而生。

京都学派的代表性人物狩野直喜、内藤湖南和桑原骘藏等，对汉学都有着深厚修养，他们希望能够跳出东京学派的理路来认识和理解中国学问，故主张不从自我出发，不受地域和时代的限制，而是把中国就作为中国来理解，去关注学问中的那些超越于民族文化而具有普遍性的"真精神"。这种学术倾向在汉学研究中表现为重视对中国文献的收集与考证，强调对中国文化进行实地考察和广泛接触，以朴实的学风追求学术研究的科学性。京都学派开创的战后日本汉学研究的新理路，也引发了日本学者长期以来有关"道教与日本"的争论。这种争论的实质在于，应站在什么立场上来看待道教并解读道教与日本的关系。

最早提出这一问题的是被誉为20世纪日本"最大的东洋学者"的津田左右吉（1873—1961）。1913—1939年间，津田左右吉陆续发表了《天皇考》《古事记与日本书纪研究》《道家思想及其展开》《日本上代史研究》《支那思想与日本》等论著，其中提及道教时说："道教作为思想是浅薄的、基本上不值得注意的，但它在社会中逐渐取得势力，又不是无意义的。"③他认为："作为中国民族宗教而形成的道

① 江户汉学推崇宋明理学，使朱子学成为德川幕府的官学，虽借助中国学问来建立自己的学术体系，但实际上是一种以自我为中心的日本化汉学。

② 以白鸟库吉、津田左右吉等为首的"东京学派"主张吸收西方近代科学史的研究方法，在以往日本汉学研究的基础上，以"日本中国学"为文化语境，以"疑古"为致思路向，通过对中国"儒学"及日本古典史书"记纪"（《古事记》和《日本书纪》的并称）的质疑，形成了对古文化进行"批判"的东洋史学体系，又称"东京文献学派"。

③ [日]津田左右吉：《道家思想及其展开》，载《津田左右吉全集》第13卷，岩波书店1963年版，第285页。

教，没有以宗教的形式传入日本，不过，与之相关的一些书籍或知识无疑被输入了。"①因此，在日本可以看到道教的某些因素，例如"天皇的尊称"就是"来自道教的有关的书籍"，"神道"这样的词汇也是从道教中借用。但道教某些因素的传入，既没有在日本形成一种能够主导日本人精神世界的信仰，也没有产生像佛教与儒学那样的文化影响。

津田左右吉受其师白鸟库吉（1865—1942）的影响，是一个自我意识极为强烈的"本土主义者"②，他的观点代表了明治维新之后，日本人向西方学习，积极向现代化社会迈进时，对自己民族文化的自信与自负，一方面反复强调日本文化与中国文明的根本不同，"日本文化是经由日本民族生活独立的历史展开而独立形成的，因此与支那文明全然不同"③；另一方面又通过贬低中国道教，褒扬日本神道教，来宣扬日本文化的独立性与优越性，认为日本有自己独尊的民族宗教——神道教，其信仰特征和文化功能类似于中国道教，但道教"本质是中国的民间信仰，即汇集了祈寿福而来的祈祷和咒术、相信长生不死可能的神仙学说，思想浅薄而不值得关注"④。津田左右吉对道教的这种看法，虽然一度被日本关东地区的学者奉为圭臬，但这种建立在日本文化优越感基础上的道教观，在淡化道教对日本影响的同时，也带来了一系列问题：他对道教的看法是否符合历史原貌？具体而言，中国道教是否传入了日本？是否影响到了日本的民族宗教——神道教和天皇制？道教与神道教究竟有哪些异同？津田左右吉的道教观发表后不久，就引起了日本学界的大讨论。

津田左右吉的道教观虽得到和辻哲郎（1889—1960）等学者的

---

① ［日］津田左右吉：《天皇考》，载野口铁郎编集《道教と日本》第一卷《道教の傳播と古代國家》，雄山阁1996年版，第45页。

② 刘萍：《津田左右吉研究》，中华书局2004年版，第23页。

③ ［日］津田左右吉：《シナ思想と日本》，《津田左右吉全集》第20卷，岩波书店1973年版，第251页。

④ ［日］福永光司：《津田左右吉博士と道教》，载《東方宗教》第61号。

赞同，但却受到更多学者的反对与修正。1923年，历史学家黑板胜美（1874—1946）在《史林》上发表《我国古代的道家思想及道教》一义，通过对《古事记》《日本书纪》《延喜式》中的咒文以及出土神兽铜镜的研究，推断7世纪时以大和田身岭、葛城山为中心的四周山峦群峰上就筑有道观。由此，黑板胜美得出不仅是道教的神仙思想，而且作为宗教教团的道教也早就传到日本的结论。在第二次世界大战之前，津田左右吉的观点曾一度占了上风，但后来赞同黑板胜美观点的学者却越来越多，小柳司气太、妻木直良、黑板昌夫、美河纳、那波利贞、吉冈义丰、清原贞雄、洼德忠等学者大都倾向于："至迟在奈良、平安时期，中国道教的经典、长生信仰、鬼神信仰、方术、科仪等就大量传入日本，对古代日本的政治、宗教及民间信仰、风俗习惯等方面产生了重大影响。"[1]争论双方貌似有着针锋相对的观点，但正如后来下出积与的分析，其实当时争论双方"几乎都没有将日本道教究竟占什么位置这个问题搞清楚"[2]。直到20世纪50年代，"日本的道教"[3]这一提法才逐渐占了上风，吸引了许多日本学者热心地探索道教与日本的关系。围绕着"道教与日本"所进行的讨论，是否反映了当时日本学术研究方法正在由古代向现代转型？

1950年10月18日，由福井康顺博士发起筹组的日本道教学会在"支那佛教史学会"的基础上成立，该会继承小柳司气太、津田左右吉和常盘大定的学术文化传统，提出研究中国思想，必须通过比较儒、释、道三教来加以理解、研究中国佛教，必须判明佛教和道教之

---

① 聂长振、齐未了：《道教传入日本及其对神道的影响》，《世界宗教研究》1985年第2期。

② ［日］下出积与：《"日本道教"研究八十年》，原载《日本宗教史研究年报》1979年第2期，第4—23页；载《道协会刊》第13期。

③ "日本的道教"指中国道教传入日本以后，对包括宗教在内的日本文化的影响及其表现形式。参见聂长振、齐未了：《道教传入日本及其对神道的影响》，《世界宗教研究》1985年第2期。

间的各种关联的问题、"理解中国文化先从理解道教开始"①等主张，其目的在于建造一个学术平台来推进道教的研究，以及与道教相关的东方民族的宗教与文化问题的探讨，因此，20世纪"日本杰出的佛教学者，无不追求对于道教作更多的认识，这便是道教学会以佛教学者为其主流的最大因素"②。在成立大会上，这批有着佛学研究背景的汉学家首次围绕着道教发表专题研究报告，如酒井忠夫的《民众道教与善书》、福井康顺的《六朝道教的道流》、道端良秀的《唐代的道教教团》、窪德忠的《金元时代道教教团的性格》等，从不同的角度开创了日本道教研究的先路。第二年，道教学会会刊的《东方宗教》第1期创刊号在东京出版，发表了福井康顺的《神仙传考》、宫川尚志的《茅山道教的起源和性格》、窪德忠的《关于道教清规》、道端良秀的《山东道教史迹巡礼》等，这些论文从不同的角度对中国道教进行了具体而微观的研究，由此来回答"什么是道教"的问题。据葛兆光先生分析："这大概与日本学界对中国道教与日本思想之间隐藏得很深的关系的重新认识有关。"③

　　20世纪下半叶，随着日本道教研究会的成立，一批日本学者进入道教研究领域，他们用实证主义方法掀起了研究道教的热潮，出版了一批道教研究专著。1972年在日本长野蓼科召开的第二届道教研究国际会议上，作为整个道教研究史上经常遇到的"什么是道教"的问题仍被不断提出。从会议论文集《道教の综合性研究》（国书刊行会1978年版）收进的论文《道教是什么》可见，学者们对此问题的探讨推动日本道教研究进入了高潮时期。20世纪80年代，由日本年轻的道教研究才俊们执笔，由曾任"日本道教学会"的四任会长福井

---

① 　[日]福井康顺、山崎宏、木村英一、酒井忠夫监修：《道教》第一册，上海古籍出版社1990年版，"序言"第2页。

② 　圣严法师：《留日见闻（十六）——道教学会与道教学》，《天声》一卷六期，1972年5月。

③ 　葛兆光：《日本的中国道教史研究印象记》，载《域外中国学十论》，复旦大学出版社2002年版，第56页。

康顺、山崎宏、木村英一．酒井忠夫担任监修的三卷本《道教》出版。这部汇集着日本学者道教研究成果的文集，在第一卷开篇就是酒井忠夫、福井文雅合写的《什么是道教》，其中收集了日本学者对"什么是中国民族的思想、信仰和文化中"的"道教"的 13 种回答。答案虽然五花八门、各有千秋，但主要表达了日本的道教及道教史家、佛教及佛教史家们的观点，这些学者往往将道教看作是在道家的名称下，混合了神仙道和天师道，尤其是中国民间信仰，再融合了佛教和儒教的教义和仪式而来的中国民族宗教，而不太赞成道教是由老庄道家哲学直接蜕变而来的。

"什么是道教"的问题作为日本道教研究之初被广泛讨论的问题，也成为一些日本学者进行道教研究的学术动力，如福永光司作为当代日本道教研究的先驱者之一，从欣赏老庄思想到探讨黄老道家和魏晋玄学，然后进入道教研究领域。福永光司在道教研究上的主要贡献之一，就是在探索"道教"一词来源、内涵与外延后，在中日文化视野中，对道教与日本文化的关系进行了富有开创性的研究。① 一些日本学者通过道家和道教二词使用实例的分析，将二者的含义放到中国思想史、宗教史中做了考察，提出"道家是哲学，道教是宗教"，在英文中表达为 Philosophical Taoism 和 Religious Taoism，一方面说明这种分类"是一种省略的通俗说法"；另一方面又提请学人注意，如果就此认为"道教和道家是完全不同的说教，则将陷入种种误解"②。

直到 20 世纪末，野田铁郎主编三卷本《道教和日本》时，如何定义道教的问题依然被悬置，道教的概念脱离了历史现实被抽象化的现象依然存在。③ 但日本学者在两个问题上基本达成了共识：第一，

① 参见孙亦平：《福永光司中日文化视野下的道教观初探》，《哲学与文化》（台湾）2012 年第 5 期。
② 参见 [日] 酒井忠夫、福井文雅：《什么是道教》，载 [日] 福井康顺等监修：《道教》第一册，上海古籍出版社 1990 年版，第 12 页。
③ 参见 [日] 新川登龟男：《日本古代と道教》，《アヅア游学》73 号特集《日本文化に见る道教の要素》。

如日本学者编撰的《道教事典》上的宣传语所说，"了解道教就是了解中国文化"；第二，道教的某些元素在东亚社会中产生过一定的文化影响。① 从日本学者撰写的一批有影响的道教研究著作，可见他们的研究思路的变化轨迹。

日本学者从了解中国开始着手研究中国道教，通过中国道教研究来推进与此相关的东亚民族宗教与文化问题的探讨。到目前为止，日本学者进行道教研究已有一百多年的历史。山田俊在《日本的道教研究简介》中，曾将日本的道教研究分为四个历史阶段：第一个阶段是 1869—1930 年，为"开创期"，经历了明治、大正和昭和初三个时期；第二阶段是 1931—1945 年，为"政治、军事服务期"；第三阶段是 1945—1962 年，为"战后恢复期"；第四阶段是 1972 年中日邦交正常化至今，日本掀起了道教研究的高潮，为"发展期"。② 由此可见，近百年来，一代代日本学者在道教研究上持续不断的努力，"正是对本国文化渊源的关心、对中国文化的重新认识、受欧美汉学的熏染以及超越前人探索未知的兴趣，不仅使得近年来日本汉学界对中国道教研究产生了异乎以往的热情，也使得日本的道教研究渐渐拥有了不同过去的视角与方法"③。酒井忠夫在《日本的道教研究》中将日本学者的道教研究归纳为十个方面：（1）道教一般著作；（2）历史方面的研究；（3）民间信仰、民间习俗、历史、道教和文学；（4）道教与科技；（5）儒、释、道三教；（6）思想与哲学；（7）经书与文献资料；（8）道教的传播；（9）道观、道士、仪范和圣诞节日；（10）学术动态。酒井忠夫指出，日本学者进行道教研究的目的是要想了解中国

① 参见［日］野口铁郎、坂出祥伸、福井文雅、山田利明主编的《道教事典》（平河山版社 1994 年版），不仅对中国道教的经典、思想、术语、神谱、仪式、道术、组织、人物、故事、风俗进行了详细介绍，而且还记录了道教在东亚各国的遗迹及影响，它不仅为通过道教来了解中国文化提供了帮助，而且也为研究东亚道教提供了参考。

② 参见［日］山田俊：《日本的道教研究简介》，《安徽大学学报》1991 年第 1 期。

③ 葛兆光：《域外中国学十论》，复旦大学出版社 2002 年版，第 60 页。

人民和社会:"道教是中华民族和社会文化的一个组成部分。道教内容丰富,涉及哲学思想、宗教信仰、风俗习惯、道德规范乃至文学艺术和科学等等。道教在整个中国历史上,无论对政治、社会和文化都有重要的影响。道教与中国广大群众有着极为密切的关系,其密切之程度,并不在与儒家的关系之下,简直可以称得上是中国的国教。要想了解中国人民和社会,不可不研究道教。"① 坂出祥伸在《日本道教研究现状与展望》中则根据已出版的书目将日本的道教研究分为七大类:(1)经典史研究;(2)道教史研究;(3)民间宗教经卷、善书等研究;(4)民间信仰;(5)咒法占法研究;(6)养生学说研究;(7)调查研究。②

从上述可见,日本学者的研究优势是:第一,熟悉本民族文化,又对中国文化有兴趣;第二,比较偏重于实证的微观研究;第三,重视对资料的搜集与解读;第四,学术视野比较宽阔。其中有一些日本学者,如福永光司、酒井忠夫、千田稔、野口铁郎、松田智弘等已有将道教置于东亚视域中进行研究和考察的倾向。1994年,汇聚了130多位日本道教研究学者编撰的《道教事典》不仅是道教研究百年成果的汇集,还介绍了道教在东亚各国的遗迹和影响。③2010年,日本又出版了两部新著:坂出祥伸《日本と道教文化》④和松田智弘《日本と中国の仙人》⑤。这些日本学者对道教与日本关系的最新研究成果,反映了他们已将道教置于东亚文化圈中来加以研究,在分析不同时代的日本人如何选择、讲述、研究和评判道教时,也点出了东亚道教研究中的一些核心问题。但从总体上看,这些研究以实证性、个案性见长,既未能全面搜集与系统整理零碎散乱的东亚道教资料,也未能梳

---

① [日] 酒井忠夫:《日本的道教研究》,《中国哲学史研究》1985 年第 4 期。
② 参见《韩国道教之现代的照明》第六集,韩国道教思想研究会会刊,1992 年版。
③ [日] 野口铁郎、坂出祥伸、福井文雅、山田利明等主编:《道教事典》,平河出版社 1994 年版。
④ 参见 [日] 坂出祥伸:《日本と道教文化》,角川学芸出版 2010 年版。
⑤ [日] 松田智弘:《日本と中國の仙人》,岩田书院 2010 年版。

理出东亚道教的传播历史和基本特征，更未能自觉地将道教置于东亚文化圈中进行整体性研究。

19 世纪末到 20 世纪初，在韩国逐渐走向现代化的过程中，有相当长的一段时间，知识界把宗教分成"上等和下等"，虽然道教被视为下等的"迷信"，但还是有个别学者，如李圭景、李能和、全秉熏用汉语撰写了颇有影响的道教研究专著。韩国道教研究发轫于李圭景（1788—1856），他在《五洲衍文长笺散稿》中以"辨证说"为名，首次对在朝鲜半岛传播的道教和仙家作了开创性研究，其中最有代表性的是《东国道教本末辨证说》，但在当时并没有引起学术界太大的关注。以现代学术眼光来研究道教肇始于李能和与全秉熏，但他们却表现出两种不同的研究理路和学术风格。李能和（1869—1943）是槐山（忠清北道）人，字子贤，号侃停、尚玄、无能居士，他精通汉学，深谙英、法、中、日等语言，因担任朝鲜史编修官而开始研究朝鲜民俗，后走入道教研究领域。李能和用中文撰写的《朝鲜道教史》和《朝鲜巫俗考》参考了大量的朝鲜文史资料，首次系统地勾勒出朝鲜道教的历史脉络和信仰特征。全秉熏于 1920 年出版的《精神哲学通编》①中既对道教哲学进行了研究，也推进了韩国仙道研究的展开。

其后因各种原因，直到 20 世纪下半叶，韩国学者才表现出对道教研究的兴趣。1977 年，韩国哲学会汇集众多学者共同编撰的《韩国哲学研究》，将道教视为韩国哲学的一部分进行了系统研究。1982—1984 年，韩国相继成立了两个道教研究机构——韩国道教学会和韩国道教思想研究会。1987 年韩国道教学会创办了《道教学研究》（半年刊），推动了韩国道教研究的逐步展开，逐渐汇聚了一批道教研究的学者，如宋恒龙、车柱环、都珖淳、金得榥、郑在书、崔三龙、梁银容、李钟殷、金洛必、安东浚、林采佑等，他们的论著以

---

① ［朝鲜］全秉熏：《精神哲学通编》，北京精神哲学社 1920 年版。

道教在朝鲜半岛的传播与发展为线索，探讨神仙信仰、斋醮科仪和内丹修炼等在朝鲜半岛的影响。其中，车柱环《韩国道教思想》研究韩国道教的传播历史与主要特色，是难能可贵的研究力作。都珖淳《韩国的道教》、宋恒龙《韩国道教哲学史》在出版后都产生了广泛的影响。到 20 世纪 90 年代后，韩国的道教研究已逐渐成为一个学术研究的新领域，吸引了越来越多的学者参与。

另外，中国学者卿希泰、李养正、陈耀庭、朱越利、张泽洪等都曾对韩国道教进行过研究。日本学者上田正昭、窪德忠、福永光司等也从日本与朝鲜的文化交流中来探讨道教在朝鲜半岛的传播及影响。研究道教在今天的韩国虽已成为一门专门学问，但无论是研究人数，还是研究的广度与深度上，都不及日本，尤其是一些学者受民族主义情绪的影响，过分强调民族文化的主体性，对外来道教常有失之偏颇之论。因此，在东亚道教研究中，如何超越狭隘的民族主义的立场和倾向，以更开放的心态、以客观公允的眼光来看待跨文化传播的道教，就是一个值得重视的问题了。

从历史上看，道教在越南的传播与影响要小于日本和朝鲜，但道教的劝善书和信奉的神灵，如三清、真武、吕祖等，在越南民间社会还是颇有影响。越南人还将道教神灵改换成越南的历史英雄人物进行崇拜。越南学者出版过一些注释老庄道家经典的书，如 1945 年阮惟懃用越南文译述《庄子精华》一卷、1960 年施达志用越南文著述《庄子学说》，但很少有专门研究越南道教的学术成果。有关越南道教的资料只是零碎地出现在一些史书文献与文学作品中，至今尚未得到系统整理。因此，对道教在越南的研究，还是一块需要认真挖掘的处女地。

中国"系统梳理道教历史的先驱者"许地山（1893—1941）在1934 年出版的《道教史》系统地梳理道教发生、发展的历史，但综观这本被称为中国"第一部道教的专史"，就可见其主要笔墨仍然放在道家上。不久之后的 1937 年，中国学者傅勤家所著的《中国道教史》出版。该书从修道的角度对道家与道教的本质作了分判："盖道家之言，足以清心寡欲，有益修养"，"道教独欲长生不老，变化飞升。其不信天命，不信业果，力抗自然，勇猛何如耶！"[①]道教虽然吸收了道家思想，但两者仍然有着鲜明的区别，道家是一种讲述精神修养的哲学，道教则是追求肉体长存的宗教。傅勤家不仅对中国道教进行了系统的研究，而且还以"道教之流传海外"为题，通过探讨新罗之花郎、日本之山伏等问题，研究了道教在东亚传播的历史，虽然非常简要，但却是中国学者最早进行东亚道教研究的成果。后来陈垣的《南宋河北新道教考》、陈国符的《道藏源流考》等，都是从自己的兴趣出发开拓了道教研究的新领域，但很少涉及道教在东亚传播的问题。20 世纪 50 年代之后的近三十年，中国大陆学界的道教研究几乎处于空白状态，与国外学界的交流也几乎处于隔绝状态。

改革开放以来，中国学者对于道教的研究得到突飞猛进的发展，无论是宏观的道教史，还是微观的专题性研究，都取得了丰硕成果。道教在东亚文化圈中占有特殊的地位，对中国人乃至东亚人的生活方式和文化构成都有着特殊的影响，虽然已有一些具有前瞻性思维的中国学者开始关注海外道教研究，如一些道教史中已列出有关道教在海外传播的篇章，其中也论述了道教在日、韩、越的传播。但到目前为止，中国学者的道教研究领域主要还是集中在中国，大多还是采用"以中国诠释中国"的研究思路，尚未自觉地将研究目光扩大到东亚地区，更未能将东亚道教作为一个整体来进行系统研究。笔者认为，东亚道教研究可为推动今天的中国文化乃至东亚文化的更新与发展，提供一个全新的学术视角和宽阔的研究领域。

---

① 傅勤家：《中国道教史》，团结出版社 2005 年版，第 242 页。

三、东亚道教的多元性与同一性

东亚道教虽然以中国道教为"中心"向东亚各国传播，但若结合着东亚历史文献来进行考察，就可见它绝不是中国道教的翻版，而是综合了东亚世界的各种道教文化因素的新形态。东亚道教不仅与东亚各宗教之间存在着特殊与普遍的张力，而且在历史发展过程中，其内部因始终面临着道教信仰的"普遍性"与不同地域文化的"特殊性"的适调、"本土化"和"多元化"之间的张力，形成了中心与边缘、本土与异域、个性与共性、历史与现代等多重互动关系。这也在提醒我们，只有通过深入研究，才能更好地展现有着不同民族文化传统的东亚世界是如何拥有一个既具有内涵多元性，又具有一种普遍同一性的"东亚道教"的？

从东亚视域看，道教在中国走过了近两千年的漫长岁月，不仅渗透到中国社会的各个领域，而且在创立后不久，随着中国对外文化交流的展开，就通过不同的途径传播到东亚世界。道教虽然早已传播到朝鲜、日本和越南，并成为东亚文化的组成部分之一，但从历史上看，在中国大陆传播的道教由"中心"到东亚各国的传播过程中，其性格特征似乎在逐渐淡化，无论是在朝鲜、日本，还是在越南，道教不仅与儒家、佛教经常相伴而行，而且与当地的宗教也经常搅成一团，但在 17 世纪之前的历史文献、哲学著作、文学书籍、佛教经典和考古文物中，还是可以看到三类人士在推进东亚道教传播的零散资料。

第一，以帝王为主导的官方弘道活动。以崇道著称的宋徽宗（1082—1035）不仅在国内大力推行道教，而且积极扩大道教在东亚的影响，他曾多次与日本官方联系，希望通过建立外交关系来推行中国文化，但因日本政府采取"不称臣"的政策未能实现。当他听闻高丽皇帝睿宗（1079—1122）笃信道教，马上派遣使者携高道二人赴高丽弘道。睿宗亲受道箓，使道教在高丽朝升格为国家宗教。睿宗还派李仲若（？—1122）赴宋朝学道。法师黄大忠、周与灵向李仲若传授道要，在得道教真传之后，李仲若归国，向睿宗建议在京城王宫内修建福源宫，以开展道教斋醮科仪活动，得到了睿宗的认可。福源宫成为出现于朝鲜半岛的第一座道观："以福源宫成立作为开始，传入高丽的道教，以中国宋代道教作为标准，科仪逐步体系化，并且在福源宫的影响下，建立起另外一些道观和频繁地举行道教斋醮仪式。"① 从此，符箓派道教在高丽帝王的推行下得以在朝鲜半岛盛行。另据讲述明代与周边国家状况的著作《殊域周咨录》记载，洪武三年，明太祖派遣南京朝天宫道士阎原到越南祭祀伞山泸水之神，又派朝天宫道士徐师昊赴高丽举行祭祀山川之神的仪式。② 徐师昊到朝鲜半岛后，设坛于都城南，"祭于高丽首山及诸山之神，首水及诸水之神。"③ 这些道教祭祀活动因携皇威之势，在当地都产生了一些社会影响，如李能和所说，徐师昊赴高丽"其意不在于持传道教而在于宣扬皇威"④，可谓一语中的。

第二，文化使者从事的各类阐道活动。据《日本书纪》卷十记载，道家与道教文献大约在五世纪由朝鲜半岛的百济传入日本。应神天皇十五年八月（284）⑤，百济国王派了认识汉字的阿直岐去日本。喜爱中国文化的皇太子菟道稚郎子（仁德天皇之弟）便拜阿直岐为师。后来，阿直岐又向应神天皇推荐了精通中国经典的博士王仁。阿直岐和王仁在传授儒家经典的同时，也传入了道教经典。在奈良朝，

---

① 陈耀庭：《道教在海外》，福建人民出版社 2000 年版，第 39 页。
② 参见严从简：《殊域周咨录》卷一，中华书局 1993 年版，第 9 页。
③ 《高丽史》卷四十二《恭愍王》五。
④ [朝鲜] 李能和辑述：《朝鲜道教史》，齐鲁书社 2016 年版，第 75 页。
⑤ 丸山二郎将《日本书纪》与《三国史记》进行对比研究，认为应神天皇十六年应为公元 405 年，而不是公元 285 年，（其著《日本书纪研究》中的《纪年论的沿革》，吉川弘文馆 1955 年版，第 100—265 页）。另按日本史学家那珂通世的纪年法推算，应神天皇十五年则为公元 446 年，因此，阿直岐和王仁大约活动于五世纪左右（参见王勇、大庭修主编：《中日文化交流史大系·典籍卷》，浙江人民出版社 1996 年版，第 313 页）。

随遣唐史前往唐朝的留学生和留学僧们在学习汉字和接受中国文化的过程中，逐渐了解道教并学习道教。道教的长生信仰、神仙思想、斋醮科仪和术数方技被遣唐使或留学生传入后逐渐融入日本文化中，在《日本书纪》中，经常会用神仙、真人、长寿、常世国、蓬仙、祭神、乘龙飞翔、化白鸟而飞、尸解等道教词汇[①] 来描绘与天皇相关的事情。平安朝，大江匡房（1041—1111）编撰的《本朝神仙传》，以"神仙"为名，介绍了 37 位日本修仙者的事迹，由此推测大江匡房曾阅读过汉唐道教典籍和唐代笔记小说。

第三，道士们积极的传道活动。唐末五代至宋初，钟吕内丹道兴起，此时中国道教中有名有姓的内丹家多达百余人，其师承大多数可追溯到钟离权、吕洞宾，他们的共同努力促进了修炼人体中精气神以求长生成仙的内丹术的发展。一些来华的新罗留学生受此影响，不仅身体力行进行内丹修炼，而且还将钟吕内丹道的道书和丹法传入朝鲜半岛。《青鹤集》《海东异迹》《新罗殊异传》《海东传道录》《高丽史》等，记载了许多有名有姓有传的修炼者的特异事迹，可见从新罗末期到高丽王朝，钟吕内丹道在朝鲜半岛形成的道统仙脉中出现了一些富有朝鲜民族风格的新特点。另据《大越史记全书》卷六《陈纪》二载，陈英宗兴隆十年（1302），福州道士许宗道从海路来到越南后，屡修黄箓大斋，为陈英宗、天瑞长公主、天真长公主等祈禳超度，祈求子嗣和福寿，推动了道教斋醮科仪在越南的流行。道士在陈朝也受到百姓的礼遇，若没有子嗣，就令道士为之祈祷；若求延年益寿，就令道士设斋醮以祈福；若皇帝生病，就令道士行安镇符法，以去病消灾。符箓道教斋醮科仪特有的求福消灾功能增强了道教的在越南社会影响力。

正是在不同身份崇道者的努力下，道教才得以在东亚持续传播。

---

① 聂长振、齐未了：《道教传入日本及其对神道的影响》，《世界宗教研究》1985 年第 2 期。

但 17 世纪中叶西方列强势力进入东亚之后，东亚世界在文化上已不再是一个"中华"，在政治上已是一个"国际"，经济上的"朝贡体制"已逐渐被"贸易关系"所替代。尤其是 1840 年鸦片战争后，中国的国难频繁，外患接踵而至，在东亚世界的中心地位根本上动摇，东亚道教也随之分崩离析。道教在日本被完全边缘化，在朝鲜王朝末期已退出官方祭祀体系，符箓道术被新兴宗教吸收，神仙信仰仅保留在民间习俗和文学作品中，在越南向民间信仰方向发展，逐渐融入母道教、高台教等新兴宗教中。

道教犹如历经沧桑的古树，其根部深扎在中国文化的肥沃土壤之中，其枝叶沐浴着日本、朝鲜和越南文化的养分，在不同的民族文化中迎风招展，结出东亚道教这一奇异果实。正如村上重良所说："道教承袭了产生于中国社会民族宗教的传统，也传播到中国社会以外，在朝鲜是产生天师道，在越南是形成高台教的因素之一，对于日本的宗教，也以阴阳道等形式，给予很大的影响。"[1]传播到东亚地区的道教虽然逐渐具有了区域性民族化色彩，但仍然坚持以"道"为哲学思想，遵循顺应自然的思维方式，通过追求"夺天地之造化，与天同寿"的境界，来表达对生命完满境界的向往与追求，这些共性构成了东亚道教的内涵。从空间上看，东亚道教是指道教信仰、教理教义和修道术在东亚世界的传播与发展。从时间上看，东亚道教不是一套僵硬的宗教体系，它与东亚世界复杂多变的社会文化、外交关系和民间习俗紧密相连，始终处于动态发展中。

---

① ［日］村上重良：《国家神道》，商务印书馆 1992 年版，第 11 页。

第一章 东亚道教的渊源与发轫

道教是在中国古代神仙信仰的基础上，以道家哲学为教理教义，以各种道术为实践方法，在汉代社会环境中逐渐成长起来的。以老庄思想为核心的道家和以"得道成仙"为基本信仰的道教错综复杂地交织在一起，不仅在跨文化传播中发展为东亚道教，还在东亚社会产生了广泛而深远的影响。东亚道教虽然是一种"想象的概念"或"想象的宗教"，但它却可以帮助我们在研究范式上超越简单的、现代的民族、国家、区域的历史与文化的束缚，去探讨道教如何在继承老庄道家思想的基础上，建立起自己的宗教信仰和组织制度，又如何随顺着时移世异而传播到东亚文化圈中？通过对东亚道教文化渊源的探究，去寻找推动东亚道教的发轫以及在不同的民族、宗教和区域中形成"移动的历史"的文化动因。

第一节 东亚道教的文化渊源

若将道教置于东亚世界中来考察，首先需要从庞杂的文献资料中来重新追溯"道教"这个概念的内涵意义及实际指代。由于道教是将道家哲学宗教神学化的产物，道教和道家在思想上有相通之处，长期以来，中国人经常性地将道家与道教混同使用，东亚学者也是不加区别，故在西学东渐之后，19 世纪来华传教士，根据"道"的发音，用英语的 Daoism 或 Taoism 来指称道教现象或老庄哲理。[①] 其实，与英语一样，在欧洲的几种重要语言中，"道家"与"道教"也是用同一个词来表达，德语是 Taoismus、法语是 Taoïsme、俄语是 Даоснэм，等等。据说，确定这个词的拼法花了几十年的时间才固定下来，但却反映了在当时欧洲人的头脑中有一种认识，似乎道家和道教来源于同一种古老的文化传统，不需要再对它们进行严格区分了。如法国道教研究的开创者亨利·马伯乐（Henri Maspero，1883—1945）就认为，道教是世界最奇妙的宗教之一，"道家和道教并不如一般人们所说的那么不同，他们彼此来自同一种极古老的宗教的根源"[②]。哲学的道家和作为宗教的道教虽有鲜明的差异，但它们都是以"道"为本而具有了一种根源性的联系，其内在一致性远远超过了彼此之间差异与矛盾。这一看法基本上为后来的法国学者所遵循，其结果是他们经常将道家和道教联系起来进行研究，并"试图通过对于道教和中国古代神话、宗教仪式以及信仰概念的形成的研究，重新解释道教的世界观"[③]。

20 世纪，随着道教研究在东亚社会的展开，一些日本学者在对道教进行研究时，对道家和道教之关系问题给予了较多讨论，力图从学理的层面将"道家"与"道教"区分开来，出现了用 Religious Taoism 来指称道教，用 Philosophical Taoism 来界定道家，如吉元昭

---

① 英国汉学家理雅各（James Legge，1815—1897）在其著《中国的宗教——儒教和道教与基督教之比较》中，用 Taoism 来标音。"可能是由于理雅各的影响，以出版这本书的 1880 年为分界线，欧洲各国都开始以 Taoism 这一标音用来指道家和道教。"（[日] 福井文雅：《欧美的道教研究》，载 [日] 福井康顺等监修：《道教》第三册，上海古籍出版社 1990 年版，第 228 页。）

② [法] 马伯乐：《老子和庄子以及圣人的生的神秘体验》，载其著《道教与中国宗教》。该书作为《关于中国宗教和历史的遗稿》（三卷本）中的第二卷，是马伯乐的学生兼同事戴密微（1894—1979）对马伯乐生前的演讲稿以及在第二次世界大战期间写作的一些未曾发表手稿的汇集整理，于 1971 年在巴黎伽利马出版社出版后，被《不列颠百科全书》称为"关于道教的最优秀的先驱者的著作"。

③ 陈耀庭：《法国的道教研究一瞥》，载《文化传统寻绎》，学林出版社 1990 年版，第 305 页。

治说："欧美学者将以老庄思想为中心的道家与作为宗教的道教视为一体，而在日本则区分为道家与道教。"① 中国学者也大多以哲学与宗教为尺度来划分道家与道教。其实事情并非如此简单，从历史上看，一是道家与道教实态之交错性；二是"道教"一词本有的丰富性；三是来自不同国度的学者，从自己的知识背景和研究方法出发，对道教和道家的关系问题认识之多样性。各种因素交织在一起使道家与道教的关系呈现出难以想象的复杂性，这不仅是东亚道教研究难以绕过的一个出发点，而且也说明东亚道教有着丰厚的文化渊源。

笔者认为，道教是在原始宗教的自然崇拜、巫术禁忌、鬼神祭祀的基础上，吸收了秦汉时期流行的"九流十家"的思想学说。以老庄道家哲学为理论基础，以"得道成仙"为基本信仰而建构起来。"神仙之事，晚周已盛，南方（楚）为行气，称王乔、赤松；秦为房中，称容成、彭祖；燕齐为服食，称羡门、安期。三派之中行气之术最流行。"② 晚周时各地兴起的各种仙道文化相互融汇升华，为后来东亚道教确立神仙信仰和修仙之术提供了依据。在先秦诸子百家中，道家学说是以老庄的自然天道观为中心，宣扬人应当在思想上和行动上"道法自然"，可谓"生而不有，为而不恃，长而不宰"③，以一种"无为而无不为"的态度来行事，表现出与儒家积极有为不同的精神。道家在汉武帝推行"罢黜百家，独尊儒术"的文化政策后，不再作为一种独立的学术流派而存在，但南方老子之学与北方黄帝崇拜相融而成的黄老道在中国社会生活中逐渐崭露头角，并借鉴儒家和阴阳家思想推动道家向道教的衍化，这就意味着没有道家之源，就不可能有道教之流。道家的这种"自然无为"的精神后被道教继承发扬并贯彻在一切

---

① ［日］吉元昭治：《中国传统医学与道教》，《宗教学研究》1988 年第 2—3 期合刊。
② 蒙文通：《晚周仙道分三派考》，载《蒙文通文集》第一卷，巴蜀书社 1987 年版，第 335 页。
③ 《老子》第十章。

活动之中。道家之源与道教之流共同成为东亚道教的主要内容。

道教创立后，将长生成仙作为自己信仰的核心，以道家哲学作为其理论支撑，发展出一套系统化的仙学思想与修道实践并逐渐传播到东亚地区，则是大家比较一致的看法。这种希冀生命无限延长的神仙传说，以蓝色大海为纽带，早已出现在东亚那些倚山傍海的地区。朝鲜半岛三面环海，西与中国大陆紧密相连，日本列岛与中国一衣带水，越南地处与中国唇齿相依的中南半岛。日、朝、越民族自古以来就深受中华文化影响，类似于方仙道的神仙传说也是东亚地区一种共同的文化现象。例如，在朝鲜广为流传的檀君神话、朱蒙神话，日本的高天原神话、出云神话等，虽各有生动的形象和精彩的情节，但都表达了一种浪漫而永恒的题材——神仙是以无限的生命活力和神通广大的技能游走于天地人间。据此，韩国学者车柱环认为："从檀君神话开始就有神仙说或道教的色彩，显示很早以前韩半岛就已立好吸收道教的条件或根基。"[1]

早在两千年前，司马迁就在《史记·封禅书》中就将中国战国时齐燕沿海一带作为神仙思想的发源地，至今影响甚大。20世纪，中国学者顾颉刚提出中国古代留下昆仑和蓬莱两个神话系统，[2] 饶宗颐提出神仙思想源于以"楚辞"为代表的荆楚说，[3] 但有韩国和日本学者却从东亚文化的视域来看，认为"东方海滨地区是东夷的故地，而且楚也是东夷的一支的祝融的后裔。这说明神仙思想与东夷文化紧密联系"[4]。神仙思想原属于古东夷民族的朝鲜族群的固有信仰，这种信

---

① [韩] 车柱环：《韩国道教思想》，人民出版社 2005 年版，第 75 页。

② 参见顾颉刚：《〈庄子〉和〈楚辞〉中昆仑和蓬莱两个神话系统的融合》，《中华文史论丛》1979 年第 2 辑。

③ 参见饶宗颐：《荆楚文化》，台湾《"中央研究院"历史语言研究所集刊》第 41 本，第 2 分册。

④ [韩] 金晟焕：《先秦神仙家渊源考》，载中国中央民族大学韩国文化研究所编：《亚细亚文化研究》第一辑，民族出版社 1996 年版，第 470 页。

仰传入与朝鲜相邻的河北、山东后逐渐传遍中国全境。[①] 虽然哪里是东亚神仙思想的发源地至今仍在争议中，但不同族群中流传的有关神仙的传说都是作为一种远古的精神象征和文明记忆而存在的，它们构成了东亚道教的信仰特征和文化偏好的基本向度。

秦始皇为追求生命不朽而遣徐福进行的海上求仙活动，不仅推动了方仙道在齐燕社会中流行，也促进了神仙信仰在东亚的传播，可谓"红云起处是蓬瀛，十二楼台白玉京。不知秦世童男女，还有儿孙跨鹤行"[②]。山东半岛是东亚世界的交通枢纽，通过海路北接辽东，南通闽粤、越南，往东可达朝鲜、日本。徐福海上求仙后究竟去了何地？至今异说纷纭，中国人说，"徐福将先进的中国文化带到朝鲜半岛和日本列岛，推动了古代朝鲜和日本社会生产力的发展。跟随徐福东渡的数千中国人以及前后渡海而来的华夏儿女，在日本、朝鲜落地生根，繁衍后代，以友好的姿态传播了先进的华夏文明，与韩国、日本人民建立起密不可分的血肉关系。"[③] 日本人有"徐福到了日本之说，假称日本和歌山县的新宫里有徐福墓，青森县小泊村有徐福像，而且在国芳的锦绘中也有描绘，因此江户时代的人一定笃信这种说法"[④]。如，今枝二郎在《"记·纪"〈万叶集〉にみゐ道教の痕迹》一文中列举李梅溪（1617—1682）对"秦徐福之墓"的考证；平田笃胤（1776—1843）的《三神山余考》，以熊野山下、飞鸟故地的徐福墓、徐福祠等遗迹来说明徐福传说在日本历史上的影响。[⑤] 韩国人则说，

---

① ［日］福井康顺等监修、朱越利译：《道教》第三卷，上海古籍出版社1990年版，第47页。

② 《赋日东曲十首》其四，载［日］伊藤松贞辑：《邻交征书》，上海辞书出版社2007年版，第87页。

③ 中国国际徐福文化交流协会编：《徐福志》，中国海洋大学出版社2007年版，第56页。

④ ［日］漥德忠：《道教史》，上海译文出版社1987年版，第57页。

⑤ ［日］今枝二郎：《道教：中国と日本をむすぶ思想》，日本放送出版协会2004年版，第194—195页。

徐福到了朝鲜半岛。据韩国的乡土资料《心斋集》记载："西归浦沿边有峭壁，不啻数千仞，下临沧海，鲸涛汹涌，世传壁半有秦方士徐福所刻字痕云。"① 从当时航海条件和航海工具看，徐福一行沿海岸航行需要不断补充淡水和粮食，遇到大风浪还需要躲进港湾避风。山东半岛和朝鲜半岛，东西对峙，距离不远。徐福的船队若从山东半岛出海很快就能到达朝鲜半岛。

在韩国庆尚南道的南海岛中心的灵山和锦山上，现在还有保存完好的"徐市起礼日出"的摩崖石刻，相传徐福一行在那里祈祷，希望能找到仙药。后来徐福一行听说济州岛上有高高耸立的汉拿山，把它当成三神山之一的瀛洲岛。徐福东渡途经济州岛，北岸登陆后祭太阳，留下刻石"朝天石"三字，然后将刻石埋入地下。高丽时代曾在此修建朝天馆，现在该地仍叫朝天邑。在济州岛南端的正房瀑布滨海石崖上刻有篆体字"徐市过之"四字，"徐市"即徐福，传说是徐福当年从此经过时留下的遗迹。② 徐福一行离开济州岛时准备"向西回家"，因此人们把他离开时的那个渡口称作"西归浦"，现在济州岛上有西归浦市。徐福及其后人在此耕作的传说流传了两千多年。③ 济州市内有三姓穴，相传在古时石穴洞中出现了姓高、良、夫的三位神仙，他们可能是徐福船队停留在西归浦时掉队的三位男童，后来到北海岸后，就住在那里的火山洞。据说，徐福一行本打算西行回中国，没想到反而向东去了日本。到日本后，徐福又派了三名童女乘着木舟、带着牛马和五谷种子回到济州岛。三位仙人和三位公主结了婚，就在岛上定居下来。今天住在这里的高、良、夫三姓氏的人也都相信他们是徐福的子孙。济

---

① 参见朱亚非主编：《徐福老》，山东人民出版社 2009 年版，第 77 页。

② 参见中国国际徐福文化交流协会编：《徐福志》，中国海洋大学出版社 2007 年版，第 58 页。

③ 参见 [韩] 洪淳晚：《徐福集团与济州岛》，[韩] 高应山：《关于济州岛和徐福渡来说的考察》，载张良群主编：《中外徐福研究》，中国科学技术大学出版社 2007 年版。

州岛上的著名景点"三姓穴"就是这个神话故事的历史遗迹。总之，各种有关徐福海上求仙活动的传说构成了东亚道教文化的一个母题。

方仙道在渤海湾一带所开展的海上求仙活动沟通了东亚各国之间的联系，所发明的种种求仙方术，企求实现"得道成仙"的生命理想，也成为促进道教向东亚传播之精神先导。朝鲜半岛自古以来就流传着三神山及各种神仙传说，"南海岛、釜山所在的庆尚南道以及济州岛所在的全罗南道，都有蓬莱、方丈、瀛洲那样的地名"[1]，以至于在朝鲜半岛渐渐出现中国古代信仰的"三神山"就在朝鲜半岛的说法，如高丽时文学家李仁老就强调本国是神仙之国："本朝境接蓬莱，自古号为神仙之国。"[2]此后，朝鲜王朝史家李晬光（1563—1628）在《芝峰类说》中明确地说："世谓三山，乃在我国，以金刚为蓬莱，智异为方丈，汉拿为瀛洲，可以杜诗'方丈三韩外'证之。"[3]他还用唐代诗人杜甫的《奉赠太常张卿均十二韵》来佐证徐福所找的三神山全部位于朝鲜半岛。这一说法得到很多学者的认同，如郑弘溟（1582—1650）认为"若高丽、百济、新罗，国虽一域，粤有蓬莱、瀛洲、方丈，山则三神。"[4]如朴趾源《热河日记》说："我国人以金刚山为蓬莱，济州汉拿山为瀛洲，智异山为方丈。"[5]其中影响最大的要数李能和（1869—1943）在《朝鲜道教史》中提出，中国道教崇拜的"三神仙在海东说"：

① ［日］石川幸子：《韩国的徐福》，李书和主编：《徐福东渡国际研讨会专辑》，秦皇岛市政协文史学宣委、秦皇岛市徐福研究会编，第23页。
② ［朝鲜］李仁老：《破闲集》卷下"跋"，亚细亚文化社1972年版，第53页。
③ ［朝鲜］李晬光：《芝峰类说》卷二，载韩国民族文化推进会编：《韩国文集丛刊》第66册，景仁文化社1996年版，第161页。
④ ［朝鲜］郑弘溟：《青鹤洞碑》，载韩国民族文化推进会编：《韩国文集丛刊》第2册，景仁文化社1996年版，第146页。
⑤ ［朝鲜］朴趾源：《热河日记》卷五《铜兰涉笔》，上海书店出版社1997年版，第353页。

　　燕齐秦汉方术之士，皆指我海东有神山仙岛，是自上古沿传者然也。黄帝东到青丘，见紫府先生，受《三皇内文》云云，即为其证。盖我朝鲜三面环海，又多名山，往往有神异之迹，皆其得名之所自也。即如长白之天池、金刚之山水、妙香之石龙窟（世传檀君窟者），平壤之麒麟窟、汉拿之白鹿潭、智异之青鹤洞、江华之堑城、茂陵之绝岛、阿达斯三圣祠、扶苏岳八仙之堂、纥骨之求仙台、牧丹之乙密台等，诸胜地名，不虚得也。①

　　李能和将三神山与中国齐燕方仙道及道教神仙信仰联系起来讨论，智异山也叫作"方丈山"，被认为是长白山灵气向南而再度升起的地方，所以也叫"头流山"，其中有近百余座 1500 米以上的山峰，最著名的三大主峰是天王峰、般若峰和老姑坛。智异山与金刚山、汉拿山被并称为朝鲜半岛上"三神山"，是朝鲜民族崇尚的神山，这些山上至今还留存着各种神仙活动的胜地。对此，当代韩国学者朴正锡列举出朝鲜古籍《东国世纪》《耽罗志》《瀛洲志》《济州邑志》等来加以说明。②朝鲜与日本都有"方士所说三神山，蓬莱、方丈、瀛洲，在海中，神仙常往来游居其间。日本人自认为其国所有。我国亦以金刚山为蓬莱，济州汉拿山为瀛洲，智异山为方丈"③。中国台湾学者梁嘉彬（1910—1995）则认为，济州岛即三神山中的方丈，日本是瀛洲，琉球群岛是蓬莱。这种将三神山分布于不同国家的说法，说明东亚古代信仰中，既有来自中国方仙道的三神山信仰，也有源于本土的神话传说，它们以一种特殊而神奇的方式相融合，支持着道教神仙信仰在东亚文化圈中挺立。

---

① ［朝鲜］李能和辑述：《朝鲜道教史》，齐鲁书社 2016 年版，第 17 页。
② 参见［韩］朴正锡：《以瀛洲神山汉拿为中心》，载《徐福文化交流》2000 年第 9 期。
③ ［韩］朴趾源：《热河日记》，上海书店出版社 1997 年版，第 353 页。

第二节　东亚道教的宗教形态

　　魏晋之后，道家作为一个学术流派走向沉寂，但道家代表人物老子、庄子、列子等道家人物的著作在道教文献中保留下来。如果说，汉末道教以神化老子为主，那么，魏晋以后，庄子、列子、关尹子、文子、庚桑子等道家人物逐渐被奉为神仙。唐代以后编纂《道藏》时几乎把先秦以来的道家著作网罗无遗，并始终将老子《道德经》奉于至高无上的位置。道家倡导发天道、顺自然、明人伦、重生命，追求"天人合一"也成为道教教义的理论基础。值得研究的是，为什么道教在创立之初就选择了具有隐逸风格的老庄道家作为自己的理论主体呢？为什么在后来千百年的历史中，道教始终奉行以"道"为本的理念，在"道论"的基础上来建构、完善并壮大自己的教义学说？若再放眼道教在东亚的传播，就可见无论是在中国，还是在朝鲜、日本、越南，老庄道家思想似乎一直都是道教传播的开路先锋，那么，道家向道教衍化的内在契机究竟是什么？

　　道家的"清静无为"思想在汉初被用于治国实践，出现了中国历史上著名的"文景之治"。汉武帝继位后，既推行儒家学说，又崇信神仙之术，在使儒家学说走上了谶纬神学化道路的同时，也使以黄帝为代表的神仙家与以老子为代表的道家思想融汇成颇具宗教化色彩的"黄老道"，开道家向道教的转化之先导。在汉代文人的笔下，老子也成为"道"的化身，变成了神通广大的"神"，完成了由隐士向教主的衍化。从东汉益州太守王阜作《老子圣母碑》将"老子"与"道"相提并论，到陈相边韶写《老子铭》，均扼要叙述了老子生平事迹，指明孔子问礼于老子之具体时间，主要是采用了黄老道语言来神化老子。道家经过文人多方面地不断改造，其代表人物黄帝与老子也被神格化，衍化为道教的前身黄老道。

　　信仰对象的神格化是道家能够转化为道教的内在契机。中国汉画像是汉代人雕刻在石摩崖、庙阙、祠堂、宫殿、墓室等建筑物上的装饰性石刻壁画，主要分布在四川、河南、山东、江苏等地，从留存到今天的汉代画像石、画像砖、壁画等艺术作品中看，老子、黄帝、西王母、太一、北斗、伏羲、女娲、四瑞神兽等都是道教信仰重要的题材，如洛阳卜千秋西汉墓中的主室后壁绘有青龙、白虎，墓顶还有一幅《升仙图》："绘有日、月、伏羲、女娲、持节羽人、青龙、白虎、朱雀、西王母、九尾狐、玉兔等等。墓主夫妇分别乘腾龙和三头凤，在持节方士及仙女的导引下，由仙禽神兽护卫升天的景象，表现出生生不息、循环往复的天堂仙界以及墓主人升仙的壮观场面"[1]。在山东沂南画像石墓北壁横额上，依据先秦"黄帝四面"的传说，将黄帝的四幅面相都刻在画中。河南偃师汉墓壁画中，西王母被称为"金母""王母娘娘"等，被刻画成年轻美貌的妇女，为众仙之首、女神领袖，是长生不死的象征。这些汉画表明当时人们不仅将哲学家老子奉为神，而且还将古代神话中的人物神灵化。

在道家向道教衍化的过程中，外来佛教也从宗教角度起到了一种促进作用。"佛教不是并且也从未自称为一种'理论'，一种对世界的阐释；它是一种救世之道，一朵生命之花。它传入中国不仅意味着某种宗教观念的传播，而且是一种新的社会组织形式——修行团体即僧伽（Sangha）的传入"[2]。佛教于两汉之际来华，在建立僧伽团体的过程中，正值中土社会上各种方术迷信盛行之际。对天帝、鬼神、祖先的崇拜和祭祀、卜筮、占星、望气、风角等种种方术，在当时社会上都非常流行，特别是黄老神仙方术更是盛极一时。人们自然把佛教也理解为是黄老神仙方术的一种，往往将黄老与浮屠并列祭祀，以求通过宗教仪式而获得一种救世之道。据《后汉书·楚王英》记载：楚王刘英"晚节更喜黄老，学为浮屠，斋戒祭祀"这种做法一方面"与佛教

---

[1]　邱振亮：《中国美术史》人民美术出版 2007 年版，第 46 页。
[2]　[荷兰] 许里和：《佛教征服中国》江苏人民出版社 1998 年版，第 2 页。

有意地迎合并依附于黄老方术有关"①，另一方面也与人们对外来佛教缺乏了解，往往是以自己的知识背景来理解一种外来文化现象有关。汉明帝永平八年（65）给楚王刘英的诏书说："楚王诵黄老之微言，尚浮屠之仁祠，洁斋三月，与神为誓"②。这种将黄帝、老子与佛陀并祀的做法，既反映了中国人以自己的知识背景来理解外来文化的努力，也在客观上将老子神格化为崇拜对象，建构起道教的宗教仪式。

由汇集了多种文化传统而来的黄老道，既没有建立组织形式，也没有固定宗教教义，但似乎却能够以"道"为标识，以黄帝与老子为崇拜对象，以中国文化正统的身份，与刚刚传入中国的佛教相抗衡，这就为一种新的民族宗教的出现开辟了道路，"巨鹿张角，自称大贤良师，奉事黄老道"③。东汉末年所兴起的太平道和五斗米道深受黄老道的影响，一般认为，它们的出现标志着道教的创立。道教在创立之后，就一直与佛教处于既相互冲突，又相互借鉴之中，双方由此走上了共同发展的道路。虽然道教将佛教引为同道，为佛教在中土的传播开辟了道路，也在与佛教的冲突中不断地吸收着佛教成果来完善自己，但道教在向东亚世界传播的过程中却常常伴随着佛教的传播而进行，这是一个耐人寻味的现象。

但如果探究一下现存最早的道书《太平经》问世与传播的情况，就可见道教并不像某些世界性宗教那样，是由某个教主依据自己的理念在短时间内创建起来的。道教有一个比较漫长的孕育期，借用美国社会学家杨庆堃（C.K.Yang，1911—1999）在《中国社会中的宗教》中的术语，是由分散性的宗教（diffused religion）慢慢发展为制度性的宗教（institutional religion）④，从缺乏系统的组织机构、缺乏系统训

---

① 洪修平：《中国佛教文化历程》，江苏教育出版社 2005 年版，第 33 页。

② 《后汉书》卷七《孝桓帝纪》。

③ 《后汉书》卷七十一《皇甫嵩传》。

④ 参见［美］杨庆堃：《中国社会中的宗教——宗教的现代社会功能与其历史因素之研究》，上海人民出版社 2006 年版，第 268 页。

练的专业神职人员和严密戒律等，到以不断汇聚中国古代多种文化因素为基础，在政治动荡不安、自然灾害频繁、有神论思想高涨的两汉社会中逐渐形成独立于世俗社会和文化，有自己的教义理论、信仰对象、斋醮仪式的组织体系。早期道教的渐进性导致了它从一开始就以包容的态度吸取各种文化因素来为己所用，形成了"杂而多端"的特点。这些文化因素围绕着神仙信仰后来在东亚道教中得到延续，使之具有了大众化、民间化、方术化等性格特征。

汉朝"虽然没能达到直接完成'东亚世界'，可是此处的'东亚世界'就政治性的世界而言，它的形成已开启了端绪，并达成了完成它的准备"①。《史记》《汉书》都是从秦汉之际的卫满② 开始记录古朝鲜的历史，"卫满"移民不仅将中国先进文化，如医药知识、天文、气象、航海知识以及儒家、道家、阴阳家等思想传播到朝鲜半岛，而且还以神仙信仰为中心使东亚文化逐渐形成了一个具有共同文化因素的整体。汉武帝即位后，也幻想能够找到不死之药，于是宠信方士李少君、栾大、公孙卿等。汉武帝还多次驾临山东半岛，登上渤海边上的丹崖山，寻求"蓬莱仙境"。汉武帝从元光二年（前133）开始遣方士求神仙，到征和四年（前89），他才悉罢诸方士等候神人的活动，持续时间长达45年之久。期间，汉武帝元封三年（前108）灭卫氏朝鲜，在朝鲜半岛设置了乐浪、临屯、玄菟、真番四郡进行统治，在将汉朝疆域扩大到朝鲜半岛的同时，也扩大了汉文化乃至神仙信仰在东亚地区的影响。

初创时期的道教是否就传到东亚地区？因资料缺乏不得而知，但据《三国志·魏书》记载，当时东亚海域的交通线已开通，其线路大致是从汉朝都城洛阳东北渡黄河，穿华北平原，过长城，至辽东半

---

① ［日］西嶋定生：《东亚世界的形成》，刘俊文主编：《日本学者研究中国史论著选译》，中华书局1993年版，第98页。

② 一般称为卫满，《史记》《汉书》写作"王满"，但《后汉书》《三国志》则记作"卫满"。

岛最南端。然后再从辽东半岛东"循海岸水行，历韩国，乍南乍东，到其北岸狗邪韩国，七千余里，始度一海，千余里至对马国"。再渡瀚海，至一大国（今壹歧岛），陆行后，"又渡一海，千余里至末庐国"。然后到"伊都国"，再向东南行至"奴国"，再东行至"不弥国"，南至"投马国"。再南行至由女王统治的"邪马壹国"。"自女王国以北，其户数道里可得略载，其余旁国远绝，不可得详。次有斯马国，次有已百支国，次有伊邪国，次有都支国，次有弥奴国，次有好古都国，次有不呼国，次有姐奴国，次有对苏国，次有苏奴国，次有呼邑国，次有华奴苏奴国，次有鬼国，次有为吾国，次有鬼奴国，次有邪马国，次有躬臣国，次有巴利国，次有支惟国，次有乌奴国，次有奴国，此女王境界所尽。其南有狗奴国，男子为王。"[1]海路开通后，中国人了解了东亚各国的地理位置与国家状况，各国之间还进行过一些文化交流，如汉光武帝曾赐予倭奴国王一枚蛇纽金印。

东亚道教的形成与发展是一个由民间底层社会渐渐传播到上层社会，由中国渐渐传播到东亚各国的过程，形成了若干鲜明的宗教形态，如没有统一创教者、众多派别并存、思想杂而多端、信仰对象丰富、道术种类繁多、重视以符水为人治病等，反映了道教作为以"道"为本的多神教，紧密地贴近着百姓的生活世界和精神信仰，这成为其能够在东亚社会持续传播发展的重要原因之一。

第三节　东亚道教的"中心—边缘"

道教虽然是中国民族宗教，但它很早就突破高山大海的天然地理屏障，传播于东亚各地，并逐渐发展成东亚道教。如果说，东亚道教

---

[1] 《三国志》卷三十《魏书·乌丸鲜卑东夷传》。

的中心辐射源在中国东部沿海地区，那么，其边缘的西边到达中国的西藏①、新疆②、甘肃③，北边到达蒙古地区，南边到达中南半岛，东边则到达朝鲜半岛和日本列岛，这是否就形成了一个东亚道教文化圈，此问题还值得研究，但从区域文化上看，东亚道教是一个有着空间性和地方性的概念，其传播范围虽然很广，但中心与主流仍在大陆东南部沿海地区，在19世纪之前，以中华文明一元论为核心的所谓东亚论有着开放通道和交流互动的"中心—边缘"的结构关系，这一思维结构的实质则是中国自古以来的"华夷秩序"的反映。东亚文化圈是以同心圆的形式由中心向边缘扩展，通过政治上的"宗藩"关系、民族上的"华夷"关系、文化上的"文野"关系和经济上的"朝贡"关系表现出来。东亚道教也是以中国东部沿海及江南道教为"中心"向东亚各国传播的。

若对东亚文化进行分类，按地理环境可分为大陆文化、海洋文化与岛国文化；按生产方式可分为农耕文化、渔业文化和游牧文化；按历史发展可分为原始文化、古代文化和现代文化。这些不同文化类型经常是交织在一起的，如中国是比较典型的大陆农耕文化和游牧文

---

① 道教文昌神在西藏安多地区被称为"阿尼尤拉"，成为人们比较崇拜的地方保护神。（参见本加：《安多藏我的文昌神信仰研究》，《世界宗教研究》2011年第1期。）道教的关帝信仰传入藏地后，被藏民族接纳、吸收、改造，演化为藏传佛教护法神灵体系中格萨尔崇拜现象。（参见加央平措：《关帝信仰与格萨尔崇拜——以拉萨帕玛日格萨尔拉康为中心的讨论》，《中国社会科学》2010年第2期。）

② 5世纪初，道教就西传到高昌地区。吐鲁番地区曾出土过一些道书，如《道德经序诀》《老子道教经注》《南华经》《洞玄神咒经》《太玄真一本际经》等。（参见周菁葆、邱陵：《丝绸之路宗教文化》，新疆人民出版社1998年版，第171页。）一些道教法术，如阴阳术、九宫数、炼丹术等至今仍在维吾尔族人中流传。（参见问永宁：《古回鹘文易经与道教因素之西传》，《世界宗教研究》2011年第1期。）

③ 20世纪初，在甘肃敦煌县有几座道观，由道士王圆箓发现的莫高窟千佛洞第十七号窟中藏有的四万余件经卷抄本中，有一部分是道经，时间大致集中在盛唐到中唐时期。这一震惊世界的发现说明"从中世纪到现代，敦煌与道教也可以说是牢牢地结下了不解之缘"（[日]金冈照光：《敦煌与道教》，载[日]福井康顺等监修：《道教》第二卷，上海古籍出版社1992年版，第317页）。

化，日本、朝鲜、越南以及中国台湾则是典型的岛国农耕文化和海洋渔业文化，香港与澳门则是在近代才得到开发的地区，更具有西方资本主义的生产方式，它们共同构成了东亚道教活动的文化背景。如果说，主要流传于大陆农耕文化中的道教是古代东亚道教的"中心"，那么，随着文化交流的展开，道教又以什么样的姿态在处于东亚边缘地区的岛国农耕文化和海洋渔业文化中传播？

从历史上看，由于东亚世界不同民族、国家、地区间存在着所谓的"文化位势差"，导致了中国的先进文化自然而然地通过三个层面向相对落后的周边地区传播：从物质文化层面看，主要是通过移民将汉字以及稻作文化传播到东亚；从精神文化层面上看，主要是儒学和佛教的传播；从制度文化层面看，"律令制，是以皇帝为至高无上的支配体制，通过完备的法制加以实施，是在中国出现的政治体制。此一体制，亦被朝鲜、日本、越南等采用，'东亚世界'的政治体制有其共通的特征"①。从道教在东亚汉字文化圈的传播来看，移民将道教带至迁入国后，与当地宗教相互作用，产生了诸如宗教整合（religious integration）、宗教同化（religious assimilation）以及多元宗教共存（religious pluralism）等现象，使中国道教以"内核文化""原型文化"的形态而形成一种向外传播的"辐射源"。尽管道教进入异域后，被宗教同化的现象时有发生，但通过在民众及上层社会中传教来发挥其宗教整合功能似乎更为普遍。这样，东亚各国所接受的道教可称为"外缘文化"、"变型文化"或"容受文化"。它们既相互联系，又因民族文化的差异而有所区别，形成了东亚道教的"中心—边缘"的互动关系。

秦汉时期，位于中国南部的中南半岛上的越南人的农业生产方式与生活习惯与汉地十分相似，越语同汉语密不可分，越南文化主要源

---

① ［日］西嶋定生：《东亚世界的形成》，载刘俊文主编：《日本学者研究中国史论著选译》，中华书局 1993 年版，第 90 页。

于中国，其内陆地区在很长时间里受中国政府管辖。中国文化对朝鲜半岛的影响更为强烈。箕子朝鲜就效法中国建立起自己的政治体制、社会模式和生产方式，后来朝鲜民族的文字书写、儒家思想、佛教信仰和艺术形式等都受到中国文化的影响。朝鲜半岛上建立的各种王朝，有时臣服中国王朝统治，有时也会与中国王朝进行军事对抗。朝鲜民族在积极借鉴和吸取中国文化的同时，仍保留了自己的民族文化特色。朝鲜以东的日本是远离中国大陆之外的岛国，在历史上从未被中国征服过，但日本从典章制度、农业技术到风物民俗都有取法中国文化的痕迹，日本文明几乎完全源于中国，只是日本人的民族意识较越南人和朝鲜人更为强烈，周作人曾说："中日都是黄色的蒙古人种，日本文化古来又取资中土，然而其结果乃或同或异，唐时不取太监，宋时不取缠足，明时不取八股，清时不取鸦片，又何以嗜好迥殊耶！"①所谓"和魂汉才"使得日本文化从骨子里又与中国文化大相径庭。

　　民族性格、族群差异和文化模式对道教在东亚传播的影响是显而易见的。东亚文化圈中的国家都是稻作农耕国，在日常的吃、穿、住、行的生活方式上有一些共同特征，但却形成了三种明显不同的文化发展模式和社会组织结构：第一种是中国所追求的"大一统"的政治体制、唯我独尊的外交政策和自给自足的小农经济的生活模式；第二种是越南与朝鲜借用了中国的政治体制和生活模式，但因地缘和民族文化背景上的差异，形成了与中国文化既相近又相异的特征；第三种是日本在整体上沿用了中国政治体制，努力学习中国文化，但由于岛国的地理环境、生产方式和民族性格的迥异，又表现出浓厚的民族特点，如稻作农业与海洋渔业并存的生产方式，日本人独具的风土观和通过与自然融合来感受神的存在的感性思维模式，以及"岛国的孤立性和民族的同质性催生了日本的村落意识和对共同体的强烈依赖

---

① 周作人：《日本的衣食住》，《国闻周报》1935 年第 12 卷第 24 期。

感"①。在日本人的意识中，文化还分为"表"和"里"两个层次。一般来说，所谓"表"文化是体制化的官方文化，而所谓"里"文化则是非体制化的私人的人际关系与社会关系的产物。日本民族性格的特征之一就是"里"文化优越意识。一般的日本人都认为"表"文化是一个虚幻的不真实的世界，故考虑问题都是从表里两重关系出发的，这与他们的内向型精神状态有关。不同的民族性格在一定程度上也可以决定对外来道教采取不同的认知方法和选择手段。

对于东亚文化圈的文化传播现象，汤因比特别指出："中国文明作为一方，朝鲜文明、日本文明、越南文明作为另一方，这两方面之间则存在着十分紧密的关系。后三个文明受到中国文明的启发，但它们沿着自己的路线发展了从中国文明借来的东西，这足以将它们明显地列入次一级的分支文明当中，我们可以将它们称为'卫星'文明。"②汤因比的历史观以文明的生成、成长、挫折和解体这四个阶段构成，他比较注重客观描述历史的发展过程，而较少说明主体之人是如何介入历史之中并推动文化发展的。日本京都学派代表人物内藤湖南（1866—1934）则根据中国文化在东亚的传播情况，提出了"文化中心移动说"：中国文化由内向外不断地扩大发展的趋势，使周边地区的落后民族在接受了中原地区先进文化的影响后，继续向四周扩散，并且和当地固有的文化传统完成整合，形成了一个个全新的民族文化，例如，日本文化正是在中国文化中心的影响下成长起来的。他特别用"盐卤比喻"来形容这种"文化中心移动说"，生动地诠释了东亚文化圈中出现的"中心—边缘"的关系。在中日文化关系上，"打个比喻来说，过去日本学者对日本文化的起源解释成为树木的种子本来就有，后来只是由于中国文化的养分而成长起来的。我却认为比如做豆腐，豆浆中确实具有豆腐的素质，可是如果不加进使它凝聚

---

① 杨伟：《日本文化论》，重庆出版社2008年版，"前言"第3页。
② [英] 阿诺德·汤因比：《历史研究》（修订插图本），上海人民出版社2000年版，第50页。

的外力，就不能成为豆腐。日本文化是豆浆，中国文化就是使它凝成豆腐的盐卤。"①内藤湖南认为，日本文化虽然是受中国文化哺育而成长起来，但它作为东亚文化圈中的一员，却是这个文化圈中的"优等生"。中国文化同样传到朝鲜和日本，但经过日本的吸收和改造后，不仅比朝鲜的发展得好，而且在许多方面甚至比中国原本文化更好。其实，每一种民族文化都自有它无与伦比的优势，也自有它无法去除的劣根性，道教在东亚的传播也时刻面临着因族群认同问题而导致的文化交锋。

中国道教作为东亚道教文化的中心，向东亚地区的传播，在秦汉、唐朝和明朝出现了三次高潮。宗教传播的方式很多，一般来说，有的借靠军事武力，有的采用和平手段，有的通过移民带去，有的通过商贸方式进行，有的通过传教士传去。道教信仰流动的一个重要标志是信徒的迁徙。从东亚道教的传播可见，华夷之间虽然有血缘和种族的差异，但区别华夷的主要标准如宫崎市定（1901—1995）所说："武"的有无，不能决定。但"文"的有无，却可确定华与夷的区别。换句话说，"文"只存在于"华"之中，同时，正是由于有"文"，"华"才得以成为"华"。②东亚道教的传播方式主要是借助于移民以和平、文明的方式进行的。

但是，东亚族群之间的相互竞争而导致的生存危机，却使东亚道教的"中心—边缘"经常处于弹性的变动之中，形成了中心清晰而边缘模糊的景象。3世纪下半叶，日本列岛上出现"倭国大乱"，邪马台国卑弥呼女王以"事鬼道，能惑众"的方式来治理诸国，于混乱中崛起，成为众多倭国的盟主，并通过朝鲜半岛的带方郡而与中国魏国建立了外交关系。卑弥呼女王建立的政教合一的政体被认为是日

---

① ［日］内藤湖南：《何谓日本文化》，载《日本文化史研究》，商务印书馆1997年版，第7页。

② 参见［日］宫崎市定：《中国文化的本质》，载中国科学院历史研究所翻译组编译：《宫崎市定论文选集》下卷，商务印书馆1965年版，第304页。

本国家的起源。为巩固政治地位，促进社会经济与文化的发展，魏明帝景初二年（238）[①]，卑弥呼女王派遣难升米和牛利两个使者去朝鲜半岛的带方郡（今朝鲜京畿道及忠清北道），向魏国带方太守刘夏提出："求诣天子朝献"，即希望能去魏都洛阳朝见魏国皇帝，进献贡品。于是，刘夏即遣吏送使者去魏国都城洛阳朝贡，这让魏明帝非常高兴，于是下诏封卑弥呼女王为"亲魏倭王"，赐以金印紫绶，同时封正使难升米为"率善中郎将"，副使牛利为"率善校尉"，赐以银印青绶。魏明帝还赐以锦绢、金、刀、铜镜、珍珠、铅丹等物品作为对卑弥呼贡品的答礼。通常认为，邪马台国之所以向魏国进贡，一是因为卑弥呼女王痛感其邻国狗奴国不断挑衅的威胁，故遣使赴魏国寻求支持与保护；二是因为魏国看到当时朝鲜半岛南部势力增强，期望倭国能够从背后来加以牵制，借此巩固自己在周边国家的中心地位。从此，邪马台国与朝鲜半岛带方郡及中国魏国有了比较频繁的交往，确立了正式的册封关系。卑弥呼所采用的"鬼道"是否属于早期道教的范畴，不得而知，但随着东亚各国文化交流的不断展开，"'东亚世界'就政治性的世界而言，它的形成已开启了端倪"[②]。中华文明在东亚文化圈中占据的中心地位和表现出的优越价值，为周边国家能够接受并遵奉道教提供了良好条件。

唐代之前，道教传入日本的途径主要是那些具有道教信仰或携带着道书的移民经朝鲜半岛来到日本。随着唐王朝的建立，将老子奉为先祖，抬高道教的社会地位，道教在东亚的传播逐渐成为官方文化交流和军事竞争活动中的副产品。唐武德年间，唐高祖李渊得知五斗米道在朝鲜半岛高句丽传播，马上派道士送去天尊像。不久，因高句丽

---

① 据考证，景初三年（239）魏明帝司马懿收复了朝鲜四郡，令高句丽臣服，树立起魏国在东亚地区的地位，于是邪马台国马上派使者前来魏国朝贺，故此次进献活动应为景初三年。

② ［日］西嶋定生：《东亚世界的形成》，载刘俊文主编：《日本学者研究中国史论著选译》，中华书局1993年版，第98页。

军事统帅渊盖苏文（603—666）摄政初期就对新罗发动战争，高句丽与唐朝的关系开始恶化。据说是为了安抚唐朝，以拖延战争时间，渊盖苏文曾向国王上书，要求重视道教，在高句丽推行儒佛道三教并兴的政策。642年，高句丽遣使来唐学道教，太宗命叙达等道士八人前往传教。渊盖苏文又于643年派人到唐朝索要八部道经，以此试图与唐朝通好。① 虽然一些历史学家认为渊盖苏文支持道教的做法是因为要吞并新罗，而与唐朝的冲突不可避免的情况下，为拖延战争爆发的时间，假装安抚唐朝的一种权宜之计。因为两年后的645年，百济与高句丽联手攻打新罗时，唐太宗因百济与高句丽违反与唐朝的册封关系而支持新罗，亲自率兵攻打高句丽。唐军在拿下了几座高句丽城堡后，因安市城城主杨万春和渊盖苏文的反击以及天寒地冻的恶劣天气而被迫撤退，由官方主导的道教传播活动遂告一段落。百济败退后，向倭人求援，引发了663年唐朝与新罗联军在白江口（今韩国锦江入海口）会战日本军、百济联军的"白村江之战"。唐朝军队三次攻打都没能战胜高句丽，却与新罗的关系日渐紧密。新罗作为唐朝的藩国，依唐制来定正朔立服饰，在青年学子中推行唐朝文化。直到668年，渊盖苏文去世两年后，唐朝与新罗联军才最终消灭高句丽。新罗在唐军返回本土后，虽完成了朝鲜半岛的统一，但仍受封于唐朝而称臣，定时朝贡。这场持续二十多年的战争，扩大了唐朝在东亚世界宗主国的影响。

唐朝能够成为东亚各国拱卫的"中心"，取决于它所代表的政治趋势、军事强势和文化优势，以及周边国家对诸"势"的借助和需要。随着大唐帝国的声誉日隆，一个相对平衡而稳定的区域秩序出现在东亚地区。8世纪时，东亚各国掀起学习中国文化的热潮，朝鲜与日本派青年学子来华留学，中国的高僧大德则赴海外传教。无论是

---

① 《三国遗事》卷三，《大正藏》第49册，台湾新文丰出版公司1973年版（以下凡引《大正藏》皆为此版本，不再注明出版社），第988页。

《海东传道录》中所说的在唐文宗时代，新罗人崔承祐、金可记、僧慈惠三人来唐跟随钟离权学道，后将金丹道带回朝鲜半岛，还是日本平安朝的《日本国见在书目》中大量收录的有关道家和道教的经典书籍，都零星地反映了道教通过文化交流的渠道在东亚传播的情况。宋代以后，道教经书也从中国陆续流传到东亚各国。保留到今天的越南汉喃文献中就有一些道教经书，其中主要是由寺庙、道观、坛会刊刻的劝善书，可见道教在越南民间社会的影响。这是否说明，当时的东亚社会已形成了对道教的一种文化认同？

东亚道教文化圈的形成，一方面要取决于处于"中心"位置的中国道教的能量是否强大；另一方面也决定于周边政权和异族百姓对道教信仰的认可程度。"宋朝依然是'东亚世界'的中心，是这个世界的支配者，只不过这种支配不是在政治方面，而是在经济与文化方面。宋朝改变了'东亚世界'的原理，并使之持续下来。"[①]从道教在东亚世界的传播看，高丽王朝建立后，在宋徽宗的支持下，道教在朝鲜半岛兴盛起来，以福源宫为代表，建造起众多的道观，在高丽皇帝的主持下，经常举行为国家祈福消灾的道教斋醮科仪活动。明代以后，在中国帝王的支持下，道教更为广泛地传入东亚各国，与当地固有的宗教信仰相互渗透，似乎并没有遭遇异族文化激烈抵制与文化摩擦。例如，明王朝建立后不久，于洪武三年（1370）就派朝天宫道士徐师昊赴高丽举行祭祀山川活动。徐师昊所到之处，树碑立传，利用道教仪式来张扬大明王朝政治军事强势和赫赫国威，并没有受到当时行将没落的高丽王朝的抵制。道教的一些神灵，如吕祖、文昌、关帝等在东亚社会中也逐渐得到人们的广泛崇奉。

道教在东亚文化圈中的地位与影响的消长是由道教的性质及在中国社会中的处境来决定的。当道教传播到边缘地区后，随着东亚各国

---

① ［日］西嶋定生：《东亚世界的形成》，刘俊文主编：《日本学者研究中国史论著选译》，中华书局1993年版，第101页。

人士对道教的解读与选择，使道教在内容与形式上都逐渐出现了一些变异现象，所反映出的"中心"与"边缘"文化之间的差异是值得研究的。据《原始秘书》言："高丽之学始于箕子，日本之学始于徐福，安南之学始于汉立郡县而置刺史，被之以中国之文学，后至五代末，节度使吴昌文方盛。自中国流衍外夷，数千年间，其文皆不免夷狄之风，窘竭鄙陋，不足以续圣教者。盖其声音不同，其奇妙幽玄之理，非笔舌之可传，故不相合。"① 若此话用来形容"中心—边缘"之关系，可谓至理。文学是如此，道教其实也是如此。

非常有意思的是，自古以来东亚社会就拥有着众多族群（ethnic group）②，"共同祖先的信念以及习俗的相似会使族群群体内一部分人的活动扩散到其他成员中间，这是由于族群认同的意识会促进互相模仿。宗教群体的宣传尤为如此。"③ 如果说族群是有着共同的体质、语言、宗教、地域、习俗等文化特征的人群，那么在东亚的族群关系中，一旦以某种主观意识界定了族群边缘，那些处于族群中心的人不用经常强调自己的文化内涵，反而是那些处于族群边缘的会反复强调自己文化的古老和正宗，这是因为"族群是由族群边界来维持；造成族群边界的是一群人主观上对外的异己感（the sense of otherness），以及对内的基本情感联系（primordial attachment）"④。这样，"边缘"有时就成为观察东亚的族群现象，理解整个东亚道教的最佳位置。如果说道教在朝鲜、日本和越南的传播经历了一个与不同民族文化的

---

① ［韩］朴趾源：《热河日记》，上海书店 1997 年版，第 354 页。

② 学术界对族群的定义种类繁多，笔者按德国学者马克斯·韦伯（Max Weber）的看法，其所说的族群既不同于注重政治性的民族，也不同于注重亲缘性的种族。族群性的关键在于它关注自我与他人之差别，属于人们社会文化关系的一个方面。（Max Weber: Economy and Society: An Outline of Interpretive Sociology，New York: Bedminster Press，1968）

③ ［德］马克斯·韦伯：《经济、诸社会领域及权力》，载甘阳编选：《韦伯文选》第二卷，三联书店 1998 年版，第 96 页。

④ 王明珂：《华夏边缘——历史记忆与族群认同》，社会科学文献出版社 2006 年版，第 4 页。

碰撞与融合的过程，那么，民族文化则使东亚道教呈现出"中心·边缘"关系的鲜明差异。

如果将道教放到东亚社会的"中心—边缘"关系中加以考虑，就可见其与本地化和民俗化相伴而行，经常表现出一种去中心化的模式，通过分散性形式服务于当地的世俗社会，例如，通过岁节时令的祭祀活动、驱鬼消灾的拜神仪式、内丹养生的修道方式等来满足官方与民间的各种精神需要。道教被理解为日常生活秩序中的一个组成部分，渗透进以家庭为核心单位的个人生活中，在国家之间的互动中，能够以宗教形式来达到促进民族文化的认同作用。又例如，道教传入朝鲜半岛后，曾与当地流行的以檀君神话为中心的天神信仰相融合，焕发出具有朝鲜民族特色的别样光彩，其崇拜的元始天尊或玉皇上帝中也加入了朝鲜民族原始信仰中的天神观念。在朝鲜民族看来，天神是光明的，以白色为其象征色，故称其民族为"白民"，称其国家为"白民国"。然而，朝鲜时代道士的服装颜色不同于中国道士穿黄色、紫色或青蓝色的道衣，而是穿白衣，带黑皂巾。"道士之服，不以羽衣，以白布为裘，皂巾四带。"①朝鲜道士服装颜色的变化是否反映了其固有的民族信仰与道教融会调和的情况？另外，朝鲜道教既祭祀中国道教的三清神及种类繁多的功能神，如门神、寿星、城隍、文昌等，也保持了朝鲜民族宗教中祭祀天地山川和日月星辰等自然神的特点。朝鲜王朝时期，道观主要是国家或王室举行祭祀活动的地方，并非一般民众进行宗教活动的场所。朝鲜道士的专职工作是为王室祈求国泰民安而举行斋醮活动，他们白天在道观工作，晚上回到个人的住所中休息，而无须遵循中国道教的戒律。由此可见，中国道教传入朝鲜半岛后，经过朝鲜民族的民间信仰和风俗习惯的洗礼，逐渐在深层结构上融为朝鲜民族文化的一部分，由此而与处于"中心"地区的中

---

① 徐兢：《宣和奉使高丽图经》卷十八《道士》，《朝鲜史料汇编》（一），全国图书馆文献缩微复制中心 2004 年版，第 174 页。

国道教有了显著的区别。

若将道教置于东亚宗教中看，可见它是一种具有典型性的多神信仰的东方宗教文化类型，与西方宗教假定宇宙之间存在着一个绝对完善的上帝，试图通过预设上帝的本质来解释现存的世界，解释人性的善恶，将一切都还原为最终的终极存在相比，道教从万物有灵论出发而信奉多神，对各路神灵进行祭祀崇拜，这种信仰上的包容性和普适性使之能够在与不同国家和民族宗教文化的博弈过程中表现出较为顽强的生命力。同时，道教也强调要发挥人心的智慧，不断地通过身心修炼来体验天道，以超越各种外在的束缚，实现得道成仙的生命理想。道教的这种内在超越的理路，既关照到人当下的现实生活，也从人所赖以生存的社会、自然与他人的关系中来考察人，这种奠基于"关系"之上的思维方式，虽是东亚宗教所共有的文化类型，但道教以清静适闲的心态和发明各种特异的道术来拜神驱鬼、强身健体，以追求生命长存，又与其他的东亚宗教，如佛教、神道教、萨满教等有了鲜明区别。

文化的传播与发展时刻面临着这样一个问题：如何既"永远地保存自己"，又以"自身的缓慢改变"适应环境而不被淘汰？那么，值得研究的是，道教在东亚的传播过程中，永远保存了自己的什么东西？自身又缓慢地改变着什么以适应着不同类型的环境？

日本学者内藤湖南认为，文化的演进有一定的规律，其进程由"时势"和"地势"这两个基本因素所决定："以时为经，以地为纬，错综变化，文化历史就灿然而成立。"[①]在文化的发展史上，每一个时代都会因为"时势"和"地势"的关系产生一个文化荟萃的"人文向往的集中之所"，这便是这一地区所属的整个文化体系的中心。[②]中心文化具有稳定性、主导性和辐射性。边缘文化虽处于地势的边缘，

① ［日］内藤湖南：《近世文学论·绪论》，载《内藤湖南全集》第一卷，筑摩书房1973年版。

② 参见严绍璗：《日本中国学史稿》，学苑出版社2009年版，第268页。

又指相对于上层精英文化的下层民众文化，但它却具有强健的自我创生性、存在的合理性、旺盛的生命力和兼容其他文化的功能。中心文化与边缘文化的交织与冲突往往就是新方法、新眼光、新成果的孕育处。这是因为中心文化传入到异域边缘文化时，经常会对当地的主流文化产生一定的冲击，所以，在文化传播和文化转型的过程中，边缘文化并非仅是被动地接受，而常常扮演着与中心文化相抗争的重要角色。日本人对道教也是排斥大于吸收，这使道教在日本的传播经常处于隐而不显的状态。

从东亚道教看，边缘文化正是经过与中心文化的沟通、抗争，有所消化、吸取，才能在交汇不同文化的基础上实现重构，最终既突破中心文化的樊篱，也为自己带来了一种超越原初文化的新特征。中国道教在历史发展中就形成了繁杂庞大的神灵谱系，在向东亚社会流传的过程，一方面出现了一些富有民族文化特色的新神祇，另一方面，又注意吸收民间大众信仰中那些具有保护功能的神祇，如关帝、妈祖、真武、城隍、东岳、吕祖等，来满足百姓企求消灾去祸、平安如意的心理需要。

可见，东亚道教的"中心—边缘"不是一个固定不变的系统，它的信仰与思想内涵会因时因地而不断变化。如果说，文化是一种最深处的国家潜力，那么随着西方文化在东亚地区影响日盛，随着日本率先向现代化社会转型，进行明治维新之后，中国和日本在东亚舞台上的主角地位进行了轮换，中国不再是东亚文化的中心，而日本通过宣扬"大东亚共荣圈"，使吞并东亚的野心昭然揭诸天下，边缘文化更以一种新姿态展现出对中心文化的反影响力。所不同的是，日本的东亚秩序是刀剑铁血的"武威秩序"，而中华帝国的东亚秩序则是一种崇尚和平的"礼乐秩序"。中华帝国的"礼乐秩序"延续了二三千年，而日本的"武威秩序"只维持了几十年，在第二次世界大战之后就结束了。这一历史事实也促使我们通过考察"中心—边缘"的动态过程来看待东亚道教，更加深了我们在21世纪对建构东亚新文化的思考。

　　总之，在 19 世纪之前，东亚道教一方面以"向心"的方式发生，起到将多样化的东亚道教统一于中国道教的作用；另一方面，它又以一种"离心"的方式发生，使中国道教在他乡异国，通过与异族文化的冲突与交流，以一种别样的方式传播，并且只有那些有利于东亚各地不同民族的礼仪文化、伦理秩序和民俗习惯元素才能得以保留下来。19 世纪之后，"日本、朝鲜和中国，从文化上'本是一家'到'互不相认'的过程，恰恰很深刻地反映着所谓'东方'，也就是原本的华夏文化基础上东亚的认同的最终崩溃，这种渐渐的互不相认，体现着'东方'看似同一文明内部的巨大分裂"①。虽然这里用"最终崩溃""巨大分裂"来评说近代以来东亚三国在文化上的渐行渐远略显夸张，但从道教在东亚社会的传播看，在 19 世纪之后确实出现了许多新情况，随着传统的"中心—边缘"关系逐渐崩溃，取而代之的是现代东亚文化的崛起对传统道教的强烈冲击。

　　中国道教作为东亚道教之"源"，在东亚道教中处于"中心文化"的地位，尽管道教进入东亚后，被宗教同化而出现了在地化现象，但通过在民众及上层社会中传教来发挥的宗教整合功能仍得以不断发展。这样，东亚各国所接受的道教可称为"外缘文化""变型文化"或"容受文化"。两者既相互联系，又因民族文化的差异而有所区别，形成了东亚道教的"中心—边缘"的互动关系，使东亚道教始终没有疏离丰沃的中国文化之壤。第一，将老庄道家哲学思辨贯串于对天地人之道的认识和分析中，所建构的以道论为核心的哲学思想体系，为"得道成仙"的信仰提供了玄妙精微的解释，在东亚各国的知识分子中得到广泛传播。第二，道教保留着中国古代社会流传下来的以鬼神崇拜为特点的宗教信仰和原始巫术的成分，常常在符水治病、炼气养神、驱妖捉鬼等道术和祈福禳灾的斋醮科仪中体现出来，再融会东亚

---

① 葛兆光：《西方与东方，或者是东方与东方——清代中叶朝鲜与日本对中国的观感》，其著《中国宗教、学术与思想散论》，复旦大学出版社 2010 年版，第 135 页。

民间社会的各种方技数术、星相、风水、占卜、图谶及泛神论思想，致力于在民间向大众传播，在东亚传播中发展为最贴近百姓日常生活状态、最具有大众文化特点的"民众道教"。第三，以多神崇拜为中心，在中国古代祭仪的基础上，道教创建的伴有赞诵、音乐等艺术形式的斋醮科仪，宣扬上可使人升仙得道，中可安国宁家、延年益寿，下可除去前世今生的罪过、救厄拔难、消灾除病、解脱一切忧苦，成为东亚道教祭祀仪式之主体。

日本学者曾将道教分为两种：一为官方及老庄思想为精神支柱的知识分子所认可的"道士道教"；二为由道士以外的一般民众担任主角的"民众道教"。例如，窪德忠就将中国道教划分为"教团道教（成立道教）"和"民众道教（通俗道教）"，但他后来发现，这种划分犹如纸上谈兵，对道教的实际情况调查越多，两者的界限就越模糊，故后来在其著《道教史》中对"民众道教"这一提法提出异议。他认为：第一，民间的信仰不限于道教，也包含民众儒教、民众佛教之类的内容，所以称之为民众道教未必恰当；第二，当皇帝和知识分子也具有这种信仰的时候，就不能称之为民众道教了。[1] 奥崎裕司认为："民众道教的历史至少可以上溯到太平道和五斗米道。"[2] 从东亚视域中看，这种民众道教在东汉末年的兴起，逐渐向上层社会传教、向东亚地区传播，在唐代一度成为官方认同的"皇族宗教"，在宋代以后出现的儒、佛、道三教合一的文化运动中，又趋于向民众化的方向发展，重启主要在社会底层传播的"民众道教"的传教路线。这是否说明，道教在东亚的传播虽有赖于统治者的支持与推动，但"民众道教"却构成了东亚道教的一个最基本的传教面向？如下出积与就在此框架下曾以"民众道教"来描绘"日本的道教"，进行中国道教与日本神道教的比较研究，针对日本虽不存在道士和道观这样的教团组

---

① ［日］窪德忠：《道教史》，上海译文出版社 1987 年版，第 28 页。

② ［日］奥崎裕司：《民众道教》，载 ［日］福井康顺等监修：《道教》第二卷，上海古籍出版社 1992 年版，第 106 页。

织，却又不能否认有神仙信仰等道教因素存在于日本文化中的这一矛盾现象，再次提出"日本只有通过外来移民流传至日本民间的民众道教或民间道教，而不存在教团道教或成立道教"①。此观点虽然遭到许多质疑，但至今还没有出现新的理论框架，故"民众道教"的提法还在影响着日本的道教研究。②

道教虽然与佛教、儒学一并传入东亚世界，但却并没有像佛教那样在东亚得到长足的发展，也没有像儒学那样渗透到社会意识形态的各个方面，甚至成为日本、韩国和越南主体文化的一部分，而是始终处于一种似有似无的边缘状态，故长期以来，学界对于中国道教对东亚世界所发生的影响未能给予应有的注意。近年来，将儒家作为东亚文明的象征，将佛教作为东亚宗教的代表来进行研究的学术著作层出不穷，却对中国传统宗教的重要代表——道教在东亚地区的传播和产生的特殊影响力很少涉及。

为什么道教在东亚文化中的影响经常被人们所忽视？笔者认为，古代东亚文化圈的形成虽然是中国文化在东亚各国传播的结果，但中国文化各种要素的传播方式与过程是各具特点的。如果说，儒学与佛教采用的是"大张旗鼓"式的显性传播方式，那么，道教则好似处于一种悄然的、"润物细无声"式的隐性传播状态。这既是"道"文化特点的一种生动体现，也说明道教在东亚的传播与儒学、佛教相比遇到了更多的阻力。因此，只有摆脱民族主义的局限，以中国道教研究为出发点，以域外汉籍为基本资料，以跨文化研究为基本方法，来探讨东亚道教的历史价值及文化影响，才能加深对包括中国在内的整个东亚宗教与哲学思想的主要特点和现代价值的把握。

---

① ［日］下出积与：《日本古代の道教・陰陽道と神祇》，吉川弘文馆1997年版，第19页。

② 参见［日］新川登龟男：《日本古代と道教》，载《アヅア遊學》73号特集《日本文化に見ゐ道教的要素》，2005年3月，第12页。

第二章 道教在朝鲜半岛的传播

从地理上看，朝鲜半岛位于亚洲东部，由半岛和大小3300多个岛屿组成，号称三千里锦绣江山。朝鲜半岛气候温和，峰峦秀丽，依山傍海，物产丰富，北部与中国接壤，东北与俄罗斯相连，东南隔着朝鲜海峡与日本相望，是亚洲大陆和日本列岛之间的天然桥梁。中朝两国相邻而居，文化交流十分频繁，朝鲜文化深受中华文化的影响。对于朝鲜道教的源起，一直以来存在着三种观点：一是以崔致远《鸾郎碑序》、僧一然《三国遗书》为代表的朝鲜民族自创说；二是以《三国史记》中渊盖苏文向宝藏王建议引入道教为代表的中国传入说；三是中国道教和朝鲜民族文化相融共有说。[①] 笔者认为，朝鲜民族本有原生性的神教、仙道等，在历史上，朝鲜人经常会表露出"我本朝境接蓬瀛，自古号为神仙之国"的看法，甚至认为东方渤海湾是神仙信仰的发源地。[②] 连结中朝两国的渤海湾东部沿岸包括燕、齐、楚在战国中后期是海上三神仙传说最早流行地，也是原始道教太平道兴起的摇篮地。这为道教在朝鲜半岛的传播提供了文化土壤。传播到朝鲜半岛的道教被创造性地吸收与改造后，不仅传向日本，而且还返归中国，至今仍然对韩国文化产生着潜移默化的影响。因此，研究中国道教在朝鲜半岛的传播时，既不能过分强调朝鲜民族文化的主体性而忽视道教本有的中国之源，也不能简单地将其视为中国道教的衍生

---

① [韩] 林采佑：《韩国道教的历史和问题——有关韩国仙道与中国道教问题的探讨》，《世界宗教研究》1997年第2期。

② 参见[韩]郑在书：《不死的神话和思想》，汉城：民音社1994年版，第63—69页。

物，而是应当将其置于中朝文化的交融中，用异域之眼来反观并寻找其特有的不同于中国道教的民族文化特征，由此来说明东亚道教内涵的丰富性与复杂性。

第一节　朝鲜民族的原生性宗教

自古以来，生活在朝鲜半岛上原住民中流行着相信万物有灵的萨满教，认为万事万物，包括动物、灵岩、奇树里都存在着神灵，这些神灵能左右人间的吉凶祸福，因此人要采用某些方法，如喜欢体现清净思想的白色，向太阳升起的东方朝拜等以趋利避害。这种崇尚清净与光明的信念、禳灾祈福的咒术仪式和以占星术、谶纬预言术为特点的宗教行为，构成了朝鲜民族原始性宗教的基本内涵。有些学者把这种古朴而富有民族特色的萨满教称之为"神教"，或称"仙教""巫教""明神道""天神教"等。这种注重祭祀的"神教"与道教相似而并不相同，但它却为道教在朝鲜半岛的传播提供了丰厚的文化土壤。

檀君创建古朝鲜国故事，既是朝鲜民族神话最古老的原型，也是"神教"的天神崇拜的精神之源，但有关于这则神话传说的文字记载最早出现于13世纪的《三国遗事》中："《魏书》云：乃往二千载，檀君王俭，立都阿斯达，开国号朝鲜，与唐尧同时。"檀君神话发源于朝鲜半岛的太白山上，据说，檀君名王俭，是天帝桓因（又称"桓仁"，韩语"天神"的音译）的后代，由天帝之子桓雄（又称"桓熊"，韩语"天仙"的音译）和熊女所生。熊、虎、檀树作为灵兽、灵木，是沟通天地的重要工具。"檀君"是"巫师"的意思，他能够执行天神的旨意，以弘益人间的信念来管理人民，因德高望重而得到部族人民的敬仰。后来，檀君在"唐尧五十年庚寅"以平壤为都城，建立国家，史称"朝鲜"，意为"宁静晨曦之国"，故平壤又有"王俭城"之称。古朝鲜的成立使朝鲜民族结束了漫长的原始社会而进入文明时代，檀君被奉为古朝鲜国的开国君主，据说统治朝鲜1500年，后隐居于阿斯达山，长生不老，活到1908岁才升天，成为"山神"。

有关檀君事迹是由古代神话传说一点点累积成型的，虽因历史久远、神异色彩浓重而显得扑朔迷离，但后人通过对神话的添血加肉，使檀君朝鲜更像是一段历史。后来，朝鲜仙传《青鹤集》将檀君神话接续到中国早期神仙家所传仙脉，将檀君奉为神仙，由此说明朝鲜半岛自古以来就流行着既富有民族特色、又与中国道教相类似的神仙信仰。檀君既神又仙，与中国道教所崇拜的神农、黄帝相类似，故李能和认为"朝鲜檀君神话最近于道家说"①。

《三国遗事》中还记录了朝鲜半岛流行的高句丽始祖"朱蒙升天"、新罗始祖"朴赫居世"、庆州金氏始祖"金阙智"、朝鲜半岛南端伽倻国"金首露王"等东夷神话，表达了朝鲜民族对太阳、熊、鸟的崇拜。这些神话在各自的神异性中都包含有追求长生、白日升天、天神下凡等道教元素，如"朱蒙升天"表达了夫余高句丽族的族源神话，其中有些与道教神仙相类似的因素：朱蒙的父亲解慕漱头带鸟羽冠，腰佩龙光剑，"乘五龙车"飘浮在彩云间，像神仙下凡一般来到人间，人称"天王郎"，这隐含着东夷系神话向道教演变的线索。

从中朝交流史上看，周武王灭殷商，封商朝遗臣箕子于朝鲜。当箕子率五千中国人在朝鲜半岛建立"箕氏朝鲜"后，箕子以"礼乐仁义"为准设立"八条之教"，通过倡导禁杀、禁盗、禁伤、禁淫等来"一变夷俗"。由此政教盛行，风俗淳美，使"东夷"朝鲜变成礼义之邦，反映了中华文化的影响。檀君的后人在箕子来到朝鲜半岛后，带着族人向南迁移。箕子朝鲜（约前1122—前194）传位四十一世，历时近千年，其重视礼教、尚崇神仙、爱好白色的文化传统，与朝鲜居民的原生性宗教信仰相结合，形成了根深蒂固的文化传统，成为道教在朝鲜半岛传播的温床。

---

① ［朝鲜］李能和辑述：《朝鲜道教史》，齐鲁书社2016年版，第6页。

到秦汉时,"秦并六国,燕人卫满避地朝鲜,因王其国,百有余岁"[1]。燕国人卫满带着1000多名族人来到朝鲜半岛,得到当时的箕子朝鲜国王箕准的礼遇。卫满以封地为依托,不断吸引汉人流民前来,通过积聚自己的政治、经济和族群力量,最终消灭了箕子朝鲜,自称韩王,建立了卫满朝鲜(前195—前108)。

檀君朝鲜、箕子朝鲜和卫满朝鲜被称为"古朝鲜"时期。但卫满朝鲜只存在近90年。汉武帝元封三年(前108)出兵消灭了卫满朝鲜,在朝鲜半岛设置"汉四郡"——乐浪、临屯、玄菟、真番来实行郡县制管理,尤其是创造光辉灿烂的"乐浪文化",积极主动将汉代文化传到朝鲜半岛。朝鲜半岛逐渐脱离了神话时代,在部族联盟的基础上建立起以王权为中心的古代国家体系,进入"三韩"——马韩、辰韩和弁韩三大部落并立时期,史称"朝鲜前三国时代"。"韩"与"汉"、"檀"语音相似,都有"伟大"的含义,其中"辰韩"的居民为秦之亡人[2],故又称"秦韩";马韩的居民主要是檀君朝鲜南迁的遗民和箕子的后代,是"三韩"中最大的国家。据《史记·秦始皇本纪》记载,马韩的祖先韩终因入海求仙来到朝鲜半岛的南部,在那里建立了马韩国,推动了神仙信仰在朝鲜半岛的传播。

第二节 三国时代对道教的接纳

在公元前1世纪下半叶,朝鲜半岛汉江以南渐次出现三韩配三国的格局。马韩被百济取代,辰韩被新罗吸收,弁韩则演化成伽倻之后又发展为新罗。高句丽(前37—668)位于中国东北和朝鲜半岛北部一带,其统辖范围大致是汉武帝时期设立的玄菟郡。高句丽居民与新

---

[1] 《后汉书》卷八十五《东夷列传》。
[2] 《三国志》卷三十《魏书·东夷传》。

罗、百济的族源不同，主要是濊貊人和扶余人（包括沃沮和东濊），后又接收了满族的先祖靺鞨人和三韩人，故今天的中国、朝鲜和韩国三个国家都声称高句丽是自己国家的原始民族。历史上一般将高句丽与百济、新罗并称为"三国时代"（前57—676）。

道教首先通过横跨今日中国东北和朝鲜半岛的高句丽传入百济。据《三国史记》卷二十四记载，在近肖古王（346—374）统治百济时，高句丽军队入侵百济。近肖古王派遣太子近仇首王（375—384年在位）带兵进行反击，在平壤击退入侵者后，又想带兵乘胜往北继续追击到水谷城。此时，将军莫古解用老子《道德经》第四十四章"知足不辱，知止不殆"来劝告太子适可而止。太子闻言，觉得有理，乃停止了追击。如果一个将军能在军事战争中熟练地运用老子思想，这是否表明道家经典不但早已传到朝鲜半岛，而且其思想已被有地位、有知识的人掌握并运用了呢？

到唐初武德七年（624），道教才通过官方途径正式传入高句丽，此为中国史籍中有关道教传入朝鲜半岛的最早记载。当时正是高句丽荣留王统治时期，唐高祖李渊听说高句丽人信奉五斗米教，就遣前刑部尚书沈叔安将天尊像及道士一起前往[①]，对此《三国遗事》中有更详细的记载：

> 丽季，武德、贞观间（618—649），国人争奉五斗米教。唐高祖闻之，遣道士送天尊像来，讲《道德经》，王与国人听之。即第二十七代荣留王即位七年、武德七年甲申也。明年遣使往唐，求学佛老，唐帝（高祖）许之，及宝藏王即位，亦欲并兴三教。时宠相盖苏文，说王以儒释并炽，而黄冠未盛，特使于唐求道教。[②]

---

① 《旧唐书》卷一百六十九《高句丽传》。
② 《三国遗事》卷三，《大正藏》第49册，第988页。

这段记载中提到两位唐朝皇帝——唐高祖和唐太宗；两位高句丽皇帝——荣留王和宝藏王及一位大臣渊盖苏文。当唐高祖听说高句丽人"争奉五斗米教"时，马上"遣道士送天尊像来"，态度十分积极，而高句丽两位皇帝则是抱着"求学佛老"和"欲并兴三教"的态度，只是在宰相渊盖苏文的劝说下，宝藏王（？—682）才"特使于唐求道教"的。其中提及的"五斗米教"是汉代出现于巴蜀、发展于汉中的早期道团的名称。唐朝时，五斗米教经过魏晋南北朝改革，以天师道为名广泛传播，得到了唐王朝的尊奉。为什么这里没有采用当时中国官方认可的"天师道"，反而采用早期的带有民众道团性质的"五斗米教"的名称？是否因为传入高句丽的道教还较多地保留着"五斗米教"的原貌呢？这是一个耐人寻味的问题。

据说，唐朝道士在高句丽讲道时，荣留王还亲自前去听讲，表现出对《老子》及道教的兴趣。荣留王听讲之后，又向唐高祖提出要派遣使者至唐朝学习佛、老的请求，唐高祖答应了。"荣留王时期传入的中国道教在短时间内即有很多的归依者。荣留王再派使臣到唐，学来了道教的教理和仪式。"[①]唐王朝初创时，正值高句丽王朝末年，唐高祖采取怀柔政策，派遣使者和道士到高句丽传播道教，也就是在传播唐朝文化。由于"唐高祖送来的道士、道像、道法，规模太小，又因高句丽对道教的理解仍不太深入，因此道教在高句丽并没有形成宗教性的集团"[②]，但在大臣渊盖苏文的支持下开始在上层社会传播。

渊盖苏文在高句丽推行道教的动机挺复杂。渊盖苏文，又名渊盖金，因避唐高祖李渊讳而改姓为"泉"，称泉盖苏文或盖苏文，此人容貌雄伟，个性凶残，在继任父职的东部大人、大对户之后，谋杀

① ［韩］金得榥：《韩国宗教史》，社会科学文献出版社1992年版，第3页。
② ［韩］车柱环：《韩国道教思想》，人民出版社2005年版，第20页。

了荣留王以及一百多名跟随者，立荣留王弟之子为宝藏王，自己则成为独揽军政大权的莫离支①。作为高句丽末期举足轻重的政治人物，渊盖苏文一方面成功地抵御了唐朝想灭掉高句丽的企图，因此被奉为民族英雄；另一方面，他在掌权时进行铁腕统治，残暴弑君，导致高句丽走向衰亡。渊盖苏文的做法引起了唐太宗李世民的极度不满，他不允许一头猛虎卧于自己身边，故决心发兵讨伐渊盖苏文。渊盖苏文知道唐王朝奉老子为祖先，尊奉道教，因此在摄政之初，曾试图在文化上与唐朝修好，这是否是他请求唐朝派遣道士前来传教的主观动机呢？

渊盖苏文虽以"请道教"这种文化上的友好来掩饰高句丽对唐朝的抵抗，但唐太宗已看出渊盖苏文的野心。果然不久，高句丽就对新罗发动新的战争，高句丽与唐朝的关系开始恶化。唐贞观十九年（645），唐朝与高句丽爆发战争，唐太宗亲自率兵从洛阳出发征伐高句丽，在攻下了几座高句丽城堡后，因安市城城主杨万春的抵抗，唐太宗军队无法前行，后因寒冬恶劣天气被迫返回中国。显庆五年（660）唐高宗因新罗求救，命大将军苏定方等攻打百济。661年，唐高宗再次攻打高句丽，又遭失败。662年唐朝著名的边塞将军庞孝泰（601—662）带领军队出征高句丽，直逼平壤，渊盖苏文以优势兵力在平壤附近的蛇水阻击唐军，获得了"蛇水之战"的胜利。在渊盖苏文执政期间，唐朝与新罗的联军虽然没有完全征服高句丽，但几次战争却严重削弱了高句丽的实力。

有意思的是，"对中国采取抗拒态度的高句丽，从道教立场上来看，却无条件地接受了道教"②。有人认为，这是因为高句丽在与唐朝政治军事的抗争中，希望借用二元的抗拒精神来结集本民族的主体意识，因此，他们"接受道教，而不是在主体的固有性基础上来加

---

① 莫离支相当于唐朝的兵部尚书兼中书令，实际掌握军政大权。

② 韩国哲学会编：《韩国哲学史》上卷，社会科学文献出版社1996年版，第105页。

以接受，而只不过是在割除儒、佛基础的空白中，用道教来填补罢了。从高句丽道教的立场来看，这里表露出国民精神的弱点。"①但笔者认为，高句丽之所以在国家危亡的紧要关头接受道教，既与高句丽本来就流行的将天象、山川、河流圣灵化的萨满教有关，也与以民族精神为主体的神教需要借助于道教的敬神驱鬼仪式来提振人心相连。

道教来到高句丽后，与当地本有的神教相融合，得到了高句丽王朝的支持，在社会上得到流传。据说，叔达等道士八人到达高句丽后，受到宝藏王的欢迎，不仅将佛寺改为道观，供他们居住，将道士置于比儒士更高的地位上，而且还让道士主持镇护国家的斋醮仪式，期望通过道教的神奇咒术和崇拜天神星神的醮祭活动，来提振人民抵御来自唐朝与新罗的军事威胁的信心。这样，"高句丽末叶道教之盛，一时几乎有压倒佛教之势"②。

宝藏王崇道士的做法，遭到了佛教徒的反感。普德和尚见宝藏王信奉道教乃离开盘龙山，移居到百济完山州孤大山。668年，高句丽政权内部因渊盖苏文的儿子们相争而发生分裂，唐朝与新罗的联军乘机攻下高句丽都城，宝藏王被俘后遭流放，高句丽七百年王朝结束了。《三国遗事》的作者僧一然将道教在高句丽兴盛所导致的佛道之争视为高句丽败亡的原因之一。

道教何时传入百济，因资料缺乏尚没有形成一条明确传入的轨迹。百济与南朝交往密切。梁元帝萧绎（508—554）所绘的《职贡图》展现了来自12个国家使臣朝贡时的形象，他们穿着各式民族服装，拱手而立，反映了南朝"九天阊阖开宫殿，万国衣冠拜冕旒"的友好外交场面。从百济人的形象看，其儒雅的姿态与衣着打扮与当时中国人相似。据考古学发现，在平壤、安岳、集安等地出土的三国墓

---

① 韩国哲学会编：《韩国哲学史》上卷，社会科学文献出版社1996年版，第105页。
② 朱云影：《中国文化对日韩越的影响》，广西师范大学出版社2007年版，第467页。

室壁画中，经常出现中国汉代墓葬中有关道教信仰的题材，如代表宇宙四方的青龙、白虎、朱雀、玄武四神，还有驾鹤王子乔、伏羲女娲等。

若参照日本史书记载的百济与日本的交往情况，又可看到百济因与日本隔海相望，老子道家思想在三世纪已传入百济，经过民族文化的消化后，又通过百济传向日本。据《日本书纪》卷十《应神天皇》记载，应神天皇时，能读汉语经典的百济人阿直歧来到日本后，又推荐了精通汉学王仁前来日本。黑板胜美推测，王仁习诸典籍，非徒《论语》而已，亦必有他书。在道教草创之时，儒术与道教无别于名称，"阿直歧和王仁必非为纯粹之儒学者而宁为道家者流"①。王仁的先祖为乐浪之豪族，又距中国道家流行时代未远，受家庭文化的影响，阿直歧和王仁有可能儒道兼通，"阿直歧、王仁既系近肖古王是时人，则与将军莫解同时，将军莫解引用《道经》，此吾所谓道家思想者也，则亦可推想阿直歧、王仁与莫解为同思想之人也。"②伴随着《道德经》被广泛诵读，道家思想却被百济人容受并传播到日本。

百济虽然没有出现像高句丽渊盖苏文那样推行道教的官员，虽然据《后周书》卷四十九记载："百济僧尼寺塔其多，而无道士"，但若在零碎资料及考古发现中仔细寻找，仍然能够看到百济人在生活中表现出的对道教神仙信仰的追求。百济武王三十五年（634）曾专门造了一座水上仙山："王兴寺成，其寺临水，彩饰壮丽。王每乘舟入寺行香。三月，穿池于宫南，引水二十余里，四岸植以杨柳，水中筑岛屿，拟方丈仙山。"③这座位于佛寺边上的人造仙山，是否就是道教所向往的"方丈仙山"，尚无法确定，但从描述中似乎可见道教仙山之意境。

---

① ［日］黑板胜美：《我国古代的道家思想及道教》，《史林》第 8 卷第 1 期。
② ［朝鲜］李能和辑述：《朝鲜道教史》，齐鲁书社 2016 年版，第 33 页。
③ ［朝鲜］金富轼：《三国史记》，吉林文史出版社 2003 年版，第 324 页。

第三节　道教对新罗花郎道的影响

如果说，传入高句丽的道教是迎合着国王政治统治的要求施行求福禳灾之术的五斗米教，那么，传入新罗的道教则借助于老子的"玄妙之道"与新罗的仙道信仰融合起来。新罗接受中国文化的时间上虽晚于百济和高句丽，但却有着独特的发展，这就是通过倡导儒、佛、道三教并崇的政策，促进了花郎道在新罗的兴起。

新罗在统一三国之前，为更好地进行政治统治，派遣留学生去唐朝学习，逐渐引进唐朝的政治制度和文化成果。受当时唐朝崇奉道教的影响，新罗留学生对道家与道教也有所关注。老庄之书传到新罗后，受到新罗人的重视，将之列为贵族子弟的必读书。例如，元晓（617—696）自幼出家，云游问学求道，与义湘结伴入唐，准备投仰慕已久的玄奘门下学习佛教的，但因玄奘圆寂而未能如愿。元晓回海东后，自悟佛法，独成一派，舍宅改建为初开寺，一面研习佛理，一面教化众生，创立影响甚大的新罗法性宗（海东宗），成为新罗净土宗的理论先驱，然而，元晓在著述中却经常引用老子思想来诠释佛教：

> 夫波若为至道也，无道非道，无至不至，萧焉无所不寂，泰然无所不荡，是知实相无相，故无所不相，真照无明，故无不为明。……实相般若，玄之又玄之也。贪染痴暗皆是慧明，而五眼不能见其照，观照波若，损之又损之也。[①]

元晓用重玄学的"玄之又玄""损之又损"词语来诠释佛教的"实相无相，故无所不相"的般若思想，这种以道诠佛的例子在元晓的著

---

① 《大慧度经宗要》，载《大正藏》第33册，第68页。

作中随处可见。

一些新罗人也自如地运用老庄思想，据《三国史记》记载，金仁问（629—694）是太宗武烈王次子，新罗大将军，自幼学习儒佛道三教之书，尤为欣赏老庄思想。受帝王之命，金仁问于 651 年入唐宿卫，之后又七次出任唐使，在较为深入地了解了儒佛道三教后，将老庄之道贯穿到自己的生活中。还有金志诚，于新罗圣德王十八年（719）撰《甘山寺弥勒菩萨造像记》，说自己到晚年因"性谐山水，慕庄老之逍遥"，在 67 岁时"遂归田于闲野，披阅五千言之道德，舍名位而入玄穷。"金志诚对老庄思想的欣赏与践行在新罗是具有代表性的。

唐王朝对道教在新罗的传播也起了一定的促进作用。唐玄宗于天宝元年即位后，就奉老子为玄元皇帝，躬享于亲庙。他还亲自注疏《道德经》，于开元二十年（732）完成后，下令在全国推广，"制令士庶家藏《老子》一本"，唐玄宗他听闻圣德王薨，为了增进两国之间的友好关系，乃于开元二十六年（738）四月派遣唐使邢璹前去吊祭，同时通过官方途径送上老子《道德经》等文书献于孝成王（737—742 年在位），由此推测，唐玄宗让邢璹献上老子《道德经》可能是自己的注疏本。有意思的是，此段记载说，唐玄宗派"淳儒"邢璹去传播"儒教"，以让新罗知道唐朝"大国儒教之盛"，但邢璹所献的却是老子《道德经》。依李能和的看法，邢璹的思想倾向大概是外儒内道，献老子《道德经》等文书乃是履行尊道的唐玄宗的使命，所演经义者也当为老子《道德经》。

新罗自古却仙风兴盛，仙术畅行，为载承"玄妙之道"的《道德经》在的传播开辟了道路。"昔新罗仙风大行，由是龙天欢悦，民物安宁。故祖宗以众崇尚其风久矣"[1]，当地一直流行着述郎、南郎、永

---

[1] 《高丽史》卷十八《世家毅宗》，《四库全书存目丛书·史部》第 159 册，齐鲁书社 1996 年版，第 389 页。

郎、安郎新罗四仙的传说，据说他们是承"东方最初之仙祖"桓仁真人的仙脉而来：

> 桓仁真人，为东方最初之仙祖，而一传为文朴，再传为永郎。马韩时，宝德神女承传永郎之道云云。世传永郎等，为新罗四仙，而实古代人也。意者，新罗花郎，称谓国仙，盖似沿袭永郎、述郎、南郎、安郎四仙者也。其他少有异迹之人，皆称为仙派，或自外国来而有异术者，或有入中国学仙术者，或有放浪山水、吟弄风月者。①

这里既指出了四郎仙脉的来源，也指出四郎与其他仙派的差别。虽然不知述郎、南郎、永郎、安郎生活的年代，但朝鲜半岛的名胜之地多有其游迹。据说新罗四仙带领徒众歌舞游行于东都（今韩国庆州）山水之间，其行迹犹如超凡脱俗的道教神仙，据《海东异迹》记载：新罗四仙同游高城，三日不返，故名其地曰"三日浦"。高丽诗人郑枢作七言律诗《三日浦》歌颂神仙远足而游之风情曰：

> 一湖胜形自成天，三十六峰秋更清。不有中流舟荡桨，那看南石字分明。
> 亭前雨过鸣沙响，浦口秋深落未声。细问安详当日事，神仙也是足风情。②

浦南有小峰，峰上有石龛，峰之北崖石面有丹书六字曰："永郎徒南石行"。在四仙里永郎好像特别受到注目，永郎湖、永郎峰等大

---

① ［朝鲜］李能和辑述：《朝鲜道教史》，齐鲁书社 2016 年版，第 42 页。
② ［韩］卢思慎等撰：《新增东国舆地胜览》卷四十五《高城郡三日浦条》。

概是因永郎仙徒尝游于此而得名的。所谓"石行",疑即南郎也。小岛古无亭存,抚使朴公构之于其上,即四仙亭也。又有丹穴在郡南一十里。通川郡有四仙峰为四仙所游处。

四仙的基本特征是"神仙也是足风情",这是否可看作道教神仙的朝鲜化?新罗四仙带着徒众巡礼山川,进行修仙活动的路线,大致是从庆州(庆尚北道)沿着海岸到达金刚山(今朝鲜江原道东北),以元山湾一带的山水殊胜处为修行道场。据说,江陵市镜浦台石阶上的茶灶、寒松寺内的寒松亭、永郎炼丹的石灶、石臼等都是新罗四仙所游处之遗迹。[①] 半岛上众多的与四仙有关的地名反映了人们对他们的爱戴。

"四仙"是朝鲜半岛本有的仙道传统,但也受到道教的影响,尤其是其不执着于俗事,自由自在地逍遥于山水间,充分享受人生以至追求长生不死的精神,与道教所崇尚的神仙十分相似。信奉神仙的道教传入新罗后,受到崇拜"国仙"的新罗人的欢迎,这是因为"道教尽管是根据老庄哲学而来的,但由于它有升华为无为自然的仙道之可能性,所以,它又是同我国的国仙道不无关系的。新罗道教在这一点上与老庄的道相比,会更接近仙道的道教和国仙道的仙道"[②]。新罗人在接受道教时,往往将佛道仙相融合,形成了具有民族特色的仙道、国仙道,又称花郎道。

花郎道是从原始神教中的风流、源花、国仙、丽花等思想发展而来。"风流"是朝鲜民族固有的文化特征之一,它表现出一种调和神人关系的宗教倾向。"风流成为韩国人的思维基础,也有将它视之为'仙'。"[③] 崔致远在《孤云先生续集·鸾郎碑序》中将"风流"称为"玄妙之道",认为其精神中与中国儒佛道三教的相通:

---

① 参见 [朝鲜] 洪万宗辑:《海东异迹》,《韩国文献说话全集》第六册,太学社 1991 年版,第 400 页。

② 韩国哲学会编:《韩国哲学史》上卷,社会科学文献出版社 1996 年版,第 77 页。

③ 韩国哲学会编:《韩国哲学史》上卷,社会科学文献出版社 1996 年版,第 149 页。

国有玄妙之道，日风流，设教之源，备详《仙史》。实乃包含三教，接化群生。且如入则孝于家，出则忠于国，鲁司寇之旨也。处无为之事，行不言之教，周柱史之宗也。诸恶莫作，诸善奉行，竺乾太子之化也。①

崔致远所撰的《鸾郎碑序》简明地刻画了花郎道的风流形象。由于《仙史》一书失传，故未能详知"风流"的来历，但"玄妙"一词却来源于老子《道德经》第一章"玄之又玄，众妙之门"。这种"玄妙之道"作为修仙道团体的称号，它要求修仙者既遵循儒家的忠孝伦理纲常，又应以道家和道教的无为思想来行事，还需把佛教的为善去恶作为自己的道德行为准则。

这些修行仙道者，男人全身着缡带，女人则穿着采衣。他们经常恭坐，互不侵犯，相互恭维，互不拆台，遇他人危患，便舍命相救，他们不仅是善人，而且能够自由出入于儒教、佛教、道教的思想而得到精神上的满足。他们因尚道德、习武艺和炼精神，追求将有限的个人生命复归于永恒之神仙，故又称之为"风流道"。"风流道"在新罗统一三国之前就流传于朝鲜半岛，但它后来却在三国中最小的国家新罗兴旺发达起来，新罗的风流道以"接化群生"为基点来包容中国儒、佛、道三教精神，又根据新罗社会需要而发展出的花郎道，在真兴王时代成为新罗的最高宗门。

真兴王（540—575）是新罗第二十四代国王，他确立起以王权为核心的中央集权制国家。为了改变新罗在三国之争中的劣势地位，真兴王以花郎道为组织形式，倡导一种有助于兴邦立国的新精神，培养管理国家所需的文武人才。花郎道由起初浪漫少女的审美活动，逐渐演变为陶冶男性青少年自由奔放人格和才能技艺的活动，最后发展成为新罗培养最精锐的部队，这一演变过程在《三国遗事》中有详细

① ［朝鲜］金富轼撰：《三国史记》，吉林文史出版社 2003 年版，第 43—44 页。

记载：真兴王"又念欲兴邦国，须先风月道，更下令选良家男子有德行者，改为花娘。始奉薛原郎为国仙，此花郎国仙之始。故竖碑于溟州。自此使人悛恶更善，上敬下顺，五常六艺，三师六正，广行于代。"① 花娘又被称为"花郎""仙人""仙郎""仙花"，原为女性，是真兴王开展的选美女花娘活动的主角。后来，从众多的女子中选出了两位最美艳的花娘——峧贞娘和南毛娘，因相互嫉妒，峧贞娘把南毛娘杀死，故真兴王"废原花累年"，停止了这一选美活动，但"又念欲兴邦国，须先风月道"，于是又改为选良家男子为"国仙"的活动，另起名为"风月道"。负责培训花郎者则被称为"国仙""花主"等。据说，花郎中的杰出者有永郎、述郎、南郎、安郎，最后他们都得道成仙了，被称为"新罗四仙"，故花郎道又称神仙道。

真兴王时的花郎道是一种贵族青年团体，它提倡"游娱山水，无远不至"的生活方式，和道家的自然无为的思想有着相当的关系。② 花郎道所谓的"道"是指人与天神自然交融的境界，据此而形成了一种独特的修炼方式，这与道教倡导的以无为自然为宗旨，顺应阴阳五行之道的修行观十分相似。徒众云集到人烟罕见的深山幽谷，向天神祈祷，吸收自然之气，"或相磨以道义，或相悦以歌乐，游娱山水，无远不至。因此知其人邪正，择其善者，荐之于朝，故金大问③ 花郎世记曰：贤佐忠臣，从此而秀，良将勇卒，由是而生。"④ 在与天地自然的交流中，花郎们既感受到不一般的生命存在，又锻炼了身心，加深了相互了解，"单个的生命通过风流道的修炼，人为地变成集团生

---

① 《三国遗事》卷四，《大正藏》第 49 册，第 995 页。

② 参见 [韩] 李丙焘、金载元：《韩国史·古代篇》，乙酉文化社版 1968 年版，第 587 页。

③ 金大问是朝鲜历史上第一位著述家。据《三国史记》卷四十六记载，"金大问，本新罗贵门子弟，圣德王三年（704）为汉山州都督，作传记若干卷，其《高僧传》《花郎世记》《乐本》《汉山记》犹存。"

④ [朝鲜] 金富轼撰：《三国史记》，吉林文史出版社 2003 年版，第 43 页。

命，这就是统一新罗时期的花郎道。"①花郎道这种修道方式的最终目的是为国家培养一批优秀的文武人才，"以新罗政体观之，则颇得老庄无为之真髓"②，这与中国道教仅追求个体生命无限延长的修炼又有着不同的旨趣。花郎道的最终目的并不是个人修炼，而是通过花郎制度来为"兴邦立国"选拔人才，游娱山水仅为手段，维护国家政权才是花郎道的宗旨。③

花郎道通过花郎制度将那些有志"兴邦立国"，且相貌俊美、品德端正的男青年组织起来，一起学习文化、锻炼武艺，通过骑马、射箭、剑术、投枪、登山、游泳和空手格斗等武艺来磨炼人的意志、锻炼人的体魄，由此为新罗社会的政治和军事发展培养出一批忠君孝亲、英勇顽强、文武兼备、无所畏惧的战士。花郎道宗旨后被新罗僧人圆光（？—630）概括为"花郎五戒"——"事君以忠，事亲以孝，事友以信，临阵无退，杀身有择"。花郎道为新罗的统一大业培养了众多文武兼并的人才。

在祭政分开之后，花郎道逐渐形成一个颇具民族宗教意味的宗派神教组织。花郎道为道教在统一新罗时代的传播提供了良好的文化土壤。新罗王朝在名山大川建造了一些神坛，从良家子弟中挑选出色的美少年，让这花郎们组成乐队，演出四仙乐府和歌舞百戏，用来举行名为"八关会"的祭神仪式。到新罗末期，以花郎、风月、郎徒为名的团体大约有200多个，人数少则几百人，多则几千人。据《三国史记》卷四十一《列传》中记载，金庾信的龙华香徒、斯多含的郎徒、近郎的风月之庭等都是规模较大的团体，另外还有金歆运、孝宗郎、国仙夫礼郎、末尸郎、俊永郎、居烈郎、实处郎、宝同郎等。据说，新罗王朝还专门设立了管理郎徒的专门机构，编制管理郎徒的文书

---

① 韩国哲学会编：《韩国哲学史》上卷，社会科学文献出版社1996年版，第148页。
② ［朝鲜］李能和辑述：《朝鲜道教史》，齐鲁书社2016年版，第42页。
③ 孙亦平：《古代东亚文化中一个值得关注的现象——论中国道教对新罗花郎道的影响》，《延边大学学报》2016年第6期。

《风流黄卷》或《黄卷》。

花郎们练就了一些超凡之术以服务于国家。据《三国史记》和《三国遗事》记载，新罗名将金庾信（595—673）出生于新罗的名门望族，15岁时就成为花郎，其背部有七星花纹，据说这与道教的七星崇拜相关。①17岁时，金庾信曾单身进入中岳石窟，斋戒后祈祷上天赋予自己统一三国的力量，于是有一位神异老人显现并传授秘法。金庾信18岁时就担任花郎领袖"国仙"，34岁成为新罗国的重要将领。金庾信擅长剑术，表现出的卓越军事才能，不仅为花郎道的发展奠定了基础，也为新罗时代统一朝鲜半岛作出了重要贡献。新罗大将金庾信崇信道教，为祭拜天神，常行斋醮烧香之事，为此他还修建了神坛。654年，真德女王去世后，金春秋登基为武烈王，金庾信则以国家将军的身份辅助之。660年，金庾信作为新罗军队的统帅，联合唐朝军队，南征北战，先后击败了百济和高句丽，完成了统一三国的大业。668年12月，文武王（661—680年在位）赠金庾信为"太大角干"，这是一个特别设置的最高级官位，以表彰他对新罗国的伟大贡献。金庾信去世后，被追封为"兴武大王"，成为新罗时代的民族英雄，也被视为韩国江陵端午祭所祭拜的"十二山神"之一。

金庾信嫡孙金岩也好方术，曾赴唐学习阴阳家法，还向师父陈述道教中颇有神秘性的"遁甲立成之法"。当金岩兴致勃勃地向老师展示自己的遁甲之术时，其师却明确告诉他，我不希望"吾子明达，至于此也"。可能在其师看来，遁甲术仅为一种推测吉凶的神异方法，与得道相比，仅为小术而已，故不希望弟子舍本求末。金岩后来回到新罗，任司天下大博士，不仅成为一位有学问的人，而且成为朝鲜半

---

① 道教崇拜的七星有两种，一是指七曜，即日、月与金（太白）、木（岁星）、水（辰星）、火（荧惑）、土（镇星）五星的总称；二是指北斗七星。据车柱环的看法，金庾信"背上有七星文是指，把所有背上的痣连接起来，可看到北斗七星的轮廓。"（[韩] 车柱环：《韩国道教思想》，人民文学出版社2005年版，第133页。）流传至今的有关金庾信的传说中有着浓厚的道教色彩。

岛"后世遁甲道流之元祖也"。

三国时期，朝鲜半岛处于分裂状态，但由于三国之间在血缘、文化、语言和宗教上具有同质性，因此，走向统一是必然的趋势，但值得注意的是，为什么统一朝鲜半岛政治大业最后是由三国中较为落后的新罗完成的？对此，有学者从道教的角度来寻找原因，认为新罗道教与高句丽道教具有一定的区别："第一，高句丽的道教是由道士传入的咒术性道教，而新罗的道教则是作为风流道组成要素之一的道教，是'圣人处无为之事，行不言之教'的道教。第二，高句丽和新罗的道教均为自唐传入的，但前者是迎合庶民阶层的五斗米教，将其作为禳灾祈福的方术宗教，而后者则是融入玄妙之道中的，迎入国仙道的道教。高句丽道教与儒、佛之间具有相冲相克的作用，而新罗的道教与儒、佛之间则具有相和相生的作用。"[①]于是将高句丽的灭亡与新罗的兴起看作是道教的社会作用所产生的结果。这种看法虽有夸大道教的作用，但也从一个侧面说明，当时"迎入国仙道的道教"在新罗社会中的影响。新罗最后能够统一朝鲜半岛，主要是依靠了"融入玄妙之道"的花郎道力量。直到李成桂建立朝鲜王朝，在社会生活中大力推崇儒家思想，不主张武力，花郎道才逐渐走向没落，但其武术精神与格斗技巧经过改革演化成跆拳道。

第四节　道教在高丽王朝的繁荣

传入朝鲜半岛的道教通过斋醮科仪来为民众驱鬼治病、求雨驱旱，为国家的国泰民安祈福，逐渐得到上至王贵族、下至平民百姓的广泛欢迎。新罗王朝最终因贵族间的霸权争斗而衰退。904 年，新罗王室第 47 代宪安王的庶子金弓裔（？—918）利用农民起义军

---

① 金京振：《朝鲜古代宗教与思想概论》，中央民族大学出版社 2006 年版，第 120 页。

的势力，在铁圆（今江原道铁原）自立为王，建立了泰封国。朝鲜半岛出现了新罗、后百济和泰封三国鼎立的局面，历史上称为"后三国"。不久，王建带领着勇敢善战的高丽军队于935年推翻新罗政权，936年又消灭后百济，建立起统一的中央集权制国家高丽王朝（918—1392），实现了朝鲜半岛上民族、文化与政治的融合统一。在高丽王朝统治者的支持下，道教信仰与朝鲜本有的神仙传说相结合，逐渐形成了斋醮科仪、丹道修炼和民间信仰三大流派，出现了繁荣发展的景象。

王建是高丽王朝的第一代国王，史称高丽王朝为"王氏高丽"。统一朝鲜后，太祖王建自封天子，为了巩固新政权，王建定平壤为"大都护府"，称为"西京"，作为开拓西北领土的军事、政治根据地。王建在积极发展农业生产、恢复国民经济时，还仿效中国唐宋时期的政治、军事和经济制度，建立起府、州、郡、县的行政区划体系为基础的中央集权制的国家机构，为历代高丽国王所遵循。王氏高丽统治朝鲜半岛的474年间，既延续了新罗时代道佛合一的传统，又全盘接受中国文化，制定的儒、佛、道三教并存共荣的宗教政策推进了道教在高丽王朝的传播。

高丽王朝的前几代君王通过加强中央王权，励精图治，促进了社会繁荣，经济发展，使国家迈向了强盛之路，但始终却面临着外来的侵略和内部的混乱。尤其是1280年，元朝在朝鲜半岛设立东行省，派"达鲁花赤"（理民官）管理国政，高丽王朝成为元朝的附庸国长达一个多世纪。直到1392年，高丽将领李成桂（1335—1408）废高丽国王，自立为王，迁都汉城，改国号为"朝鲜"，才结束了蒙古人在朝鲜半岛的统治。与高丽王朝这段内忧外患的历史相应，道教在高丽历代帝王的支持下却得到了迅速发展，尤其是在文宗、肃宗、睿宗、仁宗、毅宗的统治时期，对道教的信仰和尊崇达到了极盛。

高丽王朝敬仰和支持道教，基于理国是今日之务，修身则是来生之资，这种对自我生命的安顿也是道教所倡导的信念。王建统一朝鲜半岛后，即位当年就设立规模盛大的"八关会"。从内容上看，新罗八关会主要为战死亡灵进行镇魂祭，八关会先具有佛道交融之特征，如太祖末年曾发布"十条遗训"，其中的第六条：朕诚望之事在于燃灯和八关，燃灯是事佛。八关是敬天灵、五岳名山、大川龙神。"高丽王朝将"八关会"作为国家的重要祭祀仪式，以后每年的孟冬十五日（相当于中国道教所说的上元日）都要举行"八关会"，大家一起歌舞祭天神，为死去的战士祈福，并分享酒和茶果、一起歌舞。后来随着战争次数的减少，逐渐变成了一种纯粹的祭祀天灵、五岳名山、大川龙神的庆典活动，其中还加入颇具道教韵味的唐乐和歌舞戏。久而久之，八关会成了一个颇具道教特色的民间节庆活动。

太祖的崇道做法可能是受到了北宋王朝的影响，后来却为高丽王朝历代国王所继承，尤其是将道教斋醮与新罗仙风相联系发展为国家祭祀活动。毅宗二十二年（1168）驾临西京，颁布了六条新令以推行改革，其中第四条就是要发扬新罗仙风：

> 遵尚仙风，昔新罗仙风大行，由是龙天欢悦，民物安宁。故祖宗以来，崇尚其风久矣。近来两京八关之会，日减旧格，遗风渐衰。自今八关会，预择两班家产饶足者，定为仙家，依行古风，致使人天咸悦。①

仙家相当于新罗的花郎或国仙，他们演出的四仙乐部来取悦龙天，进而祈求民物安宁，其中在阙庭祭拜百神的活动属于仙道。道教的斋醮活动也借助于朝鲜本有的仙道来传播。例如，睿宗十一年（1116）在御乾元殿接受众臣朝贺时专门下令，要加强对新罗时花郎道"四仙之迹"的保护。睿宗启动朝鲜本有的仙道文化保护政策在客

---

① 《高丽史》卷十八《毅宗世家》，《四库全书存目丛书·史部》第 159 册，齐鲁书社 1996 年版，第 389 页。

观上促进了道教神仙信仰在朝鲜半岛的传播。

高丽王朝时的道教斋醮活动经常与佛教杂糅在一起。佛教的燃灯会一般在正月十五或二月十五举行，通过燃灯、歌舞和茶宴来祈求皇室安康和国家兴盛，它与八关会一起并列为两大祭礼而盛行于高丽时代。成宗时期，一度将继承新罗仙风的"八关会"贬为杂技，后来在殿庭进行的百戏表演逐渐有了道教斋醮科仪的色彩，表演百戏歌舞的艺人被称为山台乐人。因仙风衰退，后来毅宗要求八关会模仿新罗仙道，从富裕的两班家庭选拔郎徒定为仙家，渐渐出现以俗人代替国仙的景象。到朝鲜时代，八关会被废除，其歌舞百戏于十二月三十日举行傩礼活动时演出。朝鲜时代的傩礼活动是一种宗教性的仪式，它把中国传来的傩礼融合于八关会的祭礼之中。这种在宫中举行的驱疫鬼仪式，从高丽时代起到朝鲜末期持续存在。道教斋醮科仪式也由上层社会下降于民间，逐渐地融入当地的民俗活动之中。道教在高丽王朝的传播具有如下特点：

第一，历代高丽国王都比较重视举行为国家禳灾祈福的道教斋醮。道教斋醮仪式的目的，既为祈求国家的繁荣昌盛和皇室成员的安康长寿，也为禳除水旱、风雪、蝗虫、瘟疫等灾厄，以求风调雨顺。高丽朝将祭天活动与道教醮祭相结合，逐渐形成了一些富有民族特色的醮祭仪式，如太一醮、上帝五帝禳、老人星祭、本命星宿醮、星变祈禳醮祭、百神醮、三界神祇醮、五瘟神醮、祭天醮、摩利山堑城醮等，运用到国家政治活动中，故有"国家故事往往遍祭天地及境内山川于阙庭谓之醮"[①] 的说法。据《高丽史》记载，宣宗六年（1089）、睿宗二年（1107）都举行了山川祭祀活动，显宗、文宗、明宗等也都举行过这种祭祀活动。肃宗于即位那年（1095）授予名山大川以德号，以感谢其保佑，这种情况在仁宗七年（1129）、毅宗二十一年

---

① 《高丽史》卷六十三《礼》五《杂祀》，《四库全书存目丛书·史部》第 160 册，齐鲁书社 1996 年版，第 567 页。

（1167）、明宗四年（1174）都曾有过。① 高宗十年（1223）在燃灯时为立太子而在球院醮祭三界灵祇。

第二，开展摩利山堑城坛祭天活动。元宗五年（1264），蒙古要求国王前去朝觐，国王不愿，乃听从术士白胜贤的建议，亲自到江华岛摩利山堑城坛进行醮祭天神的活动。② 摩利山顶有堑城坛世传檀君祭天处，下有祭山川坛，又有斋宫。据史料记载，那些在摩利山堑城坛进行的仪式大都称之为"醮"，一般在夜里举行，祭祀对象主要有玉皇上帝、老子、二十八宿、阎罗王等道教神灵。醮仪时，一般将神的名字写在纸榜（纸神位）上，然后要奉上青词，献上素食祭品，以示敬意，醮祭完毕后，再将纸神用火烧掉。这种做法延续着道教斋醮科仪式的传统，供斋醮神，以清静之心献上素食祭品，是道教特有的一种求福免灾的宗教仪式。摩利山堑城坛醮仪也隆重肃穆，如律如仪，其目的在于通过集体性的崇拜活动来表达对天神的感情，希望得到天神的佑护而禳灾祈福，兼利天下，在高丽王朝逐渐发展为一种国家祭祀活动。

第三，高丽皇帝积极举办一些具有民族风格的道教醮仪，例如，文宗即位年（1046）六月就在宫中举行本命醮，他在位 37 年间，每年都要举行年中祭祀，有时还会根据情况举行祷雨醮和太一九宫醮。可能是受宋徽宗的影响，睿宗崇信道教，曾接受道箓，并期望将道教抬到国教的地位以替代佛教，虽未能遂愿，但他对道教的关怀却非常强烈，每年都要举行各种道教醮祭。据《高丽史》卷十四《世家睿宗》记载，笃信道教的睿宗十分热衷于祭祀，在任太子时就开始执行国家醮祭，在位 18 年间共举行了 27 次道教斋醮仪式，平均半年一次，如睿宗三年（1108）五月，率近侍三品以上官员醮昊天五方帝于会庆殿；睿宗十五年（1120）六月，又亲醮于福源宫，使道教斋醮活动达

---

① ［朝鲜］李能和辑述：《朝鲜道教史》，齐鲁书社 2016 年版，第 60—62 页。

② 《高丽史》卷二十六《世家元宗》，《四库全书存目丛书·史部》第 159 册，齐鲁书社 1996 年版，第 525 页。

到登峰造极的程度。这些各种不同形式的醮祭被历代国王执行,用于追求现实利益。为提升道教斋醮科仪的艺术水平,睿宗还亲自撰写斋诗青词,还从宋朝引进大晟乐、教坊乐。高丽的这些帝王之所以如此热衷于举行道教斋醮活动,是因为当时正值中国的辽、金、宋、元各国以武力逐鹿中原,他们不希望看到由民族矛盾导致的战争与动荡蔓延到朝鲜半岛,故对外采用文武并用的政策,对内采取以文治国的方略,在继续奉行佛教的同时,又期望通过道教醮祭来得到神灵的佑护使国家安泰。

第四,兴建专门供奉道教神像的宫观。在高丽王朝,皇家的祭祀活动一般在福源宫或大清观举行,主要是为了祈祝国泰民安、帝王长寿,也为了祈解灾异、消除鬼魅,由此也培养了一批专门从事这项工作的朝鲜道士。随着中朝文化交流的展开,一些留唐学生回国时带回了道教斋醮科仪,也促进了道教宫观建筑在朝鲜半岛的逐渐兴建。太祖的做法得到了之后历代高丽国王的响应,如睿宗建立福源宫作为皇室的内道场,为醮祭道教神灵而建立道观以安置道教的神像,作为官方进行祭祀活动的主要场所。道教宫观开始兴建,道教斋醮逐渐发展为国家祭祀活动,这对道教在高丽王朝的传播与发展起到了积极的促进作用。

第五,随着道教的盛行,老庄道家思想也受到人们的关注。据《高丽史》卷十四记载,睿宗为了振兴新罗的学术文化,改变过去偏重儒佛的做法,十三年(1118)九月丙子日,亲临延英殿的清燕阁,命韩安仁讲论《老子》[1]。清燕阁本是睿宗皇帝专为收藏图书、款待学者而建造的,其中主要收藏的是儒家的经、史、子、集,但从这条记载中可见,这里不只是研究儒家经典,韩安仁能够在皇帝面前讲解《老子》,可见他对道家思想的研究达到了一定的理论水平,"同时也

---

① 《高丽史》卷十四《世家睿宗》,《四库全书存目丛书·史部》第159册,齐鲁书社1996年版,第300页。

可以揣测当时士人间的道家书研读与道家思想的认知程度已有相当高的水平。"①

第五节　内丹道由唐朝入新罗

新罗统一时代正值唐朝的鼎盛时期。新罗采取亲唐政策,自善德王九年(640)始,新罗向唐朝派遣贵族子弟入唐留学的活动一直持续到唐末。留学生有官费生和私费生两种。官费生由朝廷派遣,并提供较为优厚的学习条件。与短期入唐访问的使节相比,那些由新罗政府派遣的留学生和求法僧人最保守的估计大约也有两千多人。他们因长期寓居中国,有的还参加唐朝科举考试,在唐朝做官,对唐文化有了更为深入细致的了解,回国后积极介绍并传播,使新罗社会中出现了华风熏习的文化气氛。其中有些留学生通过学习道家著作,修炼道教之术,促进了内丹道在新罗的传播。新罗之仙风虽可视为朝鲜半岛固有传统的延续,但也来自对中国道教的受容,如崔致远所弘扬的内丹道就有着明显的中国道教色彩。两者能够在新罗时代通过儒、佛、道三教的交融连贯起来,与新罗的那些来唐留学生的努力是分不开的。

来自中国道教的内丹道是通过什么途径传到新罗的?南唐沈汾撰《续仙传》中列金可记(?—858)传记,可见其修炼的"服气练形"的内丹道来自中国道教。金可记是在中国道教史上第一个留有完整传记的新罗道士,他来唐后参加了中国科举,由宾贡科及第后成为唐朝的官吏,举动言谈都带有中华风姿。金可记热衷于道教修炼,乃放弃做官,也没有随崔承祐和僧慈惠一起回国,而是隐居于终南山子午谷修道。终南山子午谷中的玄都坛筑于汉武帝时,"玄都"本指天

---

① [韩]车柱环:《韩国道教思想》,人民出版社2005年版,第88页。

界神仙居住的地方，唐朝时成为祭祀天神的祭坛。当时有一些修行隐士为修身养性，在玄都坛周围建起道观寺庙，道教就在子午谷中发展起来。金可记在终南山子午谷修道时，亲手种植了许多奇花异果，于此焚香静坐，清静修行，又常诵《道德》及诸仙经。后来他望着东边日出，思念故乡，起程返归新罗时，唐代诗人章孝标（791—873）作《送金可记归新罗》诗曰：

> 登唐科第语唐音，望日初生忆故林。鲛室夜眠阴火冷，蜃楼朝泊晓霞深。
>
> 风高一叶飞鱼背，湖净三山出海心。想把文章合夷乐，蟠桃花里醉人参。

其中专门提及金可记为推动中朝两国文化交流所作的贡献。金可记航海回到朝鲜半岛，只待了三年，就返回中国，又来到终南山子午谷，穿上道服，修炼仙道。唐大中十一年（857）十二月，金可记上表皇帝，说自己将于次年二月十五日升天。果然，第二年的二月十五日春景妍媚，花卉烂漫，他在众人的围观中"升天而去"。①

金可记是否将道教传入朝鲜半岛，史料中似没有明确说明，但金可记在中国的名声要大于在朝鲜半岛。金可记仙逝后，有好道者将他的传记与"杜甫赞元逸人玄坛歌"一起刻在子午峪北入口处附近的花岗岩巨石上。这一珍贵的摩崖石刻碑被发现后，在韩国掀起了一股"金可记热"。2006年8月19日，位于终南山子午谷的金仙观隆重举行落成开光典礼，许多韩国人前来参观朝拜，金仙观被认为是韩国道教的祖庭。

李朝道士韩无畏撰写的《海东传道录》记述了从唐开元年间至朝

---

① 《海东传道录》中也有相似的描写。（《藏外道书》第31册，巴蜀书社1994年版，第487—488页）

鲜仁祖时期 800 年间朝鲜内丹道的源流，其中对新罗留学生金可记、释慈惠、崔承祐、崔致远、金时习如何将在中国学到的内丹道传到新罗作了较为详细的说明。《海东传道录》的出现颇有传奇色彩，它是在朝鲜仁祖王朝（1623—1649）时，从一个被捕的关东僧人身上搜出的：

> 仁祖朝，有一僧游行到关东，忽被贼株连。官搜点得一小卷，题名《海东传道录》。邑倅见而异之，释其僧，致其书于泽堂。泽堂为之传于世。[①]

"泽堂"是朝鲜王朝时文学家李植的号，有著作《泽堂集》。李植于癸未秋，奉使赤城西还，遇赤诚县主簿金辑，谈其胜概，得知"赤裳山古有道士炼丹之迹"，并有《海东传道录》一书流传，于是李植于一山人处"固求得之"，并确认此书绝非赝作。李植在读了《海东传道录》之后又将该书与刚传入朝鲜王朝的新刻来道教神仙传记《神仙通鉴》作了比照。从《神仙通鉴》中记载的金可记随申元之学仙事迹，再推论《海东传道录》为李朝道士韩无畏所撰的记述新罗内丹道之书。

《海东传道录》还记载了鹤山辛敦复（1692—1779）有关韩无畏的考证。韩无畏（1517—1610）"西原儒生也。少好任侠，擅西原官妓，一日，杀妓夫，避仇入关西宁边，遇熙川校生郭致虚，学秘方，泛览仙佛。年八十双眸炯然，须发如漆。"[②]韩无畏是弃儒修道的风流士人，从郭致虚学内丹道秘法，泛览仙佛，后剃发出家，辟谷修道，道号鞇玄真人、得阳子。在巡安时，韩无畏又传授内丹术，培养弟子。喜好仙学的许筠知其为"异客"，也曾想与其共宿而问学仙之方，但韩无畏觉得许筠不具备学仙之人具有的品格，"无畏戒筠之言，切

---

① [韩] 李钟殷译注：《海东传道录》，《藏外道书》第 31 册，巴蜀书社 1994 年版，第 474 页。

② 《海东传道录》，《藏外道书》第 31 册，巴蜀书社 1994 年版，第 486 页。

中筍之心术"①，故拒绝了他学仙的要求。韩无畏鳏居四十年，因家窘乏，辱身为训道，以救朝夕，活到八十岁无病坐化。一说他"入五台山炼丹解化"。韩无畏在坐化之前写下了《海东传道录》，传给了柳亨进，故辛敦复认为"《海东传道录》韩无畏所作也"。

《海东传道录》讲述唐开元中，新罗人崔承祐、金可记、僧慈惠三人入唐游学，于终南山学道之事，其中虽存在着一些虚构或不实成分，但它也为我们今天了解道教在朝鲜半岛的传播提供了一个重要的参考文献。据载新罗人崔承祐、金可记、僧慈惠入唐留学后，有一天，三人同游唐帝都长安之南的终南山，在广法寺遇深受唐玄宗恩宠的天师申元之，深相接知。在遇到新罗留学僧后，申元之一心想将清静之教传到朝鲜半岛，于是请钟离权向新罗人传授内丹道书和口诀。据说，钟离将军看到三位新罗人后，要求他们在继续"当为将相"的同时，留在中华学习道教。钟离权"以《青华秘文》《灵宝毕法》《金诰人头五岳诀》《内观玉文宝箓》《天遁炼魔法书》②付之，且授以口诀。"在得到这些重要的内丹道书及口诀后，申元之安排三人在终南山石室中修炼内丹。《海东传道录》是朝鲜王朝时的作品，它提出钟离将军所传道教内丹道是经过金可记、崔承祐和慈惠三人的共同努力才得以流传到新罗，在高丽王朝时逐渐形成的内丹道传承系谱，在朝鲜王朝时得到进一步发展。

但韩国学者都光淳在《韩国的道教》中提出与《海东传道录》不太一样的内丹道传承世系：他认为金可记把口诀传授给在他之后来到唐朝的崔致远和李靖后才成仙而去。从金可记那里学习仙道的崔致远回国后，传道于新罗，因而被后世之人视为朝鲜道教的鼻祖。"崔承祐和僧慈惠则回新罗后，广为传播从唐学来的道旨。于是以修炼为中

① 《海东传道录》，《藏外道书》第 31 册，巴蜀书社 1994 年版，第 487 页。

② 据考证，"钟离将军传授给崔承祐等人的 5 本道书，除《青华秘文》外都有事实根据，因此，内丹学在唐末传入韩国并非没有可能。"（张广保：《唐宋内丹道教》，上海文化出版社 2001 年版，第 97 页）

心的中国道教的丹学在新罗发展起来。"①

　　崔承祐（生卒不详）是新罗人，他在唐朝中进士后，曾任大理评事。崔承祐与金可记、释慈惠一起游终南山，恰遇天师申元之在广法寺传道。崔承祐在申元之处，得到钟离权将军所传内丹道书及口诀后，与金可记、释慈惠"三人于石室修炼内丹，躬自供给，凡三年丹成。"之后，崔承祐离开山里，跟随唐朝宰相李德裕（787—849）到西京兼盐铁判官。数年后，李德裕被谪崖州（今海南琼山），他就与慈惠一起泛海归国了，但金可记仍然留在终南山中修道。崔承祐与崔致远、崔彦撝（868—944）"一代三鹤，金榜题回"，并称为"三崔"。

　　与崔承祐一起回国的僧慈惠（625—702）就是著名新罗佛教高僧的义湘法师。据《高僧传》中《唐新罗国义湘传》记载，义湘俗姓朴，鸡林府人也，生且英奇，长而出离，逍遥入道，性分天然，年临弱冠，出家为僧，闻唐土教宗鼎盛，于龙朔二年（662）与元晓法师同志西游入唐，趋长安终南山智俨三藏所，综习华严经。据佛传记载，咸亨二年（671）义湘返国后，开讲华严学，有弟子三千，成为新罗佛教十圣之一。他还在朝鲜半岛创建了华严寺、海印寺、梵鱼寺等"华严十刹"，并著有《华严一乘法界图》《十门看法观》等，成为海东华严初祖。然而，据《三国遗事》和《海东传道录》记载，僧慈惠返国入五台山，也兼修道教，传其法者主要是佛门弟子，如释明法、释明悟等。僧慈惠因养性修道而活到了145岁，最后入寂于太白山。

　　因历史久远，这些资料所记载的人物在时间顺序上经常出现紊乱。

　　第一，据《续仙传》记载，金可记在唐朝仙逝的时间为唐宣宗大中十二年（858），据佛传记载，释慈惠回国时间是咸亨二年（671），据《三国史记》记载，崔承祐入唐求学年代为"唐昭宗龙

---

① ［韩］都珖淳：《韩国的道教》，载［日］福井康顺等监修：《道教》第三册，上海古籍出版社1992年版，第83页。

纪二年（890）"①，那时金可记早已仙逝，僧慈惠即使活到145岁，也不可能与崔承祐相遇并同时传道。三人生活年代存在着明显的时间差，怎么可能如《海东传道录》所说在开元年间（713—741）三人一起去见钟离权？

第二，生活于唐玄宗开元年间的道士申元之②，也不太可能活到唐宣宗（847—859）或唐昭宗（889—904）时代，又怎么能够引荐崔承祐三人与钟离权相见？

第三，钟离将军可能指吕洞宾的老师钟离权，一般认为其大约生活于唐末五代时，后被全真道奉为正阳真人，因有许多神异事迹，也有人认为钟离权是虚构人物。据李圭景《五洲衍文长笺散稿》对《海东传道录》的考证，认为崔承祐等人见钟离权的时间是在唐文宗开成年间（836—840）。由此推测，金可记、崔承祐、僧慈惠同时由申元之介绍到钟离权处学道的说法大概是传说，不足为信，但这一记载却反映了活跃于新罗的内丹道是接续以钟离权为首的钟吕内丹道而来的，并经崔承祐和释慈惠的努力而在新罗传播开来，一直延续到朝鲜王朝。

《海东传道录》讲述了崔承祐和释慈惠泛海回国时的奇遇："八月舟至海中，忽飙风飘至大岛，有持节仙官，逆于船头曰：'正阳真人有书付二公。'拆看乃钟离书也。令还其所授经诀曰：'尔等缘薄，自坏天道，复何言乎？然东国八百年后，弘明大道，必藉传授，乃可入门。尔等所授经诀，及伯阳《参同契》《黄庭经》《龙虎经》《清净》《心印经》，行于世者，可燃灯相付，一线以传。尔赖此功登上真也。'二公涕泣以五种仙典，拜受仙官，俄失其岛。"崔承祐归国后，任新罗朝官太尉，努力传播从唐朝学来的道术，以口诀授文昌侯

---

① ［朝鲜］金富轼：《三国史记》，吉林文史出版社2003年版，第546页。

② 据《仙传拾遗》《龙城录》《历代真仙体道通鉴》《云阜山申仙翁传》等记载，申元之即申仙翁，名泰芝，是主要活动于唐玄宗时期的著名道士，在天宝十四年（755）即已仙逝。

崔致远及李清。崔承祐最后以 90 岁高龄而仙逝，五种书悉皆付李清。李清后来入头流山修炼得道，传道于弟子明法，[①] 促进了内丹道在新罗的传播。

《海东传道录》通过讲述崔承祐与僧慈惠，一是说明朝鲜内丹道的源头在中国道教；二是展示了内丹道在朝鲜半岛的传授次序：

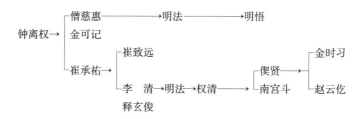

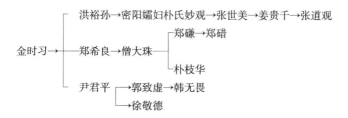

从释慈惠这一系看，释慈惠传法于明法，明法因"质疑于惠公，尽得其要"，既传道于明悟，又"以法授上洛君权清"[②]，成为沟通释慈惠一系和崔承祐一系的人物。

从崔承祐这一系看，崔承祐既传崔致远，又将五种道书传给李清。李清入头流山修炼得道，传道于弟子明法。明法传道权清。权清佯狂诡为僧，修炼得道，与崔致远同隐于头流山，又名权真人[③]。辛敦复认为《海东传道录》中的傻贤即是南宫斗的师父："上诺君，不知为何人，而《南宫斗传》云：斗遇一僧于路，引谒权真人于赤裳山，亦僧也。教以炼丹，垂成而败出山也；教以饵黄庭拜业斗，斗

---

① 《海东传道录》，《藏外道书》第 31 册，巴蜀书社 1994 年版，第 477—478 页。

② 《海东传道录》，《藏外道书》第 31 册，巴蜀书社 1994 年版，第 478 页。

③ [朝鲜] 洪万宗辑：《海东异迹》"权真人"条详细记录了南宫斗修炼内丹的全过程。（《韩国文献说话全集》第六册，太学社影印 1991 年版，第 428 页。）

之师姓权，而又僧，且遇祸之事，炼丹见败之迹，何其与偰公相类也。"①《南宫斗传》来自洪万宗的《海东异迹》，其中"权真人"条详细记录了偰贤与南宫斗学习修炼内丹的全过程。

权真人还传法于偰贤。偰贤既通过权真人而上承崔承祐的传统，又得慈惠弟子明悟和尚"以炼魔法教之，八年乃成，欲解以悟公之法，留待可传者，遂易姓名。"②还与崔致远和赵云仡相遇于俗离山得其法，因学习各派内丹法，身体力行地进行修炼，并积极向好道者传授内丹道。偰贤其多往来于江原、庆尚道，教小儿学习《神仙通鉴》百余年，成为积极推进内丹道在朝鲜半岛传播的关键性人物。

偰贤之后，金时习又成为传道的重要人物，他再传法于洪裕孙、郑希良和尹君平，内丹仙道规模逐渐扩大。洪裕孙传法于密阳孀妇朴氏，朴氏传法于张世美，世美传姜贵千，姜贵千传张道观。郑希良传法于僧大珠，"大珠佯狂，乞于通都，郑磏、朴枝华得其旨"。尹君平"以其道授熙川校生郭致虚"，韩无畏于妙香山金仙台遇郭致虚而得其法。这股新罗仙道法脉传授一直延续到朝鲜王朝。值得注意的是，这些传道者除明法、明悟外，还有一些是佛道兼修，如金时习、张世美、权清、南宫斗等。这说明在朝鲜半岛传播的道教经常与佛教相伴而行。

《海东传道录》简要地勾勒出新罗仙道传播的系谱，但若参照历史，就可见其中仍然存在着一些值得研究的问题。例如，崔承祐生活于唐朝，推进内丹道在新罗传播的偰贤则是元末人，为避兵乱来到朝鲜半岛，拜权清为师。即使崔承祐活到近百岁，他与偰贤之间至少相隔近 500 年。从丹法传承系谱看，这 500 多年间只传了四代，如果不是为了说明修道者都那么长寿，那就是记载的比较粗略。另外，《海东传道录》还说，偰贤于明正统（1436—1449）初年见梅月堂（即金

---

① 《海东传道录》，《藏外道书》第 31 册，巴蜀书社 1994 年版，第 490 页。

② 《海东传道录》，《藏外道书》第 31 册，巴蜀书社 1994 年版，第 478 页。

时习），知其利器，引以稍诱之。金公方锐意斯世，不能省焉。① 对照史实可见，金时习生于明宣德十年（1435），若是正统初年，他仅为儿童而已，称之为"金公"，还说其"锐意其世"，这些词语都属于对年长者的形容。这些令人可疑之处也提醒我们，《海东传道录》所述仙道法脉传授系谱是需要联系历史资料仔细加以推敲后才能使用。

从《海东传道录》可见，新罗内丹道的重要传人是文学家崔致远，他既是崔承祐、僧慈惠的弟子，也是联系唐代道教与朝鲜仙脉的人物："崔承祐、崔致远的道脉可以看作是把唐的道教和我们固有的仙脉统一起来的。"② 崔致远（857—?），字海云，号孤云，新罗京都沙梁部（今韩国庆尚北道庆州市）人，其生姿美仪，少精文史。唐懿宗咸通九年（868），12岁的崔致远就随海船入唐，寻师问学，18岁举登礼部侍郎裴瓒所选进士第，来到东都洛阳。876年，崔致远调任宣州溧水县尉。在此期间，崔致远官闲禄厚，以文会友，将所著诗文结集为《中山覆篑集》五卷，可惜后来散佚。879年，黄巢起义爆发后，中原大乱。不久，崔致远来到"春风十里扬州路"，看到的却是另一番灯红酒绿、歌欢舞醉的升平景象。他入幕淮南节度使高骈门下，任馆驿巡官和都统巡官，期间撰写了大量诏、启、状之类的公文，完成了具有珍贵文献价值的《桂苑笔耕集》二十卷。晚唐名将高骈（821—887）信仰道教，经常参加斋醮科仪活动。崔致远受其影响，为参加道教的斋醮科仪活动撰写了许多斋词、青词，由此了解了道教。881年5月，高骈起兵讨伐黄巢，崔致远因撰写《讨黄巢檄文》一时名震天下，唐僖宗授予他"殿中侍御史内供奉、赐紫金鱼袋"的勋位。中和四年（884）唐僖宗西去蜀地避乱，崔致远也以唐使身份归国，被新罗国王授予侍读兼翰林学士、守兵部侍郎、知瑞书监等官职。

---

① 参见《海东传道录》，《藏外道书》第31册，巴蜀书社1994年版，第479页。
② 韩国哲学会编：《韩国哲学史》中卷，社会科学文献出版社1996年版，第58页。

　　崔致远融汇中国与新罗两国内丹道的仙学传统，其作品也成为研究朝鲜道教的重要资料。崔致远在中国生活的 16 年正值其由少年成长为青年，他积极学习中国文化，因目睹道教的兴盛，还专门学习了中国道教的还返法与尸解法。崔致远所弘传的还返法与尸解法从不同的角度展现了新罗内丹道之特色。崔致远既修炼内丹道，也积极参与道教的斋醮科仪活动，他一生写有许多祭文、斋词和青词。崔致远的斋词主要是用四六骈文写成，无论是遣词造句，还是行文格式上，都延续着中国道教斋词的文风，如上元黄篆斋词表达了在黄巢之乱后，期望道教神灵能够扫除动乱，护佑唐朝"王畿与九牧皆安"的强烈愿望。崔致远回朝鲜半岛后，依然重视发挥道教斋醮科仪的社会功能。

　　崔致远归国后，正值新罗真圣女王统治，政治黑暗，弓裔叛乱，其在政治斗争中屡遭诬陷，曾预见新罗不久将要灭亡，高丽要从开城的松岳山兴起，建立新王朝统领天下，故"无复仕进，意逍遥自放山林江海，营筑栽植，枕藉书史，啸咏风月……乃带家人入伽倻山海印寺隐焉。与母兄浮图贤俊及定玄师结为道友，栖迟偃仰，以终老焉"[1]。崔承祐自中国归来后，崔致远拜其为师，又与权清一起修炼道法。新罗人释玄俊也曾入唐学习道教尸解秘法，著有《步舍游引之术》。崔致远跟从僧玄俊学尸解术，著有《伽倻步引法》《参同契十六条口诀》《量水尸解》《松叶尸解》等，传授道教的"还返之学"，被李圭景誉为朝鲜半岛"东亚丹学之祖"[2]。

　　《海东传道录》借用钟离将军之口说："更过八百年，当有返还之旨，宣扬于彼，其后道教益盛"，预言在崔致远向新罗人传播内丹道

---

① ［朝鲜］洪万宗辑：《海东异迹》，载《韩国文献说话全集》第六册，太学社 1991 年版，第 409 页。

② "崔孤云亦入唐，得还反之学以传，并为东亚丹学之祖，其最者《参同契十六条口诀》也。"（［朝鲜］李圭景：《五洲衍文长笺散稿》卷三十九《道教仙书道经辨证说》，明文堂 1982 年版，第 195 页。）

之后八百年，道教借助于内丹道将在朝鲜半岛得到兴盛。若对照历史，从唐文宗开成（836—840）年间钟离将军传道，到韩无畏于万历庚戌（1610）得到此书，正好接近八百年。这无论是历史巧合，还是后人杜撰，虽不足凭信，但若参照流传至今的有关道教在朝鲜半岛的传播资料来看，这个预言实际上反映了在朝鲜半岛传播的内丹道接续着中国道教贵生重人的传统，从某种意义上说，道教这种对人的生命关注，成为内丹道能够在异域文化中开出东亚道教新的仙脉法统之精神动力。

从《青鹤集》《海东异迹》《新罗殊异传》[①]《高丽史》中可见，从新罗末期到高丽王朝，钟吕内丹道在朝鲜半岛形成了道统仙脉，并在延续与发展中出现了一些富有朝鲜民族风格的新特点。高丽时代，还有一些仙派系统不明的修道者，如姜邯赞、韩湜、韩惟汉、郭舆、丁皓、王允孚、崔谠、权敬中等。例如姜邯赞（948—1031），出身于衿州（今首尔冠岳区）的贵族家庭。其父是高丽官员，曾协助王建统一朝鲜半岛。993 年，契丹第一次入侵高丽。姜邯赞支持高丽王朝通过外交谈判使契丹撤兵，轻而易举地收复了朝鲜半岛北部领土。1018 年，契丹又发兵 10 万攻打高丽，此时已是 71 岁高龄的姜邯赞请命亲自率兵出征，打得契丹军队几乎全军覆灭，据说姜邯赞最后升仙而去。

第六节　道教在朝鲜王朝由盛而衰

1392 年，"高丽王朝"三军都制使李成桂（1335—1408）推翻了亲蒙古帝国的高丽王朝第三十四代国王纯宗（1389—1392），建立了

---

① 相传，开朝鲜古代小说之先河的《新罗殊异传》为高丽文宗朝登第的诗人朴寅亮（？—1096）所撰，一说为崔致远所撰，其中就记载了一些修仙者的事迹。

李氏政权。为了争取明朝的支持，李成桂派使臣向明朝称臣。中国明朝开国皇帝明太祖朱元璋取"朝曰鲜明"之意，赐国号"朝鲜"，史称"朝鲜王朝"。朝鲜王朝传位二十六代，历时五百余年，直到1897年才改国号"大韩"。朝鲜王朝仿效中国的中央集权制建立政治体制，但也保持了一些自身的特点，如自李成桂立国之初就认可文武大臣，俗称"两班"，有权干预君主的施政和决策。这样的体制造成的最直接后果就是朝鲜君主经常受到"两班"朝臣无节制的掣肘。而君主也经常采取种种措施来削弱"两班"对君权的节制。终朝鲜王朝五百余年，历代国王中没有一个人能够强大到对抗"两班"朝臣。朝鲜王朝初期，朱子学取代佛学成为朝鲜王朝占统治地位的社会指导思想。儒学精神逐渐成了官方统治思想及国家行政指导原则，道教的斋醮科仪则成为期望神灵保佑国泰民安的一种仪式。在复杂的政治斗争旋涡之中，儒学受到明显的重视，道教在帝王的支持下，在朝鲜王朝前期得以兴盛，但随着西方文化之东渐，东亚政治、经济和文化格局之变化，道教在朝鲜半岛也由盛而衰。

一、符箓派道教与昭格署

太祖李成桂深信符箓派道教具有镇护国家、祈福禳灾的神奇功能。他的崇道政策经常会随着政治统治的需要及儒、佛、道三教关系力量的对比进行调整，但基本上延续高丽王朝尊崇符箓派道教的做法。后来，太宗将昭格殿改为昭格署，作为国家祭祀道教神灵的场所。昭格署的兴盛与废止就成为道教在朝鲜王朝传播的一个缩影。

太祖李成桂在即位之前，就在咸兴附近设祭坛拜太白金星，希望得到上天的保佑；即位之后，出于治理国家的需要，马上又利用符箓派道教来积极开展祭祀活动。为了更好地开道教祭祀活动，太祖元年（1392）壬申十一月戊寅礼曹启："道家星宿之醮，贵于简严，诚敬而不渎。前朝多置醮所，渎而不专，乞只置昭阁殿一所，务要清洁，以专诚敬。其福源宫、神格殿、九曜堂、烧钱色、大清观、清溪拜星所等处，一皆革去。上从之。"①太祖下令将高丽王朝所置的福源宫、九曜堂、大清观等道教醮祭场所合并为一，只留下松都昭格殿作为国家唯一之道观。

朝鲜王朝承高丽遗制奉行道教，但两个王朝对道教的奉行方式稍有不同：高丽王朝崇尚佛教，把它定为"国教"加以崇奉，在广建佛教寺塔的同时，对道教也抱有宽容与支持的态度。朝鲜王朝虽然以昭格殿来开展国家祭祀活动，但独此一家而废止了其他道观醮所，实际上也就限制了道教在朝鲜民间社会的广泛传播。

太祖四年（1395）令郑道传在汉阳高丽故宫遗迹的基础上，勘察风水，兴建新王朝的宫殿，取《诗经》中"君子万年，介尔景福"的诗句，称景福宫。景福宫作为朝鲜王朝的正宫，位于汉阳北部，也叫"北阙"。太祖五年（1396）又征发200名劳工在汉阳修建为举行祭天仪式而设置的官署——昭格殿。太祖六年（1397）罢太一殿合于昭格殿②。初建的昭格殿为醮祭老子及星辰之场所，共有四殿：三清殿、太一殿、直宿殿和十一曜殿，其中有太一殿，祭道教星宿神；三清殿供奉着道教的三清神，以及玉皇大帝、太上老君、普化天尊、梓潼帝君的神像，他们都是宋代道教中最受人们欢迎的神灵。昭格殿所在处又称三清洞，具有浓厚的道教信仰色彩。

符箓派道教信仰具有较强的实用性，小到可为个人祛病消灾、炼丹养生、延年益寿、求财祈福，大到可为国家风调雨顺、国泰民安祈福，这与人类对未来不确定性的焦虑和追求快乐平安的本性相契，也符合朝鲜王朝的"国情"，故朝鲜王朝从希望神灵护佑国泰民安的需要出发，十分重视举行道教斋醮科仪。每年10月3日，国王亲自带领众臣子在摩利山圆丘檀君降生处举行祭天仪式，期望获得天神的保

---

① 《李朝实录》第一册《太祖实录》卷二，日本学习院东洋文化研究所1954年刊行，第133页。

② 参见《李朝实录》第一册《太祖实录》卷九，日本学习院东洋文化研究所1954年刊行，第353—354页。

佑，又称开天节，逐渐成为一种民族文化传统。这种祭天仪式中融入了道教醮礼，有时摆上玉皇上帝的位牌[①]，有时也祭三清神[②]。今天摩利山顶上还有用花岗石砌成的高 5.6 米，面积 12.8 平方米的祭坛，相传是祭祀檀君的天坛，称堑城坛，又因为醮仪主要是在夜晚举行，故又称堑星坛。

成立于太宗朝的昭格署作为朝鲜王朝的道教宫观，是负责朝廷进行三清祀典活动的机构，也负责管理摩利山堑城醮的祭祀活动，后于太宗时改称为昭格署。由于堑城醮的主祭是国王，故祭官一般由朝廷专门派遣官员来担任行香使、献官、执事、典祀官等。世宗十年（1428） 11 月"传旨礼曹，自今灵宝道场、三界大醮、神杀醮及堑城醮行香使，勿遣代言，以二品以上差定。"[③]行香使一般由二品或三品官员担任，可见堑城醮的规格是很高的。堑城醮有定期祭祀（每年春秋两季各举行一次）和临时祭祀（根据国家形势的需要随时举行）之别，其目的都是为了祈愿国家太平繁荣，属于道家祭祀范畴，故明宗特别吩咐礼曹曰："摩利山则其祭祀仪式，异于他名山之祀，专委道家掌之。"[④]据说在举行堑城坛醮前 40 天，昭格殿官员就在进行祭酒和祭物的准备工作。堑城坛根据供奉对象而设立上坛与下坛，上坛供奉的"四上帝位"可能是指道教的四御神，下坛则供奉九十余位星官。

最早担任昭格殿提调的金瞻是"李朝道教之第一信者"[⑤]。金瞻

---

① 参见《李朝实录》第十三册《世祖实录》卷八，日本学习院东洋文化研究所 1957 年刊行，第 160 页。

② 卞季良：《摩利山堑城醮礼三献青词》中有："亚献：三清道秘，冥杳虽知，再献诚深，感通斯速。"（[韩] 车柱环：《韩国道教思想》，人民出版社 2005 年版，第 67 页。）

③ 《李朝实录》第七册《世宗实录》卷四十二，日本学习院东洋文化研究所 1954 年刊行，第 622 页。

④ 《李朝实录》第二十六册《明宗实录》卷二十五，日本学习院东洋文化研究所 1957 年刊行，第 273 页。

⑤ [朝鲜] 李能和辑述：《朝鲜道教史》，齐鲁书社 2016 年版，第 81 页。

（1364—1416），字子贝，旧名九二，光州人，为慈惠府尹金怀之子。金瞻既精通中国儒学经史子集，又了解佛教与道教，因参与政治，反复经历着刑罚和流放的生活，一生穷困，但又因才华与外交能力，而得到太宗的欣赏。太宗四年（1404），太宗命昭格署提调金瞻专门负责"详定星辰醮祭礼"，把道教醮礼纳入国家管理体制之中。金瞻任昭格殿的提调后，利用提调的职权积极在昭格殿中举行道教斋醮科仪，有意使道教发展为朝鲜王朝的"国教"。他上书太宗"劝上崇奉道教"，祭祀道教的太一神，其主要目的在于祈求"兵疫不兴，邦国乂安"[①]，这非常符合太宗希望通过祭祀太一神以求国泰民安的心理。金瞻遵循宋代道教的传统，每年于大清观、昭格殿开展四次祭祀活动，以提升昭格署在朝鲜王朝国家宗教祭祀中的特殊地位。

为了更好地在昭格殿中开展祭祀活动，太宗八年（1408）派遣昭格殿提调孔俯（？—1416）去中国学习道教的斋醮科仪。昭格殿还招收了十多名道流，即道学生徒，并为他们设置了道教功课制度。这些道学生徒要在祭坛上诵《禁坛》、读《灵宝经》，科仪依据《延生经》《太一经》《玉枢经》《真武经》《龙王经》[②]。此外又另建慈寿宫，让女官（女道士）居住。

世祖十二年（1466）春正月更定官制时，专门将昭格殿改称昭格署，作为国家举行道教醮祭的场所，置于礼曹的统领之下：

> 本朝置昭格署，有三清殿，掌三清星辰醮祭。定提调一员，令一员，别提。参奉各二员，杂职尚道、志道各一人。[③]

---

① ［韩］车柱环：《韩国道教思想》，人民出版社2005年版，第33页。
② 参见《经国大典》卷三《取材》有"道流条"，学习院东洋文化研究所1971年刊行，第281页。
③ 《增补文献备考》卷二二三《职官考》第十，［朝鲜］弘文馆编纂：《增补文献备考》下册，东国文化社1957年版，第550页。

昭格署列入从五品衙门，并配备了官职编制，其官员从五品的令一员（提调），正六品及从六品的别调各一员，从九品的参奉二员，主要掌管道教三清星辰醮礼。据《经国大典》卷一介绍，昭格署虽是道教醮祭的场所，但也是国家的官署。官员要经过考试才能录用。昭格署官员的祭服是自高丽时已然的"白裘皂巾"，说明道教传到朝鲜半岛后，道士的服装也逐渐民族化了。昭格署培养了一批擅长斋醮科仪式的道士，推动了符箓派道教在朝鲜半岛的传播。

15 世纪，朝鲜王朝内部逐渐形成两派政治势力，一派是占有大片土地、操纵政权的勋旧派，另一派是代表中小地主利益的士林派。在朝臣勋旧派与士林派两派政治斗争继续尖锐化的过程中，有关昭格署的废留问题也成为矛盾的焦点之一。中宗朝的儒士与王室之间反复争论，形成的鲜明对立为1519年发生的"士林之祸"[①]埋下了种子。

从昭格署的存废可见，道教在朝鲜半岛的传播，既与道教本身的特点有关，也与当地人依什么文化标准来对道教进行解读与选择密切相连。此后的200年间，朝廷中的"党争"继续激化，国家形势日趋错综复杂，朝臣人人自危，主张自然无为、柔弱守雌、明哲保身的老庄道家思想受到一些儒士的喜爱。他们一方面出于对道家经典的兴趣，撰写了一些以儒解道的新著，著名的有朴世堂《新注道德经》《南华经删补》、韩元震《庄子弁解序》等；另一方面，又借鉴老庄学来诠释朱子学，使朱子性理学表现出浓厚的道家哲学的思辨色彩。老庄学通过如此的双重解读逐渐发展为朝鲜王朝颇有影响力的隐逸之学，使一些朝臣文士热衷于隐逸生活，并用老庄思想为之作出说明。在朝鲜王朝创作的一些山水画中，隐士、渔师、狂客成为常见的题材，也是老庄道家隐逸思想的一种体现。

---

① 士林之祸，又称己卯之祸，是以赵光祖为代表的儒家士林派失势及遭受重大打击的事件。赵光祖因受到诬陷，最后在流放地被中宗以毒药赐死。

昭格署在"壬辰倭乱"①时毁于战火。当时的宣宗认为，道教是左道，不宜再重新建立，道教醮祭应永废不行。后来英宗二十年（1744）编《续大典》、正祖九年（1785）编《大典通编》时，都倡导废除"昭格署官提调以下尚道志道及道流学徒取才等事"②，这座朝鲜王朝时最有影响的道教宫观才被永远废止。

昭格署废除后，道教斋醮科仪在官方祭祀活动中逐渐减少，道教在朝鲜半岛的发展由盛而衰。虽然宣宗三十二年（1599）还下令在汉城建两所关王庙，地方上建四所关王庙，期望"武圣"关帝能够护佑朝鲜平安，但第二年又下令禁止使用老庄术语。英祖二十年（1744）禁止祭巫觋淫祀。正祖九年（1785）废除道学科。尽管道教在朝鲜传播千余年，其长生成仙信仰、斋醮仪式和修炼道术，无论在民间，还是在上层社会，都有着相当大的影响，但由于道教在朝鲜半岛没有形成固定的教团组织，因此一旦不为统治者重视，很快就融入民间信仰或新兴宗教之中。

二、青鹤派与东方仙道传承

在朝鲜王朝时，信奉道教神仙、从事内丹修炼实践的文人学者日益增多。许多文人学者用文学创作的方法来描述成仙理想和修丹过程，既展示了朝鲜半岛的社会生活和风土人情，也记述了一些修仙者的修炼活动和仙道传承。其中洪万宗《海东异迹》和赵汝籍《青鹤集》则是汇集修仙者生平事迹加以整理而形成的神仙传记。

明宗时赵汝籍所撰的《青鹤集》以青鹤先生与七仙人谈论朝鲜历史上的奇闻异事为背景，记载了那些逍遥于山水之间、超然于世俗之外的修仙者之行迹，其中用文学化的方式展现了朝鲜"东方仙派"中

---

① 壬辰倭乱，又称万历朝鲜战争。日本太阁丰臣秀吉（1536—1598）于1592年出兵侵略朝鲜而引发的战争。最后，中朝联合作战，打败了企图称霸亚洲东部的日军。

② [朝鲜] 李能和辑述：《朝鲜道教史》，齐鲁书社2016年版，第96页。

青鹤上人魏汉祚及其弟子的言行事迹，描绘了"青鹤派"的神仙信仰与修炼实践，内容极其驳杂，涉及道教历史、朝鲜政治、氏姓文化、儒家理学、文学诗话、歌舞音乐、地理风水、谶纬思想、民间习俗、神话传说等方面，是一部富有朝鲜民族文化色彩的道教神仙传记集。

作者赵汝籍，号为龙岑居士、青鹤山人，其于宣祖二十一年（1587）参加科举，在落榜失意还归家乡的路上，遇见云鹤先生李思渊。两人初次见面，云鹤先生就直呼其名道："关西赵汝籍，胡为栖栖？"赵汝籍惊异且敬畏之，马上拜云鹤先生为师，追随其修炼道法。六十年后，云鹤先生仙化，赵汝籍恐高人踪迹永为泯没，乃以自己师从李思渊六十年间耳闻目睹的仙家事迹为依据撰成《青鹤集》一书。

《青鹤集》首先记述"云鹤先生事迹"，以李思渊所传"青鹤派"为线索，描绘了当时朝鲜半岛上那些爱好道教的隐居修仙者的生活状况。赵汝籍将"青鹤派"置于当时朝鲜王朝所面临的倭兵侵略的社会环境中来加以考察，尤其是屡次精确预言甲申之变（1644），据此推测，《青鹤集》可能完成于甲申政治动乱之后，道教得到了失势的士大夫和科举落榜的儒生的热烈响应，并逐渐形成了以师生关系相传承的仙派道脉，其中特别表达了朝鲜民族意识逐渐觉醒，民族主义思潮开始滋长，故特别重视本国文化传统的心态。

云鹤先生李思渊（1559—?），一名挺元，又名承祖，字胤夫，号云鸿、云鹤、片云。李思渊于朝鲜明宗大王十四年（1559）七月初八生于江原道麟蹄郡玄高村，五岁时随寡母迁移居新溪栗滩东。十六岁时因喜爱云游，有"云林高趣，且得先君遗书，而不求仕宦，专意穷格"之雅趣，无心仕途名利。宣祖八年（1575）夏四月，云鹤先生坐于家前槐木亭读《周易》，忽有一优婆塞①从傍窃听良久曰："吾遍八路，阅人多矣，未有如君者。君可谓入道者。"然后，就从自己的

---

① 优婆塞，是梵文 upāsaka 的音译，指在家信佛并接受了三皈依的佛教男居士。

袖子里拿出一卷书授之曰："持此入山，则克证高真师友善类。"①先生问这位优婆塞居住何处，姓名为何，但他却不告而去。后来，李思渊再向诸师打听，才知其人为"东海中修然子孙文载"。以此道书为机缘，李思渊入澹定山中居焉。宣祖十五年（1582），李思渊卖药于锦嶂江边，逢一人，头戴蔽阳子、杖丁公杖，一见先生，便十分相投，共同探讨大家感兴趣的问题，最后相约在五台山（江原道）麒麟台再相见。届时，李思渊如期而至，就看到那里已有七个神仙般的道人列坐在岩上，他们是金蝉子、彩霞子、翠窟子、鹅蕊子、桂叶子、花坞子、碧落子。居前者金蝉子即是李思渊在锦嶂江边所遇见的人。"此七人者，抱高世之才，智达天人之物，不遇于时，逐迹江湖，游天下，而夷汉无阻焉，同师事青鹤上人。"②七位道人都是怀才不遇之士，他们共同师侍青鹤上人，韬晦于江湖之中论道修仙。

七位道人的老师是青鹤先生魏汉祚，字仲炎，号青鹤上人。魏汉祚是甲山人，少从百愚子学习，能格物致知，后赴中国遇到杨云客，两人一起学习异术。魏汉祚遍游诸国道冠山林，晚年时东还朝鲜半岛，栖居于青鹤洞，以洞名为号，曰青鹤上人。七仙人见李思渊有修仙之志，乃引导他访问青鹤洞，师事魏汉祚先生。魏先生见到李思渊后，赐号曰"片云子"。李思渊就与七位道人一起跟随青鹤上人魏汉祚修炼道法，加入了朝鲜道教东方仙派中的"青鹤派"。

青鹤派活动于1592至1598年的"壬辰战乱"时期。当时野心勃勃的日本将军丰臣吉秀带兵入侵朝鲜、觊觎明朝帝国而引起东亚区域性战争。《青鹤集》借金蝉子之口将这场战争视为"朝鲜开国二百年而有此大祸"③。虽然朝鲜军民奋起反抗，明朝也因宗藩关系派军队

① ［朝鲜］赵汝籍：《青鹤集》，载［韩］李钟殷译注：《海东传道录·青鹤集》，普成文化社1998年版，第217页。
② ［朝鲜］赵汝籍：《青鹤集》，载［韩］李钟殷译注：《海东传道录·青鹤集》，普成文化社1998年版，第217页。
③ ［朝鲜］赵汝籍：《青鹤集》，载［韩］李钟殷译注：《海东传道录·青鹤集》，普成文化社1998年版，第226页。

增援朝鲜，在朝鲜军民的帮助下，明军大败侵朝日军。这场战争持续六年，最终以明朝与朝鲜联军胜利，日本丰臣秀吉病死，日军战死逾半，撤回本土而告终，但也给朝鲜半岛带来了极大的破坏。

青鹤派活动于朝鲜面临着来自日本侵略的民族危亡时期，此时中华文明因明清鼎革而在东亚文化圈的地位逐渐下降，随着古老东亚世界共同体的中心与边缘关系的巨大变动，朝鲜半岛的民族主义思潮勃兴起来，《青鹤集》甚至将团结民族力量，对抗日本，回击蒙古，争衡中国，作为朝鲜民族生存的目标。《青鹤集》描写了魏先生带领着弟子们，在不同的山林中，或隐楸池岭、或登九月山、或居黄岳山、或在白头山、或居马息山、或居汉阴山、或居甲山……纵论天下，品评人物，既期望能够在动荡社会中寻找到一处安静的修仙场所，也为弟子们积极参与战争，恢复朝鲜半岛和平而出谋划策。

《青鹤集》作者赵汝籍亲身经历了战争动荡，为弘扬民族主义文化传统，建构起东方仙派道脉谱系。青鹤派将桓仁作为东方仙派的宗祖，其仙脉由其儿子桓雄（檀君）来继承。檀君立志教化东方民族，立国号朝鲜，御国一千五百年，"后还隐于阿斯达山为山神，寿一千九百八岁"。檀君仙去后其仙统为文朴氏所继承。据说文朴氏住在阿斯达山中，永葆童颜，眼呈四角形，颇有神仙气象，后又将仙脉传授给新罗四仙之一的永郎。永郎也称向弥山人，活到90岁时还保持童颜神色，头载白鹭羽毛冠，手持铁竹拐，行色怪异，不同于普通人，逍遥于山水间。永郎之后有神女宝德、瓢公、玉宝高等。《青鹤集》虽然指出李纯甫、玉宝高为"宝德之分派"，可是正脉如何，因资料缺乏还须进一步探索。《青鹤集》所记述的东方仙派的宗祖与传承者大都为朝鲜古代神话传说中的人物。

《青鹤集》除介绍桓仁所传之东方仙家道脉之外，还记载了新罗时东方仙家别派。这些东方仙派的别派人物，以瓢公为宗，由玉宝高、昆始仙人、勿稽子、仇柴、崔致远、李茗、郭舆、崔谠、韩惟汉、元晓、道诜等代代相承，有的是史无其人的传说人物，如充满神话色彩的瓠公和昙始仙人，此外，大都是确有其人的历史人物。他们承东方仙家之传统而形成了东亚道教中十分值得重视的传播了近千年且形成了较为清晰的道脉：

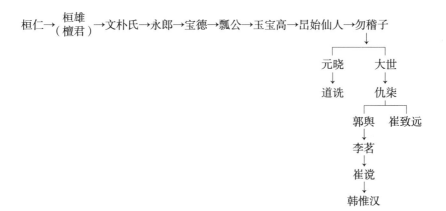

《青鹤集》所记"瓠公"应是《三国史记》所作新罗始祖赫居世时"以瓠系腰，渡海而来"的倭人"瓠公"。《青鹤集》将他神仙化，说瓠公自东海乘瓠而来，方术高妙，能煮玉而食，茹木而食，又能呼风唤雨，驱使禽兽。其终也入雪岳山，是则仙家别派也。① 瓠公大概学习了修仙之术，然后广播于新罗。昙始仙人是驾洛国居登王（199—257）时人，有"仙人必乘舟抱琴而来"之美誉。勿稽子是新罗奈解王尼师今（196—230）时人，因屡立战功却不得赏赐，遂被发携琴，入师彘山不返。元晓、道诜是新罗的著名僧人；大世、仇柒是新罗的好仙道人，因向慕神仙之术，于真平王九年（587）往吴越求仙，"后不知其所往"。

崔致远，新罗末期著名文人，曾在唐朝中科举，享有"海东仙宗第一人"之盛誉。郭舆是高丽睿宗（1150—1122）时著名道士，有"金门羽客"之称。清平山李茗，不知何许人。高丽时期号清平山人

---

① 参见［朝鲜］赵汝籍：《青鹤集》，载［韩］李钟殷译注：《海东传道录·青鹤集》，普成文化社1998年版，第218页。

者有二，一为李岩，于恭愍王时入清平山隐居①，一为睿宗时道流人物李资玄，曾隐居清平山，睿宗累召不赴。郭舆与李资玄友善，二人有唱酬诗作传世。《青鹤集》将李茗看作是郭舆的传人。由此推测，李茗可能是李资玄之误？崔诜（1135—1211）辞仕后不问政事，浪迹山林，被时人称为"地上仙"。韩惟汉生活于仁宗时，因看到崔忠献擅政卖官、横行霸道，就带着家人入智异山修道，最后得道成仙而去。

《青鹤集》所记述的东方仙派传承谱系，一方面继承朝鲜民族固有的神教仙风，体现着强调本土文化独立性的民族意识，在对众多仙家人物之间道脉关系的梳理与整合中表现出强烈的本土色彩，其中有一些新罗留学生虽然曾在唐朝学习道教，但他们回国后，放浪山水、吟风弄月、修炼道教，在修仙异迹中表现出一种朝鲜民族文化风情，例如，昆始仙人是驾洛国人，由七点山而来，又称七点仙人，他貌如寒玉，语类梵音，应居登王邀请，乘舟抱琴去招贤台相会时，就向国王宣扬道教的自然无为思想："君以自然为治，则民以自然成俗。"②王闻之非常欣赏，乃馈以牛肉菜肴来招待他，他辞而不受，索食枫香桔梗而餐，表现出朝鲜饮食文化特征。七点仙人之裔勿稽子是新罗名臣，虽功高而不受赏，过着超然脱俗的生活，携琴入斯彝山，春居林木，冬居穴室。到新罗孝恭王时代，玉龙子道诜在枫岳山看到他时，仍然是稚颜童肤，提壶善歌，再问年考之岁，回答说："八百岁矣。"元晓、道诜乃是勿稽子之余韵。崔致远之后，东方仙派在朝鲜半岛代代相传，成为道教在朝鲜半岛传播的重要表征。

---

① 参见［朝鲜］卢思慎等撰：《新增东国舆地胜览》卷三十二，固城县人"李岩"条，载吉林师范学院古籍研究所编：《中国相邻地区朝鲜地理志资料选编》，吉林文史出版社1996年版，第486页。

② ［朝鲜］赵汝籍：《青鹤集》，载［韩］李钟殷译注：《海东传道录·青鹤集》，普成文化社1998年版，第219页。

另一方面，青鹤派又无法排除东方仙派本有的中国之源。《青鹤集》中有金蝉子曰："吾东道流之丛有曰：桓仁曰真人受业于明由，明由得道于广成子，广成子古之仙人也，桓仁为东方仙派之宗。"①《白岳丛说》借向弥山人之口说："仙道之在天下中国，则黄帝得于广成子，吾东则文朴得桓因之源，传为洁清之学。"②据中国道教《神仙传》介绍，广成子为黄帝时人，居崆峒山的石室中，自称养生而得道法。黄帝曾向他请教"至道之要"，于是，广成子授黄帝《道戒经》七十卷、《自然之经》一卷、《阴阳经》一卷，其活到一千二百岁后才于崆峒山升天成仙。从这个意义上说，青鹤派又与中国道教有着千丝万缕的联系。这种传承的关系恰恰反映了道教由中国向朝鲜半岛传播过程中不断地本土化倾向。

《青鹤集》特别记述了那些过着超俗隐逸生活的修仙者所践行的有关道教修炼的种种情况。"魏先生居马息山，与诸子日游岩峦，所与传古者，无虑数万言，余不能尽述。"青鹤集派还形成了自己的设斋祷告和歌舞拜神的仪式。宣祖三十四年（1601），青鹤先生居甲山，可能是觉得自己将不久于人世，于是召片云子、金蝉子、彩霞子、翠窟子、鹅蕊子、桂叶子、花坞子、碧落子及曹玄志俱至。青鹤先生对碧落子说："男儿生不成名，含光湮没者，非好做道理也，乃不获之事，子当速去为强国名臣，无失其时。"又嘱咐桂叶、鹅蕊、花坞曰："今新天子出，三子当去道家之闲逸，以图竹帛之功名。"又希望彩霞子入贺兰山，家居传世。青鹤先生在为众弟子指明修道的方向后，特别要金蝉子、片云子跟随曹先生在朝鲜半岛上"为传道派"③。然后，大家一起奏乐起舞咏诗，颇有神仙共乐

① ［朝鲜］赵汝籍：《青鹤集》，载［韩］李钟殷译注：《海东传道录·青鹤集》，普成文化社1998年版，第218页。
② 《白岳丛说》，载［韩］李能和辑述：《朝鲜道教史》，齐鲁书社2016年版，第210页。
③ ［朝鲜］赵汝籍：《青鹤集》，载［韩］李钟殷译注：《海东传道录·青鹤集》，普成文化社1998年版，第247页。

的景象。

青鹤先生于宣祖三十六年（1603）又召集弟子门人前来告之："吾可以谢绝世事。"正月十五日晨，青鹤先生拄杖步入大兰山雾中，遂不复返，诸弟子皆散去。[①] 青鹤先生升仙之后，云鹤先生李思渊担当起传道之重任。片云子、金蝉子和曹玄志准备避居汉拿山修道。金蝉子，姓李，名彦休，字弘道，父光弼，号默林，祖亮仁，号八风，曾祖号桑坞，世有隐德，为湖南[②]出身的道家真骨。金蝉子后改号松栖。当他们三人南入济洲，行至茂州德裕山（全罗北道长水郡）时，觉得这里的环境幽静便于修行，何必去汉拿山，于是在此建茅舍，采药织履而以食，居此颐养精气，表现出一种神仙家的风格。

在《青鹤集》的下半部主要讲述了片云子、金蝉子与曹玄志在朝鲜半岛云游修道时所见所闻和所议，尤其是记载了许多热衷于修仙者的事迹，太平洞主林正秀、苍海道人、铁杖道士、竹冠道人、金帻真君、智异山仙人李芳普，展示了道教仙道在朝鲜半岛因得到士人的关注而得到发展。

《青鹤集》最后写道，片云子、金蝉子与曹玄志三人同游湖山过松冈寺，入金刚山灵源洞，宿于小庵，认识了一位游遍天下的西蕃僧人，其"松络草衣，貌如寒玉，眼如晨星"[③]，中国名性圆，朝鲜名能皓，号洞见。此人以食松子柏叶及六天气水为生，颇有道教辟谷食气之风范。同时又以佛法神力，周游无碍也。他一见梅窗曹玄志便托深契，永夜悬灯，细论玄理，赵汝籍就在一旁参听他们的高论。不久，能皓与金蝉子松栖一同前往湖南珍岛郡，得一小艇浮海南，去无儒佛无文武之地，梅窗也告别而去。

---

① ［朝鲜］赵汝籍：《青鹤集》，载［韩］李钟殷译注：《海东传道录·青鹤集》，普成文化社 1998 年版，第 248 页。

② 此处湖南指朝鲜全罗北道和全罗南道。

③ ［朝鲜］赵汝籍：《青鹤集》，载［韩］李钟殷译注：《海东传道录·青鹤集》，普成文化社 1998 年版，第 256 页。

在《青鹤集》中，朝鲜半岛似乎成为一个仙人的国度，这些修仙者中很多人来过中国，他们的行为举止与修道方式类似于中国道教中的内丹道。由于青鹤派的主体是士人，他们主要活动于倭寇侵犯朝鲜半岛的"壬辰之乱"时，社会动荡所造成的内忧外患，一方面促使他们逍遥于山水间，以逃避战乱；另一方面，又促使他们积极地关心国家大事，为抗击侵略者出谋划策，由此而将出世与入世结合起来。《青鹤集》所记载的从事道教修炼者的事迹来看，道教内丹道最早出现于新罗王朝后期，又称仙道，到高丽王朝时修仙者逐渐增多，发展到朝鲜王朝，通过师徒相承而形成的仙道法脉已蔚为壮观。

《青鹤集》通过勾勒东方仙派传道谱系，承认"东方仙派之宗"桓仁的道脉源自中国道教，但基于民族主义的立场，异常强调此道脉谱系的本土特征。这反映了道教传入朝鲜半岛后，时刻面临着异族文化的排斥、接纳和受容，这一切都离不开韩国道教具有文化主体性，韩国文化对道教的吸收是主体性进行的观点①。这种观点在继《青鹤集》之后出现的《海东异迹》得到了进一步地发扬光大，反映了东亚道教所内含的"中心—边缘"关系的复杂性。

三、道教的影响逐渐衰退

17世纪，满清入主中原，在政治上，由清朝更替了明朝，在宗教上，信奉藏传佛教格鲁派，故清廷对东亚地区的控制，除了采取政治、军事和经济手段之外，在宗教上推行的是藏传佛教的核心教义"转世说"。在明清鼎革的过程中，不仅是中国的士大夫受到了强烈的文化冲击，生活在邻国朝鲜李朝的士大夫也深受震动，认为中国落入了与朝鲜近邻满州的"野蛮"部落之手，这意味着中国既不再是一个物质文明强国，也不再是奉行以儒为主、以佛道为辅的文化强国，

---

① ［韩］都珖淳：《韩国的道教》，载［日］福井康顺等监修，朱越利等译：《道教》第三卷，上海古籍出版社1992年版，第45页。

而李朝因保持了明朝的文化传统，才是中国传统文化的真正继承者，因此，面对一个新的宗主国，李朝需要重新定位，以确立自身在东亚文化秩序中的地位。

李朝与明王朝一直是友好邻邦，有着比较良好的外交关系。这不仅是因为"朝鲜"之名为明太祖所赐，而是出于对中华文化的感情，李朝一直将明王朝作为自己的宗主国，尤其是当日本一代枭雄丰臣秀吉（1536—1598）在统一日本之后，抱着向亚洲扩张的野心，带领军队气势汹汹地入侵朝鲜。对于这一战争，东亚各国出现了不同评价，一定程度上可作为道教神灵在朝鲜半岛产生社会影响的一种侧面写照。日本史书把万历朝鲜之役分为两次战争——文禄之役和庆长之役。朝鲜史书则称之为壬辰卫国战争。整个战争从万历二十年（1592）开始至万历二十六年（1598）结束，历时七年。万历皇帝下令出兵援朝，最终赶走了日本人，李朝宣祖对万历朝鲜之役中明朝的支持是非常感激的。日本经过这次战争，国家的元气大伤，丰臣秀吉集团彻底垮台，日本从此进入德川幕府时代。万历朝鲜之役是中日朝三国政治军事实力的较量，在客观上起到了重新整合东亚各国政治军事力量的作用，此后，随着西学东渐在东亚世界的展开，东亚各国逐渐出现了一些新变化，对道教在东亚的传播具有怎样的影响呢？

宣祖把明朝东征将士看作是明朝"皇恩"的执行者，为了表达对他们的感激之情，他在朝鲜半岛上建造了许多碑、祠、庙作为崇祀东征将士的场所，"邦国亡而复存，宗庙绝而复祀，其为德至盛，自东方以来未始有也"①，其中最主要的是宣武祠和武烈祠。明朝东征将士所修造关王庙也推进了关帝信仰在朝鲜半岛的传播。在朝鲜人所面临的侵略战争中，关云长被奉为朝鲜半岛的守护神，受到了人们广泛的敬仰。

---

① 《尊周汇编》卷8，《万历庙庭碑铭》下册，第142页。

　　当时的朝鲜人并没有将这些庙宇视作纪念明朝将士亡灵的场所，而更多地看作是对从明朝移植过来的一位新神而加以祭祀。肃宗上台前（1675—1720 年在位），明王朝已亡，接续者清王朝在当时的朝鲜人眼中是缺乏文化的"夷狄"之流，为了表达尊明反清的心态，李朝王室宣称自己为中华正统文化的传承者，一方面针对着满清王朝出现了"脱中国"思想；另一方面，也通过发明"崇祯纪年法"来表达对明朝为代表的中国传统文化的尊重，这为道教的继续传播打开了方便之门。

　　由于道教神灵的精神内核是中华传统宗教的凝炼，发挥出很强的实用性和包容性，它不断地将民间信仰的一些神灵纳入自家的体系中，文昌、妈祖、关帝、八仙、土地、城隍庙出现于朝鲜社会中，发挥着它们小到祛病消灾、求财祈福、延年益寿，大到呼风唤雨，长生不死的作用，迎合了人们追求快乐幸福的心理需要，因此朝廷的更替并没阻碍道教神灵继续在朝鲜半岛的民间社会中传播。

　　随着西方列强在东亚的争夺日益加剧，朝鲜半岛成了日、俄、英、美诸国觊觎的一块"肥肉"，各种国际政治力量冲突的重要舞台。朝鲜中期后，面临着日益严重内忧外患，在帝王的倡导下，朝鲜人重扬对朝鲜民族始祖檀君信仰，一方面从神仙信仰源于海东说，提出"三神山"是奉祀朝鲜开国始祖檀君与其父桓雄、其祖桓因等"三神"的太白山（又称太伯山），而不是具体指金刚为蓬莱、智异为方丈、汉拿为瀛洲三座神山等说法。大概是朝鲜肃宗时期（1674—1720）的落榜居士北崖子的《揆园史话》，又宣扬白头山（长白山，又称明山）即"三神山"，来提升檀君信仰的神圣性。到 18 世纪末，附和这种将太白山定位为中国东北的长白山，又称"白头山"的说法者渐多。这反映了在民族危机的情况下，有些人将长白山同"檀君神话"中的"太白山"联系起来，并进一步把中国的长白山视为"古朝鲜"的疆域，这种穿凿附会之说，直到今天仍得到一些韩国学者认同，其中所包含的民族情绪就值得认真考量了。由此可见，道教传入朝鲜半岛后，经过朝鲜民族文化的主体性解读，内涵也在不断地衍变着，其本有的信仰特色若无关乎异域社会发展要求就会慢慢地被淹没在"他者"文化之中，而有利于本民族利益的成分却会被夸大或改造。这也是东亚道教研究中必须面对的跨文化研究的难题。

另一方面，朝鲜人开始自己印刷出版劝善书，从劝善书在朝鲜半岛的刊行的时间看，大多是出版于 1864 年，即十二岁的高宗李载晃（1852—1919）即位之后。就在朝鲜王朝准备打开国门时，某些执政者及儒士力图通过坚持传统来保持自己的民族独立和文化发展，故积极倡导刊行道教劝善书，尤其是出版那些以关帝为名的劝善书。因为关帝身上凝聚了万世共仰的忠、义、信、智、仁、勇等伦理道德和武士精神，通过劝善书来引导民众崇拜具有忠义品德的"武圣"关帝，来保持传统秩序，就成为当时朝鲜王朝抵御各种外来文化侵蚀的方略之一。据此，一些朝鲜学者也模仿道教创作了一些富有民族特色的劝善书，影响较大的有，曾于 1891 年担任朝鲜驻日本公使的权重显（1854—1934）撰述的《功过新格》、撰者不详的《三圣宝典》等。如果说，这种刊行道教劝善书来维护传统的社会纲常伦理只是一种复古行为，那么，更多的有识之士则看到实行政治、军事和文化改革的必要性，只有冲破旧传统，迎接新文化，国家和民族才能跟上历史的步伐不断创新与进步，这种文化倾向对道教劝善书的刊行无疑又是釜底抽薪之举。

第七节 富有道教特点的新兴宗教

日本在 1868 年进行明治维新后开始在东亚积极扩张势力。1885 年 1 月 9 日，日本再次强迫朝鲜签订《汉城条约》，勒索赔款，之后日本内阁首相伊藤博文（1841—1909）又前往中国天津与李鸿章（1823—1901）会晤，中日两国签署《天津条约》。日本因政治、经济、军事和文化实力的增强而在东亚的地位日益提升，直接威胁到中国处于东亚宗主国的地位。此时，传统东亚社会中以中国为"中心"，以日、韩、越等周边国家为"边缘"的情况出现了新变动。

1876 年 2 月 26 日，日本与朝鲜在朝鲜江华岛签订《江华条约》，从此朝鲜打开国门，逐步沦为日本的殖民地。道教劝善书在朝鲜半岛的流行并没有阻止朝鲜王朝打开国门的步伐，从此道教的影响逐渐衰退，仅在民间文化和新兴宗教中能看到它的一些踪迹。20 世纪的朝鲜社会始终面临着内忧外患。1910 年日本占领并统治朝鲜半岛，直到 1945 年第二次世界大战结束，日本被联军打败投降后才撤离。1950 年，美军进入朝鲜半岛，朝鲜战争爆发。1953 年 7 月 27 日，中国人民志愿军与以美国为首的"联合国军"在板门店签订停战协定，标志着历时三年的朝鲜战争结束。朝鲜半岛从此分为朝鲜与韩国。虽然 2000 年历史性的南北韩首脑会谈在朝鲜首都平壤召开，但至今朝鲜半岛依然是一个民族两个国家。

在东亚世界由传统向现代转型的大趋势中，朝鲜王朝末期兴起的一些民间宗教如东学（天道教）、青林教、南学（大倧教）、普天教（太乙教、吽哆教）、白白教、圣无极教等，它们在教理上兼综儒、佛、道（仙）、基督教，以一种适应现代社会要求的方式，如关注社会问题，追求现世利益，询问人生价值等，逐渐演化一些新兴宗教的信仰系统，逐渐替代了那种给人以迷信、传统和保守印象的传统宗教。李能和称这些具有儒佛仙合宗之特色的民间新兴宗教为"杂教"①，其中道教信仰比较突出的有大倧教、天道教和甑山教等。这些民间新兴宗教随着朝鲜半岛政局的动荡不断地起落分化，特别是在 20 世纪下半叶，又派生出许多新兴派别，其中甑山教系统就分出了 100 多个教团，现在约有近 50 个教团组织和 50 多万信众，除了甑山教本部之外，还有甑山道、太极道、太乙教（仙道教）、大巡真理会、甑山真法会等。

---

① ［朝鲜］李能和：《朝鲜道教史》，齐鲁书社 2016 年版，第 210 页。

一、大倧教

大倧教的兴起与当时朝鲜民族的独立解放运动兴起有关。大倧教是朝鲜民族崇奉的古代神教在新历史条件下的继续，从此意义上说，它可能是韩国历史最悠久的宗教。大倧教奉行三部经典《天符经》、《檀君实记》和《三一神诰》，其中包含着一些道教因素。该教奉檀君奉为始祖，将桓因作为主宰万物的造化神，桓雄作为开天立地的教化神，桓俭作为治理天地的治化神，这三位神构成了三位一体的关系。大倧教将檀君于公元前2333年的十月初三从天上来到人间的那天作为每年进行祭天仪式的节庆日，并通过八关会、乡土会、城隍祭、洞神祭等，将颇有道教斋醮特色的活动保留下来。大倧教在朝鲜民族古神教的基础上，又吸收了道教的信仰与思想，尤其是道教的养生术，成为一种颇有道教因素的新兴宗教。20世纪中叶之后，随着西方文化及外来宗教在东亚地区的影响日盛，固守传统的大倧教虽然受到了极大的冲击，但因其对传统的檀君信仰精神的高扬，时至今日，又传播出许多新的分枝。

二、天道教

天道教是朝鲜人崔济愚（1824—1864）在东学西渐的文化潮流中，以道教为基础，又吸收儒佛思想和朝鲜民族信仰，于1860年在庆州创立的"东学道"的基础上发展起来的。东学道是针对着以天主教为代表的西学而提出来的，故以融合东亚传统的儒、佛、道三教为宗旨。崔济愚提出东学道将遵循道教的"无欲清净以持身，炼磨心神"的思想，故其宗教活动既不信仰人格化的偶像，也不崇拜东学道的教主，只是围绕"修心"而展开，颇有符箓道教的特色，天道教对道教的长生思想明确而公开地表示接受，如《东经大全·布德文》中称："我有灵符，其名仙药，其形太极，又形弓弓。受我此符，济人之病；受我咒文，教人为我，则汝亦长生，布德天下矣。吾亦感受其符，书以吞服之，则润身差病，方乃知仙药矣。"[①]将道教之术作为"布德天下"的方法。但另一方面，崔济愚也指出了"道教悠于自然，缺乏治平之不足"，不同于东学党追求"布德天下，广济苍生"的理念。于是，崔济愚周游朝鲜半岛，又对传统道教思想作出新的诠释。

他提出"至气"是万物的根源，又借鉴天主教的上帝信仰，宣扬天神以"气"创造了人，故"人乃天神"，以此作为东学道的基本教义。他通过"天神"、"至气"和"人类"的关系来诠释道教的天地人三才造化思想，"天神"就存在于人类的心中，人同宇宙万物一样具有"至气"，养气即是养生之正道，并从道生气化的宇宙转换法则中去探讨如何开辟新文化的发展道路。从1862年起，他以天人为大道之源，以诚敬信为天道之本，以守心正气为修道之诀，开始向民众布道。

从东学道对道教思想的借鉴可见，文化交流的主体对他者文化的取舍主要取决于自身的现实需要。崔济愚将天道教的理论来源概括为：儒之人伦大纲，仙之清净自修和佛之普济众生，足以成为吾道之三科。经过这种理论建构，崔济愚提出的"辅国安民，布德天下，广济众生，建立地上天国"的社会理想。东学道得到了处于社会下层、生活于苦难之中的民众信仰与拥护，在不到一年的时间里，东学教徒发展到三千多人，建立起十多个基层教会机构。由于东学道从"无为而化"的"诚敬信"之"道"出发，倡导非暴力主义，其中还掺杂着一些迷信思想。高宗视东学道为异端邪教，1863年崔济愚被捕，第二年以"惑世诬民"之罪将他处死。崔济愚虽然牺牲了，但他所创立的东学道却在第二代领袖崔时享（1829—1898）的领导下得到了发展，并掀起了被称为朝鲜"甲午农民战争"的起义，从根本上颠覆了李朝的统治，故受到了李朝的严厉镇压。起义失败后，第三任教主孙秉熙（1861—1922）于光武九年（1905）将东学道改为"天道教"，

---

① ［韩］白世明：《东学思想与天道教》，启文社1956年版，第174页。

以示与以李九容等东学道为基础创建的亲日组织"一进会"的区别。

孙秉熙以天道教中央总部的名义，发布了一系列教典，如《东经演义》《天道教太元经》《大宗正义》《觉世真经》等，倡导"天道"就是天神之道、无极大道，以此来表明本教仍以融合儒、佛、道三教为特色，以对抗基督教等外来宗教。在政治上，天道教倡导"德治"社会，遵循道教以消灾祈福服务于社会的做法。在宗教制度上，天道教依据当时行政区域的建制，建立起由都、道、郡、面、里为单位的组织机构，每个行政级别都设立相应的大接主、首接主、接主、接司等，将信徒归于某个行政区域来进行管理。在宗教仪式上，建立起信徒宗教生活中必做的仪式：入教式、心告法、纪念式、庆祝式、祈祷式、谢恩祈祷、慰灵式、婚礼、丧礼、祭礼等规条。天道教虽然得到广大贫苦农民的信仰，但却被当时的朝鲜政府作为异端教派加以镇压，只能在民间秘密传播。

据统计，今天韩国大约有一百多万天道教徒，二百多个地方教区，一百四十多所寺院，还有一所高中学校和一所大学。1964年，天道教曾举行纪念创始人崔济愚逝世100周年的活动。1971年天道教水云馆落成，同年创办《天道教日报》。1984年成立了东学民族统一会。天道教有着完整的组织系统，出版《新人间》（月刊）和《天道教月报》两种刊物。[1]20世纪以来，天道教中逐步分化出一些新宗教团体，如天真教、侍天教、水云教、东学总部等。天道教是否可视为当代韩国道教？至今仍有不同的看法，但天道教中保留着许多道教因素却是值得研究的文化现象。

三、甑山教

1902年，由姜一淳（1871—1909）创建的甑山教被认为是最具有朝鲜文化特色的新兴宗教，它不仅与当时的东学、大倧教一样主张

---

① 参见李养正主编：《当代道教》，东方出版社2000年版，第339页。

"后天开辟",而且还提出"天地公事""解冤结""后天仙境"等思想,其中也包含了一些道教因素,故李能和将甑山教中的普天教,又称太乙教列入朝鲜道教体系。

姜一淳自称是玉皇上帝降生人世,是主宰万物,握有天、地、人三界大权"九天上帝",化身为金山寺弥勒佛降临凡间,拯救处于水深火热的民众。1902 年,姜一淳以"训话活动"为名开始向追随他的信徒进行传教活动,他的身上具有卓越的宗教天性,往往通过不正常的狂人形象表现出来,却"具有能够左右时代发展的强大的精神力量"①。姜一淳宣扬神化一心、仁义相生、去痛解怨的神明思想,并通过发挥道教神符咒语和阴阳谶纬术数来整顿人心。其追随者也热盼通过"天地开辟",早日在当下社会实现"地上仙境"。以姜一淳为教主的甑山教开始建立并得到快速发展。姜一淳预言自己死后不久,甑山教会分化出许多教派,但最终会有一位真正的教主出来在乱世中弘扬甑山教的"真法",使甑山教发展为拯救世界的"大宗教",促使后天时代的朝鲜半岛将成为上等国,全世界将以此为中心统一为一个大家庭,建立"地上仙境",从这一个意义上说,"天地开辟"又称为"天地公事"。

甑山教各派信仰与教理共同核心为"天地公事",其中表达的解冤相生、人尊思想和后天仙境也借鉴了一些道教思想。甑山教以成为"地上神仙"作为修行目标,其修道方法中也贯穿了一些道教因素。例如,将敬仰上帝的至诚精神置于丹田,在规定的时间诵念咒文等,通过修心炼性来恢复人本来的清静天性,复归于大道而地上成仙。

1909 年 6 月 24 日,姜一淳突然去世时,甑山教一度解散。两年后,姜一淳的妻子高夫人在一次昏迷后,遂传说姜一淳的灵魂附在了高夫人身上,一度四处离散的弟子再次聚集在一起,供奉《郑鉴

---

① 韩国哲学会编:《韩国哲学史》下卷,社会科学文献出版社 1996 年版,第 246 页。

录》，创建了一个最初的教团——仙道教，又称太乙教。不久，高夫人的姨表弟车京石乘教团势力扩张之际，又将高夫人架空，自己掌控教团，成为太乙教第二世教主后，将之更名为"普天教"。可是，姜一淳的追随者们认为车京石不是正统，于是各自声称继承了教统，纷纷自立教团，他们按自己的理解，从神团的众神之中选择一神作为各自教团的神主。甑山教团一度发展到上百个，其中车京石的普天教发展得最为迅速，很快拥有数百万信徒。车京石初置24干部制度进行教团管理，这犹如早期五斗米道所置立的24治，后于1919年在全国范围内设立了60干部，称为"60方主"，之下设立6名任员、20名时员、8名刻员和15名分员，来统领数百万信徒，由此建立起教团组织。

甑山教创立至今已有一百多年，其发展虽是一波三折，但通过教派的分化与改良一直延续下来，成为当今韩国新兴宗教中分派最多的宗教团体，现有五十多个教团，其中由朴汉庆（1917—1995）于1969年创建的大巡真理会是最大的教团，在全国建有三千个会堂，信徒大约有80万，神职人员有5万，现为当代韩国第六大宗教团体。

大巡真理会由赵哲济创立的太极道发展而来。出生于韩国忠清道北道槐山的朴汉庆原为太极道徒，已被道主赵哲济指定为接任道主，但由于赵哲济去世后，教派内部矛盾激化，于是朴汉庆在首尔东部中谷洞龙马山另创新宗教。大巡真理会在教义理论和修道实践上继承姜甑山、赵哲济倡导的天地公事的传统，把姜甑山奉为玉皇上帝，把赵哲济奉为九天上帝，宣扬两位上帝的肉身虽是化现为韩国的自然人，但其神格则是在大巡真理中的阴阳合德的统帅。大巡真理会以姜甑山降临人间的各种传奇和生前留下一本《玄武经》为依据，其言行后被李祥吴整理成《大巡典经》，其思想被李正立整理成《大巡哲学》，成为大巡真理会依据的宗教经典和信仰指南。

大巡真理会宣扬两位上帝大巡天地人三界，匡扶天地之纷乱，拯救苍生之真理，因倡导儒、佛、道、基、大巡真理会的"五教合一"，从 1972 年起，大巡真理会就将布德、教化、修道定为本教团的三大基本事业，从教义思想到修道场所建筑风格都传承了一些道教因素，但又根据自己的需要作了许多民族化的改变，成为当今甑山教中最大教团，也被称为是"韩国最大的道教组织"①。20 世纪下半叶，随着韩国人对传统文化的重视，甑山教因保存并弘传韩国精神文化遗产，积极推进宗教文化典籍的传布事业而开始受到学术界的关注。从 1974 年始，甑山道不仅向成年人传教，而且还以首尔大学街为中心开展传教活动，成为新兴宗教中唯一向在校大学生传教的团体，由此也吸引了一些年轻人的关注。1992 年，甑山教创办的四年制综合性大学——大真大学开始招生，更扩大了该教在年轻人中的影响。今天，甑山教在全国近 60 余所高校中都设有社团，进行慈善公益、社会福利、救护医疗和教育事业，在客观上也推进了道教的信仰、思想和修道术在当代韩国的传播。这些新兴宗教的教义与实践中所包含的道教因素是值得深入研究的近现代东亚道教文化的传播现象。

另外，20 世纪 80 年代以来，韩国社会里流行着与道教相关的两类书籍：一类是与檀君有关的古书，如《天符经》《三一神诰》等，其中包含了一些道教因素，它们被韩国当代新兴宗教奉为经典；一类是以道教炼丹体验为题材的仙道小说。虽然这些书籍内容的客观实在性难以证实，但它们均与道教有密切的联系，并带动了丹学、气功和仙道在市民青年中流行。这是否是古老的东亚道教的神仙信仰和仙道修炼在当下社会中的重现，还需要进一步研究。

---

① 《韩国大巡真理会尹银道院长一行拜访中国道教协会》，《中国道教》2012 年第 2 期。

第三章　道教在日本列岛的传播

日本列岛位于亚洲东部，四面环海，其国土以本州岛、四国、九州岛、北海道四个大岛为中心而构成，岛上有山川平原，地形多姿多态，总面积的百分之七十为繁茂的森林所覆盖，储水量丰富，春夏秋冬四季分明，气候温暖湿润，但狂风暴雨、地震海啸、火山爆发等突发性、摧毁性的自然灾害又十分频繁。这样的地理环境和气候条件，使日本人在对大自然的崇拜与敬仰之中形成了自然界所有的事物都内含着神性的"万物有灵"的观念，这成为日本人独有的自然风土意识的精神内核，也促成了神道教的起源。长期以来，学界对于中国道教对日本古代社会和宗教所发生的影响未能给予应有的注意。笔者认为，问题的关键不在于是否以中国道教为标准对那些在日本社会中出现的可称之为道教的东西作一评判，进而说明日本是否存在道教，也不仅是探讨中国道教在日本如何传播、如何被吸收的过程，而应当着眼于探讨日本人在与中国道教接触、受容及发生冲突摩擦的过程中，是如何看待并选择道教的。

第一节　道教初传与神道信仰

日本有自己古老的民族宗教——神道教，其多神信仰和文化功能类似于中国道教，属于一种与自然风土休戚相关的民俗信仰体系。虽然神道教伴随着日本民族的发展，所起的作用犹如中国道教对于中华民族，但神道教毕竟与道教有着不同的民族文化风格。在漫长的历史发展过程中，神道教成为日本民族性的核心，至今仍然得到了大多数日本人的崇信。神道教在日本的独尊地位，是否阻碍了道教在日本的传播？中国道教与日本神道教有哪些异同？道教通过什么途径、方式与神道教相接触？神道教又是如何解读、吸取和排斥道教的？

一、"记纪神话"中的道教因素

日本两部最早的史书——《古事记》与《日本书纪》中记述的神代之事是从上古遗传下来的族群记忆，合称"记纪神话"。"记纪神话"讲述的新宇宙状态的出现代表着神的启示与创造，它不仅成为日本民族文化之源泉，而且对神道教的信仰与思想、天皇制的确立以及日本文学艺术的发展都产生了深刻的影响。"记纪神话"完全来自日本文化的自创，还是借鉴吸收了中国文化特别是道教元素才建立起来的？这个问题曾在 20 世纪引发东亚学者的关注与讨论。

中国道教与日本神道教都是以神话故事为核心来构建神谱的，但却表现出不同的民族文化风情。《古事记》作为日本现存最早的富有神话文学色彩的史书，是奈良朝建立之初，由太安万侣奉元明天皇（707—714 在位）之命而撰成，其文体是由和汉语言"和习"[①] 而成人"日汉变文体"[②]。完成于和铜五年（712）的《古事记》分上中下三卷，其中上卷又称"神代卷"，以帝王为中心讲述了从天地开辟到神武天皇之前的神话传说，为了解和研究日本古代国家形成以前的情况提供了一些资料。养老四年（720），舍人亲王（676—735）

---

① 马骏认为："所谓'和习'，是指日本人撰写的汉诗文中所包含的日语式表达，即日语固有的表达习惯。"（其著《日本上代文学"和习"问题研究》，北京大学出版社 2012 年版，第 41 页。）

② 例如《古事记》所采用的"日汉变文体"表现为三种不同文体的融合，序文是汉文体，记录歌谣用万叶假名，正文则用汉文体与日文体相融合的变体。

奉敕编撰《日本书纪》二十卷完成。该书主要用汉文讲述了日本开国到持统天皇的历史传说，其中卷一、卷二"神代卷"与《古事记》上卷的内容极为相似，但因以"日本"为书名，更具有一种国家历史的倾向。

《古事记》与《日本书纪》问世之时，中国正值初唐向盛唐过渡时期，尤其是唐玄宗以清静无为思想为治国之道，所缔造的"开元盛世"将唐朝推向极盛，也因崇信道教而积极推动道教向周边国家传播。因此，关于构成"记纪神话"的原型母题一向有不同的说法：其一，来自日本古代的神话传说，故《古事记》"其记载之事以自国的'古事'为前提"①。其二，日本神话传说与中国文化融会说。其三，东亚诸民族原始观念的复合体说。②

从文献学上看，"记纪神话"出现于 8 世纪，此时集中国道教神学教义已建立，故福永光司认为，应当将"记纪神话"与道教的神学教理书，如《太平经》《周易参同契》《抱朴子》《真诰》《无上秘要》中的"神道"进行比较研究，以此说明"记纪神话"受到了道教神学教义的影响。③ 他的理由是：第一，从"神道"之名看，中国道教一直以"神道之教"自称，神道教之名也是对道教教理与仪礼的总概括；第二，"记纪神话"的开天辟地之说，从思维方式到词语表达都明显地脱胎于中国《淮南子》中《俶真训》和《天文训》，以及《列子》《枕中书》《三五历纪》的宇宙观，其神学思想最接近北周时编撰的道教教理百科全书《无上秘要》和道教神学奥义书《真诰》、道教神学教理书《九天生神经》，因此"记纪神话"中存在着丰富的道教元素。

但与其他民族的宗教神话一样，"记纪神话"也是由宇宙创世说

---

① ［日］苅部直、片冈龙编：《日本思想史入门》，外语教学与研究出版社 2013 年版，第 54 页。

② 参见严绍璗：《中国文化在日本》，新华出版社 1993 年版，第 15 页。

③ 参见 ［日］福永光司：《道教与日本思想》，德间书店 1985 年版，第 221 页。

开始的，所建构的神谱成为神道教多神崇拜的文化之源。神道教号称有八百万神，其中塑造了造化三神、五别天神与神世七代，特别是将原为神话中"高天原"中的统治者天照大神，奉为日本天皇的始祖、神道教的最高神祇，由此将宇宙万物的生成和人类的诞生都归结为神的创造。但与道教有别的是，神道教的宇宙创世说虽是从"天地开辟""万物衍生"起笔，但在海洋文化的背景下，又以"诸岛形成""诸神生成"等为线索，用生动的神话故事情节和家族式关系的神灵谱系，来展示日本人对其民族、国家起源的最初探索。

"记纪神话"以"造化三神"为主角讲述了"开天辟地"的故事。太安万侣在《古事记》开篇《序》中首先表达了对宇宙起源的看法。远古时宇宙混沌不清，不知过了多少载，无名无为无形之"道"使乾坤初分，"造化三神"出现，阴阳撕开，清者上升为天，浊者下降为地，万物由此而产生。太安万侣虽然也从"混元"起笔讲述宇宙天地的起源，但却是为神道造化做铺垫。若对《序》中词语进行追根溯源式的分析，就可见"混元""无名无为""造化""阴阳""幽显""太素""元始""洗目""涤身"等词语以及从混沌元气中创生天地万物的思想都来自中国道教经典，这大概也是福永光司称《古事记》的汉文《序》具有道教神学意味的原因吧①。

一般认为，《古事记》序文开篇所说的"混元"一词与《老子》第二十五章中的"有物混成"的思想密切相关。太安万侣借用"混元既凝"，既说明宇宙天地生成之源，又为众神的出场进行了铺垫，由此建构起以"造化三神"——"参神作造化之首（天御中主神、高御产巢日神、神产巢日神）""二灵（伊邪那岐命、伊邪那美命）为群品之祖"为主导的具有浓厚日本文化色彩的宇宙神创说。

"造化三神"中的"天御中主神"是天地生成后，最先出现于"高

---

① 参见［日］福永光司：《太安万侣と道教学》，《道教与古代日本》，京都：人文书院1987年版，第147页。

天原"上的神,虽为支配天庭、主宰宇宙之神,但他诞生后,却觉得宇宙茫茫,天地悠悠,独来独往,好寂寞呀!于是又催生出其他二位神:代表宇宙的生成繁殖力的高御产巢日神和神产巢日神。"造化三神"相互配合共同开始创造世界的活动。这种从混元既凝、阴阳未分的哲学观念来阐述天地起源与众神出场,也出现在《日本书纪》开篇的描述中①,并用"混沌""溟涬""清浊""精妙"这些具有鲜明特色的道教词语来营造"神圣生其中"的氛围。这段话来源于《淮南子》的宇宙生成论,还吸收了《三五历纪》中有关盘古开天辟地的传说。

从内容上看,"记纪神话"虽以"天地未剖,阴阳不分"来形容宇宙生成之源,但更强调"参神作造化之首""天先成而地后定,然后神圣生其中焉",以展现"神"的主宰性、神圣性与超越性。笔者认为,"记纪神话"的编撰者太安万侣、舍人亲王等,为营造"造化三神"显现的氛围,虽然使用了一些道教词语,借用了道教宇宙神创说中有关天地之根、化生三神、创造万物的论述思路,但却是以"造化三神"为起笔来讲述自己的神道故事,反映了某些道教元素传入日本后,在异域文化语境中又被当地人根据自己的文化发展需要作了新诠释。

从形式上看,"记纪神话"以"造化三神"中"天御中主神"为主宰,三位神又表现出各自的神力,以"生成"为中心,相互配合共同创造宇宙世界,这与道教将元始天尊、灵宝天尊、道德天尊奉为"三清",作为统领诸神的最高主神的做法有点相似。但从内容上看,道教通过"一气化三清"来展现"三清"开天辟地、历劫度人的创世功能,"三清"具有各自独立的神性。处于中位的元始天尊来自玉清境,象征着世界的原始状态;左边的灵宝天尊来自上清境,手中捧着一个阴阳镜,象征着世界刚走出混沌状态;右边是道德天尊来自太清

---

① 参见 [日] 坂本太郎等校注:《日本书纪》卷第一《神代上》,《日本古典文学大系》第 67 册,岩波书店 1967 年版,第 77 页。

境，象征着世界最初的状态。"记纪神话"对"造化三神"的创世功能以及对三神之间关系的理解又不同于道教：

第一，作为"道"的化身，三清尊神的出现并逐步定型，是一个复杂的过程，却显示了元始天尊作为"三清之首"的道教神谱通过综合各道派信仰的最终统一。道教通过"一气化三清"的理论，又使三清尊神能以自己特殊的神力来相互配合着创造宇宙、统率诸神。唐代时，三清尊神就成为中国道教各派共同尊奉的最高主神，三清殿大多建在道教宫观的中心及最高的位置。而"记纪神话"中的"造化三神"是宇宙的创造神，后来出现的统治高天原的天照大神，被奉为日本皇室的祖先。"记纪神话"所建构的天御中主神→天照大神→天神之子→第一代天皇的神道谱系，虽以道教的三清尊神为参照，但仅把天御中主神置于神世开头，而天照大神才是神道教的最高主神，这不仅为天皇这位"现人神"具有支配人间世的权力提供了神圣依据，而且成为凝聚日本民族文化的核心力量。

第二，中国道教将"三清"作为创世神，又将居于天之中心的北辰星神格化，称为上皇太一、天皇大帝或太一神，作为宇宙的主宰神。《古事记》将"造化三神"中的"天御中主神"作为居天之中的主人之神①，其始于无始，以其无为之神德，生出男女二柱皇产灵神，以此二神之产灵，分为天日与大地，这就是天地初分之时。平田笃胤将天御中主神与产灵二神的主次关系解释为祖神与分身的关系，天御中主神自己寂然不动，却以"无为之神德"通过"产灵二神"进行创世活动，由此把宇宙万事万物皆由神生成具体落实到"产灵二神"的协同创造。

第三，三清尊神分别居于玉清、上清和太清三个不同层次的天界中，三清尊神与道教的三洞经书、三清仙境等思想的发展相联系，仅为道教文化提供了一种神圣之源，却比较远离社会的日常生活与

①　如本居宣长说："此神居于天之正中，是世间的主人之神。"（《古事记传》卷三，《本居宣长全集》第9卷，筑摩书房1968年版，第127页。）

集体生产活动。"记纪神话"中的"造化三神"则反映古代日本稻作文化的特点。天御中主神作为天地初分时天上最高的元始神,是创造万物和主宰世界的造物主,具有无始无终、全知全能的特性,后被春日神社奉为主祭神。高御产巢日神,亦名"高皇产灵神",传说以男神形象而成为天神系的主宰和象征农业丰收的谷神,又称"国狭槌尊",后被安达太良神社奉为主祭神。神产巢日神,亦称"神皇产灵神""神产日命",传说以女神形象而成为守护国土的国神系的主宰神,又称"丰斟渟尊",她曾将从食物女神大宜都比卖神的尸体中生出的蚕和五谷作为种子撒在大地上,开创了日本农业,后被四柱神社奉为主祭神。

第四,《日本书纪》中将所有的"天神"都称之为"尊"的做法也来自中国道教对神灵的尊称。在道教中把居于清微天玉清境的"天宝君"称为"元始天尊",把居于禹余天上清境的"太上道君"称为"灵宝天尊",把居于大赤天太清境的"太上老君"称为"道德天尊",合称为"三清尊神"。这种以"尊"来称呼神灵的做法在道教中成为一种传统,如将"玉皇大帝"称为"玉皇大天尊"、将东极青华大帝称为"太乙救苦天尊""寻声救苦天尊""太一救苦天尊"等。

"记纪神话"虽然借用了一些道教词语,但却是在讲述日本民族自己的宇宙神创故事,以"造化三神",又称"三柱神"为中心建立起神道教的神谱,表达了日本文化特有的宇宙神创论。有意思的是,古老的民族神话几乎都经历了"独身神"向"对偶神",再向"多神"发展的过程,"记纪神话"也不例外。

在中国道教神话中,引入汉魏以来中国人比较熟悉的盘古开天辟地、女娲抟土造人等民间传说来讲述"独身神"的创世神话。如《三五历纪》通过"盘古开天地"来表达宇宙神创说①。盘古作为人类

---

① 参见(南宋)陈葆光:《三洞群仙录》卷一引《三五历记》,《道藏》第32册,第235页。

始祖，于天地混沌之中，开天辟地，然后才有"三皇"的故事后影响到道教宇宙观。"盘古开天地"的神话故事何时传到日本，因资料缺乏，不得而知，但"记纪神话"中有两点值得注意：一是《三五历纪》所说的"天地浑沌如鸡子，盘古在其中"，到《日本书纪》时，出现了"混沌如鸡子，溟涬而含芽……然后神圣生其中"的说法，用词和表述方式十分相似，虽然主语从具体的"盘古"改为抽象的"神圣"，但"独身神"创世的性质却没变。二是《三五历纪》中有"神人号天皇"的说法，《日本书纪》正是一部以天皇为中心的日本历史书。

《日本书纪》中所描写的由苇芽化生的国常立尊，以及国狭槌尊和丰斟渟尊都属于"独身神"。天地开辟生成之初，大地尚没有凝固，无根国土犹如水母那样在一片汪洋之上漂浮不定。此时国土中渐渐长出一枝苇芽样的东西，生命力极强地迅速成长，最后化为"可美苇芽彦舅尊"，意为长得如芦苇嫩芽般俊美的男神，代表着大地与海洋未分的状态，以强力支撑天界。这位天地开辟后最初出现的"状如苇芽"般的管理土地之神，被称为"国常立尊"。由此，日本人将人间国土称为"苇原中国"。国常立尊之后又有国狭槌尊和丰斟渟尊："凡三神矣。乾道独化。所以成此纯男"[①]。一般认为，"国狭槌尊"是《古事记》中的高御产巢日神，"丰斟渟尊"则是神产巢日神。他们都是生活在高天原的"纯男"，没有四肢形体，没有音容笑貌，来无影去无踪，三神并是独神，且是隐身之神，但却能够以"乾道独化"的方式操控和掌管着宇宙的一切事务。除这三神之外，还有"天津五柱神"或"五别天神"。

《淮南子·览冥训》中的女娲"炼五色石以补苍天"原本也是"独神"的创世故事，但后来女娲不仅由无性神变成了一位女性神，

---

① ［日］坂本太郎等校注：《日本书纪》卷第一《神代上》，《日本古典文学大系》第67册，岩波书店1967年版，第77页。

而且被视为中华民族人文始祖伏羲之妹。到东汉末年时，人们已将女娲作为伏羲之妹，然后兄妹合婚，伏羲女娲成为人类始祖。这种通过兄妹合婚而繁衍人类"对偶神神话"也出现在"记纪神话"中。"记纪神话"讲述了"神世七代"的演变，其中"造化三神"属于所谓的"独身神"。然后才陆续出现了四对八位以兄妹相称的"男女偶生之神"，如《日本书纪》曰："次有神，泥土煮尊、沙土煮尊。次有神，大户之道尊、大苫边尊。次有神，面足尊、惶根尊。次有神，伊奘诺尊、伊奘冉尊。"这"四对偶之八神"的出现象征着"乾坤之道，相参而化，所以成此男女。"这样，三位独身神与四对男女对偶神共成"神世七代"。"记纪神话"中从独身神到男女对偶神的出现与借鉴道教的阴阳分合的宇宙观之间有着隐秘的联系。

"神世七代"中最后生成的两位尊神，《日本书纪》中称男神为伊奘诺尊，女神为伊奘冉尊，他们不仅是一对兄妹，是天上界的神，而且被尊为日本国土的生成神。这种兄妹对偶象征着天地阴阳共创生命的方式，虽以男女婚姻为依据，但更具有神话故事情节。

伊奘诺尊，又称伊邪那岐命，是天的象征，为创造诸神的天父神；伊奘冉尊作为伊奘诺尊的妻子，又称伊邪那美命，是地的象征，为创造诸神的地母神。他们受天御中主神之命，站在"天之浮桥"上，搅拌大海，用海泥创造出海岛，在海岛上竖起"天之御柱"。两神绕柱而行，相逢后结为夫妻。这则日本最古老的有关人类创生神话中，"记纪神话"表现二神合婚的因素都有三个：一是将"天之御柱"作为实行合婚的道具；二是将二神分巡环绕作为进行合婚的仪式；三是将男左巡，女右巡，作为男女相遇实行合婚的方向。它们显然有着共同的文本来源，但若仔细分辨，有两点不同之处值得注意，第一是《古事记》用一种文学描述来表达性爱的欢愉和人类创生的过程，而《日本书纪》则倾向于历史叙述和道德评价，更有一种国史的味道。第二是《古事记》中直接称呼神名，而《日本书纪》中则用"阳神""阴神"来替代神名，用阳元、阴元或雄元、雌元来指代处男、处女，颇有道教用词特点及语言表述风格①。

　　阳神与阴神相遇后，结合为夫妇，相继生出淡路岛、四国、九洲等"八大洲"，日本列岛初步形成，后又生出海神、风神、木神、山神、草神等，让他们来掌管山川草木。《日本书纪》中还说，当伊奘冉尊生火神时，因烈火烧伤阴部而死亡。火神的诞生，导致了父母的生死分离。在神道教看来，生是神生，死赴黄泉，形成了一种富有日本民族文化特色的死而复生的轮回观念。伊奘诺尊因丧妻而无比悲哀，一抬手用剑将火神劈成三段。火神之血因溅到岩石、剑和手上，又化为诸神。伊奘冉尊死后进入黄泉国，成为统治死者世界的"黄泉津大神"。伊奘诺尊因思念难产而死妻子，不听伊奘冉尊临死前"不可到黄泉国去看她"的忠告，"追伊奘冉尊，入于黄泉，而及之共语"②。但当他看到妻子腐烂而丑陋的身体时，感到恶心与畏惧，两神争执起来，夫妻由此反目成仇。

　　伊奘诺尊逃离黄泉国，在归途中，为了净化由黄泉国带回的污秽，就到筑紫日向小户橘之檍原，用江水净身，用"祓禊"仪式来祛灾祈福。③在"祓禊"过程中，伊奘诺尊"洗左眼，因以生神，号曰天照大神。复洗右眼，因以生神，号曰月读尊。复洗鼻，因以生神，号曰素戋鸣尊"④。今枝二郎认为，伊奘诺尊以左目洗出天照大神、右目洗出月读命大神，这种"日月彰于洗目""神祇呈于涤身"等去除污

---

① 参见［日］坂本太郎等校注：《日本书纪》卷第一《神代上》，《日本古典文学大系》第 67 册，岩波书店 1967 年版，第 81 页。

② ［日］坂本太郎等校注：《日本书纪》卷第一《神代上》，《日本古典文学大系》第 67 册，岩波书店 1967 年版，第 93 页。

③ "祓禊"源于中国古代的"除恶之祭"。"禊"是春秋两季在水边举行的清除不洁的祭祀；"祓"是向神祈祷以求除恶求福的一种仪式。神道教认为人有罪秽，故为不洁。人身上的不洁可用水冲洗干净，称之为"禊"，广义的"禊"还包括"祓"，即向神祈祷悔罪，以消除心灵上的罪秽，故神道教宣称通过至诚的"祓禊"就可与神相通，这与中国道教的斋醮科仪式具有相类似的宗教功能。

④ ［日］坂本太郎等校注：《日本书纪》卷第一《神代上》，《日本古典文学大系》第 67 册，岩波书店 1967 年版，第 97 页。

秽、涤身生神之术与道教密切相关。[①] 但"记纪神话"在借鉴道教"左目出日，右目出月"时，仅用道教词语来讲说自己文化传统中神的降临与人类创生的故事，悄然地将外来文化改造成自己的东西。这三位神的出现让伊奘诺尊十分欣喜，他令三神各有所治："天照大神者，可以治高天之原也。月读尊者，可以治沧海原潮之八百重也。素戋鸣尊者，可以治天下也。"[②] 伊奘诺尊和伊奘冉尊创造的第一个地方是淡路岛，他们也先后死于淡路岛。伊奘诺尊是天照大神之父，又被奉为淡路岛的守护神，后升格为"巨神"，受到日本人特别的崇拜。

取代伊奘冉尊消亡而登场的天照大神，所治为诸神所居的高天原，以再生和纯洁取代死亡和污秽。天照大神又称天照大御神，为象征太阳的女神。一般的民族神话都将男神奉为最高神，但"记纪神话"塑造的最高神天照大神却是一位仁慈温和、不施暴力的女神。天照大神因其月神丈夫杀死了食物女神，而与之分居，从此太阳和月亮分为两处，白天和黑夜也从此截然分离。天照大神在高天原开垦田地，传授养蚕、织布技艺，因治理有方，使诸神过上了安逸和平的生活。天照大神在与其弟素戋鸣尊发生纠纷时，也表现出一种温和退让的态度。

素戋鸣尊因作恶多端而触犯了高天原的律条，被诸神赶走。在走向黄泉国时，路过出云国（今岛根县），素戋鸣尊看见八岐大蛇缠绕着可爱的奇稻田姬姑娘，乃用智慧杀死了八岐大蛇，救出了姑娘，并从八岐大蛇的尾巴中意外得到了一把"草薙剑"。为表示对天照大神的歉意与服从，素戋鸣尊就将这把神剑献给了天照大神。这把神剑后来成为象征着天皇权位的"三种神器"之一。最后，素戋鸣尊娶了奇稻田姬姑娘为妻子，还成为地下黄泉国、又称"根国"的统治者。素戋鸣尊被奉为出云神话的始祖，这也是"记纪神话"中独有的内容。

---

① 参见 [日] 今枝二郎：《道教：中国と日本をむすぶ思想》，日本放送出版协会2004 年版，第 196 页。

② [日] 坂本太郎等校注：《日本书纪》卷第一《神代上》，《日本古典文学大系》第 67 册，岩波书店 1967 年版，第 97 页。

　　天照大神在平息了素戈呜尊在高天原的捣乱后，授予天孙琼琼杵尊三种神器：八咫镜、天丛云剑（即"草薙剑"）和八坂琼曲玉，再让他带领五神，从高天原降临日向国的高千穗峰（今九州岛宫崎县南）去掌管农作物丰富的"苇原中国"。相传，琼琼杵尊的重孙神日本磐余彦尊从苇原瑞穗国率领大军向九州岛东进，渡过濑户内海，在难波（今大阪一带）登陆来到大和，摧毁了当地的土著势力，用武力完成国家的统一，通过举行登基大典，神武天皇成为日本历史上第一位"始驭天下之天皇，号曰神日本磐余彦尊"[①]。天照大神赐天孙琼琼杵尊的三种神器也成为历代天皇相传的凭证。

　　"记纪神话"中虽使用了一些道教词语，但却反映了古代日本对中国道教的解读是在本民族"宗教意识的原型"之上形成的神道教信仰中进行的。神道教依据丰富多彩的神话构想了诸神活动的世界，将宇宙垂直分成天上神界、地上苇原国和地下世界——黄泉国等三个不同的世界。诸神居住在天上，这是一片超越生死和时间的光明清净的境界，是太阳神统治的地方，形成了高天原神话；天下地上是"天孙降临"的地上"苇原中国"，也叫"中津国"，它包括大地和海洋，大地依赖海洋，从海洋中浮现，由伊弉诺尊和伊弉冉尊二神共生的"八大洲"，就是日本人世代生活的地方；地下"黄泉国"，是死人灵魂坠落的地方，那是一片污秽黑暗的阴间，与高天原形成了鲜明的对比。这三个世界是截然分开的，但天上、地上和地下的一切事物都是由天照大神统治主宰的，由此而使此世与彼世、过去和未来、人与神在根本上联为一体。

　　"记纪神话"不仅是借鉴道教元素讲述神道故事，而且所塑造的诸神为神道教的信仰与仪式提供了神圣依据。这种建立在"宗教意识的原型"之上的神道信仰构成了日本历史、政治和伦理的坚固内核，

---

① ［日］坂本太郎等校注：《日本书纪》卷第三《神武天皇》，《日本古典文学大系》第 67 册，岩波书店 1967 年版，第 213 页。

成为日本文化古层中最不易改变的成分，但在历史发展中又始终处于不断吸收外来新文化的发展态势中。神道教富有民族文化风采的神灵谱系为后来日本社会长期奉行的"神国同体""祭政一致"提供了神圣依据，也是道教传入日本后必须面对的异域宗教文化传统。

从此意义上说，"记纪神话"是日本文化与外来文化碰撞互动的产物。如果文化的同化隐含着选择，那么，隐约闪现其中的道教元素也反映了古代日本人是如何站在自有文化的立场上，将外来文化缩减为一些要素，通过与已有的本土观念和实践进行一种再创式的结合中作出自己的"解读"，最终进行"选择""排斥"或"认同"等文化创造时的复杂心态。若从古代日本对中国道教的解读来看，"记纪神话"虽然借用了一些道教元素，但讲述的却是奠定了日本民族、国家与宗教之源的神道故事，可见因坚持自我本位的立场而呈现出与中国道教的根本差异性，但又通过不断借鉴而存在着某些相似性，这使东亚道教成为东亚世界中长期存在的一种历史事实，也是一个与东亚儒学或东亚佛教相并列而具有多元形态的文化概念。[1]

二、徐福传说的先导性作用

因历史久远，资料缺乏，道教何时以何种方式传入日本实在很难确证，但在追溯中日两国交流史时，一般都会提到中国战国时期燕齐方士海上求仙活动对日本古代社会文化的影响，这是否可算作道教神仙信仰传入日本的先导，还可作进一步的研究。

司马迁在《史记》中多次提及徐福入海求仙之事。但有关徐福东渡的原因，历来说法不一，无论是求仙药说，还是避祸说，可以推测的是，秦始皇为求长生，曾派徐福出海求仙；徐福之所以一去不返，乃是因为没有找到长生不老药，担心回去后遭秦始皇追杀，就逃到了"平原广泽"之地。这个"平原广泽"之地位于何方？有的说是

---

[1] 参见孙亦平：《论"纪记神话"与道教元素》，《世界宗教研究》2019 年第 6 期。

日本、有的说是朝鲜、有的说是亶洲①，莫衷一是，但徐福定居日本之说影响最大。

徐福出海寻找三神山时，带走了数千童男女、中国先进的农业技术还有长生不死的神仙观念。据说，徐福率船队经庙岛群岛，横渡渤海至辽东半岛，然后沿辽东半岛东南近海至朝鲜半岛，再由朝鲜半岛西部近海向南航行，横渡朝鲜海峡后到达日本。徐福见这里"平原广泽"、气候温暖、风光明媚、人民友善，便停下来，教当地人农耕、捕鱼、捕鲸等生产技能，而后自立为王，并要求同行男女各自改姓，或姓"秦"，或姓"羽田""佃""福田""福山"等。秦氏其实是从朝鲜半岛移民日本的，但他们却把自己说成来自中国的移民，主要是因为 6 世纪末期日本社会中渐渐接受了"中华思想"而将朝鲜半岛的诸国视为"蕃国"。秦氏的第一代移民后成为日本古代势力强大的渡东氏族之一。随着中华思想在日本的影响增大，徐福也被日本人民尊之为农耕之神、医药之神以及水神。

按照一些史学界人士的看法，神武天皇可能就是秦始皇派遣去三神山寻找长生不老药的方士徐福，日本人则是徐福所带去的那群童男童女的后代。徐福登陆日本的地点是日本关西平原，徐福后成为日本古代第一代天皇——神武天皇（前 660—前 585 年在位）。② 神武天皇在日本的地位有点类似于中国的黄帝与韩国的檀君。《日本书纪》卷三中称，神武天皇是天照大神后裔，名为神日本磐余彦尊神，传说他于辛酉年（前 660）春正月在大和橿原宫即位，建立大和政权，成为日本的开国之祖。他即位的那年就成为日本纪元之始，故日本纪元又称"神武纪元"。但也有人认为，说徐福就是神武天皇的观点无论在

---

① 黄龙二年（230），吴大帝孙权"遣将军卫温、诸葛直将甲士万人浮海求夷洲及亶州。亶州在海中，长老传言秦始皇帝遣方士徐福将童男童女数千人入海，求蓬莱神仙及仙药，止此洲不还。"[（西晋）陈寿：《三国志》卷四十七《吴主传第二》]

② 卫挺生：《徐福与日本》，新世纪出版社 1953 年版。

时间点上、考古学上都站不住脚，并不为多数研究者所接受。

今天所见的位于和歌山县新宫市徐福公园的"徐福墓碑"是由纪州藩的儒学家仁井田好古（1820—1822）奉纪州牧（亦即今天的和歌山县令）之令于1834年撰写的。建碑的时代虽是近代，但从其所记载的内容则可见徐福渡日传说在日本社会中的深远影响。另有一种说法，徐福公园原本是徐福的住所，而在蓬莱山南麓的阿须贺神社内有个古老的石碑，那才是真的徐福之墓。

台湾学者彭双松花费了十几年时间，参阅了数百种中外书籍，先后8次自费赴日本进行实地考察，发现在日本境内有56处徐福遗迹，32种徐福传说，46部有关徐福的文献，还发现徐福的东渡与日本开国第一代神武天皇的东征有37项相同或相似之处，于是在1984年出版了《徐福研究》[①]。日本学者今枝二郎也曾对日本有关徐福的遗迹作了详细的考证，发现日本许多地方流传着有关徐福的故事，这些地方或者是神宫、坟墓、石碑，或者只剩传说：[②]

序号	地名	徐福登陆	徐福墓冢	以徐福为祭神	其他徐福传说
1	和歌山县新宫市能野地方			阿须贺神社	从者而立之碑"七冢之碑"，称阿须贺神社的里山为蓬莱山。
2	佐贺市佐贺郡			金立神社	徐福渡海缘起图（金立神社缘起图）。鹤灵泉（徐福治疗病人）。
3	广岛县佐伯郡宫岛町				有称为"蓬莱岩"之岛。传说在巡回该岛的行事中供奉的米粉团，鸟会持之以去，返回熊野。

---

① 参见［日］壹岐一郎：《徐福集团东渡与古代日本》，天津人民出版社1996年版，第48—52页。

② ［日］今枝二郎：《透过道教的中日文化交流——重考徐福渡日传说》，杨正光、朱亚非等：《徐福文化的思索》山东友谊出版社1996年版，第299页。

续表

序号	地名	徐福登陆	徐福墓冢	以徐福为祭神	其他徐福传说
4	爱知县名古屋市				有热田蓬莱说。
5	爱知县小坂井町			菟足神社	说是菟足神社系由秦氏创建。
6	秋田县小鹿市		据菅江真澄《游览记》		在男鹿半岛的海上有蓬莱岛。
7	青森县北津轻郡小泊村				在权现琦的尾崎神社有徐福像及传说的胁侍。到达熊野的是徐福的部下，徐福本人到达小泊村。徐福为求仙药而抵小泊村。
8	东京都八丈岛青个岛				传说徐福留在熊野时，童女至八丈岛，童男至青个岛，各成为该岛祖先。
9	富士山				《义楚六帖》有中国后周之文献。《神皇纪》（三轮义熙）次男福万移住熊野，祭祀徐福。富士吉田市之福源寺之鹤冢，埋葬着化为徐福的灵鹤的骨头。

　　池上正治抱着对中国文化的热爱之情，从 1992 年开始认真寻访徐福东渡的传说，编著了《不老を梦みた：徐福と始秦帝——中国の徐福研究最前线》①，收集了至 20 世纪 90 年代中国方面有关徐福研究的新成果之后认为，徐福生在中国，东渡途经朝鲜半岛，最后死于日本。他通过在亚洲各地拍摄到的徐福塑像或绘画等实物来说明，"从徐福出发的中国、徐福经过的韩国、徐福到达的日本，在亚洲三国境

———————————
①　参见［日］池上正治：《不老を梦みた：徐福と始秦帝——中国の徐福研究最前线》，勉诚社 1997 年版。

内，各处都可发现徐福的足迹和身影。"①不仅日本国内就有二十多个地方传说是徐福的登陆地②，而且徐福形象遍亚洲。那么，徐福海上求仙活动是否为后来道教在日本的传播开辟了道路呢？

如果仔细研究，就可见古代中日文献中有关于徐福的记载里隐含着一些神仙观念，如六朝时有人伪托东方朔集《十洲三岛》，其中明确说徐福是道士。③随着东亚海上交通的展开，徐福海上求仙活动也为道家与道教在日本的传播开辟了道路。平田笃胤在《三神山余考》中对徐福与日本的关系进行了考证，指出中国东海中有蓬莱、方丈、瀛洲三神山，这古来有名的仙境三神山也存在于日本境内，富士山古称为"蓬莱"，在日语中就有长生不死的含义，于是把富士山看作是神仙荟萃之地。④儿岛献吉郎（1866—1931）认为，秦始皇使方士徐福与童男童女入海求仙人及不死之药，往蓬莱方丈瀛洲，此三神山，即日本也。"道家传入日本，神仙说当亦传播于日本。"⑤日本可称为神州，又可称为东瀛，是长生不死之本场也是"仙乡"。

三、卑弥呼的"事鬼道"

日本国家的出现与中国文化在日本列岛的传播与影响是联系在一起的。水稻农耕的生产方式造就了一代农民，他们与猎人、渔民相比，既需要人们之间的相互协作，也需要与自然环境维系稳固而持久的关系。于是，以血缘为纽带的氏族集团逐渐消亡，以地缘为核心的村落日趋壮大，在弥生时代中期开始出现了部落国家。这些部落国家

---

① ［日］池上正治：《徐福形象遍亚洲——从图像考察亚洲各地的徐福踪迹》，载张良群主编：《中外徐福研究》，中国科学技术大学出版社 2007 年版，第 120 页。

② 参见［日］池上正治：《徐福——日中韩をむすんだ「幻」のエリート集团》，原书房 2007 年版。

③ 参见《云笈七签》卷二十六，《道藏》第 22 册，第 194 页。

④ 转引［日］今枝二郎：《透过道教的中日文化交流——重考徐福渡日传说》，杨正光、朱亚非等：《徐福文化的思索》，山东友谊出版社 1996 年版，第 293 页。

⑤ ［日］儿岛献吉郎：《诸子百家考》，商务印书馆 1933 年版，第 300 页。

规模大小不等，主要有对马国、一支国、末庐国、伊都国、奴国、邪马台国等。从《汉书·地理志》记载的"百余国"逐渐发展到《后汉书·倭传》记载的"三十许国"，再到《三国志·魏书·倭人传》专门介绍部落国家联盟之首"邪马台国"①，可见日本在政治制度和社会规范上的进步是逐渐形成的，其中蕴含着一种民族文化自觉。载入中国正史的邪马台国，在卑弥呼统治时期出现了一种"事鬼道"的现象，这是否与中国的五斗米道在日本的传播与影响有关？

"邪马台国"被认为是日本国的开端。据《三国志》卷三十《魏志·倭人传》记载：邪马台国原来由男王统治，但因国内战乱不断，男主不能服众，后来各部落首领们经过协商，推举卑弥呼担任邪马台国的君主。《梁书·倭传》也有相关记载："汉灵帝光和中，倭国乱，相攻伐历年，乃共立一女子卑弥呼为王。"这里明确指出，在公元 180 年左右，卑弥呼的年龄大约为 16 岁，是一位事鬼道，以妖术惑众的女巫。她在平定内乱，登上王位后，不参与政事，由男弟佐治国，在位七十多年，促进了邪马台国的稳定与发展。

从现存的有关邪马台国的资料中可见有一些与道教相关的因素。这位卑弥呼女王"年长而不嫁"，却"事鬼道，能惑众"，似乎是掌握了五斗米道的那种祭神活动。在中国正史中，经常将五斗米道称为鬼道，如"张鲁母始以奉鬼道，又有少容。"②张鲁母亲有姿色，兼挟鬼道，经常往来于益州牧刘焉家中："沛人张鲁，母有姿色，兼挟鬼道，往来焉家，遂任鲁以为督义司马。"③卑弥呼与张鲁及张鲁母亲所奉鬼道虽为同一概念，但在内容上还有一些差异，如卑弥呼就像向神托请之巫女："居处宫室楼观，城栅严设，常有人持兵守卫。"④卑弥呼整天住在城池中的宫殿里，独自求神事鬼，谁也不见，遇有国家大

---

① 又称邪马壹国。
② 《蜀书》卷一《刘焉传》。
③ 《后汉书》卷七十五《刘焉传》。
④ 《三国志》卷三十《魏书·倭人传》。

事，就用占卜之术来预测吉凶，然后由男弟来传达她的旨意。正是通过这种"神道设教"的方式对倭人进行政治统治，虽足不出户，却能将分散的各个部落联盟逐渐地统一起来。

卑弥呼犹如一位女酋长，用神秘的鬼道巫术来建立祭政合一政权。邪马台国建立起中央一级的官吏体制，设立分管政治、贸易和外交的"大率""大倭"和"大夫"等官职，由占统治地位的"大人"阶层来担任官吏，来管理"下户"和"生口"这两大被统治阶层。邪台国设立租赋制度："收租赋，有邸阁"；制定刑罚制度："其犯法，轻者没其妻子，重者灭其门户"。邪马台国在她的统辖下，成为一个拥有如"对马国"、"奴国"和"伊都国"等部落联盟，统辖七万余户居民及许多奴隶的大国。

卑弥呼统治时期，中国正值魏、蜀、吴三国鼎立时期，为了巩固邪马台政权，积极推进与曹魏进行交流。卑弥呼曾多次派使臣去中国魏都洛阳向魏国皇帝朝贡。最初，卑弥呼派遣使者难升米经朝鲜半岛来到魏国，打开了中日交流的通道，其后，卑弥呼女王又于243年、245年、247年派遣使者前去魏国朝贡，在促进邪马台国政治、经济和生产技术发展的同时，也加强了文化方面的交流。使者们归国时，魏王特赐沿途在京都、带方郡、诸韩国，及郡使倭国的各个港口，"皆临津搜露，传送文书赐遗之物诣女王，不得差错"[1]。据上垣外宪一推测，这些文书大概是用汉文写的。[2] 邪马台国女王可能是通过文书了解了中国文化的，由此接受当时中国道教因素也是可能的。

邪马台国为了与狗奴国争夺日本列岛的霸主地位，还将魏国赠送的"黄幢"用于对付狗奴国的战斗中。魏国所赠的"黄幢"是否就是道教仪式上使用的旗子，不得而知，但汉代道教就崇尚黄色，并经常以黄色为标志来威镇鬼神。卑弥呼死后，邪马台国曾经立过一个男子

---

① 《三国志》卷三十《魏书·倭人传》。

② 参见［日］上垣外宪一：《日本文化交流小史》，武汉大学出版社2007年版，第10页。

为王，但却因此引发了一场内乱，支持者与反对者相互争斗，死了近千人。最后，立卑弥呼的宗女壹与为王，动乱的局势才算稳定下来。相传，这位新任女王与卑弥呼相同，也是一个"事鬼道"的巫女，但却没有取得卑弥呼女王在位时的辉煌。

《三国志》中有关魏国与邪马台国的交往写到魏正始八年（247）为止，《晋书·武帝本纪》记载了武帝泰始二年（266）卑弥呼女王最后一次遣使入贡的情况，从此直至《宋书·倭国传》记载宋高祖刘裕于永初二年（421）赐诏倭王赞，在将近一个半世纪中，中国史籍对日本情况缺载，对"鬼道"是否在日本继续流行也不得而知。但从邪马台的日语训读为"やまと"（yamato），其后的大和朝廷的"大和"也读为"yamato"，意为"优秀"，今天奈良地区的雅称为"yamato"来推论，邪马台国在当时众多倭国中具有特殊地位及历史影响。"大和"即为当时邪马台。从此"大和"成为日本的别称，"大和魂"指日本的民族精神，日本民族也称为"大和民族"。

大和朝廷统一日本后，初步建立起统一的国家联盟，天皇制也随之而产生。天皇既是国家的政治首领，也是天照大神的后代及其在人间的代表，还是神道教的宗教领袖，为祭政合一的象征，大和国比邪马台国更为强盛。皇统就是神统，日本民族是"天孙民族"。随着神社的建立，原始神道向神社神道过渡。自5世纪初期至中期，在大和盆地、河内平原一带出现了许多大型古坟，其中似有一些道教因素，这能否表明道教此时可能已在日本列岛悄悄传播，还值得进一步研究。

四、道教随着移民潮传入

大和朝是日本定都于大和地区的时代，它由古坟时代和飞鸟时代构成。道教能够在日本传播与4至8世纪东亚社会出现的持续不断的移民潮相关。

三国魏晋时，中国政治处于分裂时期，自然灾害不断，社会动荡不安，一些道士、方士或由长江流域东渡，或经朝鲜半岛前往日本，不仅促进了中国文化的东渐，而且带去了道教的神仙思想、宗教器物和遁甲方术。据《日本书纪》卷十记载，应神天皇十四年（283），自称为秦始皇十三世孙的弓月君带领一百二十县人口自百济东渡归化日本，日史称之为"秦人"。应神天皇二十年（289），阿知使主率领百济带方郡十七县人口东渡日本。相传，阿知使主为汉灵帝三世孙，日史称之为"汉人"。因当时日本人的服装极为简陋，所以应神天皇三十七年（306）派阿知使主去吴国求缝工女，得兄媛、弟媛、吴织、穴织四女工而归。吴国既是国号，也是"吴地"的简称，主要指位于以今中国苏州为中心的江南一带。① 当时日本也统称中国的江南王朝为"吴"。三国孙吴政权消亡后，吴人四散，一部分到达朝鲜半岛，一部分跨海东徙到达日本。

313 年，乐浪郡被高丽族消灭，一些以书写汉文为生的中国人，先是流亡到百济，然后又从百济移民日本，"渡来与混合的不断重复，才创造出了所谓日本文化的原型"②。"归化人"是对从中国或朝鲜半岛渡海移民来到日本的人及其后代的总称，也称渡来人。日本最初接触中国的先进文明可能是由朝鲜半岛设置的汉四郡之一乐浪郡传入的。日本遣使奉献纳贡，也是通过乐浪、带方两郡而到中国的。三地通过海上交通建立起初步的联系。

道教信仰由那些来自中国大陆和朝鲜半岛的"归化人"在大和朝时陆续传入日本。在农业方面，"归化人"带来了水稻种植的相关技术，例如灌溉系统、水稻栽培、耕牛利用等改变了日本人的生产和生活方式。在手工业方面，通过冶炼术来制造铜镜、铁制农具、武器和马具等，还有烧制陶器，养蚕丝织，服装缝制等，提升了日本人的生活水平。在文化方面，"归化人"带去中国汉字，并在日本上层社会中逐步推广，再借用汉字来表达日本的人名、地名及日常用语，逐渐

---

① 中国历史上曾在春秋、三国和五代分别出现过三个吴国，都在以今天苏州为中心的江南地区。

② ［日］上垣外宪一：《日本文化交流小史》，武汉大学出版社 2007 年版，第 11 页。

创造出独具特色的日文。在国家管理方面，一些"归化人"因擅长书写而在朝廷中任史官或博士，承担记录历史、财务出纳、撰写文书等工作，这使他们有机会逐渐融入当地社会政治生活中。后来，日本许多地位显赫的家族如岛津氏、服部氏、长宗我部氏等，大多宣称是秦始皇、徐福、汉灵帝等中国名人的直系后代，例如，长宗我部氏就自称是秦始皇子弓月君后代。"归化人"不仅在当时日本政治、经济与文化的发展上占有举足轻重的地位，发挥了重要作用，而且也促进了中日文化交流的展开，并将中国道教陆续传入日本。

魏晋时期，江南宗教的代表是茅山道教，它的拜神祭事道场布置与道士装束都对古代日本神社活动有着密切的影响。福永光司认为，江南道书《周易参同契》《抱朴子》所宣扬的炼金术、黄白术和冶炼术所使用一些名词术语在日本文化中也有影响。例如，《古事记》中"状若苇芽，如萌腾之物而成神"中的"芽"类似于《周易参同契》所说的"黄芽"，即使用炼金术所得到的黄色结晶物。江南道教所崇尚的本草药学，如陶弘景《神农本草经》中的本草药学，促进了当时大阪修道町制药业的兴盛。[1] 这虽然有些牵强附会，但从一个侧面展示了江南道教的特点以及当时日本人对道教文化的受容。

据史书记载，大和政权成立之初，曾向中国称臣，寻求承认和保护，中国皇帝也赐予"大将军倭王"称号。据《好太王碑》记载，倭国于391年渡海破百济、新罗，迫使其国人为臣民；但遭到高句丽与新罗联军的猛烈反击。大和朝廷进攻朝鲜半岛，本来是想掠夺财富和扩张疆域，可因屡遭反击后，于是就将目光转向中国南朝，以"远交近攻"为外交策略，期望通过向南朝朝贡来寻找同盟以增强自己的力量。

从421年到478年，倭国统一时期先后有五位国王赞、珍、济、兴、武，持续遣使向南朝朝贡，都受到南朝刘宋皇帝的册封[2]。随着

---

① 参见 [日] 福永光司：《道教と古代日本》，人文书院1987年版，第9—18页。

② 参见《宋书》卷九十七《倭国传》。

东亚"华夷秩序"的建立，南朝文化也逐渐传入日本。受其影响，倭王也模仿以中国为中心的"天下观"来建立以倭国为中心的"天下观"。① 例如，造于471年稻荷山古坟的铁剑铭和江田船山古坟出土的大刀铭② 上，都可见"治天下""大王""长寿子孙"等字样。稻荷山铁剑于1968年在日本埼玉县稻荷山出土，现收藏于该县资料馆，是日本的国宝之一。据说此剑为辅佐过倭五王中的武，即雄略天皇的一位官人于471年所造。还例如，在传世的日本文物中有一柄4—5世纪"大王"使用过的剑。剑身的铭文是："左青龙，右白虎，前朱雀，后玄武"③。为了强化统治者的政治权威，大和政权把各个氏族部落所信仰的诸神整合起来，从皇统即神统出发，以大和氏族神为中心，编造出一套以天皇氏族神"天照大神"为中心的神灵谱系和祭祀仪式，为大和朝提供了神圣的依据。日本原始神道在接触中国道教后也通过建立祭祀仪式和固定神社而逐渐定型为神道教。

南朝文化也影响到东亚世界："从中国去百济的人数超过南朝各代，形成百济与中国文化交流的高潮"④。当时的百济已吸收了中国的"阴阳五行""医药卜筮占相之术"。由于百济"无道士"，无法建立道团，故"阴阳五行""医药卜筮占相之术"实施者主要是佛教僧尼。后来，百济为加强与倭国的友好关系，获得军事援助，不断地向日本进行文化输入。

5世纪前后，大和朝廷加紧对朝鲜半岛的侵略，所引导的移民潮促进了东亚各国之间的文化交往。道教的传入使日本社会中出现了一些值得关注的新现象。据《日本书纪》卷十中记载，道家与道教文献大约在5世纪由朝鲜半岛的百济传入日本。应神天皇十五年八月

---

① 参见 [日] 大津透：《古代の天皇制》，岩波书店1999年版，第26—27页。
② 参见雷志雄：《日本金石举要》，湖北美术出版社1998年版，第5页。
③ [日] 东野治之：《护身剑铭文卡考》，《文学》第48号，1980年。
④ 周一良：《百济与南朝关系的几点考察》，载《魏晋南北朝史论集》，北京大学出版社1997年版，第554页。

（284），百济国王派了一位认识汉字的阿直岐去日本。这是"有关中国儒家经典和汉字传入日本的最早记载"①。阿直岐和王仁的子孙在日本都姓"文"。"文"是当时以文笔事奉朝廷的官员的姓，多为外来移民"归化人"的子孙。阿直岐的子孙住在大和，称为倭文值；王仁的子孙住在河内，称为文首，他们分别位于皇城的东西方，故后来天武天皇制定"八色姓"制度时："其四曰忌寸，以为秦汉二氏及百济文此等之姓。"赐阿直岐和王仁的子孙为"忌寸"，故称东西忌寸。他们成为日本社会中地位尊高的新贵族后，大都融入了大和民族中，进而采用了富有日本文化特色的新姓氏。但"在日本，有人认为王仁不仅传入了儒教，也可能传入了道教②，由于日本神道的形成，吸收道教的要素甚多，后来道教终被淹没，所以在日本，表面上道教不像儒佛一样流行，因为道教已与日本固有信仰融化于无形了"③。

据《日本书纪》卷十七记载，继体天皇（507—531 在位）即位后，就与百济交涉朝鲜半岛南部的领土主权问题。百济用文化输入换取倭国的军事援助，成为当时两国间重要的外交方式，由此引发了百济居民向日本迁移潮。到钦明天皇时，两国的文化交流内容也进一步扩大到与道教文化相关的医、易、历等方面：

> 六月，遣内臣使于百济。……敕云："所请军者随王所须！"别敕："医博士、易博士、历博士等，宜依番上下。"④

经过一段时间的积累，大概是到飞鸟时代，汉学在日本很快发展起来。大和朝廷通过移民输入的先进文化，对政治、经济、文化及技

---

① 王家骅：《儒家思想与日本文化》，浙江人民出版社 1990 年版，第 3 页。

② 这一看法由日本学者黑板胜美提出，参见其著《我国古代的道家思想及道教》，载野口铁郎、酒井忠夫编：《道教と日本》第一卷，雄山阁 1996 年版，第 40 页。

③ 朱云影：《中国文化对日韩越的影响》自序，广西师范大学出版社 2007 年版。

④ 《日本书纪》卷十九《钦明天皇》，载［日］黑板胜美、国史大系编修会编：《新订增补国史大系》1，吉川弘文馆 1981 年版，第 79 页。

术进行改革，提升与巩固了天皇制，也为进一步接受包括道教在内的中国文化奠定了基础。后来在平安朝初期编撰的《新撰姓氏录》中有16个来自江南"吴"姓氏族，如吴国主照渊孙智聪的后代和药使主、吴主孙权家族的后代牟佐村主、吴王夫差的后代松野连等①，这些来自江南吴地的移民应当是促进道教在东亚传播的主体力量。

五、道教信仰与天皇制

上承古坟时代，下启奈良时代的飞鸟时代是从 592 年圣德太子摄政推行改革开始，到 710 年元明天皇从藤原京迁都平城京（今奈良）为止，其开始阶段可能和古坟时代末期相重合。从过去的地方性诸侯政体逐渐上升为以天皇制为中心的国家政体，飞鸟时代成为日本历史上第一个由日本天皇统治的时代，当时的国家范围为现在的奈良县。在奈良城的南高市郡明日香村曾发现许多飞鸟时代的宫殿与古坟遗址，其中天武、持统两天皇的合葬陵、野口王墓、桧隈大内陵等都反映了天皇家族的社会地位与政治影响，一些遗存物也反映了道教信仰的神秘意识。

在日本历史上，"神道"与"天皇"密不可分，这也是考察道教信仰与天皇制关系时无法回避的背景。天皇既是创造日本国土的"天照大神"的后代及其在人间的代表，也是国家的政治首领，还是神道教的宗教领袖。这种用"神道"来表达有关神的存在，促使日本人长期以来将"天皇"视为"现人神"（akitumikami）。天皇（てんのう）的日语音读作"Sumeramikoto"，其意为"从天上降临的天孙"，来源于"记纪神话"中"天孙降临"成为"天神之子"的神话故事。"Sumera"的原意为形容君王的神圣与清澄，后附上的汉字"天"，来指代天皇家的祖先，天皇在日本社会中具有无与伦比的崇高地位。

具有日本人心灵和精神故乡之称的《万叶集》中收录了当时最有

---

① 参见韩昇：《东亚世界形成史论》，复旦大学出版社 2009 年版，第 141 页。

才情的宫廷歌人柿本人麻吕（约662—约706）诗文中写道：天皇不是凡人而是神。天皇以凡人身份降世，叫作"明御神"或"现人神"。天皇不可侵犯，天皇本人是神圣。天皇地位至高无上、令人敬畏，皇室家族成员亦非凡俗之辈，于是后鸟羽天皇（1180—1239）选择了典雅美丽的"菊花"作为皇族的象征和天皇的家徽。在日语中，称皇室中的人为"云上人"，只有这个家族的人才能继承皇位。这与神道教极力宣扬天皇神圣说有关，强调以天皇制来统治日本国民的合法性，而形成了一种民族意识。

一般认为，"神道"一词来自《周易》的《观卦》："观天之神道，而四时不忒。圣人以神道设教，而天下服。"这里所说的"天之神道"只是表达"天的神妙秩序"，但由于《周易》为中华文化之源，故"神道"一词不仅在中国的儒佛道中都有使用，而且在《日本书纪》中也用"神道"来概括信仰与祭祀中所表现出那种神性、神圣的特征，因此，神道教的内容是日本的，但"神道"之名则来自中国。

道教是一种中华民族固有的原生性宗教，神道教则是日本民族固有的宗教。津田左右吉在《日本的神道》第一章中，列举了日本"神道"一词的六种含义①之后认为，神道是指自古以来作为日本民族风俗的宗教（包含咒术）信仰。这种用法可见于《日本书纪》等古代文献之中，六种含义中的第一种是作为针对佛教而提出的日本民族宗教的用语，如用明天皇时出现的"天皇信佛法尊神道"、孝德天皇时出现的"尊佛法，轻神道"。第二种以下的使用方法则"成为神道称呼的根源"。他认为，"神道"这个词最初是一个来自中国的中文词，在中国已有了各种意义，"在道教中，崇拜具有人形之神，便是其中一例"②。这个词传到日本后，又演化出各种意义。于是津田左右吉通

---

① 参见［日］津田左右吉：《日本的神道》，商务印书馆2011年版，第1—6页。
② ［日］津田左右吉：《日本的神道》，商务印书馆2011年版，第12页。

过考察日本历史中的"神道"一词的复杂含义，来研究中国思想到底在天皇制中起了什么样的作用。黑田俊雄（1926—1993）则认为，《日本书纪》的"神道"在世俗性祭祀与信仰中是指"神性的、神圣的（状态）"，但它绝不是日本特有的，而是东亚三国共同的习俗性信仰。[①] 由此扩大了"神道"一词在东亚的传播范围以及对日本宗教中所形成的特殊影响力，这被葛兆光先生认为是一个得到很多学者包括欧美学者支持的"极具震撼性的说法"[②]。

笔者认为，在日本传播的"神道"一方面与中国文化有关，另一方面，则是在综合日本的记纪神话、巫觋咒术、祭祀仪式、物忌制度的基础上，随着天皇制的发展需要，尤其是经过伊势神道和吉田神道的努力，才使神道教内容和规制逐渐体系化。从 14 世纪度会家行《类聚神祇本源》、慈遍《丰苇原神风和记》之《神道大意》中，到 15 世纪末，吉田兼俱《唯一神道名法要集》，通过突出天照大神的主神地位，展现神宫神社和神道祭祀的权威，建立正统的神官谱系，促使神道摆脱"神佛习合"的传统，在天皇"万世一系"的神圣话语系统中，才逐渐形成了神社神道、教派神道和民俗神道三大传统。

有关道教与天皇制关系，学者们曾围绕着两个问题展开热烈的讨论。第一，道教思想如何体现在日本文化中，具体说道教是否影响到天皇制？第二，道教中最显著的因素——道士和道观是否传入日本？

在古代中国的占星术中，就把天上的北极星神格化为"天皇大帝"，作为天体观察的基准。随着道教信仰的确立，"天皇""天皇大帝"也演化成为宇宙最高神。中国历史上，既有作为神灵的"三皇"

---

① 参见 [日] 黑田俊雄：《"神道"の语义》，《日本思想大系》第 19 卷《中世神道论》，附载《月报》第 57 期（1977 年 5 月），岩波书店 1977 年版，第 1—2 页。

② 葛兆光：《国家与历史之间——日本关于道教、神道教与天皇制度关系的争论》，载《中国社会科学》2009 年第 5 期。

的天皇、地皇和人皇，也有作为圣王的"三皇五帝"，还有以"天皇"为号的皇帝，如唐高宗就曾改皇帝为天皇，改皇后为天后。因此，"天皇"一词在中国，既有作为皇帝称号的政治含义，也有作为神灵象征的宗教意义，但日本采用"天皇"称号更侧重于后者。

津田左右吉通过对天皇称号与国家政权、政治制度的关系进行考察，一方面承认日本从中国学到了许多东西，"天皇"这一概念来自中国道教文献，当然是极具道家（即道教）色彩的；另一方面，他也指出，古代日本的"天皇"称号，虽然采用了道教《枕中书》中的词汇，但日本所使用的"天皇"称号中却完全没有中国的意味。[①] 津田左右吉的观点一直受到后人的挑战、补充与修正。

福永光司在《天皇考六题》中，从六世纪茅山道士陶弘景关于人、仙、鬼的定位及定义出发，明确提出天武天皇的谥号"天淳中原瀛真人"中的"瀛真人"即完全是道教神仙信仰的用语。[②] 他还提出六项证据以说明日本"天皇"受到中国道教思想的影响：日本天皇制中所使用的一些词汇，如"神道""瀛真人""八色之姓""八纮一宇"等；"天皇"来自道教至高尊神"天皇大帝"；天皇是从天上高天原世界下降人世成为统治日本的现人神；象征着天皇地位与权力的两种神器——镜和剑；皇室将紫色奉为最高贵的颜色，其居所称紫宸殿就表达了重视紫色的观念；还有天皇在神宫中举行祭祀时所使用的祝词和天皇进行的四方朝拜仪式等，都与中国道教有关。[③] 该文的问题意识已深入到道教与天皇制的具体联系上。此文后译为中文，在《世界宗教研究》1982 年第 2 期上发表，在中国产生了极大的影响。为了具体说明道教对天皇制的影响，福永光司还发表《道教における镜と剑

[①]　参见［日］津田左右吉：《文学にゎれたゐ我が国民思想の研究——贵族文学の时代》，洛阳堂 1919 年版。

[②]　参见［日］福永光司：《道教と古代日本》，人文书院 1987 年版，第 37 页。

[③]　参见［日］福永光司：《日本文化与道教——从以天皇为思想信仰谈起》，载《世界宗教研究》1982 年第 2 期。

一その思想の源流》，一方面以唐代道士司马承祯的《含象镜序》为中心，对神道教的镜、剑信仰进行了寻根溯源式的研究，将道教法器镜、剑与教义思想巧妙地贯通起来①；另一方面，又将日本天皇使用的神器——镜和剑视为六朝道教血缘脉络在神道教中影响的体现。这篇论文将历史叙述与文化比较结合起来，"对三件皇家宝物的道教背景所做的论证是考定道教影响日本神话和皇家意识形态的系列研究中的一部分。"②由此来识别道教对日本神话和天皇制的影响，说明不仅是"天皇"称号，而且日本很多宗教思想与文化习俗都与道教的东传有关，神道教也是在道教的影响下逐步建立并完善起来的。③对福永光司的看法，赞同者有之，批评者也有之，所引起的争论还在进一步深入探讨之中。

也有否认"天皇制"与道教相关的观点。如山尾幸久在《古代天皇制的成立》一文中从政治统治的角度进行诠释，认为天皇的"天"来自面向西藩的"天子"，"皇"来自面向人民的"皇帝"。这是一个彰显帝王居高天下进行政治统治的名词，其中并没有什么道教信仰的意味。大津透进一步指出，日本原来称君主为"大王"，后来将"大"改为"天"，将"王"改为"皇"，因此"天皇"号是日本独创的汉字词语，其本身与道教无关。若再从天皇制的内容上看，也几乎看不到道教因素，反而是律令制下的日本还有意识地要避开道教呢。④日本文学家西乡信纲则认为，"天皇"是日本独创的汉字词语，其本身与道教无关。⑤从以上有关道教与"天皇"关系的争论中可见，道教

---

① 参见刘俊文主编：《日本学者研究中国史论著选译》第七卷《思想宗教》，中华书局 1993 年版，第 388 页。

② ［法］索安著，吕鹏志等译：《西方道教研究编年史》，中华书局 2002 年版，第 114 页。

③ 参见孙亦平：《福永光司中日文化视野下的道教观初探》，台湾《哲学与文化》2012 年第 5 期。

④ 参见 ［日］大津透：《古代の天皇制》，岩波书店 1999 年版，第 12—13 页。

⑤ ［日］西乡信纲：《スメラミコト考》，《神话と国家》，平凡社 1977 年版。

某些因素已传到了日本，对日本天皇制也产生了一定的影响，但道教因素的传播是否就意味着道教传入日本？这正是导致日本学者长期争议且悬而未决的原因所在。

"天皇"之称在日本始见于推古天皇丁卯年（607）建造法隆寺时，特地在法隆寺金堂药师像后刻上"池边大宫治天下天皇"铭文。据史书记载，592 年推古天皇即位于飞鸟的丰浦宫，她是一位女首脑，觉得自己不便出面管理国家事务，就让外甥上宫厩户丰聪耳为圣德皇太子（574—622）来摄政。圣德太子上台后，在急于使日本成为东亚强国的思想指导下，称赞有开发产业文化之功的秦人为"国家之宝"，并通过秦人了解了中国先进文化。他不仅如饥似渴地学习中国的制度和文化，而且还将建立律令制度作为健全日本中央集权制的主要任务之一。圣德太子施政的主要内容是正尊卑、定名分、崇佛教和向中国学习，借鉴中国政治文化制度和儒、佛、道三教思想，初步确立以天皇为中心的中央集权制。

作为飞鸟时代成就卓著的政治家，圣德太子取"天子"和"皇帝"前缀，创制了"天皇"称号，来尊称国王，并借鉴道教辛酉年之说来编排日本的"皇统"，以作为日本中央集权制的核心。推古九年（601）正好是辛酉年，也是圣德太子在斑鸠宫推行改革的年份。按道教谶纬的说法，辛酉年每六十年出现一次，称为一轮。每一轮的辛酉年都应当是改革之年。每隔 21 个辛酉年，即 1260 年就会发生一次大变革。圣德太子以推古九年（601）为起点，再往前推，就将前 21 轮的辛酉年，即公元前 660 年阴历一月一日神武天皇登基之日作为日本建国之年，为"皇统"之开端。当他把皇统历史向前推算了一千多年之后，为了填补这一千多年历史的空白，他安插了十位虚构的天皇，形成了天皇"万世一系"的传承世系。所有天皇都来自同一家族，在后来的日本历史上，只出现政权的兴替，而从来没有出现过王朝更迭，这种状况一直持续到今天。

圣德太子以崇信佛教著称，曾为弘扬《法华》《维摩》和《胜鬘》

作《三经义疏》①，为崇扬佛法而广建佛寺，著名的就有法隆寺、四天王寺等，但他对道教也有所关注，不仅在《三经义疏》中引证《老子》的"五色令人目盲"之句，而且对道教的成仙术也十分感兴趣，相传他最后带着全家人一起尸解升天成仙了②。圣德太子在建立中央集权制的"皇统"的过程中对老庄思想和道教信仰都有所借鉴。

圣德太子于推古女皇十一年（603）制定的"冠位十二阶"时，就吸收了一些道教因素："始行冠位：大德、小德、大仁、小仁、大礼、小礼、大信、小信、大义、小义、大智、小智，并十二阶。"③并采用紫、青、赤、黄、白、黑六种不同颜色的帽子来区分官阶的高低，"这种以德为尊，以紫为上的做法，明显地来自道教的影响。"④第二年，圣德太子亲自颁布的"宪法十七条"，虽尊儒学和佛教为日本思想的基础，但其中穿插有"少私寡欲""绝圣弃智""绝餐弃欲"等老庄道家词语。可见"以老庄思想为核心的道教思想，在圣德太子之前已传入日本，并且影响了圣德太子这位推进日本历史的执政者和日本的政治制度。"⑤

为了提升本国的政治文化形象，推古朝已在外交场合中用"天皇"来称呼自己的君王。据《日本书纪》卷二十二《推古天皇》载，圣德太子在派小野妹子出使隋朝时，取"天子"和"皇帝"前缀，创制了"天皇"称号，在国书中特别写上"东天皇敬白西皇帝"⑥句子，

---

① 《三经义疏》是否为圣德太子本人所作至今仍有争议。

② 《上宫圣德太子传补阙记》《日本灵异记》等文献中也有这方面的记载。

③ 《日本书纪》卷二十二《推古天皇》，载［日］黑板胜美、国史大系编修会编：《新订增补国史大系》1，吉川弘文馆1981年版，第141页。

④ 叶渭渠主编：《日本文明》，社会科学出版社1999年版，第103页。

⑤ 李威周：《老庄思想与日本》，载《东亚文化集刊》第1辑，商务印书馆1989年版，第168页。

⑥ 《日本书纪》卷二十二《推古天皇》：十六年（608）九月，复以小野妹子臣为大使，吉士雄成为小使，福利为通事，副于唐客而遣之。爰天皇聘唐帝，其辞曰："东天皇敬白西皇帝。"（载［日］黑板胜美、国史大系编修会编：《新订增补国史大系》1，吉川弘文馆1981年版，第151页。）

首次在官方外交场合中使用。隋炀帝览之不悦，主管外交的鸿胪寺"忽复以闻"，后派隋使裴世清回访日本。裴世清访日时，倭国给予隋朝的国书没有再使用会造成两国天下观冲突的"天子"一词，而是正式改称为"天皇""皇帝"，故有学者认为用"天皇"一词来称呼日本君王应出现于圣德太子重新制定国书时。①

在圣德太子之后的"大化改新"中，革新派拥立孝德天皇，以中大兄为皇太子，中臣镰足为内臣，僧旻和高向玄理为国博士，迁都难波（今大阪），改年号大化，进一步强化了天皇至上和神国概念，将天照大神奉为天皇家族的祖先神，还把有利于天皇家族和各氏姓贵族的传说加以整理编纂，从"天命神授"的角度来神化执政的统治集团。当时朝廷上"物部氏和苏我氏的对立抗争，不单是政治上的对立，而是来自中国大陆的文化——即道教思想（它已成为神道的形态），和来自朝鲜半岛的佛教文化的对立。由于苏我氏的势力强大，又有政治上的机巧手腕，因此以佛教文化为基底的集团获得胜利，而巧妙地利用这项利点去顺水推舟的，就是后来的'大化革新'。"② 这场社会政治变革运动以唐朝律令制度为蓝本，针对日本旧习，在经济方面废除了部民制，建立起封建土地国有的班田收授法与租庸调制。在军事上，实行征兵制，在京师设立了五卫府，在地方设军团，所有军队一律归中央统一指挥。在政治方面，宣扬"天覆地载，帝道唯一"，废除了贵族的世袭特权，建立以皇权为中心的中央集权国家，大和国的最高统治者为天皇。

672 年，齐明天皇的儿子天武天皇（672—685 在位）通过平息壬申之乱③，在飞鸟的净御原宫登上皇座后，完成了大化改新的未竟事

---

① 参见［日］大津透：《古代の天皇制》，岩波书店 1999 年版，第 27 页。

② ［日］今枝二郎：《透过道教的中日文化交流——重考徐福渡日传说》，载杨正光、朱亚非等：《徐福文化的思索》，山东友谊出版社 1996 年版，第 299 页。

③ 672 年日本皇室宫廷中发生的一次争夺皇位的战乱，最后天武天皇战胜弘文天皇，成为天皇，是年为壬申年，故名。

业。天武天皇即大海人皇子，年轻有为，采取一系列措施进一步强化天皇制，令人于681年开始编纂《飞鸟净御原令》，将原称作"大王"的大和统治集团的首领正式改称为"天皇"，并确立了以大皇为中心的政治统治秩序。天皇之位由嫡长子继承的"万世一系"的传统，开宰相辅政之先例，使古代天皇制统治达到全盛阶段。天武天皇由此而威望倍增，被国民崇之为神。

天武天皇在依照唐朝的中央集权制来完善日本天皇制的过程中是否借鉴了一些道教因素？据《日本书纪》卷二十九记载，从天武天皇开始，神道大祓仪式得以制度化，来自朝鲜半岛的文部氏族参加唱咒，所唱咒辞中包含有"司命司籍""东王父""西王母"等道教神名。天武天皇精通中国道教的遁甲术和占星术，曾"亲秉式占"，兴建"占星台"，建立"明阳寮"，以期审时度势，预测未来。渡边茂认为，日本君王使用"天皇"一词可能就受到推崇道教的唐高宗于674年改称"天皇"的影响。①

天武天皇在为豪族制定"八色姓"时，将"真人"置于最尊贵的地位；天武天皇的称号，其实是中国式谥号；他的日本式谥号，叫作"天淳中原瀛真人天皇"。"天淳中原"的意思是"铺满了天上珠玉的原野"，"瀛"这一汉字的使用，来自东海三神山方丈、蓬莱、瀛洲里的"瀛洲"，"真人"则是仙人的最高位。从这个日本式谥号也可以看到，天武天皇曾如何醉心于道教。②"天皇"来源于道教的天皇大帝，由此而形成了日本独特的"天皇"即为"现人神"的观念，同时也以一种神秘莫测的信仰方式来巩固大化改新的成果。

天武、持统、文武三代，继飞鸟文化之后创立了白凤文化（683—707），为天平文化的发展奠定了基础。白凤是后人传说的天

---

① ［日］参见渡边茂：《古代君主の称号に关すゐ二、三の试论》，《史流》1967年第8号，第1—21页。

② ［日］参见千田稔：《中国道教在日本》，载蔡毅编译：《中国传统文化在日本》，中华书局2002年版，第57—58页。

武天皇的年号，其实并没有这个年号。680年，天武天皇为了祈求皇后（即后来的持统天皇）病体早日康复，乃在藤原京建造以药师如来为本尊的寺院，但寺院尚未完成，天武天皇却不幸去世，继位的持统天皇、文武天皇继续建造寺院，大约于698年建造完成。天皇三代相继开创的迁都奈良前一段时期的白凤文化，受六朝及初唐文化的影响，以崇扬佛教为中心，但也接受了一些道教因素，继续推进大化改新的成果，使以天皇制为中心的日本国力得以大幅提升。

道教对"天皇制"的影响后来被日本的政治制度、宗教传统和神话故事所掩盖，例如，道教作法的神器——镜和剑进入日本后，通过"记纪神话"生动的故事情节的塑造，最后演化为天皇手中富有日本风情的三种神器中的八咫镜、草薙丛云剑，其中牵涉到跨民族文化传播过程中的选择、认同与变异等问题。虽然道教的某些因素对日本建立起以天皇为中心的中央集权制的国家体制具有一定的影响，但这并不意味作为一种宗教的道教已在大和朝立足并获得独立的发展。

第二节　道教在奈良、平安朝的传播

奈良、平安时期（710—1192）正值中国的唐宋王朝时期，也是中国道教兴盛时期。随着中日文化交流的广泛展开，通过日本朝臣前往中国访问，大批留学僧、留学生来华学习，中国佛僧前往日本弘道等途径，将道教的经典、圣像、方术等陆续传入日本，与此时佛教在日本兴盛发展相比，奈良朝对道教似乎抱着复杂态度，平安朝虽然搜集了许多道书，道教的某些因素也对它的政治制度、文化精神、神道信仰及民间习俗等产生了一定的影响，但在唐王朝被奉为国教的道教却没能成为一种独立的宗教而在当时日本社会得到传播，道教难以在日本生根，其中原因是特别值得研究的。

一、奈良朝对道教的态度

672年，天武天皇在平定壬申之乱后就准备将都城由飞鸟藤原宫迁到平城京（今奈良），然而，这一夙愿直到天皇元明女天皇710年迁都才得以实现，从此日本历史进入了以天皇为核心的中央集权制的"奈良时代"（710—794）。在奈良朝的八代天皇中，有四位是女天皇，她们执政时期长达30年。圣武天皇（701—749）在位的二十多年间，皇后藤原光明子也积极参政。女人主要执掌天下的奈良朝持续了八十多年时间，正值中国的盛唐时期，也是中国儒、佛、道三教兴盛发展时期。三教虽成为中国与朝鲜、日本进行文化交流的重要内容，但奈良朝对道教却抱有与儒学、佛教完全不同的复杂态度。这与8世纪前后东亚各国相继推出的律令制和科举制有密切的关系。

唐代时，中国初步建立起主要由律、令、格、式组成的法律体系，开启了东亚的律令制时代。律令是关于国家体制和基本制度的法规，如《唐六典》卷六曰："律以正刑定罪，令以设范立制，格以禁违正邪，式以轨物程事。"律令制被称为东亚法制的轴心，对东亚国家政治、经济、法律和教育制度的确立产生了深远影响。

从教育方面看，当时东亚各国的教育已有官学教育与私学教育之分。朝鲜半岛通过接受中国的科举制而进入东亚文化圈，并影响到日本。《养老律令》对大学寮（国家级官办学校）和国学（地方私立学校）的机构设置、教学内容和考核方法作出规定，直接影响到以儒、佛、道三教为代表的中华文化在日本的传播。在天武天皇时代（672—686），日本也建立起学校制度，据记载：

> 四年春正月丙午朔，大学寮诸学生，阴阳寮、外药寮及舍卫女、堕罗女、百济王善光、新罗仕丁等，捧药及珍异等

物进。①

日本大学寮具体设立的时间，至今学界多有争论，其中台湾学者高明士认为：日本"668年于令制上创设学校制度，670年设置学官，675年招收学生授课。"②此说法可供参考。

科举教材的制定直接影响到老庄道家在东亚的发展。唐太宗令颜师古校定《五经定本》，孔颖达负责编纂《五经正义》，以此为教材颁行天下，吸引了来自周边国家的青年学生。唐太宗实行的学校教育和科举制度主要是以儒家思想为指导的，既为唐王朝的兴盛培养了大批人才，也为东亚各国教育制度的创立奠定了基础。

唐朝初期，贡举考试归吏部掌管，到了唐玄宗天宝年间，科举制度中大部分考试科目已经形成，考试的内容与形式已基本确定。玄宗开元二十四年以后，贡举考试权归礼部。唐朝通过吏部或礼部试者，通常称为"登第"，通过后就可进入官了。"东亚诸国的学校制度，分别接受中国南北朝和唐朝制度影响而建立，其教育内容基本上可以分为两类：一是儒学教育，为其主流；二是专门技术教育，如百济的医、易、历专科，日本则有阴阳寮和药寮等③"。

由朝廷认定的官学教育机构与它们使用的教材往往能够反映出一个社会文化的基本倾向。唐代是道教发展的繁荣期。此时的道教在统治者的支持下，社会地位大大提高。随着老子被奉为唐王朝的"圣祖"，《老子》等道家经典著作也被尊为"真经"。唐高宗时，正式将《老子》列入贡举科目，武则天开创了科举考试中殿试的形式和武举的先例，因出于为培养政治人才的需要。长寿二年（693）她"自制《臣

---

① ［日］坂本太郎等校注《日本书纪》卷二十八《天武天皇》，《日本古典文学大系》第67册，岩波书店1967年版，第417页。

② 高明士：《唐代东亚教育圈的形成——东亚世界形成史的一侧面》，台湾"国立"编译馆中华丛书编审委员会1984年版，第326页。

③ 韩昇：《东亚世界形成史论》，复旦大学出版社2009年版，第59—60页。

轨》两卷，令贡举人为业，停《老子》。"唐中宗复位后，马上于神龙元年（705）又将《老子》重新列为考试教材。[①]崇信道教的唐玄宗即位后，亲自为《道德经》注疏，开元二十年（732）注疏完成后，就将以往贡举使用的《老子》河上公注本改为自己的御注。开元二十五年（737），唐玄宗下诏置崇玄学，实行"道举"[②]制度，令习《老子》及《庄子》《列子》《文子》等，使道家经典也进入了科举考试的科目。

如果说，唐朝的科举制度是东亚各国的教育文化标杆，促进了东亚士人文化学养上的相似与相通，那么日本和新罗在制定其学制时，既遵循唐制，又根据本国需要对唐朝科举所使用的教材作出自己的选择。例如，唐朝国子学列举"九经"，日本采用"七经"，新罗则用"五经"，其删减的原因大概是《春秋公羊传》《春秋谷梁传》与《周礼》《仪礼》的历史悠久、文字艰涩、礼仪难懂，在唐朝选读者就比较少，日、罗两国乃衡量国情，酌予减少科目，以便于官学生掌握重点。但新罗与日本都没有将《老子》等道家经典列为正式教材，"至于《老子》一书，则始终不为日本官学接受。"[③]由此反映出东亚科举制中的教材设置的倾向性——重视儒学、轻视道家、淡化佛教。

为什么日本学令制中放弃了唐朝十分重视的《老子》呢？随着中日文化交流的广泛展开，日本朝臣前往中国访问，大批遣唐使、留学生、留学僧到唐朝学习，他们对于中国道教的情况应该是了解的，但奈良朝对中国文化的基本态度却是尊儒、崇佛、轻道。虽然从道经中考证出一位百岁老道人渡海，可能将唐代道教内丹术传入了日本和朝鲜[④]，但从奈良朝的社会文化氛围看，这种民间的道教传播并

---

① 参见《旧唐书》卷二十四《礼仪志》。

② 道举，指道教的科举。据《旧唐书·礼仪志》记载，开元二十九年（741），唐玄宗诏两京及诸州，各置玄元皇帝庙一所，每年依道法斋醮，兼置崇玄学。其生徒令习《老子》及《庄子》《列子》《文子》等，每年准明经例举送，实行道举制度。

③ 参见高明士：《东亚教育圈形成史论》，上海古籍出版社2003年版，第261页。

④ 朱越利：《唐气功师百岁道人赴日考》，《世界宗教研究》1993年第3期。

没有产生什么影响。从官方层面看，反而是道教的根本经典《老子》《庄子》等被排除在国家律令之外。

当时日本上层社会对老庄思想抱有两种截然不同的态度：一种是对老庄思想的欣赏与推崇，如当时以韵文形式创作的《万叶集》《怀风藻》就深受中国老庄思想的影响，大学博士越智广江在《述怀诗》中曰："文藻我所难，老庄我所好。行年已欲半，今更为何劳？"他并没有直接采用老庄的词语，却直契老庄神仙思想和自然无为的境界，这反映了当时知识阶层中对老庄思想的瞩目；另一种则是反对在日本推行老庄思想，例如，在日本大学寮学生参加的选拔官吏的国家考试中，天皇提出"玄儒精粗"问题：

　　问：李耳嘉道以示虚玄之理，宣尼危难而修仁义之教。或以为精，或以为粗，元理云为，仰听所以。

《怀风藻》作者之一葛井广成应天皇策问而写《对策文》回答说，儒家倡导仁义，以兼济天下为本，有利于维护君臣尊卑的社会秩序。老庄的独善主义，只注重个人的精神解脱，而对他人无敬爱之心，最后会导致"弃父背君"等不利于维护天皇制政治统治的行为，因而不予赏识。葛井广成明确宣称道家所倡导的"独善其身"不如儒家的"兼济天下，尊卑别序，致身尽忠"更适合奈良朝国情。

老庄玄学主张独善其身，与日本律令政治所需建立的等级秩序目标不符，因此奈良朝应当取儒弃道。奈良朝以有利于"国家事功"作为选择外来文化的标准，将德与刑作为政之基，而将追求"独善其身"的道教视为方外之教。大学寮教育中倡导取儒舍道，对老庄进行排斥，成为当时日本知识分子的普遍倾向，这必然影响到以老庄思想为理论基础的道教在日本的传播。

但另一方面，对于那些期望通过祭祀集体共同的神灵、追求咒术和神奇效果的底层民众来说，道教的诸尊神，如妙见信仰、北斗信仰，泰山府君衍化成人格神，配合着道教流行的护符咒术，作为一种"身固守秘诀"服务于密教的"即身不死"的信仰却颇具有吸引力。20 世纪，日本在以平城京、藤原京、长冈京等为代表的奈良朝至平安朝的都城遗址的考古发掘中陆续发现了一些木简，据考，日本木简与中国木简有密切的渊源关系，很可能来自中国或朝鲜半岛。汉末至三国时，曾有一些中国大陆人和朝鲜人移居日本，在汉字传入日本的同时，木简也随之而来了。[①] 其中的一些木简上刻有道教的符咒，是为道教在日本传播的实物证据。1961 年以来，随着奈良国立文化财研究所对奈良市平城宫进行第五次发掘，出土了一些标有年代的墨书文字的木简。1988—1989 年间，在平城京长屋王居住址及其周围发掘出土了十万支木简。据考证，这些木简最早年代大约在公元 7 世纪，内容涉及政治、经济、军事，宗教和社会生活等各个领域，其中是否有些道教因素还值得进一步研究。在静冈县浜松市伊场遗迹发现 8 世纪前后"平安符"，上面写着："百怪咒符白百怪，宣受不解和西怪，□□令疾三神宣（?），□□宣天罡符佐□当不佐□，急急如律令。"[②] 在东北地区宫城县的多贺遗址出土的 8 世纪时使用于大被的祭具——人形咒符木简，上面还墨书着道教咒语"急急如律，令须病人吞"[③] 等，这是典型的道教用语。在藤原宫遗址出土木简中有陶弘景《本草集注》上卷。在伊予的汤之冈碑文中也含有一些道教内容。因此，此时传入日本的道教以其独有的神仙信仰、符咒秘术和阴柔守雌的思维方式对奈良朝的政治制度、文化精神、神道信仰、密教修持及民间习俗产生了一定的影响，但却并没有发展成为一种独立的宗教，

---

① 参见徐建新：《日本木简的发掘与研究》，载《世界史研究动态》1992 年第 1 期。

② ［日］芝田文雄：《伊场遗迹出土"百怪咒符"木简》，载《日本考古学》卷 6 附录 6，河出书房书社 1973 年版。蔡凤书：《古代日本与中国交流在文物上的证据》，载北京大学考古文博学院编：《考古学研究》第七辑，科学出版社 2008 年版，第492 页。

③ ［日］福永光司、千山稔、高桥彻：《日本の道教遗迹を步く》，朝日新闻社 2003年版，第 125 页。

其原因究竟何在还需要进一步研究。

二、遣唐使对道教的排斥

向中国学习似乎成为奈良朝社会各阶层的一种共识。奈良朝多次派遣唐使团去中国，使团中除大使、副使外，还包括留学生、学问僧和各种技术人才，团员常多达五六百人。遣唐使们"虚至实归"，以空前的规模和速度将盛唐文化引入日本。与唐朝儒、佛、道三教鼎立，以道教为皇族宗教的文化格局相比，奈良朝的遣唐使们主要关注的还是儒家与佛教。

据史料记载，姓名可考的遣唐使只有二十余人，而随遣唐使及商船入唐的僧人，见于文献记载的则多达九十余人，其中大部分或是像阿倍仲麻吕、吉备真备这样的留学生、学问生；或是以空海、最澄为代表的留学僧、学问僧。他们在中国巡礼名山、求师问法，带回大量文籍，在促进日本佛教文化发展的同时，也逐渐了解了道教，例如，葛井广成和下毛虫麻吕在对策文中都提到了道教，日本佛教高僧空海（774—835）在来华之前就站在佛教的立场上，著《聱瞽指归》评判儒、佛、道三教时，对道教作了比较细致的介绍，其中不仅有"天尊阴术"等词语，而且还讲述了汉武帝和西王母、费长房以及壶公的故事。

虽然当时的中日文化看上去很像，但实际上却有各自的特点："以前近代社会来说，日本的幕府制和中国的皇帝制，身份世袭制和科举官僚制，长子继承制和平均继承制，本家制和宗族制等等，两国在政治、社会的结构上有很大的差异"①。这种差异还表现在对文化的选择上，"日本文明创造性的发展，坚持了两个基本点：一是坚持本土文明的主体作用；一是坚持多层次引进及消化外来文明"②。

---

① ［日］沟口雄三：《日本人视野中的中国学》，中国人民大学出版社1996年版，第18页。
② 叶渭渠主编：《日本文明》，中国社会科学出版社1999年版，第3页。

道教在唐玄宗时代处于"国教"的地位，但向东亚各国传播时却遇到重重阻力。虽然《册府元龟》中有记载："二十三年（735）闰十一月，日本国遣其臣名代来朝，献表恳求《老子》经本及天尊像，以归于国，发扬圣教，许之。"A似乎奈良朝在了解了唐王朝对道教的崇信态度之后，专门派遣唐副使中臣名代来华向唐玄宗恳求《老子》经本及天尊像，以回日本发扬被唐王朝崇为"圣教"，得到了唐玄宗"许之"。其实据《续日本纪》天平四年（733）八月、九月条记载：日本天皇之所以任命多治比广成为大使、中臣名代为副使组成第十次遣唐使团来华，乃是因为朝鲜半岛渤海国于732年9月攻占了山东半岛登州，唐王朝希望借新罗的力量来牵制渤海国，日本与新罗国关系由此紧张起来，于是，日本马上派遣唐使访华，既表示友好，同时也任命了日本西部边境诸道的节度使，命令诸道建造军船，充实兵力，提高军事防备力量。

由于日本与统一朝鲜半岛的新罗关系趋于恶化，导致了沿北路朝鲜半岛海域前行中国变得困难，因此遣唐使团的来华航路改走南路。从博德出发，经五岛列岛，然后直接横渡东海，抵达长江口岸，上岸后改行陆路。走南道虽然可以减少航海天数，但海上风浪大，停靠地点少，故危险性比较高。这次遣唐使团于733年到达长江沿岸的苏州，向唐朝进贡了供物后，于734年回国时，四船在海上遇到忽起的恶风，彼此相失。广成的船上乘坐的一百十五人漂到南海，有贼兵来围，遂被拘执，船人或被杀或逃散，还有九十余人染瘴瘟而死亡，只有广成等四人得以逃生免死，再次返归入唐。广成、名代等为了再次带领遣唐使们离开唐朝，安全回到日本，于是向唐玄宗请求"老子经本及天尊像"，声称这是为了回日本发扬被称之为"圣教"的道教，他的回国要求自然得到了唐玄宗的批准。

笔者认为不能简单地将此作为道教进入日本的标志性事件，因为

---

① 王钦若等：《册府元龟》卷九百九十九《外臣部·入觐》。

据《续日本纪》记载，中臣名代于天平八年（736）回到日本，"率唐人三人、波斯人一人拜朝"①，并没有提及是否带回了"《老子》经本及天尊像"。这是史书有意忽略记载？还是日本人以"归国发扬圣教"之说来投唐玄宗之所好，希望获得回国的机会？一些日本学者也认为，中臣名代是为了获得唐朝准许其再次出发回国才这样做的②，或是唐朝要求中臣名代这样做的，或请求的记录也是唐朝方面的篡改③。由于同行的广成大使并没有类似的行为，故也有人推测，中臣名代此举的更大动机在于唐朝与渤海国争执结束，唐朝与新罗的关系得到加强之后，日本向唐朝示好，以防自己在东亚外交上陷入孤立④。

虽然各人的理由不同，但却从不同的角度说明了道教在中日两国交往中的礼仪性地位。中臣名代的做法仅是为了迎合唐朝崇拜老子与道教的喜好而已，他并没有想积极地传播道教。道教的神仙信仰因表达了对生命的关注，更多是通过民间途径传入东亚各国的。

若比较一下唐王朝在册封高句丽王时，命道士送去天尊像及道法，并为高句丽国王及国民讲解老子的做法，可推测唐王朝通过展示李姓皇朝王室所崇奉的道教，期望从皇室宗教意义上来加强唐朝的册封体制。因此，中臣名代的请求可谓投唐玄宗所好，其实他更关注的是向日本传播佛教。中臣名代于开元二十四年（736）八月率领唐人袁晋卿、皇甫东朝、洛阳大佛先寺沙门道璇、婆罗门僧正菩提先那、林邑僧佛彻及波斯人李密翳等回到日本京城，将唐玄宗的国书呈交天皇，并向天皇引见了三名同至的唐人，但却没有言及"老子经本及天尊

---

① 《续日本纪前篇》卷十三《圣武天皇》，载 [日] 黑板胜美、国史大系编修会编：《新订增补国史大系》2，吉川弘文馆1985年版，第156页。

② 参见 [日] 东野治之：《上代文學と敦煌文獻》，《遣唐使と正倉院》，岩波书店1992年版，第221页。

③ 参见 [日] 安藤更生：《鑑真大和上傳之研究》，平凡社1960年版，第81页。

④ 参见 [日] 小幡みちる：《日本古代の道教受容に關すゐ一考察——八世紀前半の日唐關係を通じて》，《史滴》2007年第29号。

像"。天皇赐予礼品、厚待之。中臣名代的家族世代掌管朝廷祭祀，其回日本后不但没有发扬道教，反而还当上了管理神社的神祇伯。

遣唐使对道教的态度直接关涉到道教在东亚地区的传播。这些遣唐使来华的目的是"请儒士授经"，其中著名者有阿倍仲麻吕、吉备真备、大和长冈、玄昉等，后来都成为促进中日文化交流的杰出人士。阿倍仲麻吕在太学曾学习《老子》等道家经典，又与信奉道教的李白与王维等人交好，可能对道教有一定的了解。回国时，阿倍仲麻吕带上"金简玉字"之"道经"，得到了王维的赞扬。但从现有的史料看，阿倍仲麻吕最后未能回到日本，也未能将道经带入日本。

天宝十二年（753），日本国大使藤原清河、副使大伴宿祢胡麿（大伴古麻吕）、吉备真备等人完成使节任务之后，晋见唐玄宗，准备与在中国留学 36 年并在唐朝任职的阿倍仲麻吕一起取道扬州回日本。阿倍仲麻吕向唐玄宗申请让中国佛教律宗大师鉴真和尚一同前去日本。阿倍仲麻吕一行到达扬州后，在十月十五日到延光寺参谒鉴真，并向鉴真描述当时的情景说：

> 弟子等先录大和上尊名并持律弟子五僧，已奏闻主上（指唐玄宗），向日本传戒。主上要令将道士去。日本君王先不崇道士法，便奏留春桃原等四人，令住学道士法。为此，和上各亦退奏。愿和上自作方便。弟子等自有载国信物船四舶，行装具足，去亦无难。[①]

唐玄宗虽然崇道，但对佛教也非常感兴趣，他曾亲自注解《金刚经》，认为儒、佛、道三教"理皆共贯"，倡导"会三归一"，因此并没有反对鉴真赴日传戒，只是觉得日本不应偏颇佛教，他大概想起上

---

① ［日］真人元开著，汪向荣校注：《唐大和上东征传》，中华书局 2000 年版，第83 页。

次的遣唐使中臣名代曾主动要求"请求老子经本及天尊像"的事，于是提出"要令将道士去"日本的动议，但藤原清河却以"日本君王先不崇道士法"为由而加以拒绝，并收回了鉴真渡日的申请。玄宗似乎也没有强力推荐道教，对遣唐使提出让春桃原等四人留在唐朝"学道士法"的建议也平和地接受了。春桃原为何人？他们之后在中国如何学道教？因没有确切的记载而推测居多。结果是后来几乎没有发现有中国道士在日本进行传教活动之记载。

八重樫直比古则从唐朝的角度来进行分析，他认为"日本君王先不崇道士法"不是遣唐使用来拒绝道士进入日本的理由，而是出自唐朝人士之口，表达了唐朝对日本不崇拜道教的不满，故要求派道士去日本传教。其理由是《唐大和上东征传》中的其他地方都使用"天皇"，而此处却用"君王"来称呼日本的统治者，就是表示一种不满。① 小幡みちる则从日本人的文化心理来进行研究，他认为道教是以唐朝为中心的东亚册封体制的一大标志。唐朝提出派遣道士赴日是意图利用官方道教的力量将日本纳入唐朝帝国秩序，而日本对中国官方派出道士的拒绝，其实也是出于对被迫纳入唐朝册封体制的警惕。②

为什么道教不能吸引日本遣唐使的目光呢？道教虽以老庄思想为理论依据，但以服食行气而修仙、以符箓斋醮而传教，未能引起处于上层社会具有一定文化品位的遣唐使们的特别关注。但即使如此，在佛教和儒学向日本传播时，一些道教的经典、圣像、方术等还是通过日本留学僧、留学生或中国佛僧带入日本。一些知识分子对老庄思想与道教神仙已是颇为了解，例如，日本现存最古的汉诗集《怀风

---

① 参见［日］八重樫直比古：《"神仏習合のはじまり"のご──〈唐大和上东征伝〉かり浮かび上がゐ問題》，载池见澄隆、斋藤英喜：《日本仏教の教程》，京都人文书院 2003 年版，第 40─41 页。

② ［日］小幡みちる：《日本古代の道教受容に関すゐ一考察──八世纪后半の日唐关系と道教》，《史滴》第 29 号，2007 年。

藻》收录了 64 位皇族显贵共 120 首作品，其中不少成员曾为遣唐使，如山上忆良、藤原不比等、菅原道真等文章博士，受中国六朝贵族文学的影响，他们的诗文中蕴有一种老庄精神与神仙意境，表达了对老庄逍遥自在、自得其乐精神的赞赏。

由于遣唐使的身份主要是学问生和学问僧，他们回日本后，以汉学者的身份积极参与制订国家的文化教育政策，其中许多人对老庄思想抱有排斥的态度："当时的日本朝廷和学者们，认为老庄追求独善主义与日本的律令政治需要建立等级秩序的目标不符，故不列入大学的学科之中。"① 这与唐代科举考试科目中将《老子》与《孝经》《论语》并列作为士人必修书就有了根本的区别。奈良朝对老庄道家的排斥态度直接影响到道教在日本的传播。这也说明日本人在吸收外来文化时，是会根据自己的实际需要进行文化重构的。701 年颁布的古代日本的基本法典《大宝律令》以及后来在此基础上修改而成的《养老律令》以儒家的道德律令条目为执法和教化民众之本，律令制下对"道术符禁"的禁止态度，直接影响到道教在日本的传播。如 738—740 年间编写的《古记》是《大宝律令》的注释书，其中对从日本八世纪颁发的《僧尼令》② 中"卜相吉凶"条注释说：

> 《古记》云：持咒谓经之咒也。道术符禁，谓道士法也。今辛国连行是也。汤药，谓万种丸药散汤药皆是，又合诊侯。唯针灸不合。③

① 李威周：《老庄思想与日本》，载《东亚文化集刊》，商务印书馆 1989 年版，第 171 页。
② 最早的《僧尼令》是在文武天皇大宝元年（701）制定的，收入《大宝令》，现已不存。现存者为《养老令》之中编在《神祇令》之后的《僧尼令》，共 27 条。（参见杨曾文：《日本佛教史》，人民出版社 2008 年版，第 53 页。）
③ 《令集解》卷七《僧尼令》，载［日］黑板胜美、国史大系编修会编：《新订增补国史大系》23，吉川弘文馆 1966 年版，第 215 页。

一般认为"辛国连"应该是"韩国连广足"①。据《续日本纪》延历九年（790）十一月壬申条记载：韩国连广足是物部大连的后裔，其祖先曾作为使节被派往三韩，回国后被赐姓为"韩国连"。韩国连广足以行道术符禁为业，据说是役小角的弟子，曾当选为朝廷药典寮的有着"从五位下"官阶的典药头②。"道士法"是日本官方对道教的一种称呼，强调的是道士所行之"法"，其内涵主要是《大宝律令》中的"道术符禁"。

奈良朝可以引入道经、道术和天尊像等，用类似于民间习俗的"托盘"部分地接受了唐朝盛行的道教因素，但似乎特别拒绝道士进入日本，也拒绝那些以道术符禁为特点的"道士法"在日本的传播。据《日本书纪》皇极天皇三年（644）七月记载，东国不尽河即骏河（静冈县中部不尽河）富士川流域的农民曾聚众举行过一次宗教活动，史称"大生部多事件"，当时日本岛东部的桔树上出现了许多长着绿色身子上有黑色斑点的虫子，其形状与蚕相似，长仅4寸（约12厘米），与人的大拇指一般粗细。居住在此大生部多劝人祭祀叫作常世神的妖神："这是常世神，祭这个神的人可以有钱并长寿。"巫女们利用巫觋之术引导民众开展祭祀"常世虫"活动。豪族秦河胜非常讨厌这种惑众之言，于是就将大生部多抓起来，对之进行鞭打。这一做法激起了巫觋和百姓的不满。有人编了一首歌谣，到处传唱："秦造河胜者，听闻众神降，打罚常世神。"煽动民众进行反抗。第二年春正月里，都城中人都能远远听到猿的鸣叫声而不见猿影。于是，巫觋们乘机散布说："猿是伊势大神的使者"，由此来激发了人们对国神，特别是伊势大神的崇仰。民间巫觋活动已在有意识地向朝廷祭祀和国家信仰靠拢了。值得关注的是，这个

---

① ［日］黑板昌夫：《奈良时代の道教についての试论》，载［日］西冈虎之助编：《日本思想史の研究》，东京章华社1936年版，第37页。

② 参见《续日本纪》卷十一《圣武纪三》，载［日］黑板胜美、国史大系编修会编：《新订增补国史大系》2，吉川弘文馆1966年版，第123页。

常世神是一个颇具道教色彩的虫神。大生部多宣扬，祭祀常世神就会获得财富与寿命，于是人们有的将虫请回家，置于家中供养，歌舞求福求寿；有的甚至十分狂热地扔掉家中的财物，将酒菜供奉在道路两旁，疯狂地手舞足蹈；嘴里还大声叫嚷着："新财富，快来哟！"这是一种将常世神、橘子树和虫联系在一起，再融入道教色彩的咒术和祭神的群体性活动。有学者认为，这次事件是在日本形成原始道教教团的萌芽，但很快就被镇压下去，道团活动的萌芽亦遭彻底摧毁。[1]

若再仔细研究奈良朝的社会状况，尤其是 729 年发生的长屋王之变，也许能更好地理解为什么遣唐使对道教持有这种态度。据《续日本纪》卷十记载，皇族公卿、正二位左大臣长屋王（676 或 684—729）对阴阳五行等诸学有所涉猎，后被政治对手藤原氏密告"私学左道，欲倾国家"之政变："二月，壬戌朔辛未，左京人从七位下漆部造君足，无位中臣宫处连东人等告密称：'左大臣正二位长屋王，私学左道，欲倾国家。'"[2] 最终长屋王被迫偕妻自杀。

奈良朝时妖巫左道跋扈，天皇朝廷以律令制的方式将道教中的卜相巫术称为"小道巫术"，列为禁止的范围。再加上"道术咒禁"与民间巫术界限模糊，日本的老百姓经常将"道术咒禁"与日本民间信仰相结合，在乡镇中"妄崇淫祀"时，这种在朝廷看来不合礼制的祭祀受到了严厉排斥。天平宝字元年（757）孝谦女皇敕曰："安上治民，莫善于礼。移风易俗，莫善于乐。礼乐所兴，惟在二寮。门徒所苦，但衣与食。亦是天文、阴阳、历算、医针等学，国家所要。并置公廨之田，应用诸生供给。其大学寮三十町，雅乐寮十町，阴阳寮十町，内药司八町，典药寮十町。"奈良朝一方面用儒家礼乐文明来规范"二寮"的工作，另一方面，又禁止那些危害社会政治秩序的"小

---

① 参见朱越利：《道教答问》，华夏出版社 1993 年版，第 79 页。

② 《续日本纪》卷十《圣武纪二》，载［日］黑板胜美、国史大系编修：《新订增补国史大系》2，吉川弘文馆 1966 年版，第 117 页。

道巫术"在社会中传播，收录于《类聚三代格》卷十九"禁制之事"中有一段记载：

> 巫觋之徒，好托祸福，庶人之愚，仰信妖言，淫祀繁此，亦多厌咒，成积习俗，亏损淳风。宜应从今严禁一切。

在奈良朝，"左道"往往被认为与以阴阳五行为内容的道士法相关。之后，奈良朝开始意识到，道士法既有助于天皇的统治，也可能威胁到天皇制存在，具有两面性，故需要加强对"左道"的警惕。一方面，对尊崇道教的唐王朝表示愿意接受道教；另一方面，则极力阻挠道士进入日本，不让道教作为一种独立的宗教在日本传播，使得道教最终分散为一些具体的道术技能流传，很快就为其他信仰所融合。[①] 日本学者从不同的角度分析了道教为何未能通过官方渠道进入日本的原因，从中可见奈良朝对道教具有如下的认识：

第一，道教是唐王朝的皇族宗教，作为中国的国教，其政治意义往往大于宗教意义。这对于周边国家来说，若与唐朝信奉同一祖先神就等于以唐朝为宗主国。从外交上看，是否为官方接受或请求道教，也意味着是否愿意被纳入唐朝的册封体制，接受臣民的政治待遇。这与日本自圣德太子以来一直致力于维护以日本为中心、与中国相对等、以朝鲜半岛诸国为蕃国的国际秩序的理念相违背。

第二，儒学宣扬君臣等级观念、仁义忠孝伦理，而道教虽有致福消殃之术，追求长生成仙的宗教信仰，宣扬"独善其身"的心灵自由，可以引发知识分子的精神共鸣。但从政治上看，日本借鉴唐朝律

---

① ［日］新川登龟男：《道教をめぐゐ攻防——日本の君主、道士の法を崇あず》，大修馆书店 1999 年版，第 80 页。

令制已建立起自己的中央集权制国家，儒学的政治理念和伦理价值比道教更有利于维护日本天皇制的政治统治。

第三，佛教自6世纪从百济传入日本后，因得到皇室及后来幕府的支持及广大民众的信奉，一直在日本社会中占有主导地位。为了适应日本的国情，引进的佛教经过了日本人有意或无意地变形改造，因此在很长时间里，日本佛教僧侣宣扬只有佛教是可靠的宗教，其他宗教都是迷妄之说，道教也不例外。道教与佛教大约同时传入了日本，佛教在日本社会中得到日本人的广泛信仰，而老庄道家思想与道教神仙信仰及一些方术虽然受到了日本人的欢迎，但作为一种宗教的道教却始终没有在奈良朝受到特别的重视。

第四，日本固有的神道教，在奈良朝随着律令制的完成，通过《古事记》《日本书纪》将原始神话正当化，建立起自己以天照大神为祖先神的神祇体系，占据了日本民间的祭祀领域，满足着人们祈祷五谷丰登、国泰民安、追求现实生活幸福的心愿，外来的道教就无用武之地了。神道教的神祇信仰在政治上与天皇制相统一，在经济上与租税制度相结合，在宗教上与佛教相配合，建立的神宫寺牢牢地占据了奈良朝的各个领域。

从某种意义上说，文化是最深处的国家潜力。日本民族是善于学习和模仿的民族，但这种学习与模仿都建立本土文化的迫切需要之上，因此，坚守自己的神道教信仰，主动接受儒学，积极引进佛教，却冷淡拒绝道教，是奈良朝基于上述原因所作出的符合自己国家利益的一种选择。如果有道士进入日本，就会依据中国道教的信仰建立起自己的宗教活动场所和教团组织。拒绝了道士，就可以根据自己的需要对道教的信仰、知识、道经、器物和道术来进行解释和改造。拒绝了由道士所构成的教团组织和以道士为主体的宗教活动，就等于从根本上拒绝了可能会与神道教竞争宗教市场的道教在日本的传播。这大概是日本人排斥道教在日本传播的根本原因。

第三节　平安朝对道教的受容

奈良朝后期，土地私有化导致贫富分化加剧，农民大量离开土地逃亡，豪强庄园出现，公地公民制和班田制日益动摇，直接影响到国家的财政收入和天皇的政治统治。781年桓武天皇（737—806）即位，在朝廷实权派藤原种继（738—785）的支持下，离开了贵族和大寺院等守旧势力盘根错节的平城京，迁都山背国（今京都府中南部）的长冈。延历十三年（794）桓武天皇又迁都平安京（京都）。从迁都平安京至1192年镰仓幕府建立，所持续的400年历史，史称平安时代。日本的宗教文化逐渐地形成了神道与佛教相融合的风格，但即便如此，日本人还是根据自己的需要对道教某些因素，如神仙信仰、老庄思想和养生之术有所受容。

一、道教神仙信仰的日本化

在平安朝，道教的一些神灵虽然也出现在神道教的祭神仪式中，但在日本人的宗教生活中并没有产生什么影响，道教崇拜神灵的斋醮科仪也没有像在朝鲜半岛那样发展为一种国家祭祀仪式，而是被融汇在神道教的祭祀活动中，反而是道教神仙信仰借助于老庄思想在日本传播最广，这表现在生活在平安朝的日本人对生命的关注。

日本国编史书《日本文德天皇实录》及《日本三代实录》的"薨卒传"中记载了一些王公官吏从小就被教授老庄思想。例如，朝臣和气贞臣（817—853）爱好围棋，从小学习老庄，立身行事颇具道家风范。名草丰成先学老庄，后读《五经》，一生以讲学为业。滋野安成设私塾专授老庄。滋野家族后以研究与讲说老庄为业，对老庄学在日本社会中的传播起了推动作用。春澄善绳（797—870）是一位精通儒家史书，通晓阴阳术，以洁身自好、专注学问为立身之本的文官，曾任文章博士，不仅在大学寮讲授《后汉书》，而且还为仁明天皇讲

《庄子》。承和十四年（847）他在讲课时，仁明天皇曾执弟子礼，赐
酒清凉殿，这对他是一种很大的奖励。嵯峨天皇之子由莲虽然归依佛
道，但仍兼好老庄。公卿学者菅原道真（845—903）因羡慕无拘无束
的优游生活而爱好老庄，并对道教所宣扬的神仙境界有着强烈的憧憬
和向往，后被日本人尊为学问之神。9世纪时，老庄思想中所表达的
生命智慧受到王公贵族的喜爱，有人以讲授老庄学为业，但他们在讲
授老庄时，又容纳儒、佛和神道来对道家道教进行诠释，推进以自由
自在和生命长存为内涵的神仙信仰出现了日本化倾向。

平安朝，道教的神仙信仰在日本流传开来，一些日本人开始进行
修仙实践。沙门僧景戒所撰的日本最早的民间故事集《日本灵异记》
三卷于822年问世，按年代顺序，记载了从雄略天皇到嵯峨天皇近四
个世纪日本民间流传的100多个灵异故事，既反映了日本古代社会的
人情世态，也以生动故事来劝导世人去恶向善，故又名《日本国现报
善恶灵异记》，其中虽以佛教故事为主，但也记载了一些有关于修仙
者的传说事迹，如《女人好风声之行食仙草以现身飞天缘》讲述了一
个贫穷女子，平时谨言慎行，心地善良，"不修佛法，而好风流，仙
药感应"，宛若天上的仙人。其风流事也为神仙感应，其后，女子因
服食仙草而飞升天庭。《日本灵异记》所说的"风流"并非指人的行
为不规矩、不检点，而是指"离于世俗之名利，清心寡欲之为"的修
仙之道。神仙本是道教崇尚的长生得道之人，因此修仙者也称为"好
风流"。佛教在日本传开后，神仙也跻身于佛门。《日本灵异记》借
仙说佛，使日本的神仙具有了佛仙合体的特点，如《修持孔雀王咒法
得异验力以现作仙飞天缘》[①]讲述的是修验道之开创者役小角融佛仙
为一的神奇故事。

如果说，《日本灵异记》只记载了少数几个有关神仙故事，那么，

---

① 参见［日］远藤嘉基、春日和男校注：《日本灵异记》，载《日本古典文学大系》
70，岩波书店1968年版，第134页。

大江匡房（1041—1111）所撰《本朝神仙传》则是日本最早出现的一部神仙传记，这与大江家族长期以来对老庄哲学和道教神仙的敬仰是联系在一起的。大江匡房的祖父大江匡衡（952—1012）是平安朝中期的硕儒，其所撰家集《江吏部集》中就记载了他们家族对《老子》的"玄言德"的爱好。自从匡衡的祖父大江纳言（888—963）给醍醐天皇、村上天皇讲解《老子》后，大江家族历代子孙都子承父志，形成了奉行老子思想的家学传统。大江匡房曾为一条天皇侍讲《老子》："又近侍《老子道德经》御读。国王理政之法度爰显，长生久视之道指掌，讲竟之日，有所感悟。"①特别注重从理政治身的角度来阐发老子思想，使平安朝逐渐改变了奈良朝对《老子》的理解向度。大江匡房创作的言谈集《江谈抄》，又以世间逸闻趣事为题材而编著了《游女记》《傀儡子记》《洛阳田乐记》《狐媚记》《本朝神仙传》《本朝列仙传》等作品。

《本朝神仙传》可算是东亚道教的一本重要的神仙传记。道教神仙信仰中所宣扬的采用辟谷、行气、服食，以追求即身成仙、不老不死，与日本佛教密宗相合流，在《本朝神仙传》中得以体现。例如，空海既能够修佛教的"入金刚定"，又有与道教法术相类似的"形容不变，穿山顶，入地半里"的特异能力。空海入华访问后返归日本，宣扬"即身成佛"的教义，但"即身成佛"并非一蹴而就，而是需要按次第循序渐进的，这就使注重身体修炼也成为日本真言宗（东密）的重要特色，空海也被视为仙人。真言密教将"即身成佛"作为立教修行的目标，其中包含了道教即身成仙的不老不死、寿命延长的生命理想，但却采用完全不同的方法和修行次第。随着密教真言宗在日本的流行，道教神仙信仰与修仙道教方术也被吸收融合进去了。

随着日本积极吸收中国道教文化，"和道教纠缠不清的阴阳五

---

① 《江吏部集》中卷《人伦部》74，日本九州岛大学图书馆编藏松平文库照片复制本，第92页。

行思想，渐在日本流行。"[1] 这种与道教相关的阴阳五行思想传入日本后，就受到朝廷的特别重视，如日本古代基本法典《大宝律令》中就规定，中务省下设置阴阳寮，其中聘用阴阳师、阴阳博士、阴阳生等。阴阳生以《周易》《新撰阴阳书》《黄帝金匮》《五行大义》等为教科书，其中的阴阳五行思想对推进道教神仙信仰与修仙道术在平安朝中的传播具有重要意义，但当时的日本人主要还是将道教视为"不死之神术"，这导致了日本人往往将道教习俗与佛教、阴阳道融合为一种带有迷信色彩的活动，而不是作为一种独立的宗教来加以看待。

二、弘法大师空海与道教

生活于平安朝的空海（774—835）是日本历史上最富有创造性贡献的佛教高僧之一，也是日本历史上最早关注儒、佛、道三教关系的学者。空海在来唐之前，站在佛教的立场上，著《聋瞽指归》来评判儒佛道三教之优劣，以明学佛之志，此为日本第一部有关儒佛道三教论衡的著作，后改名为《三教指归》，从一个侧面展现平安朝日本人是如何通过阅读、诠释汉籍而有选择地接纳并受容中国道教的。

空海学习中国文化是从儒学入手，再欣赏老庄，然后信仰佛教，尤其是通过来华学习佛教后，不仅将佛教密宗传入日本，而且创造性地将中国唐密改造为适应日本文化需要的东密。空海是赞岐国多度郡（今四国香川县）人，俗姓佐伯，出生于地方豪族家庭，其母亲是朝鲜百济贵族的后代。空海自幼聪慧，人称"神童"，15岁即随外舅阿刀大足[2]赴京师奈良学习中国文化，研读《论语》《孝经》及史传，兼习汉赋辞章。空海18岁入京都，游太学，读明经科，期望博览儒

---

[1] 朱云影：《中国文化对日韩越的影响》，广西师范大学出版社2007年版，第463页。

[2] 阿刀大足是一位精通中国文化经典的学者，曾任桓武天皇的皇子伊予亲王的侍讲。

家经史，日后以文入仕。当时日本社会疫病流行，经济萧条，动荡不安，空海也处于人生迷惘之中，于是又研读老庄之书。

空海写作《聋瞽指归》的具体时间，历史上一直存在着不同说法：一说写于日本延历十年（791），故有空海 18 岁写作《聋瞽指归》的说法①；一说延历十年起草，十六年（797）修订完成；一说问世于延历十六年十二月一日。笔者比较倾向于第二种说法。因为从空海生平看，他于延历十二年（793）入佛门，师事勤操，法名教海，后改名如空，认真研习三论及大小乘教义，延历十四年（795），他在奈良东大寺戒坛院受具足戒后，才改名空海。现存的空海真迹本《聋瞽指归》中记有明确的写作日期："圣帝瑞号延历十六年穷月始日"②。《三教指归》序中也有此说法③。一般认为，《三教指归》是《聋瞽指归》的修改本。《聋瞽指归》从表面上看是空海对假名乞儿佛教思想的总结，但实际上却借此表达了自己由学习儒、道，再到信仰佛教的心路历程。

《聋瞽指归》的原本现藏于日本高野山金刚峰寺，是用毛笔墨书写在由白麻纸和唐纸做成的纵帘纸上，一般认为这是空海真迹，被指定为日本国宝。纵帘纸在平安初期非常珍贵，只有极少数王公贵族才能使用。空海写作《聋瞽指归》时，正值后来创立日本台密的最澄（767—822）在桓武天皇身边工作，被任命为内供奉。空海当时与最澄来往密切，这大概是空海能够阅读到大量中国文化典籍，并能得到这种珍贵纸张的原因。《聋瞽指归》作为空海入唐之前的书法作品，以字体瘦长、笔画健劲为特点④，既展现了具有日本书法史上"三

---

① 参见吴信如：《台密东密与唐密》，中国藏学出版社 2011 年版，第 240 页。
② 《弘法大师著作》第九卷，吉川弘文馆 1911 年版，第 83 页。
③ 参见《弘法大师空海全集》第六卷，筑摩书房 1987 年版，第 140 页。
④ 虽然曾有人提出，对照空海后来的书法作品《灌顶记》《风信帖》《金刚般若经开题》等，《聋瞽指归》并不是出自空海本人的手笔，但大多数学者依然认为，这确系空海入唐之前所写的且保留至今的唯一墨迹。

笔"①之一的空海在书法方面的造诣，也可以了解空海对中国儒、佛、道三教的基本看法。

从《弘法大师全集》卷九中先后收录的《聋瞽指归》与《三教指归》来看，《聋瞽指归》似为初稿，《三教指归》则为定本。空海入唐后，在近距离地了解中国儒、佛、道三教后，对《聋瞽指归》的序文及卷末《十韵诗》进行了修改，并将书名改为《三教指归》。从《三教指归》的成书过程及思想水平看，则是日本历史上第一部以对话方式呈现的三教论衡著作，展示了平安朝日本人对中国儒、佛、道三教的受容及对道教的理解，"被誉为日本第一部具有独创思想的著作"。②

《三教指归》共分三卷，上卷写儒教，中卷写道教，下卷写佛教。空海通过论辩的方式来说明三教各自能够为当时的日本人提供怎样的人伦教化。为此，空海仿汉代司马相如《子虚上林赋》之文体，假设儒、道、佛各有一位代表人物：儒客龟毛先生、道者虚亡隐士和佛僧假名乞儿，此三人聚集在兔角先生家里，先请鸿儒"龟毛先生"讲儒家所宣扬的仁义礼信；再请"虚亡隐士"讲道教的"不死之神术""长生之奇密"；再托"假名乞儿"来贬儒抑道，通过"无常赋""三教诗""生死海赋"等来宣扬佛教教义。最后更作《十韵诗》来为虎性暴恶的游侠无赖的"蛭牙公子"指点迷津，督促其改恶为善、皈依佛门。

空海通过龟毛先生以儒者身份，引经据典来展现儒家的观点。在空海看来，儒家虽倡导仁义礼信，但关注的是世俗名利，故道者虚亡隐士讥之，儒家教人追求一时之乐，只能疗人之小病，却无法治自己的大病。因此，追求淡泊宁静、超凡脱俗的老庄思想要高于儒家学说。

虚亡隐士借用老庄思想对儒家进行了批评，认为对于人生而言，

---

① 空海、橘逸势和嵯峨天皇被誉为日本书法史三大书法家，故有"三笔"之称。

② 严绍璗、[日] 源了圆主编：《中日文化交流史大系（3）·思想卷》，浙江人民出版社 1996 年版，第 44 页。

最重要的莫过于如老庄所说的善待万物本有的自然天性而保生延命。道教的"不死之神术"对于保生延命可起到神妙作用，但怎样才能达到这种终日优游、达夜逍遥的神仙境界呢？空海通过虚亡隐士介绍了具体的修道方法，反映了平安朝日本人对道教修仙之术的了解。

虚亡隐士认为，首先要明了世俗的物质享乐会有损于人的健康，故要对之抱有一种澹然的态度，其次则要学习道教的各种道术以获得超凡能力："则日中沦影，夜半能书，地下彻瞻，水上能步，鬼神为隶，龙骒为骑，吞刀吞火，起风起云。如此神术，何为不成，何愿不满。"最后，还要采取服食丹药等修炼方法："神丹炼丹，药中灵物，服饵有方，合造有术，一家得成，合门凌空，一铢才服，白日升汉"①。虚亡隐士这番话虽然打动了龟毛先生，使之马上表态："从今以后，专心炼神，永味斯文也"②，但却遭到佛僧假名乞儿的批评。

佛僧假名乞儿认为，儒家是俗尘之微风，道教是神仙之小术，它们的理论都不能使人从根本上脱离苦海。假名乞儿向众人演说佛教的"三界无家，六趣不定"的思想，宣扬只有遵循佛法出家修行，才是真正忠孝之道，才能超越生死轮回的苦海。孔子、老庄不谈大乘佛教的根本宗旨，声闻乘的四种修行果位和缘觉乘的独觉也不及大乘佛教的"涅槃之乐果"，唯"一生十地"的菩萨乘才"渐所优游"。这既表明了空海自己学佛的信心，也由此来说明儒道佛三教是由浅入深的，只有大乘佛教能够帮助人了解什么是生死之苦源，如何走向涅槃之乐果，才是最完善的学说。蛭牙公子在听了儒者与道者的观点后，表面上佯装悔改，实际上却无动于衷，直到听了佛徒假名乞儿所说的无常观和因果报应论，才大为叹服，最终皈依了佛教。

在儒学和佛教盛行的平安朝，空海作为佛教传人，却能够熟读道

---

① 《三教指归》卷中，《日本古典文学大系》第71册，岩波书店1977年版，第111页。
② 《三教指归》卷中，《日本古典文学大系》第71册，岩波书店1977年版，第113页。

书，在撰《二教指归》评判儒、佛、道三教时，能够比较准确掌握道教思想和修行方术，这是一种耐人寻味的现象。福永光司曾仔细研究《三教指归》所引用的经典，发现其中借鉴了唐法琳《辨证论》、玄嶷《甄正论》等中国佛教著作中的三教观，引用了唐代类书《艺文类聚》《初学记》的内容，还吸取许多道书，如《老子》《庄子》《淮南子》《列子》《列仙传》《抱朴子内篇》《本草经》《黄帝内经素问》中的思想①。从空海的《三教指归》中所表达的对道教的看法，可见在平安时期日本人不仅将道教作为一种独立的宗教来看待，而且还将之与儒、佛相并列起来加以认识与研究。

空海信仰佛教，但也通晓道教，如依照老子来描绘虚亡隐士的容貌和思想，对道教的"不死之妙术""长生之秘诀"作了生动细致的介绍②。尤其是受葛洪在《抱朴子内篇》提出的"欲求神仙，唯当得其至要，至要者在于宝精行服一大药便足"的影响，认为避免过度的喜怒哀乐等情绪，以神符、咒禁和调息等道术来有益于长生，但最重要的还是将服食"药中灵物"的神丹作为成仙的关键。

后来，空海历经艰险，来到唐都长安，遍游诸寺，访师参学，后拜青龙寺东塔院惠果阿阇梨（导师）为师，正式学习密教。空海在接受灌顶后，惠果赠予空海"遍照金刚"之法号。空海入唐两年，成为佛教真言宗第八祖，受到了帝王的礼遇，成为唐代宗、德宗、顺宗的灌顶之师，本想留在长安多学些中国佛教，但惠果指示他回国传教，故在师父辞世后不久，即于日本大同元年（806）八月，随遣唐使团归国。从唐归国后，空海的三教观更从现实社会需要和人生问题出发，向以佛为本调和儒道、真言密教最胜的方向发展，所著《即身成佛义》借鉴南朝道士陶弘景《真诰》中提出的"即身地

---

① 参见［日］福永光司：《空海におけゐ汉文の学——"三教指归"の成立をめぐつて》，福永光司编集：《最澄・空海》，东京：中央公论社1977年版。

② 参见［日］增尾伸一郎：《日本古代の知识层と〈老子〉》，载［日］野口铁郎编：《道教与日本》第二卷《古代文化の展开と道教》，东京：雄山阁1997年版，第119页。

仙"①，将道教的五脏观和性命双修的思想融合到密教中，既表达了对道教"即身不死"信仰的重视，也将"即身成佛"作为东密立教修行的目标。

从修行方式上看，东密宣扬"即事而真"，一切万法皆为安心之缘，随事随处皆可入手，故修行较易，收效较速②。同时，空海还曾以"十住心"③对在日本流传的各种宗教（也包括不信奉任何宗教，如接受世间儒教伦理、奉行五常的人及其心境）进行了判教④，强调真言密教为佛教的上乘之法，其中虽然没有专门提到道教，但包括道教在内的各种信仰和道法当然都在破斥之列。

从宗教信仰上看，后来东密在借鉴道教的长生不死信仰时也作了日本化的发挥，例如对于空海的逝世，日本人依据"即身成佛"的观念，只相信他"入定"了，至今仍活在高野山上继续拯救大众，形成了东密特有的对弘法大师"入定"的信仰。东密还以自己的信仰来解释神道教的神祇，"认为国常立尊、国狭槌尊、丰斟淳尊三神是'法报应'的三身，这三身的合一就是大日佛"⑤。东密把神道教的几位大神都说成是佛菩萨，这种"神佛习合"做法促进了神祇与佛陀原本一体的"本地垂迹说"的传播，加快了佛教日本化的进程，也挤压了道教传播的空间。

中国唐密在日本发展为东密，法脉绵延一千二百多年，与空海对密教进行的适应日本人精神需要的改变是联系在一起的⑥。当年，空海既向天皇家族弘法，也向广大民众传教，前后授灌顶者数万人，著

---

① 《道藏》第 20 卷，第 583 页。

② 参见吴信如：《扶律谈禅》，中国藏学出版社 2007 年版，第 288 页。

③ 参见［日］空海：《秘密漫荼罗十住心论》，《大正藏》第 77 册。

④ 关于空海的"十住心"判教，请参阅杨曾文：《空海"十住心"的判教论》，载《觉群·学术论文集》第四辑，宗教文化出版社 2004 年版。

⑤ ［日］村上重良：《国家神道》，商务印书馆 1990 年版，第 42 页。

⑥ 参见洪修平、孙亦平：《空海与中国唐密向日本东密的转化》，《世界宗教研究》2012 年第 5 期。

名弟子有实慧、真雅、真济、道雄、圆明、真如、杲邻、泰范、智泉、忠延，被称为"十贤"。空海入寂百年后，东密"在教理（教相）方面没有多大发展，而在修行仪轨、仪式（事相）方面却日益繁杂"[1]，逐渐分为小野、广泽二流，后又分化出七十余流，大致可分为新义、古义二派。高野山以金刚峰寺为中心分布着近 120 个寺院，发展为举世闻名的东密佛法圣地。至今，来高野山参拜东密道场的人仍络绎不绝，一些巡礼者还头戴菅笠、脚穿草鞋、身着白衣，唱着空海所作御咏歌，吟着曲调哀凄的风物诗，保留着一种与道教长生信仰相似的眷念生命的古风。这显然也在一定程度上阻碍了道教的"即身不死"在日本的传播。

第四节　镰仓、室町朝与道教的交涉

镰仓、室町幕府时期（1185—1573），佛教仍然在日本大盛而道家与道教不显，这与当时社会中持续不断的政治动荡所造成的战乱使生灵涂炭、末世思想和无常思想流行密切相关。思想往往是文化思潮发生之前导。不同社会阶层的人在哀伤、忧郁和苦恼中探讨与关注人生问题，从而打破了平安时代由贵族一统天下的格局，出现了具有优雅贵族气息的公家文化和以忠孝仁义、克己节制为特色的武家文化以及追求自由享乐的町人文化并行发展的趋势。日本社会文化中的义理与人性相交织所引发的矛盾，既使厌世悲观思潮泛滥，也促进了此时日本佛教由过去的注重"镇护国家"向关注大众的心灵拯救发展。法然、亲鸾、荣西、道元、日莲等佛教僧人，积极宣扬"专修念佛"，以求"去迷至悟"，来世于净土成佛，这种简易可行的念佛成道的修行方法吸引了生活于苦难之中的广大民众的热烈向往，佛教在日本化

---

① 杨曾文：《日本佛教史》，人民出版社 2008 年版，第 135 页。

的道路盛行发展起来，而道教几乎为佛教所掩盖，又为神道教所吸收和武士道所包含。随着儒学向理学转型和西方天主教进入日本，传统道教就更缺少竞争力了。

一、禅僧对老庄思想的重视

镰仓时期随着宫廷贵族，尤其是藤原氏家族通过出任天皇的摄政、与皇室通婚等方法，逐渐掌握着日本的政治、经济及文化的命脉，复杂而有秩的中国式的中央集权制衰落了，代之而起的是，官阶职位只是皇族礼仪和政治威望的象征，宫廷贵族、地方豪族和宗教机构成为实际管理者。随着日本的整个政治制度远离中国原型而权力逐渐分散，中日文化交流也不再由官方主导，而主要是以佛教五山僧人和武士阶层为中介在民间进行。

一些留学中国的日本僧人在将大量的佛教书籍带入日本时，其中也夹杂着少许道教文献。传播到日本的众多道书不再像平安时期那样，主要是供王公贵族收藏与阅读，而是在佛教寺院和神道神社中传播。例如，圆尔辨圆（1202—1280）来到中国，在南宋都城临安附近的天童寺、灵隐寺和净慈寺学佛修道，后于仁治二年（1241）回日本，在京都东山开创了东福寺。圆尔辨圆回日本时，携带了 2100 余卷汉籍，存放在东福寺普门院的书库中，后来虽然散失了，但所幸的是，圆尔辨圆的法孙、东福寺主持大道一以在 1353 年编成《普门院经论章疏语录儒书目录》，其中还收有邵若愚《直解道德经》《老子经》《庄子》、成玄英《庄子疏》等。[1] 日本史学家芳贺幸四郎（1908—1996）在《关于中世禅林学问及文学的研究》中曾提及 39 名研究老庄的禅僧[2]，可见当时的一些日本镰仓、室町时代的禅僧对道家和道教的关注，一方面促进了人们对阅读《老》《庄》之书的兴趣，另一

---

① 《大正藏·法宝总目录》第 3 册，第 971 页。
② ［日］芳贺幸四郎：《关于中世禅林学问及文学的研究》，日本学术振兴会 1956 年版，第 190—214 页。

方面，也带动了道教的神仙信仰继续在日本社会中传播。

在日本人的精神深处中，欢乐与长生一直是他们所醉心的两种境界，犹如和歌里一直蕴含着对远古风土人情的追叹，飘逸着一种生命的无常感，这与道教对生命的悲剧性意识不谋而合。道教的神仙信仰以一种神秘方式来追求长生成仙的道术也得到一些日本人的积极践行。例如，日本临济宗禅师虎关师炼（1278—1346）所编《元亨释书》中就专列"神仙"条，记载日本修仙者的事迹。何谓神仙？书中解释道："阴阳不测曰神，躯寿坚久曰仙。"[1]这种对神仙的界定与中国道教相似。该书卷十八中还登载了法道仙、久米仙、生马仙、都良香、窥仙等神仙传记，生动地讲述了他们为追求长生成仙，隐居在山中进行辟谷、服饵、炼气等修行。如"释窥仙，居宇治山，持密咒，兼求长生，辟谷服饵。一旦乘云而去"[2]。道教神仙信仰与修仙之术在他们那里得到传承与发展，例如久米仙，入深山学仙法，食松叶服薜荔。一旦腾空飞过故里，看见一位洗衣妇，以足踏浣衣，其胫甚白。忽生染心，即时坠落。于是在人间修铸佛像，最后才修仙凌空飞升。还有大伴仙、安昙仙二人，与久米仙相先后，两仙庵基今犹在和州。[3]从这些记载看，道教神仙信仰似乎是依附着佛教在日本传播的。

在日本人眼中，道教的这种"得道成仙"信仰追求的是个体生命超越，是一种"独善其身"的宗教解脱，道教的神灵是"异族之神"，只有神道教的神灵才能佑护一代代日本人丰衣足食，故在宗教信仰上，依然延续着神道文化传统。在日本社会中，大大小小的神道神社林立于城镇神道，神道文化成为汇集氏族群体共同进行各种活动的一种精神力量。乡村中通常以"社首"为神主，在召集全村人一起进行

---

① 《元亨释书》，蓝吉富主编：《大藏经补编》第32册，华宇出版社1984年版，第265页。

② 《元亨释书》，蓝吉富主编：《大藏经补编》第32册，华宇出版社1984年版，第268页。

③ 《元亨释书》，蓝吉富主编：《大藏经补编》第32册，华宇出版社1984年版，第267页。

祭祖先神和氏族神的活动时，将国家法令尤其是租税法告诉人们，向人们宣传只有向神灵敬献新稻、新谷，才能接受神灵的恩泽佑护的道理。祭祀仪式一结束，全村人按年龄大小分席而坐，由年少者分膳。人们通过受用神灵享用过的酒馔以及为祭祀准备的食物，来接受神灵的灵力，加固村庄的凝聚力，维持生产关系和社会关系。这种将个人的一切与大和民族的兴衰密切联系到一起的神道祭神活动，为统治者整合一个社会提供了重要的宗教精神纽带。道教的神仙信仰和奇特的成仙术、服食、辟谷和咒术等虽然吸引了一些喜好神仙的日本人的注意和奉行，但那些修仙者往往隐于山林中进行自我生命修炼而无意于救济社会大众，再加上神道教在日本基层社会中的强大势力，道教在日本始终没能建立自己独立的宫观和组织，更没有出现专职道士。缺乏道教制度为依托的神仙信仰往往易于被日本社会中不断涌现出的文化思潮和宗教思想融解或掩盖。

随着宋代理学传入日本，由禅僧发端与主导的日本儒学也与中国儒学一样，出现了由"旧儒"向"新儒"的转化，这不仅影响到宫廷和博士家对儒学的传授方式，而且也影响到道教在日本的传播。随着佛教禅宗在日本得到长足的发展，老庄思想受到一些禅僧的重视。室町时代，一些留学中国的禅僧将中国的老庄学著作带入日本，推动了道教在日本传播。南宋福建理学家林希逸（1193—1162）的老庄著作在日本风靡一时，"林希逸注传来日本，恐怕正是禅僧们带过来的。这可作为日本老庄学已经发生变化的一个实证"[1]。此时人们对老子与庄子的关心程度大致相同，林希逸既注《老》，也解《庄》。林希逸的《庄子鬳斋口义》十卷在解庄时采取了与郭象、成玄英完全不同的解释视域与解释方法。他的《老子鬳斋口义》二卷则具有老、庄相分，以儒注老之特点。林希逸的著作传到日本后，促使日本知识分子正式开始研究老庄学说。

---

① 刘韶军：《日本现代老子研究》，福建人民出版社 2006 年版，第 191 页。

室町时的第一流的学者、皇室讲官清原宣贤（1475—1550）曾依据林希逸《老子鬳斋口义》来讲述《庄子》，后由他孙子清原国贤于天正八年（1580）抄写成《庄子抄》，在日本产生了一定的影响。此时日本出现的《老子河上公注》抄写本，在卷首列有葛洪《老子序》，这是中国版的《老子河上公注》所没有的，此书栏外还多次引用林希逸的《老子鬳斋口义》。当时有许多的僧禅热衷于注释老庄，在中国不太有影响的林希逸的老庄著作，在室町时期思想界却产生过较大影响，这都是值得研究的跨民族文化的传播现象。

禅僧对推动道教在日本传播的另一贡献是，创办的足利学校早在文安三年（1446）制定的"教规三条"虽然模仿中国儒家书院建制，但也将一些道家著作列为教材，并正式开设老庄学的课程："三注、四书、六经、列、庄、老、史记、文选外，于学校不可讲之段，为旧规之上者，今更不及禁之。"[①]足利学校改变了平安朝大学寮不认可老庄学，不开设老庄课程的旧规。

足利学校位于关东地区下野足利町（今栃木县足利市），在室町时期建立，学生以武士和禅僧为主，在极盛时有三千余学徒，学校设立三重门：大门为"入德"、中门为"学校"、内门为"杏坛"，内有大成殿供奉着孔子像。每逢特定节日，学生就聚集于此，举行庄严的祭孔大典。足利学校以推行儒学教育为特色，旨在提升学生的文化修养，其所开设的老庄学课程也以理学家林希逸（1193—1271）极富儒学色彩的《三子鬳斋口义》——《庄子鬳斋口义》《老子鬳斋口义》《列子鬳斋口义》为指南，还教授学生兵法、医学、卜筮等典籍，同时还有制造刀剑的课程。足利学校还建立图书寮，积极搜集各种古典文献，其中还有一些道书，为人们认识并了解道教提供了文本基础。足利学校后发展为中世纪日本汉学教育中心，其盛况一直持续到明治五年（1872）日本教育的全面西方化才宣告终结。

---

① ［日］川上广树：《正续足利学校事迹考》，汲古书院1976年版，第84页。

二、神道学派中的道教因素

在镰仓到室町（1192—1573）时期，道教虽然被日益崛起的武士道所排斥，但它的一些教义和道术却被神道教所吸收，潜在地进入了具有日本文化特性的神道教。13世纪末，日本击退了妄想侵略日本的蒙古军队后，逐渐"产生了自古以来不曾屈服于外国的'神国'意识，同时还意识到和不断改朝换代的中国所不同的天皇的'万世一系'性所表现出的独特性。由此其价值被逆转，产生了虽处于'边土'反而能持有独自正确的价值这样一种观念。"①神道教在日本社会中的地位日益提高。

神道教没有如基督教那样的"原罪说"，按美国人类学家鲁思·本尼迪克特（1887—1948）的看法，日本有一种区别于西方"罪感文化"而注重对他人谴责的反应的"耻感文化"②。神道教相信人性本善，人的灵魂就像神一样纯净，犹如道教所说存在于人的神是虚静无为的，故与老子所形容的"赤子"般的生命观有相似之处。因此，神道教没有人对神灵进行忏悔的仪式，"对于耻感文化中的人们来说，参加宗教仪式的目的与其说是为了赎罪，不如说是为了祈求更大的幸福"③，这与道教为祈福消灾而举行与神灵沟通的斋醮科仪有相通之处。

但与道教有所不同的是，神道教又认为，既然人的灵魂就像神一样纯净，那么只有把人的灵魂当作神一般来加以崇敬才能得到神谕："任何人到神社时，都可以发现其中并没有供人膜拜的神像或法器，只有一面镜子挂在几乎空无一物的神坛上。镜子的出现很容易解

---

① ［日］村井章介：《亚洲之中的中世日本》，校仓书店1988年版，引自［日］茂木敏夫：《东亚的中心·边缘构造及世界观的变化》，载贺照田主编：《东亚现代性的曲折与展开》，吉林人民出版社2002年版，第321页。

② ［美］鲁思·本尼迪克特：《菊与刀》，长江文艺出版社2007年版，第166页。

③ ［日］中村雄二郎：《日本文化中的恶与罪》，北京大学出版社2005年版，第102页。

释，因为它就象征人心，当人心纯净无杂念时，自然可以反映真神的形貌。因此当你到神社朝拜时，你在镜子里看到自己的形象，而称为'探求本心'朝拜的动作"①。这种以镜鉴心的做法，将知耻作为德行之本，由此来说明神对人在精神和道德上的引领作用，成为神道教构建教义理论的一种动力。

此时的神道教通过与儒佛道及阴阳五行思想等中国文化的会通与综合，促进了神道教义的更新与发展，陆续出现了一些以理论探讨为特色的神道学派：如与佛教相结合出现了天台神道、真言神道与法华神道；以神社为中心出现了伊势神道、吉田神道、修验神道；与儒家朱子学相结合，出现了理学神道、垂加神道、吉川神道、度会神道；还有反对将神道与外来文化相结合，出现了复古神道等。神道学派以"神佛习合"为特点，在吸收融合儒、佛、道三教的基础上建构了神道教义理论，故又称教义神道或神道教义。神道学派中的各流派或多或少地吸收了一些道教因素，此时流行的伊势神道经典《神道五部书》和吉田神道著作《神道大意》《唯一神道名法要集》中都对道教信仰与思想有所吸收和借鉴。其中伊势神道与吉田神道表现得比较突出。

14世纪时，伊势神道由伊势神宫外宫祠官度会行忠（1236—1305）、度会常昌（1263—1339）等人创立，亦称"外宫神道"或"度会神道"。一般认为，伊势神道反对"本地垂迹说"，提倡以神道为主体，以佛教为辅的"神主佛从"说，最早建立了独立的神道理论，促进了神道思想的发展。

伊势神道的经典是《神道五部书》，主要是从历史上来说明神宫的由来，并阐发伊势神道的基本思想，它包括《造伊势二所太神宫宝基本记》《伊势二所皇太神宫御镇座传记》《天照坐伊势二所皇太神宫御镇座次第记》《丰受太神宫御镇座本纪》《倭姬命世记》。另外，度会行忠著《类聚神祇本源》十五卷，集伊势神道理论之大成。若仔细

---

① ［日］新渡户稻造：《武士道》，山东画报出版社2006年版，第10页。

研究，可见其中还是吸收了一些道教宇宙论及修行观。

伊势神道直接引用《老子》的宇宙论来解释天地万物的生成："道始无形状而能为万物设形象，生于虚无之中，受大意之象者也。故曰，道无阴阳，阴阳生和清浊，三气分为天地人，天地人生万物。若道散为神明，流为日月，分为五行，万物之朴散，则为器用也。故谓无名则天地之始，或曰，无名者谓道。道无形，故不可名也。始者道，吐气布化，出于虚无，为天地之本也。有名则万物之母。"[1]在《伊势二所太神宫神名秘书》一书中还用道教之"道"来解释"国常立尊"的性质，宣扬"国常立尊"与"道"是同位的，是创造天地万物之神，以此来说明天地万物的起源。

伊势神道还用阴阳五行思想来解释人的生命构成与运动，五行对应人的五脏。在五脏中，神主宰着人的生命："人能养神则不死也。神为五脏之神也，肝脏魂，肺脏魄，心脏神，肾脏精，脾脏志。五脏尽伤则五神去也。清五脏则天降神明往来于己，大道自归己。"[2]神留在五脏，则生命正常存续；神离开五脏，则生命走向终结，因此只有保护好五脏神，人才能保持健康。如何保护好五脏神？人只有克制情欲，正身明志，才能与神相通。伊势神道倡导自然简朴的生活方式，以守住大道而不迷失自己，这与道教的修道成仙的精神旨趣有相通之处。

伊势神道奉《神道五部书》为神托祖述，宣扬"敬神态以清净为先，所谓从正而为清净，从恶而不为净"[3]。由此将正直、清净作为神道本义的"两大主德"，以此来教导信众"祭神以清净为先，我镇以得一为念也"[4]，既与道教斋醮科仪的宗旨相似，也推动了伊势神道为

① 神道大系编纂会编：《神道大系·论说编五·伊势神道上》，精兴社 1994 年版，第 205 页。

② 神道大系编纂会编：《神道大系·论说编五·伊势神道上》，精兴社 1994 年版，第 205 页。

③ 《类聚神祇本源》，[日] 佐藤通次：《神道哲理》，理想社 1982 年版，第 269 页。

④ 《类聚神祇本源》，[日] 佐藤通次：《神道哲理》，理想社 1982 年版，第 269 页。

民众所认同，从而在日本社会中不断发展。

由于伊势神道在政治上支持为天皇复权而斗争的南朝派，因此在南朝灭亡后，伊势神道在上层社会的势力也随之而衰退，吉田神道乘机发展起来。吉田神道是由室町时期文明年间（1469—1487）京都吉田神社的祀官吉田兼俱（1435—1511）创立的，也是一个与道教关系比较密切的神道教派。

吉田兼俱出身于掌管龟卜部氏族，故该道派也称"卜部神道"。平安中期，吉田的本家掌握吉田神社，分支掌握平野神社。吉田神社又是供奉日本历史上最著名的藤原氏北家氏神的春日神社的支社，因此，卜部氏族就借助于藤原氏来扩张自己的势力。到镰仓时代，卜部氏依据吉田神社，研究神道教的教义学说，为争夺对神道教的领导权进行理论论证。到室町时代中期，以京都为中心，发生了大规模的幕府内部之争，导致了长达十一年的应仁之乱。在战乱中，全国的神社都受到了影响，吉田神社也毁于战火之中。战后，日本朝野出现了复兴神事、统一神祇的愿望和要求。但伊势神道因从前支持过"南朝"打击武家幕府政权，故失去了室町幕府的认同。吉田兼俱就是在这样的时代背景中，继承伊势神道反本地垂迹说和神国思想的传统来创立吉田神道的。

吉田兼俱得到了室町幕府重要人物日野富子（1440—1496）的支持，在吉田神社南部建造了祭祀神道教最高的神祇斋场，中央神殿为大元宫，祭祀天照大神、丰受大神、大元尊神（即国常立尊）等重要神祇。大元宫后面又建立了八神殿，供奉着伊势神宫以下全国3000多座神祇，以示天照大神以下的八百万神都皈依大元尊神的教理。吉田兼俱在此为幕府和朝廷进行祈祷的斋会，祈求天下和平，从而大大提高了吉田神社在日本社会中的影响。在幕府的支持下，全国的神社都得根据吉田家所发放的"执照"来任命神职人员，由此，吉田神社几乎控制了全国半数以上的神社，这种影响一直延续到江户时代末期。

从吉田神道的主要经典《神道大意》《神道由来记》《唯一神道名法要集》等中可见，吉田神道与伊势神道一样都有摆脱佛教理论框架、建立自家神学体系的意识倾向，但由于神道教理论的先天不足，又不得不从儒、佛二教中吸取思想素材，故吉田神道的做法是，倡导以神道为本的神、儒、佛三教合一论。吉田兼俱认为，日本是印度、中国和日本"三国"的根元，神道是儒学、佛教、神道"三教"之根本。如果以树为"万法"来比喻神道与儒、佛之间的关系，那么，神道是万法之源，犹如树木的根是生命之根本，而儒教、佛教不过是枝叶或花朵、果实。这种"根本枝叶花果说"宣称，神道才是最根本，儒佛不过是神道的枝叶花果，是神道的分化及外在表现而已。花艳叶茂才能显示根的茁壮，花凋叶谢又必落下归根，借以说明神道乃是最根本的。从信仰上看，吉田神道认为，宇宙的根本神是"大元尊神"，即《日本书纪》中的"国常立尊"，并将之作为万物的本体，由此来宣扬日本自古以来唯有神道，而其他杂法都是神道的外在表现，以这种颇具代表性的神儒佛合一理论来对抗"本地垂迹"思想，并批评神道对佛教的依附。

从表面上看，吉田神道为了树立神道教的权威，以神道为主而轻视其他宗教学说，但其实它也悄悄地借用了中国文化因素，其中对道教的吸收主要表现在以下几个方面：

第一，以"道"为宇宙天地之大元思想为参照，从本体论角度构建自己的宇宙观。吉田兼俱认为："神者，天地万物之灵宗也，故谓阴阳不测；道者，一切万行之起源也，故名道非常道。总而器界生界，有心无心，有气无气，莫非吾神道。"[①]所谓的"道非常道"，引自《道德经》第一章；所谓的"神"则是"一气未分之元神"，其作用在于"神道"，它先于天地并创造出天地，既内在于宇宙万物，贯

---

① 《唯一神道名法要集》，载《日本思想大系》第19卷《中世神道论》，岩波书店1977年版，第323页。

穿于天地人，又支配天地运行，主宰万物变化，这与道教之"道"的内涵与功能都十分相似。

第二，受道教的影响，吉田神道关注人心的安宁问题。吉田神道认为，人身有生、长、病、老、死五种机能，人心有喜、怒、哀、乐、爱、恶、欲七种感情，要使身心健康，就应当进行类似于道教所倡的颇具神秘主义色彩的身心兼修。但与道教相比，在身心关系中，吉田神道更强调"心"的引领作用，吉田兼俱把《日本书纪》里的"国常立尊"视为先于天地而定天地之"大元尊神"。"神"在天地为神，在万物为灵，在人为心。一切万象皆存于心，常住恒存，无始无终，那么"心"一旦得到净化，就可以成为"神明之舍"，故"神道"就是"守心之道"。这种将神、灵、心三者联系起来，用"守心之道"来促进人与神进行沟通，使心神安定、驱鬼降神，也是道教展现其非同寻常的宗教力的道术。吉田神道还将道教符咒用于神秘的神道祭祀仪式中，以期获得神道的佑护。这些做法又使外来的道教所倡导的身心兼修及斋醮科仪很难在神道文化的环境中发挥其优势了。

第三，借用道教的名词术语与思维方式。在《唯一神道名法要集》中不仅有"三清""无上灵宝"等道教名词，而且还具体将神道教的神器——镜、剑、琼玉，称为三种"灵宝"，其中还采用了道教的"天地人三元"的说法："三界者，天地人之三元也。……天无神道，则无有三光，亦无四时；地无神道，则无有五行，亦无万物；人无神道，则无有一命，亦无万法。"这里还将《易》的"三生万物"[①]的思想充实到神道教义之中，由此形成了其特有的"一分为三，合三为一"的思维方式。[②]

吉田神道因得到了室町幕府的支持，以京都吉田神社为据点，自称"神祇管领长上"，以统一神道相标榜，在伊势神宫遭到火灾之后，

---

① 其实应当是《老子》第四十二章提出的"三生万物"的思想。

② 参见孙亦平：《论吉田神道对老子思想的借鉴与吸收》，载《华中师大学报》2016 年第 3 期。

提出要把伊势神宫迁至京都，这一提案虽然遭到了其他神宫与部分王宫贵族的反对而失败，但却因与佛教日莲宗[①]的成功合作，扩大了本教的社会影响，逐步成为神道教的统帅，取得了长达三个世纪神道教的统领权。

在吉田神道的控制之下，全国大大小小的神社都举行神佛合并的祭祀，使佛教的寺院和神道教的神社浑然融为一体。吉田神道被认为是"中世神道的集大成者"[②]，在室町时代晚期盛极一时，到江户时代依然有很大影响。受吉田兼俱的唯一神道的影响，后来江户时代的国学家们产生一种复兴神道的思想，进而排斥佛教。明治维新时，政府下达神佛分离令，废佛弃释运动一时达到高潮，随着兴盛了数百年的"本地垂迹说"的逐渐衰退，道教中有利于神道教发展的因素被充分吸取后，也在日本社会被边缘化了。

三、山岳信仰：道教与修验道

日本修验道奉以咒术役使鬼神的役小角为教祖，强调山岳为灵域，主张通过入山修行来获得非凡的生命体验，故以"修验"为名。修验者被称为"山伏"，日文的意思就是"隐居在山中的人"。修验道是在日本传统的山岳信仰的基础上，又吸收了多种来自中国文化因素而形成的集合体，具有"复合性宗教"的特殊性格。[③]有关修验道与道教的关系问题，20世纪以来就受到了一些日本学者的关注。那么，道教究竟给修验道带来怎样的影响？修验道是否是道教日本化的产物？

役小角（生卒年不详，一说634—701）生活于飞鸟朝至奈良朝

---

① 日莲宗，亦称法华宗，十三世纪时由日莲（1222—1282）创立。日莲宗受天台宗的影响，特别强调《妙法莲华经》。吉田兼俱却提出法华三十值班神是由吉田家的祖先卜部谦益传给日莲的，这不仅促进了吉田神道与日莲宗的结合，而且也使神道扩张到了法华信仰的领域。

② 范景武：《神道思想与文化研究》，内蒙古人民出版社2002年版，第216页。

③ 如［日］村上俊雄：《修験道の発達》，名著出版社1978年版、［日］村山修一：《修験の世界》，人文书院1992年版、［日］宫家准：《修验道》，教育社1978年版等。

时期，出身于大和国南葛城郡（今奈良县御所市）茅原的吉祥草寺附近的阴阳师世家贺茂役君家。据说"贺茂"与"神"是同义词，贺茂家族长期担任神道祭祀的职务[①]。"役"姓则指对贺茂家负有侍奉义务的家族。《续日本纪》卷一文武天皇三年（699）5月24日条简要记载了役小角的事迹。役小角住在葛木山时，以咒术役使鬼神汲水砍柴，如果鬼神不从，役小角就能用咒语将他们束缚起来。文武天皇三年，役小角因弟子韩国连广足嫉妒其咒术乃向朝廷"谗以妖惑"，被文武天皇派遣的使者逮捕而流放到伊豆岛。

役小角初住的葛木山，就是今天位于奈良静冈县中部的葛城山。登上山势陡峭的葛城山顶，上有役行者神变大菩萨祠[②]，现称葛城神社。葛城山顶空间狭小，但山上空气清新，视野良好，可展望富士山，远眺骏河湾东部沼津市的海岸、田方平原的三岛市、函南町和箱根山。葛城山的主峰金刚山盛产金刚砂、石英石、云母，自古以来就是一个颇有仙灵之气的地方。据《日本书纪》卷十四记载，雄略天皇（456—479）四年春二月在葛城山射猎，在丹谷遇蓬莱仙人，指出了葛城山犹如道教的修仙之境。据《日本灵异记》记载，役小角自由地隐于葛城山中潜心修行，以葛为衣，以松为食，以清泉水沐浴，脱俗入山修炼三十余年，通过修习《孔雀明王经》中的咒法，获得了非凡咒力和奇异验术，能够像道教所崇拜的神仙那样踩着五色之云飞升上天，"携仙宫之宾，游亿载之庭。卧伏乎蕊盖之苑，吸嗽于养性之气。"但这些传说中的道教因素经常被佛教所掩盖。

役小角以奇异验术役使鬼神，其随从就是身边两个搭档——青色身体的前鬼和红色身体的后鬼，这使山神们皆为不安。葛木峰一语主大神向天皇谗言，说役小角用咒法企图潜窥国家、谋倾天皇，于是文武天皇下令逮捕他，囚禁于伊豆岛。三年中，役小角白天在岛上守禁

---

① 参见［日］村山修一：《山伏の历史》，塙书房1983年版，第56页。
② 江户时宽政十一年（1799），光格天皇追赠役小角为"神变大菩萨"。

而居，夜晚却"身浮海上，走如履陆，体踞万丈，飞如鸷凤"到富士山修行。此时，日本各地出现了许多灾变，文武天皇本人也得了心痛病，于是在大宝元年（701）11月大赦罪犯，时年六十八岁的役小角也获赦，最后他飞升成仙，不知所终。

修验道在平安朝兴起，在镰仓、室町朝发展到高潮，从思想教义上看，神佛习合占据了修验道的信仰世界和修炼场所；从修行实践上看，修验道借鉴了道教的山岳信仰和符咒之术来进行"入峰修行"。到江户朝，修验道展现出更多的佛教色彩。修验道后来逐渐分为真言系之三宝院流（当山派）和天台系之圣护院流（本山派）。明治五年（1872）本山派被废除，二十五年（1892）天台宗的修验道再次兴起，以大和的金峰山寺为据点，逐渐发展成为一个独立的宗派。

从历史上看，修验道在产生与发展过程中与佛教相互借鉴的关系比较明显，相比之下，修验道与道教的关系却比较隐蔽。修验道中究竟有哪些道教因素，为什么同是倡导山岳信仰的道教却没有在日本得到独立发展的机会？

第一，修验道与道教都有"山岳宗教"的特质。道教以"得道成仙"为最高理想，而修炼成仙的最好场所则是远离尘世的幽静山林。道教将山岳作为修道成仙的重要场所，视为神仙所居的洞天福地，故十分重视"登山之道"。东晋道士葛洪《抱朴子·登涉篇》云："或问登山之道。抱朴子曰：凡为道合药及避乱隐居者，莫不入山。"[1] 道教倡导的"登山之道"与修验道所奉的"入峰修行"的信仰不谋而合。修验道延续了神道教崇拜山岳的传统，但其教旨更是围绕着"入峰修行"而展开，追求人与山、神合一的境界，是一个重视实际操作与山岳修持更甚于道教的流派。这种飞升成仙信仰虽然是道教影响下的产物，但修验道又借鉴着佛教真言宗和天台宗的教义与实践，所形成的

---

① 葛洪撰，王明校释：《抱朴子内篇校释》，中华书局1985年版，第299页。

独特的"入峰修行"路线占据着日本著名的神体山①，没有了道教的插足之地。

　　第二，修验道与道教都倡导入山修行必须持有咒法并要有所禁忌。为了防止入山遭遇意外，葛洪在《抱朴子·登涉篇》举出种类繁多的入山咒法，首先是悬镜法："古之入山道士，皆以明镜径九寸已上，悬於背后，则老魅不敢近人。"②其次是佩符法"立七十二精镇符，以制百邪之章……执八威之节，佩老子玉策，则山神可使，岂敢为害乎？"再次是六甲秘祝，有九字真言属于咒禁法，"祝曰，临兵斗者，皆阵列前行。③凡九字，常当密祝之，无所不辟。"④谓"入山宜知六甲秘祝"，道教通过咒禁法希望对入山的风险作出全面的防御。另外还有避蛇法、避虎狼法等。修验道崇拜山岳，也强调入山修行必须持有行之有效的方法以防各种不测之祸，故"如何修持"成为修验道山岳信仰之重心所在，其中也吸收了道教的辟谷法、调息法、炼丹术、役使鬼神术、入火不烧术等，修验道在祈祷时所用的镜、九字诀临兵斗法、急急如律令的咒文和灵符等，期望产生加持修验者的效力。有日本学者认为"修验道就是日本的道教"⑤，但若深入研究，即可见修验道也借鉴许多日本佛教的教义与修法，其持有的咒法与禁忌带有更多的密教化色彩，由此对道教咒禁法作了改造。

　　第三，修验道与道教都坚信符咒术具有一种能够御制鬼神的超自然的灵验力。《抱朴子·登涉篇》中记载了以"符书"辟蛇蝮之道、

① 日本人将那些作为神灵依附的山岳视为灵山或神体山，根据山岳形态，神体山有神奈备信仰、高岭信仰和浅间信仰之分。

② 葛洪撰，王明校释：《抱朴子内篇校释》，中华书局 1985 年版，第 300 页。

③ 这"九字真言"出自东晋葛洪的《抱朴子内篇·登涉》，原文有两种说法：其一是"临兵斗者，皆阵列前行"；其二是"临兵斗者，皆数组前行"。传入日本时，被真言密教所吸收，被误抄为"临、兵、斗、者、皆、阵、列、在、前"，"九字真言"成为修验道山伏所重视的咒法。

④ 葛洪撰，王明校释：《抱朴子内篇校释》，中华书局 1985 年版，第 303 页。

⑤ [日] 窪德忠著，萧坤华译：《道教史》，上海译文出版社 1987 年版，第 303 页。

辟毒恶之道、治风湿之术、涉江渡海辟蛟龙之道、辟山川百鬼万精虎狼虫毒之道。葛洪强调入山佩符的重要性，表达了对符咒的效验力的高度推崇。奈良时代，已有运用符咒验力在山林中修行者，但为以儒家思想为本的律令所禁。平安时代，贵族对于山林修行者的符咒之灵验颇为尊崇，以笃信山岳信仰的修验者为登山向导，如真言宗僧圣宝仰慕役小角，曾经登大和诸峰，精勤修炼，于金峰山险径处安置金刚藏王像，在吉野山鸟栖真言院设"峰受灌顶"的仪式，吸引了许多山伏的追从。兴盛之后的修验道虽然附会密教"当相即道""即事而真"的教义，以吉野、熊野为据点建立曼荼罗，行灌顶仪式，提倡"神僧道一致"的观念，但却大量地借鉴了道教之符咒来增强灵验力，如修验道咒语末尾处大都有道教咒语的最后一句话"急急如律令"。

第四，修验道与道教都将对人生的思考贯穿于修验活动中。在道教看来，那些重峦叠嶂、林木繁茂、幽静深邃的山岳既是众神降临的仙境，也是死者灵魂前往的阴间，同时也是人修道成仙的洞天福地。例如，根据中国的阴阳五行说，泰山位居东方，古称东岳，是太阳升起的地方，也是万物发祥之地，更是群山之母，自古受到人们崇拜。道教因袭民俗将泰山神奉为东岳大帝，是上天与人间沟通的神圣使者，也是历代帝王受命于天，治理天下的保护神。东岳大帝具有主生、主死的重要职能，从这种对人生的关注而延伸出几项具体职能：新旧更替，保国安民；延年益寿，长生成仙；福禄官职，贵贱高下；死者冥府，鬼魂之统。道教的山岳信仰具有丰富的内涵，但并没有成为一种主流文化，反而更多造就了隐逸文化。道教徒隐遁深山，在风起云涌中悠然自得地逍遥度世，追求个体生命的长生成仙，留下最多的是山水诗篇和养身之道。修验道倡导"修验道指的就是生活"，也将山岳信仰贯穿于人的日常生活之中，却使之更具有日本化的特点。今天，熊野山古道的自然圣地中的朝拜灵场的向导图——"那智参拜曼陀罗图"，就特别体现了这种"向死而生"的人生解脱观。修验道将"入峰修行"视为磨炼身心、觉悟人生的过程，这大概也是它在明治时期因外界压力而一度衰退，但在不久就再次复兴，直到21世纪的今天还能一直保持着活动的重要原因之一吧？

第五，修验道与道教都奉行劝善书。道教将行善作为成仙的必要条件，如葛洪提出"是故非积善阴德，不足以感神明"①，这一观念一直被道教奉为圭臬，使积德立功常成为仙道故事中不可或缺的内容。宋代时，故事性与义理性相结合的劝善书《太上感应篇》《太微仙君功过格》面世，其倡导的"诸恶莫作，众善奉行"的道德观，表达了追求至善是文明社会共同追求的理想，产生了很大的感化力量，成为社会各阶层人士共同认同并普遍信守的规范，很快在东亚社会得到传播。修验道也将道教劝善书奉为经典，倡导为善修行才能获得觉悟。这样，"众善奉行"也成为东亚道教的一个道德要求。

明治维新时，为推进神道教的国教化，日本政府废除神佛习合，推进的神佛分离的政策，也波及以"神佛习合"为标志的修验道。1872年，太政官发布"修验道废除令"，修验道团被解体，修验者在身份上被划归到佛教真言宗或天台宗。虽然还有一些坚持修验信仰山伏们继续隐遁于山岳中，但为了取得传教的合法化，也不得不借助于神道新教派，如大成教、神习教、神道本局、神道修成派、御岳教等在社会上活动，通过神社来保存实力。明治维新之后的修验道的山岳信仰也通过这种曲折的方式传承下来。当代日本的修验道系分有许多派别，属于天台系的金峰山修验本宗、本山修验宗和修验道；属于真言系有真言宗醍醐派。在日本各地灵山中还保存着修验道的遗迹，大峰山奥驱修行、吉野山的徒步参拜也吸引着那些山岳信仰的崇拜者，但修验者的"峰中修行"活动中的道教因素已越来越淡了。②

---

① 葛洪撰，王明校释：《抱朴子内篇校释》，中华书局1985年版，第124页。
② 参见孙亦平：《从日本佛教文化视域看道教与修验道》，《世界宗教研究》2014年第6期。

四、泰山府君：道教与阴阳道

唐代时，与道教东岳信仰相关的泰山府君不仅被列入国家祀典，而且在山东赤山沿海一带流行，后由佛教僧人传入日本，又为阴阳道的兴起提供了信仰对象。平安时期，日本天台宗高僧圆仁（793—864）于839年随同遣唐使来到中国，为了求法，历尽艰辛，期间曾至山东境内的赤山（今荣成县），因在海上遭遇风浪，圆仁乃向赤山寺内供奉的泰山神祈愿，请求佑护自己平安归国。圆仁回到日本后，为了报答泰山府君的灵佑，便立誓为之建造禅院，加以奉祀。其法嗣谨承遗志，于888年在京都建起供奉泰山神的赤山禅院，推动了泰山府君信仰在日本的传播。

京都赤山禅院供奉泰山府君，其神造型有如毗沙门天，系武将装束，身着红色战袍，两手分持弓箭，威风凛凛。这位"威灵显赫"的泰山府君"凌万里之沧溟"（日本桔直斋语）而在东瀛'落户'的故事，应是泰山文化之影响远及世界的一个例证。[①] 道教的泰山府君内涵丰富，传播到日本后，与神道教的素戈鸣尊及佛教的地藏菩萨信仰相结合，被视为具有掌握人们命运的神奇力量，成为日本神道教、佛教真言宗和阴阳道共同信仰的神灵，又得到了日本皇室的极大尊崇。因泰山府君是从山东赤山请来的，后来清和天皇、光孝天皇、宇多天皇、醍醐天皇又尊其为赤山大明神。

在平安朝，上层皇贵社会外表上文治和谐，内部却充满着残酷血腥的权力斗争，皇权政治统治不力造成的社会动荡，使底层人民也生活于痛苦之中。在各类负面情绪充斥的平安时代，怨灵、冤魂观念在社会各处游荡，人们普遍认为这是怨灵作祟和鬼怪伎俩。那些奉行阴阳术的人被称为"阴阳师"，他们不仅观测天文，为朝廷制定历法、

---

① 参见泰安市泰山区档案馆编：《周郢文史论文集·泰山历史研究》，山东文艺出版社1997年版，第287页。

判断古凶，成为律法制的执行者，其更重要的工作是运用阴阳术来对付这些危害人类的怨灵鬼怪，推动了阴阳道在古代日本传播与盛行。

据史料记载，京都崛川的康桥一带，常有一些阴阳师聚集在桥头，为过桥者进行"桥占"。桥是人群往来的交通要道，也是日本民间供奉"地界神"的地方。阴阳师既替过往行人向神祈求交通安全，又用占卜咒术为人预测吉凶祸福。由于阴阳道深植人心，广泛流行，阴阳师们应贵族的请求进行各式咒术的施法，当时许多暗杀事件背后似乎都藏有阴阳师的身影。人们猜测着，却不敢明言，谣言四起的氛围将阴阳师推向另类的更神秘之境地。当权者无不想将他们的能力纳为己用，以排除异己，保障自身权力与安全。阴阳道在平安中期以后因与皇室贵族生活息息相关而逐渐走向鼎盛，出现了所谓的"宫廷阴阳道"。

"阴阳道"这个名词在十一世纪初才出现在日本史料记载中。据生活于平安朝藤原道长晚年日记《御堂关白记》记载：一条天皇宽弘三年（1006）七月三日"从御帘前着园座、赐勘文、大弁对御帘之、先纪传、次明经、次明法、次阴阳道、读了"[①] 可见，此时的一条天皇还是将阴阳道作为一种学问在研读。"阴阳道"成为天皇的御用之学，后逐渐分成历道和天文道两大家，分别由贺茂家和安倍家来承担，才逐渐发展为带有教派性质的"阴阳道"。

阴阳师因长期接触政治斗争的内幕，他们的官阶虽然不高，但却受到权臣贵族的尊敬与仰仗，其地位有时能够凌驾于一般官员和武士之上。贺茂家本来是世代掌管阴阳寮的阴阳头，到平安中期时，家族中出现了一位重要的阴阳师——安倍晴明，依《今昔物语》《古今著闻集》《宇治拾遗物语》等物语文学的描绘，他是一位"拥有超人能力的阴阳师"。如《今昔物语》记载：安倍晴明幼时即随阴阳师贺茂忠行学道，昼夜苦学钻研不倦。贺茂忠行是修验道开祖役小角的后裔，他精通多种学问、擅长法术，以占卜准确而著称于世，其实力在

---

① 东京大学史料编纂所：《御堂关白记》，东京：岩波书店 1984 年版，第 183 页。

当时的阴阳师中位居第一，由此可见阴阳道与修验道之间存在着一种隐秘联系。忠行对晴明非常倚重，将阴阳术如瓶泻水般地悉心传授给他。忠行去世后，安倍晴明又跟忠行的儿子贺茂保宪学习天文道①。

贺茂保宪把阴阳道中的历道传给其子贺茂光荣，把天文道传给安倍晴明以后，阴阳寮中就形成贺茂、安倍两家并驾齐驱的局面。安倍晴明在"阴阳寮"中担任观测天体天候的天文博士等职，成为当时极负盛名的阴阳师。长保三年（1001），安倍晴明任从四品下，超出了"阴阳寮"中担任从五品上"阴阳头"的最高品衔。安倍晴明发明的可一笔画出的"五芒星"符号，被视为降妖伏魔的工具，又称"晴明桔梗印"②，其咒文是道教的"临兵斗者皆阵列在前"③九字真言，象征着构成宇宙万物的基本元素阴阳五行（木、火、土、金、水）因动态平衡而消灾去邪之精髓。

安倍晴明虽是历史上真实活跃的人物，但正史中没有明确记载其身世，有关他的出生地，就有大阪说、茨城说和香川说，有关他的身世及生平事迹都表现出非同寻常的传奇色彩。安倍晴明曾以一种特异的方法治好天皇的病，从此受到了天皇的重视④，也受到举国大众的尊崇和信赖，著名的权臣藤原道长就多次请安倍晴明帮助自己解决棘手事件。安倍晴明死于宽弘二年（1005），享年85岁，一生侍奉了朱雀、村上、冷泉、圆融、花山和一条共六代天皇，安倍晴明的两个儿子吉昌和吉平，也被任命为天文博士和阴阳寮的次官阴阳助，安倍

---

① 据藤原行成日记中记载："本朝阴阳道之规模乃保宪所定。"
② 《晴明神社由绪》曰："本社的神纹，俗称晴明桔梗，是由晴明所独创的特别符号，也是阴阳道所用的祈祷符号之一。……它象征着天地五行，表示宇宙万物的除灾和清净。"
③ 此九字真言出自东晋葛洪撰：《抱朴子内篇·登涉》，传入日本后内容略有改动，既成为日本修验道的山伏所重视的咒禁法，也是阴阳道施行的咒文。
④ 据《簠簋内传》记载，晴明从小朋友手中救了龙宫乙姬化身的小蛇，乙姬为感谢晴明，带晴明到龙宫游历后，送他一种神奇的乌药。晴明因能听懂动物的对话，从乌鸦口中得知天皇染病的原因，于是治好了天皇的病。

家族在晴明这一代就成为能跟师父忠行的贺茂家族相提并论的阴阳道世家了。

安倍晴明在成为阴阳师后，吸收了许多道教元素来充实阴阳道，如在信仰上尊奉以道教"泰山府君"为首的天地神祇八百万神，以道教的阴阳五行说来预言天道的运行，运用阴阳术来操纵鬼神。安倍晴明身边有随时听从召唤的十二神将——腾蛇、朱雀、六合、勾陈、青龙、贵人、天后、大阴、玄武、白虎、大裳、天空，其神名也来源于道教，"前尽于五，后终六，天一立中央，为十二将定吉凶而断事者也。"①召神役鬼术是道教法术之一，安倍晴明在吸取之后，使之成为一种借助神将来施行的阴阳术。阴阳道日趋神秘化，成为东亚奇幻文化的一个重要类型。

镰仓时代，随着皇室势力的衰落，阴阳师的作用也日渐式微，许多宫廷阴阳师走入民间，与佛教密教、神道教等相结合。在日本民俗中，为对付鬼魅、天宫和怨灵，求福消灾，经常采用阴阳道的物忌、方违、星辰信仰等仪式或咒法，形成了一种适应大众需要的"民间阴阳道"。

南北朝战国时代，皇权没落，武士阶层横空出世，阴阳师逐渐从历史前台走向幕后，一些人成为大名将军身边的军师，以占卜咒术为统治者出谋划策。战争的残酷，使大名将军们比较在意通过占卦来预测吉凶。武士手中的军扇有时也成为一种施展道术的工具。军扇两面分别画上日和月，代表着一阴一阳、一吉一凶，万一碰到凶日又不得不出战时，那就在白天把军扇的月亮面显现在表面，让日夜颠倒，由此将凶日改为吉日。到室町朝，在足利义满建立的室町幕府的支持下，阴阳师的政治地位不断上升，阴阳道同政治权力紧密联系起来。阴阳五行兴替的思想在江户时再次得到重视，安倍家直系后裔土御门家随之复兴，嗣子断绝的贺茂家也凭借其支流幸德井家重兴起来。

江户时代中期，土御门神道终于取得了全日本阴阳师的支配权，

---

① 《占事略决》第四《十二将所主法》。

促使阴阳道在社会生活中再次盛行起来。例如，将阴阳道祖师安倍晴明奉为安倍大明神，建立晴明灵社加以供奉，"晴明灵社祭"成为土御门神道的重要祭典，亦称"灵社祭"。土御门神道仍然以阴阳五行说为理论基础，将本属于安倍家的"泰山府君祭"逐渐演变为一种与国家权力紧密结合的祭典，同时还保留了一些道教因素："天社土御门神道本厅藏有《太上神仙镇宅灵符》，灵符上有八卦图，中央是北斗星象图，下有天尊及侍者像，天尊像类似真武坐像。《太上神仙镇宅灵符》包括七十二灵符，符的画法与道教之符全同。另外，至今仍可在京都市的晴明神社买到《晴明镇宅守护》，上面绘有类似道教之符的标志。"①

据说，安倍晴明曾著有多种阴阳道书，除《簠簋内传》《安倍泰亲朝臣记》之外的阴阳道书大多源于道教，但仅有《占事略决》留存于世，成为阴阳道的重要经典。现保存于日本京都大学图书馆的《占事略决》讲述了阴阳五行的道理和六壬类占卜法，上面有"天元六年岁次己卯五月二十六日，天文博士安倍晴明撰"②的字样，虽是日本阴阳道的重要文献，但其中的四课三传法、课用九法、天一治法、十二月将所主法、十干罡柔法、十二支阴阳法、五行王相等法中却充满着道教因素。阴阳道借助了一些道教因素，但却以适应日本社会的方式进行了改造。那么，阴阳道与道教之间存在着哪些异中有同、同中有异的复杂关系呢？

从信仰上看，阴阳道借鉴道教的东岳信仰，奉行以"泰山府君"为首的天神地祇八百万神信仰。泰山是中国人尊奉的五岳名山之首。"东"为日出之地，五行之木，四时之春，阴阳之始，万物之初，故称之"泰"。从东方主生的思想出发，泰山被视为"天地大德"的汇聚之所，天上太一神在地上的居住之所，帝王的腾飞之地，在秦汉时就成为中国皇帝进行封禅大典的神圣场所，故称太一神为"泰山府君"。东

---

① 卿希泰主编：《中国道教史》第四卷，四川人民出版社 1996 年版，第 589 页。
② ［日］下出积与《日本古代の道教・阴阳道と神祇》，吉川弘文馆 1997 年版，第 184 页。

岳信仰中内含有两个富有特色的内容，在国家政治生活层面，东岳大帝被视为上天与人间沟通的神圣使者，是帝王受命于天，治理天下的保护神，由此受到历代帝王的推崇，更被列入国家祀典，成为唯天子尊享的祭祀权力；在道教信仰层面，却主要将其视为治鬼之所，死后灵魂所归之处，泰山神为冥府之王，是惩恶扬善、济生度死的正义之神。"在道教诸神中，对日本影响最大的是阴阳道引进的'泰山府君'。"① 道教的"泰山府君"信仰通过阴阳道影响着日本人的信仰世界。②

　　阴阳道保留了许多日本原始宗教把自然物和自然力视作具有生命、意志和权能的对象而加以崇拜的自然崇拜的特点，泰山府君被安倍家奉为主神后，与中国道教东岳信仰相似，阴阳道更看重泰山府君治鬼消灾、护佑灵魂、延年益寿的功能。安倍晴明盛赞泰山府君的威德，并于泰山府君祭上，一边诵念敬呈泰山府君的祭文来呼魂唤魄，一边跳着身段优雅超俗且柔中带刚的晴明舞。道教的泰山府君信仰传入日本后，被阴阳道奉为能够助人"转凶为吉，除祸赐福"的最高神，"泰山府君祭"也成为富有日本民族文化特色的宗教祭祀活动。

　　大约从平安朝中期起，由阴阳师主持的泰山府君祭，因张扬泰山府君特有的主宰生死、求福消灾等重视实际利益的功能，在日本上层社会流行，逐渐成为阴阳道的主要祭祀之一。后冷泉天皇（1045—1068 在位）曾亲笔写下《泰山府君都状》表达向泰山府君祈求免除灾祸、保佑朝廷平安的心愿，其内容与形式犹如道教斋词：

　　谨上 泰山府君都状 南阎浮洲大日本国天子亲仁御笔 二十六
　　献上 冥道诸神一十二座
　　银钱 二百四十贯文
　　白绢 一百二十四

① ［日］福井康顺等监修：《道教》第三卷，上海古籍出版社 1990 年版，第 24 页。
② 参见孙亦平：《论中国道教对日本阴阳道的影响——以泰山府君为例》，《湖南大学学报》2015 年第 1 期。

　　如上。亲仁谨启：泰山府君、冥道诸神，御践祚后，未经几年，顷日，苍天为变，黄地妖至，怪物数数，梦想纷纷。……昔日崔希夷祈之东岳而得延九十之算，赵硕子奠以中林获授八百之祚。古今虽异，精诚惟同。伏愿垂彼玄鉴，答此丹祈。谨启拂除灾异，赐余宝祚，删死籍于北宫，录生名于南简，延年增岁，长生久视。

　　永承五年十月十八日　天子亲仁（御笔）谨状[①]

　　从这篇都状中可见，天皇愿意供奉数目可观的银钱、白绢等来敬设礼奠，谨献诸神，以获得福禄寿财等现实利益。日本典籍对泰山府君祭中的愿文，都明确以都状相称，反映了泰山府君信仰经过阴阳道的改造在日本社会传播过程中出现了一些新变化。

　　阴阳道把泰山府君信仰贯穿于日本各类祭祀活动中，上至朝廷的仪式典礼，下至百姓的冠、婚、丧祭礼，这使原本属于阴阳道土御门家的泰山府君祭逐渐发展成国家祭祀。每逢国家有灾难时，土御门家就设坛建醮，天皇、将军亲临祭坛。阴阳师在祭坛上礼拜泰山府君的步态和动作都采用道教的禹步法，亦称"步罡踏斗"，以示天人感应。江户初期，土御门神道宣扬人一旦遇到灾祸，敬祭泰山府君就可消灾除祸，泰山府君与神道教神祇并列成为共同祭祀对象，甚至还出现了以泰山府君为首的天神地祇八百万神的信仰。

　　阴阳道的"天曹地府祭"也来自道教，它与泰山府君祭相并列，"堪称阴阳道祭祀的双璧"[②]。道教所说的"天曹"是指天上以紫微星为中心的天宫朝廷。天宫中间是天帝的座位，北侧半圆内的星象征着内臣，南侧半圆内的星象征着外臣，出入内外臣之间的是外征将军太

---

① 　[日] 远藤克己：《近世阴阳道史の研究》，丰文社 1988 年版，第 715—716 页。
② 　王守华、王蓉：《神道与中日文化交流》，河北人民出版社 2010 年版，第 339 页。

白金星。"地府"是指掌管人世间的生死富贵以及人死后灵魂户籍的泰山府君的冥道府第。天曹地府信仰与泰山府君信仰相关，但所祭祀神灵也有特色：

> 天曹地府、北帝大王、五道大神、泰山府君、司命司禄、六曹主者、南斗北斗星官谨启：伏惟至尊至重，惟正惟明，统领生死，记住善恶，寿命修短，不得由之，祸福兴衰，皆在科简。伏闻，神道不远，祈必降灵。[①]

天曹地府祭以"祭祀天地五行相生"之名，参拜掌管各种事务的职能神，以期借助神威，祈愿天下太平、百姓康泰，一般在天皇即位或新一代将军就任时举行，相当于中国皇帝举行的封禅仪式，以证明自己是真命天子，既为自己权力的合法性提供神圣依据，同时也感谢上天授命，并祈求上天保佑皇运久远、国富民丰，故称"一代一度的天曹地府祭"。

天曹地府祭的仪式如同道教的斋醮科仪，必须斋戒沐浴、设祭坛、摆供品，才能向神祈求。"天曹地府祭"之所以要备"十二座之清供"，是因为要供奉冥道十二神，即阎罗天子、五道大神、泰山府君、天官、地官、水官、司命、司禄、本命、同路将军、土地灵祇、家亲大人。"天曹地府祭"曾取代日本传统的大尝祭，成为一项重要的国家礼仪，由那些有着极强能力的阴阳师来担任司仪。土御门家也因执掌国家祭祀的大权而处于政治权力的中心，并极力推进阴阳道的神道化。

另外，阴阳道还有自创而专奉的无形无貌的灵神，它们遵照阴阳师命令行事，又称"识神"或"式神"。"式"有"使用""役使"之意，"式神"是指由阴阳师役使的超自然灵体，这种对"识神"的崇拜以

---

① ［日］村山修一编：《日本阴阳道史总说》，镐书房1981年版，第418页。

期换来实实在在的"恩惠"① 成为阴阳道专属的信仰之一。只有那些有相当修为的阴阳师才能驱使"式神"降妖驱魔，如传闻中安倍晴明役使十二神将虽为人形式神，但因为妻子害怕，所以晴明将"式神"放在家门口附近的一座戻桥上，需要时才呼叫它们前来。可见，阴阳道既有与道教相似的神灵信仰，但更富有一些日本民间文化的特色。

从思想上看，阴阳道奉《五行大义》为必读书，强调自天地形成之初便有阴阳，阴阳的对立统一产生的木、火、土、金、水五行是构成世界的基本元素。五行相生相克，导致十天干、十二地支的配合。天干地支再加上方位、属性、年、月、日、时刻，就可以用来判断一切事物的吉凶，这成为阴阳道的占卜巫术等技艺的主要依据。

从道术上看，阴阳道与道教相似，都将鬼与神看作是不同的生物状态。神泛指神仙，是各种生物通过修炼达到的一种具有各种非凡法术神力的状态。鬼是各种生物死后产生的阴魂，法力大小不一，但比神要小，某些鬼魂还怕人等阳气充足的事物。鬼神在现实生活中是无形无象的，人无法触摸或看到，但却能操纵着人们的命运，对人的生活产生祸福等影响。人需要通过祈祷、祭祀等方式才能与鬼神沟通。只有修炼有为的道士或阴阳师才能预言天理的运行，运用超人的神秘咒术来召神役鬼。由于阴阳道的冥道相当于神道的幽界，阴阳道祭祀与神道祭祀开始互相接近。到平安时代，阴阳师在祭祀念咒时已经使用神道经典《中臣祓》了。阴阳师与道士一样都是用道术、谶纬、占卜等方式来解释天地灾变，为朝廷统治提供避难免灾的方法，但阴阳师更强调用自身的灵力来召唤操控"式神"来祸福人类，这才是阴阳师主要的道术法力技能。

从祭祀上看，阴阳道与日本古代国家祭祀活动紧密结合起来，上至朝廷的仪式典礼，下至百姓的冠、婚、丧、祭礼，形成了一套完整

---

① 参见刘金才：《论日本神道信仰的性质和特征——兼谈日本"历史认识"误区的文化原因》，《日语学习与研究》2004 年第 4 期。

的祭祀礼仪，主要有玄宫北极祭、太阳祭、太阴祭、属星祭、本命祭、七十二星祭、三万六千神祭、地震祭、雷公祭、风伯祭、土公祭、水神祭、火灾祭、代厄祭、河临祭等，其中，泰山府君祭、天曹地府祭是最重要的祭祀活动。泰山府君信仰传入日本后，被阴阳道看作是神通广大、无所不能的最高神，故泰山府君祭奉拜以泰山府君为首的天神地祇八百万神。泰山府君祭原本属于土御门家的祭祀活动，后逐渐发展成国家祭祀。每逢国家有灾难时，土御门家就设坛建醮，天皇、将军亲临祭祀。阴阳师在祭坛上礼拜泰山府君的步态和动作，采用道教的禹步法，亦称"步罡踏斗"，以示天人感应。随着时间的推移，那些在神社进行的阴阳道祭祀活动中的道教信仰因素逐渐淡化了。

明治维新后，随着西方文明传入日本，科学思想日益昌盛，社会逐步走上现代化的道路，新政府不但剥夺了土御门家在祭祀和历算方面的垄断权，更将之视为"淫祠邪教"而进行废止。一些土御门家的旁支自发联合组成"土御门神道同门会"，使阴阳道中的部分内容，如"泰山府君祭"在民间信仰中保存下来，还有一些内容成为一种日常生活的习俗。今天，泰山府君仍是日本神道信仰中最具有道教特色的神灵之一，其内含的顺应自然、规范人伦、赏善罚恶、敬畏生命的宗教精神依然以适应日本民众的信仰方式存在着。

第五节　道教影响在江户的继续

江户时代（1603—1867）德川幕府替代室町幕府，日本社会也开始由中世向近世演化。当日本的传统文化与外来思想之间进行重新组合时，现代性也开始在社会中悄然萌芽。传统性与现代性并存的德川时代为道教在日本的传播提供了一个不同于过去的社会环境和文化舞台。

一、江户学者与道教思想

江户时代之始，幕府政府推行闭关锁国政策，只以长崎为唯一的进出口岸开放贸易，中日文化交流虽然受到了限制，但中国商船在运送物品时，仍将一些新近出版的书籍带到日本，其中也包括一些道教书。这是因为德川幕府为了加强政治统治，乃奖励生产、提倡实学，主张教育应以儒学为宗，于是在各地建学校，称为"藩学"，以儒学之道培养武士，并下令解除与天主教无关的书籍进口的禁令，在长崎港优先购买舶来书，供藩学中的学生学习。随着进入日本书籍数量的增多，德川将军在府中建立起专门收藏私人图书的"红叶山文库"。到幕府末年，红叶山文库已收藏了大约 10 万册图书，其中有七万三千余册是中国书籍。各地诸侯也仿效德川幕府，设立私学，礼遇学者，搜集图书文献，建立自己的文库，如德山毛利氏、佐伯毛利氏、长州毛利氏、尾张德川氏、纪伊德川氏、加贺前田氏等，他们在推动日本图书业发展的同时，也购买和收藏了一些道教文献。最典型的例子是，爱好收藏图书的九州岛丰后佐伯侯毛利高标（1755—1801）在天明二年（1782）购买了"寅 10 号"船运来的汉籍，建立起佐伯文库。据考察，佐伯文库中就包括一部《道藏》。道教文献虽然于此时大量传入日本，但是它的某些教义思想却成为复古神学家的批评对象。

江户时期，重视"穷理"的朱子学成为德川幕府奉行的官学，成为武士阶层的政治哲学和伦理规范，发挥了稳定幕府制和身份等级制的作用，其"格物""穷理"思想为日本接受近代西方自然科学奠定了基础，其尊王思想对维护日本天皇制也具有积极作用，但儒学并没有成为日本人日常生活的指导思想与礼仪规范，也没能深入日本人的日常生活的之中，反而是佛教在民间社会中的影响比较大。江户初期，神道领域也涌现出一些新派别，如吉川神道和垂加神道的出现，标志着神儒关系取代神佛关系而成为神道文化之主流，神道学者对道教抱有喑吸明贬的态度，使道教进一步融于神道教之中。

吉川神道，又称理学神道，由生活于德川初年的吉川惟足（1616—1694）创立。吉川惟足先从伊势外宫度会延佳（1615—1690）学度会神道，又从吉田兼从（1588—1660）学吉田神道，他把朱子学与吉田神道结合起来，倡导朱熹理学中的"太极"就是神道教中所崇拜的"国常立尊"，由此来建构新的神道观，推动吉田神道的学说向伦理化和现实化的方向发展。

吉川神道以阴阳、五行为根据的宇宙观与道教十分相似。吉川惟足在《土金之秘诀》中将阴阳与土、金、水、木、火五行推移变化作为宇宙万物的本源，并将这种道教宇宙观融入神道教信仰中，天神赐给伊奘诺和伊奘冉的"天琼矛"：由玉制成的"琼"是"一气未生之土"，意味着"赏"；由金属制成的"矛"是"一理未生之金"象征着"罚"，土金配合、气理变化、赏罚结合都象征着国治，由此宣扬神代政治之要目是"专武义，施仁政，所谓天琼矛是也，隆上于武备及仁惠于下，故四海平安也，是伊奘诺尊、天照大神之政法如此矣"[1]。

吉川惟足强调日本应通过专武义、兴武艺、重武备来施仁政。这种以"尚武"精神为"治世之本"的做法，不仅促进了神道与皇道、皇统的结合，而且还通过讲述神道教的神篱磐境的祭祀传统，将"神篱磐境之秘传"作为最高最秘的神道传授，张扬了天照大神授予皇孙神镜，让他治理天下的神敕的基本精神，由此也推动了近代日本以"武运长久"为核心的神国思想和军国主义的泛滥。吉川神道在创始之初就受到了会津藩、纪伊藩、加贺藩等诸侯及家臣的推崇和信仰，后来还得到了幕府支持。吉川神道认为，只有神儒融合，才能使四海静谧，国家平安，这表达了生活于战乱之后、江户初期的人们追求天下平安的强烈愿望，但却进一步挤压了道教在日本的传播空间。

---

[1] ［日］平重道：《吉川神道的基础研究·资料篇》，吉川弘文馆1966年版，第481页。

吉川惟足把神道分为行法神道和理论神道，称一般神社神道为"行法神道"而给予以批评，称自己的神道才是治理天下的"理论神道"，由此而开启了近代神道发展的新走向。垂加神道创始人山崎暗斋（1619—1682）在吸收伊势神道的度会延佳、吉川神道的吉川惟足等神道思想的基础上，一方面借鉴儒家朱熹的关于太极、阴阳、五行等学说，用"道"牵强附会地去解释《日本书纪》和《古事记》中神话传说，提出"道"就是阴阳二神所生的天照大神之道，通过倡导"神儒妙契"建立起的垂加神道体系；另一方面，又把道教的庚申信仰与神道教的猿田彦神崇拜联系起来。

在日文里，十二地支中的"申"与"猿"的读音都是"さる"，故猿田彦神也转化成神道的庚申神。在《日本书纪》中，天孙琼琼杵尊从高天原降临"苇原之国"时，是猿田彦神于天之八衢迎接天孙并把他引导到伊势五十铃川上的。《古事记》也把猿田彦神称为猿田毗古神，因曾迎接天孙降临而被视为带有向导之意的"道祖神"。① 在神道教中，猿田彦神迎接天孙的降临后，又护送天照大神的灵体来到伊势。"猿"是"山神"，每年春天它从山里下到平原，给大地带来水源，成为护佑风调雨顺、促进农业丰收的"田神"。秋收以后，他又重新回到山里变成"山神"。"山神"与"田神"交替虽然构成了猿田彦神的双重神性，但都是为保佑农业丰收。在神佛融合的日吉神道中，猿则被视为神的使者和守护神。在各地的山王神社，如日吉神社、日枝神社等大都设有庚申堂、庚申塔或庚申碑，表达了百姓希望通过庚申待来祈求农业丰收的心愿，但在垂加神道中，山崎暗斋却突出了猿田彦神的政治和伦理地位："道则大日灵贵之道，而教

---

① 道祖神，是日本村庄的守护神。立在村边道旁，据说可防止恶魔瘟神进村，其渊源于中国道教的"行路神"，但在神道教中更具有阴阳和合的含义，故道祖神的形象是男女合体神，亦有男性生殖器形状。相传，男的是"八衢比古神"，女的是"八衢比卖神"，两个神都长得很丑，但他们结合后却生出了一个漂亮吉祥的男孩，故又成了儿童的守护神。

则猿田彦神之教也。学道者，敬思焉。"[1]他将猿田彦神看作是镇护国家社稷的大神，从而把猿田彦信仰与国家社稷、君臣上下的政治秩序联系起来。

山崎暗斋将道教的庚申信仰引入神道教，并将其与猿田彦神直接联系起来："嘉谓：朝日刺，夕日照，日向之国，猿田彦神指示处，神篱之秘诀在于此矣。日待月待之神事，皆庚申日行之者，以此也。"[2]山崎暗斋在了解道教的"守庚申"之后，通过对在日本流行的"庚申待"的变革，去除了原有的守庚申"三尸说"迷信思想，使垂加神道的"庚申传"与神道信仰相一致，既展现了垂加神道的神篱磐境的文化传统，也表达了忠君报国的说教和天皇是"万世一系"的思想，减少了传统"庚申待"的艺术性，通过增加天地人道和三纲之德等道德内容，来改变庚申信仰中的佛教、道教性质，把猿田彦神奉为日本的道祖神来完成了庚申信仰的日本化过程，既促进了江户时代流行于民间的庚申信仰的社会影响力，也使垂加神道对德川时代之后的神道思想产生了巨大的影响。

江户中期，面对外来宗教文化的不断传入，一些复古国学派先从《万叶集》，进而从《古事记》《日本书纪》中寻找日本古代精神，由此衍生出复古神道。复古神道渊源于契冲和尚（1640—1701），由研究日本古典文献，探究日本民族文化精神的国学者荷田春满（1669—1736）始倡，开创于贺茂真渊和本居宣长（1730—1801），集大成于平田笃胤（1776—1843）。复古神道是以复古思想为基础，反对神道教会通佛教，吸收儒家，希望通过排除外来思想的影响，以恢复大和民族的纯粹"古神道"。复古神道是经过几代人的相继努力最终完成的，被称为明治维新之前影响最大的学派神道、理论神道和近世

---

① 神道大系编纂会编：《神道大系·论说编·垂加神道》，精兴社1994年版，第332页。

② 《玉签集》，转引自王守华、王蓉：《神道与中日文化交流》，河北人民出版社2010年版，第353页。

神道。

　　复古神道了解道教、研究道教，但并不采纳道教。平田笃胤曾学习古道学、历学、易学、军学、玄学等多门学科，自称获得了"八家之学"①。平田笃胤一生著述140余部书，晚年倾心道教，对《抱朴子》《神仙传》《列仙传》《历世真仙体道通鉴》《黄帝内传》等道教神仙传记十分欣赏，著有《葛仙翁传》《扶桑国考》《三神山余考》《黄帝传记》《赤县太古传》《神仙方术编》《神仙行气编》《玄学得门编》等，成为江户时期道教研究的重要学者之一。其中参考的道书主要有《金根经》《太霄琅书》《清虚真人王君内传》《紫阳真人周君内传》《五岳真形图》《真诰》等。另据福永光司研究，平田笃胤晚年撰写的《赤县太古传》就引用了《老子道德经》《老子中经》《淮南子》《列子》《山海经》《小经注》《吕氏春秋》《鹖冠子》《十洲记》《汉武帝内传》《三五历记》《述异记》《枕中记》《河图括地象》《河图始开图》《春秋命历序》《春秋保乾图》《岳渎名山记》等18种道书。② 在研究道教的过程中，平田笃胤还读过有"小《道藏》"之称的道教类书《云笈七签》，他知道还有《道藏》这部大书，也看过《道藏》目录。

　　从复兴神道教的立场出发认为，平田笃胤对神道教与中国的儒、佛、道在关系进行了探讨，其中也涉及神道与道教的关系。他认为，神道教中的"惟神の道"就是老子哲学中的"自然"观念。他把天御中主神的居所叫作"紫微宫""北辰"③。他还从《日本书纪》的孝德天皇三年四月诏书中的"惟神者，谓随神道，亦谓自有神道也"和用明天皇卷开头的记述"天皇信佛法，尊神道"中，对中日两国的"神

---

① 平田笃胤在天保三年（1832）著《八家论》，认为自己的学问涉及神家、玄家、医家、易家、历家、兵家、儒家、佛家，其中玄家即为中国道教。

② 参见 [日] 福永光司：《道教と日本文化》，京都：人文书院1982年版，第27—29页。

③ 参见《玉襷》卷三，《新修平田笃胤全集》第6卷，名著出版社1977年版，第147页。

道"用语进行比较，认为两者虽然都称为"神道"，但是日本"神道"与中国"神道"的"意趣完全相违"。中国的儒、佛、道及诸子百家皆是认为自己是"道"，其实唯有日本的"皇国之道"才是天地之神赐予的"道"。"天皇统治天下之道"成为平田笃胤为建立复古神道理论体系的基点，由此强调日本神道教在东亚文化中的本源性意义。复古神道这种强烈的日本中心主义立场，使作为宗教形态的道教在日本几乎失去的立足之地时，但老庄道家思想和道教仙学却得到了江户学者们的特别关注。

推进日本古仙道复兴的学者大江匡弼，因爱好神仙道而号卧仙子。为了传播神仙道，大江匡弼致力于道书的注解与刊印；为了宣扬道教三尸说的神奇功效，他撰写了《太上惠民甲庚秘录》；为了强调道教镇宅符的神奇灵验，他编纂了《镇宅灵符缘起集说》《甲庚灵符三教秘录》；为了说明道教入山符的免灾致福的神秘作用，他撰写了《五岳真形图传》，既有五岳各山的真形图，还有对五岳的神名、祭祀五岳的祝文、祈愿的方法，以及《五岳真形图》如何灵验都作了介绍，并绘制了五岳地形及西王母、负图先生等图画，具有浓厚道教色彩。

当时的学者松尾芭蕉、良宽、贺茂真渊、近藤万丈、三浦梅园、安藤昌益和广懒淡窗不仅深入地研习老庄思想，而且在自己的创作中将老庄思想体现出来。其中，安藤昌益（1703—1762）和广懒淡窗（1782—1856）是江户时期日本老庄学两大家，他们批评传统的佛教、儒学、神道，其哲学思想则是通过对老庄的诠释而形成的。

安藤昌益著有《自然真营道》《绕道真传》等，通过对道、气、真、时空、运动变化等探讨，提倡"自然无始无终"及"互性妙行"思想，把老庄思想改造为"自然世"。他将"自然世"和"法世"相对立，由此表达了自己对"理想社会"的设想。在"自然世"中、人们都是自耕而食、自织而衣、直接从事农业生产的，他称为"直耕"。"直耕"即是"真道"。这种"自然世"思想为反对日本封建制度提供了思想武器。

安藤昌益还接受了道教的"天人合一"的自然观和身心观，他说："夫人身小天地也。天地大人身也。"从强调人要顺应自然，与自然相和谐出发，建构起"自然真营道"的思想体系。"自然真营道"所说的"真"是本原性的实体，与"气"相即不离。安藤昌益以"真气说"解释世界，展开生成论。"营"是"真"的实际活动；"自然"意为"自为""本来如此"，是"真"的存在与活动的状态与方式；"道"是规律、规则与秩序。安藤昌益将"自然真营道"作为全部存在的根本，并以此来构筑自己的思想体系的，成为德川时代中期的富有批判精神和独创思想体系的杰出思想家。

德川幕府末年最有名的学者广濑淡窗（1782—1856）虽以儒者立身，但因从小体弱多病，对老庄学及道教仙学都有特殊的兴趣，著有《准提观音咒》和类似于道教功过格的《万善薄》，还著有《老子摘解》《约言》等，从哲学的角度对老子思想进行了诠释。广濑淡窗认为，老子之道贵无为，无为并非不为，而在于不争，不争天下则无以能争，故《老子》思想是有益于世的。广濑淡窗开设汉学塾，虽以"四书五经"为主要教学内容，但他亲自开讲老庄学五十余年，在此按受教育的门人弟子据说多达四千余人。广濑淡窗被誉为"九州岛第一"的大教育家，培养了如高野长英、村益次郎、清浦奎吾这样的社会活动家以及一大批学者，扩大了老庄学及道教仙学在日本的影响。明清时期，中国道教新出的一些新道书虽陆续传入日本，但主要被收藏于各种图书馆中。明治时代，日本政府受西方文化的影响，废藩学，建官立学校，收集中国图书。中国道教文献虽然大都传入了日本，但与此时同时传入日本的西方书籍相比所产生的社会影响却微乎其微。

二、民间神道中的道教因素

道教与儒学、佛教一起传入日本，儒学为日本人广泛接受，并奉为日本文化的核心，佛教也通过神佛习合的方式，演化出富有日本民族文化特色的新教派，在日本社会产生巨大影响；而道教的某些因素被吸收借鉴之后，随着西方文明的流行和明治维新运动的展开，日本社会走向现代化道路，主要在民间神道中保留下来。

江户时期，神道教依据于农村中的小神社，发展出以祭祀氏神、屋神、产灵神和镇守神等为中心的"民间神道"。那些遍布于全国的为数众多的中小神社，一般不设立神职，只是由巡回神职或俗人来进行管理。这种"民间神道"虽然没有统一的教义和祭祀仪式，但所崇拜的神灵具有地缘性、家族性和现世利益性，祭祀活动中保留了大量的民风习俗，这不仅使神道教进入了家庭，在民间社会中具有了广泛的群众基础，而且也为明治时代国家神道建立"氏子制度"奠定了社会基础。明治维新之后，道教已无法在日本社会中独立存在，但它的一些因素在历来重视神道祭祀的"民间神道"中仍然有着影响：

第一，道教的一些神灵成为民间神道信仰的重要组成部分。道教是多神教，其信仰的神灵种类繁多，有三清、四御等尊神，还有雷神、土地神、门神、灶神、钟馗、关帝、文昌、妈祖等职能神，有的传入日本后在民间社会产生了一定的影响。随着华人华侨到日本定居，出于对自己民族文化的热爱与护持，他们也把中国宗教，包括道教带到了日本。例如，妈祖信仰在东亚传播路线是从中国福建沿九州岛北上传播到日本本州岛各地的，大约在中国明朝传到日本野间山，当地人称为"娘妈"。据称"娘妈"两字的汉音与"野间"两字的日语发音相似，为谐音，因此野间山又称娘妈山。明代采九德《倭变事略》中曰：嘉靖三十二年（1553），倭寇据守浙江乍浦天妃宫，撤离时将妈祖神像带回日本。在日本的萨摩半岛、鹿儿岛的片浦港、长崎、平户、岐阜市、茨城县的矶原、珂凑，甚至在本州岛最北部的青森县都建有妈祖庙。[①] 至20世纪80年代，日本共有妈祖庙100余座。[②] 日本人还将妈祖信仰融合到神道教信仰中。道教神灵陆续传入日本，

---

① 参见童家洲：《日本华侨的妈祖信仰及其与新、马的比较研究》，载林文豪主编：《海内外学人论妈祖》，中国社会科学出版社1992年版，第318页。

② 参见刘国柱：《湄洲祖庙连四海》，《瞭望》1987年第46期。

尤其受到在日本生活的华人华侨的尊奉，他们在一些重要的城市，如东京、神户、长崎、横滨等华人聚集地建造道观，尤其是关帝信庙或关帝堂，其祭祀仪式和道观建筑也具有了日本文化色彩，例如，从17世纪开始，长崎就陆续在兴福寺、崇福寺、福济寺、圣福寺等佛教寺庙以及唐人坊，又称"唐馆"或"唐人屋敷"中建造供奉关帝堂。[1] 在神户，明治二十一年（1888）建的关帝庙，战前属日本黄檗宗，庙内供有关帝，战后归日本天台宗，仍维持传统，门上有对联称"精忠扶汉业，德泽荫侨民"对联[2]，特别表达了华人华侨的追根意识。在横滨的中华街上，建有中国文化风格的关帝庙，作为华侨社区共同信仰中心。1990年8月14日重建开光后，每到中国春节、元旦等传统节日时，都有成千上万的华人来烧香拜神，以求祈福消灾，也吸引了一些日本人来此进行拜神活动。[3] 在今天的日本，关帝崇拜成为华侨中最常见的现象，关帝庙作为华侨的心理归宿和精神寄托，是道教宫观中最多的一类。移民日本的华人华侨通过信仰关帝来表达对祖国文化的认同与尊奉，也以一种特有的方式促进了道教在日本的传播。但是"日本的这些华侨道观，从来没有道士，据说也从未举行过道教仪式。这些庙观或者由侨民公推的董事会管理，或者由日本和尚管理。"[4] 这大概也是有些人认为，日本无道观及道教活动的重要原因吧。道教神灵在日本的影响与华人的迁移定居有密切的关系，这是否反映出道教依然带有浓厚中国民族宗教的色彩？

　　第二，道教养生思想与实践深受普通百姓的喜爱。江户时期，日本朱子学家贝原益轩（1630—1714）特别推崇孙思邈的《千金方》，他在83岁时将自己一生的养生经验撰写成《养生训》八卷，分别从

---

① 参见葛继勇：《关帝信仰的形成、东传日本及其影响》，《浙江大学学报》2004年第5期。

② 参见李养正主编：《当代道教》，东方出版社2000年版，第346页。

③ 有关横滨关帝庙与关帝祭，还可参见高致华：《日本社會における異文化の様相——横濱關帝廟の關帝祭の分析》，《道学研究》2012年第1期。

④ 陈耀庭：《道教在海外》，福建人民出版社2000年版，第50页。

饮食、五官、二便、慎病、择医、用药、养老、育幼、针灸等方面对养生的理论与实践作了具体的论述。贝原益轩认为，养生之道在于"静其心身，劳其体身"，故"颐生之道莫先养心，而养心莫若寡欲……至若导引之术，调气之法，则多是出于方外术士之所说。"[①]他特别指出道教的调息法、导引术和房中术可有益于人的身心健康。这种"气守丹田的内观法"即是道教特有的通过调息来进行修炼的内丹功法。另外，贝原益轩还提出，养生者需要在平时的生活中，清心寡欲，起居有度，饮食清淡，适当锻炼，以自然疗法来有益于养生，故提出"乐道者长寿"之说。日本人不仅重视道教的养生思想，而且还身体力行地进行实践。今天，东京还有个仙道连，创立人是田中教夫，他自称"五千言坊玄通子道士"，以追求长生不老的仙境为理想，[②]但已具有浓厚的日本民间文化色彩，并与日本固有的神道信仰在无形中融合了。

第三，道教咒禁术对日本民间习俗的影响。窪德忠在《中国道教对日本民间信仰的影响》中，认为"道教是以中国古代万物有灵论为基础。以神仙思想为中心，吸收众多的信仰和思想，采用宗教形式的自然宗教，并且是具有浓厚的咒术宗教色彩的中国固有的宗教。"[③]他通过讲述"指甲和头发""溺死者的面向""道教经典的传入""中元节""珍惜字纸的风习""厕所用纸""叩齿避魔""鬼神和门神""登高和菊花酒""石敢当和影壁""钟馗""鲁班尺"等日本民间风俗，来说明中国道教咒禁术在过去和现在对日本民间习俗的影响。

第四，中国道教的"三尸说"传到日本后，与日本民间风俗相结合，形成了富有民族特色的"守庚申"风俗。"守庚申"原为道教去除"三尸"之术，何时传入日本，历来众说纷纭。奈良朝时，"守庚

---

① 赵一凡：《日本心身锻炼法纵览》，中医古籍出版社 2003 年版，第 7 页。

② 李养正主编：《当代道教》，东方出版社 2000 年版，第 346 页。

③ 杨曾文、[日] 源了圆主编：《中日文化交流史大系·宗教卷》，浙江人民出版社 1995 年版，第 57—86 页。

申"仪式开始出现于奈良朝的宫廷活动中。据《续日本纪》卷九记载：养老八年（724）庚申日，圣武天皇"召诸司长官并秀才及勤公人等，赐宴于宫中，赐丝各十约。"庚申夜，天皇在宫中赐宴于群臣。众人饮酒下棋、吟诗唱歌等娱乐活动来消磨时间，还有丝竹管弦伴奏，饮酒助兴，到黎明前，天皇下赐赏品后，大家才散场。① 这种兴奋娱乐、彻夜不眠的"守庚申"渐成一种习俗，与朝鲜半岛的风俗十分相似。从平安时代起，守庚申的信仰在日本京都很流行，但不再像中国道教那样具有浓厚的宗教意味，而是变成了以天皇为中心进行的一种宫廷娱乐活动。先是天皇宫中举行守庚申的活动，然后流传到民间。镰仓朝末期，花园天皇的日记《花园天皇宸记》中记载：元享二年（1322）二月二十二日有"避三尸"的记事，这说明守庚申活动在当时以天皇为中心的宫廷贵族中依然展开着，其庚申信仰的崇拜对象一般称为庚申神。

从历史上看，道教作为中国的传统宗教，虽然在日本宗教与文化中产生了一定的影响，但并没有像佛教那样得到长足的发展，也没有像儒学那样渗透到意识形态和社会生活的各个方面，甚至成为日本思想意识形态的主流文化，而是始终以隐性的方式传播，不仅处于日本社会的边缘状态，而且还经常因使用"小道巫术"而受到批评，特别是百姓将道教之术与日本民间风俗信仰相结合，在乡镇中进行"妄崇淫祀"时，就更受到了朝廷的排斥。

明治维新运动之后，西方文化大量传入日本，国家神道的扩张，道教因素更是隐于某些神道教派中而不显了。据此，一些日本学者通过研究逐渐认识到，那些传入日本的道教因素，若不经详细考察就称其为"道教"是有问题的。日本文化对各种分散的道教因素的吸收也不能统称为道教在日本的传播。若只提到古代日本对道教的吸收，却没有论及古代日本文化自有的独特性，这很容易陷入那种"日本文化

① ［日］窪德忠：《庚申信仰的研究》，日本学术振兴会1961年版，第781页。

全部是中国文化的移入，就会使所谓日本文化乃中国文化之亚种的谬论畅通无阻"①，这恰恰是一些坚持日本文化自主性与独立性的学者们所不愿意看到的。然而若换一个角度看，"道教虽然没有在日本'成宗立派'，但它却是本土文化和外来思想的'黏合剂'，在日本的精神世界中每当思想文化组合关系发生转型时，道教就充当一种重要的思想工具。"②此说比较公允地评价了道教在日本的传播及对推进日本文化发展所起到的特殊作用。

今天，是否还有日本人信奉道教？我所接触到的日本学者，大多数是摇头，回答或是说没有，或是说不太清楚，或是说即使是有，也为数极为稀少。其实，今天也有一些爱好道教的日本人参与了传播道教的活动。例如，在东京西部大岳山上有日本人建立的多摩道院，有位自称是仙人的笹目秀在主持事务，他通过扶乩占卜来传播道教，招收了一些弟子。另外，也有一些日本人出于对道教信仰和思想的喜好，开始在民间建立现代道教教团，有组织地开展弘道与修道活动。例如，本州岛福岛县有一座日本道观，其名可音译为"池拔利"，创始人早岛天来（笔名早岛正雄，1910—1999）出身于从村上源氏继承了道家技能的大高坂家，后又成为把"气的医学"作为家传的早岛家的养子，家学熏陶使其从小对道教有着特殊兴趣。后来，早岛天来又去台湾学道，成为龙门派第十三代传人，创办了《仙学》杂志，著有《不老回春术》③，创建了以道教思想为指导的导引术、动功术、服气术的养生法。后以福岛县磐城市为仙都，于 1980 年在此创立"日本道观"，其中安置湄洲妈祖娘娘等道像，开展传教的活动。1991 年10 月 2 日到 10 日，早岛正雄率领由 124 名日本道教信徒组成的朝圣团来到中国全真道龙门派祖庭的北京白云观和兰州白云观朝圣。据

①　[日] 中村璋八：《日本的道教》，载 [日] 福井康顺等监修：《道教》第三册，上海古籍出版社 1992 年版，第 37 页。

②　范景武：《神道思想与文化研究》，内蒙古人民出版社 2002 年版，第 564 页。

③　[日] 早岛天来：《不老回春术》，福建人民出版社 1989 年版。

说，到 1992 年 6 月，已有 310 位日本道教信徒来中国拜祖朝圣，与中国道教协会建立了友好往来。[①] 随着入教人数的增长，以福岛县磐城市的日本道观为总部，从札幌到冲绳，在日本各地又设立了 11 个支部，又称道家道学院，再由总部派出了解道教知识的道士进驻到各个支部，进行传播道教信仰与教授道教修炼术等活动。

这些自称是道士的日本人开办的道观经过 30 多年的发展，于 2012 年 7 月 25 正式成立日本道教协会，其总部就设在日本修验道三大名山之一英彦山下的福冈县东峰村。日本道教协会成立后，开设了一系列道教文化的讲座，以通俗易懂的方式来普及道教思想和传授修炼术，提倡通过改善人体内气的循环，来达到维持现代人身心健康的目标。日本道观住持早岛妙瑞道长在全国各地巡回教授健康身体养成的导引术、体会自然健康的动功术和解除内心烦恼的洗心术，将道教称为打开身心之门的学说，并期望以此学说来守护和平和幸福。日本道教协会的理事长早岛妙听则于 2004 年获得道士资格，著有《中华古导引学》[②]，通过倡导"气的训练养生法"来传播道教，扩大了道教神仙信仰与养生术在日本当代社会中的影响。刚成立不久的日本道教协会所开展的弘道与修道活动，是需要关注并研究的当代日本道教文化现象。

总之，道教在日本的传播曲折复杂，被接受的东西往往是模糊而难以确定的，被拒绝的东西却是比较明确的，因此，道教没有像在朝鲜半岛那样发展成有着自己的道观和教派的独立宗教，但它却隐含在日本文化之中，进而成为东亚道教的一部分。

---

① 参见李养正主编：《当代道教》，东方出版社 2000 年版，第 347 页。
② ［日］早岛妙听：《中华古导引学》，北京体育大学出版社 2014 年版。

第四章　道教对琉球文化的多重影响

　　道教在创立后不久就开始随着移民的步伐向东亚各国传播，但真正在琉球立足、传播与发展，是在明朝建立之后。当时的琉球以冲绳岛为中心，从北到南分为北山、中山、南山三个诸侯国。明太祖朱元璋派杨载出使琉球，并册封中山王察度，使之成为明朝的藩属国。闽人从福建来到琉球后，为了表达对家乡文化的怀念以及族人共同进行宗教生活的需要，他们在唐荣里修建了天尊堂、天妃庙和关帝庙等，为国祈福，为民驱害，使道教文化以实体性的方式展现出来。虽然道教在琉球群岛上始终未能建立独立的教团，也没有专职道士，但"虽无道士，却敬神仙"成为琉球道教的鲜明特色。对幸福平安的追求是中国道教能够跨民族、跨文化、跨地域并对琉球文化产生多重影响的精神动力和主要原因。

第一节　《中山世谱》所记道教

　　十八世纪，琉球王国第二尚氏王时期的政治家蔡温（1682—1762）主持用汉字编纂的《中山世谱》，虽以琉球国王的家谱为线索记载琉球民族文化起源与发展历史，但其中也讲到中国文化包括道教在琉球的传播情况。笔者以《中山世谱》为主要文本，以保存至今的明清时期的琉球文献所记载的道教宫观、神灵信仰、祭祀仪式以及考古发现的道教文物为依据，将道教置于琉球社会的政治文化、外交关系和宗教习俗中加以考察，以说明琉球群岛因远离日本本岛而保留了较多的绳纹文化传统和本地风土人情，中国道教在琉球的传播是曲折复杂且丰富多彩的，被拒绝的东西是比较明确的，被接受的东西往往又因带上了琉球文化色彩而显得模糊不定，因此探讨中国道教在琉球的传播及其对琉球文化的多重影响也是东亚道教研究中的重要内容。

琉球群岛处于日本的最南端，现称为冲绳[①]，因位于日本九州岛和中国台湾岛之间，在历史上又成为中国文化向海外传播的要道之一，故琉球又有"万国津梁"之称。明朝建立后，为了扩大中华文化在海外的影响，明太祖朱元璋派遣外交使节持诏书分赴东亚各国。洪武五年（1372）杨载出使琉球，将朱元璋称帝建立明朝之事诏告其国，并册封中山王察度。于是，中山王察度派其弟泰期等人随杨载入朝贡方物，琉球正式成为明朝的藩属国。由于"琉球国，其地在福建泉州之东海岛中。其朝贡，由福建以达于京师"[②]，因此，明太祖为加强与琉球王国的往来，"敕赐闽人三十六姓"定居琉球。

编纂于康熙五十二年（1713）的《琉球国由来记》明确记载明朝敕赐闽人三十六姓去琉球的主要是知书能文者、擅长航海者，时间从洪武延续到永乐年间。闽人从福建来到琉球后，积极兴弘文教，他们的居住地被称为唐荣——又称唐营、久米村。日本民俗学家伊波普猷（1876—1947）在《孤岛苦之琉球史》中认为："冲绳道教思想浓厚，实因三十六华裔移民而起。"[③]他将道教置于东亚文化交流的历史语境中加以考察，以说明推动道教在琉球传播的主体是华人移民，同时又将主持用汉字编纂《中山世谱》的政治家蔡温视为琉球五伟人

---

① 1879 年，日本吞并了在东亚华夷秩序下自成一国的琉球，将琉球群岛的南部和中部改称冲绳县，北部并到鹿儿岛县。琉球虽然已是一个历史地名，但在 19 世纪之前却是中国道教对冲绳文化产生多重影响的社会背景。

② 李贤等：《大明一统志》卷八十九《外夷》，三秦出版社 1990 年版，第 1370 页。

③ ［日］伊波普猷：《孤岛苦之琉球史》，平凡社 1974 年版，参见谢必震、胡新：《中琉关系史料与研究》，海洋出版社 2010 年版，第 157 页。

之一①。

蔡温是福建泉州府南安县人，出生于移居琉球的"三十六华裔移民"家族之一，其先祖蔡崇奉命迁居，后成为琉球的蔡姓始祖。蔡温自幼生长于久米村，"久米村在察度王时代即开始输入汉学，其中又以儒家思想与道教信仰为主，村内建有孔子庙、天妃庙、天尊庙、关帝庙、龙王殿等寺庙，并于孔子庙内设立学堂，成为琉球的汉学研究中心，使当时研究汉学的风气很盛"②。蔡温既在学堂里学习儒家经典，也在家中接受有着深厚中国文化素养的父亲蔡铎（1645—1725）的熏陶，十二岁就成为若秀才，十五岁成为秀才，十七岁时因精通多种语言，出任王府的通事，即翻译官。蔡温在二十五岁时成为儒学讲解师后，又于 1708 年随琉球耳目官向英、正议大夫毛文哲等前往福州考察。

蔡温到达福州后，居住于柔远驿中。在福州任职的三年时间里，蔡温走访儒、佛、道三教人士，尤其学习了山川治理之法和经世治民之学。1711 年，蔡温返回琉球后，积极传播中国文化，不久就担任王世子尚敬的老师。1712 年，国王尚益去世。尚敬即位新一任国王后，蔡温被授予了"国师"③ 称号。蔡温以中国文化为指导来施展他建设琉球的政治抱负，编纂了《图治要传》《要务汇编》《居家必览》《蓑翁片言》《醒梦要论》《客问录》《一言录》《家言录》《山林真秘》等书，向琉球人详细地讲述中国的经世治民之学和进步的文物制度，又被称为琉球的实学者。

成书于公元 1650 年的《中山世鉴》是摄政向象贤（1617—1675）用日文编撰的第一部琉球国官修史书。蔡温在《中山世鉴》和其父亲

---

① 参见 ［日］伊波普猷、真境名安兴：《琉球五伟人》，琉球新报社 1993 年版。

② 张希哲：《蔡温对琉球的贡献——附蔡温年谱》，中琉文化经济协会编：《第一届中琉历史关系国际学术会议论文集》，台湾联合报文化基金会国学文献馆 1987 年版，第 313—314 页。

③ 琉球的"国师"一职自蔡温始。

紫金大夫蔡铎手修《世谱》的基础上，坚持以汉字①来编纂《中山世谱》。今天所见成书于1725年的《中山世谱》包括本卷14卷，主要是收录有关中国的事项，其中由蔡温改订的本卷到9卷为止，其后由史官继续修订完成；附卷7卷，主要是收录有关萨摩藩的事项，由蔡温编修部分，其后又经郑秉哲改订完成。

《中山世谱》作为第二部琉球王国官修史书，以琉球国王的家谱为线索，主要记载了琉球在东亚朝贡册封体系中与中国及日本的交往。卷首列有的《琉球舆图》首先展示了琉球群岛的地理位置，记载了当时的琉球群岛包括"三府五州三十五郡""三十六岛"及其附属岛屿的正名或俗称，但其中并无钓鱼岛、黄尾岛、赤尾岛等记载。据《久米村系家谱》记载，蔡温曾参与清康熙帝派去的使臣徐葆光（1671—1723）绘制《琉球国图》和《琉球三十六岛图》②的工作，在《中山世谱》中也附有《琉球三十六岛图》，若对照徐葆光绘制《琉球三十六岛图》，可见蔡温对三十六岛的岛名用字是略有变异的。③

《中山世鉴》讲述琉球民族创世传说时就主张"日琉同祖论"。琉球王国统治者天孙氏是琉球神话中创造天地的阿摩美久神的后代，这一与日本"记纪神话"颇为类似的创世记，却有自己的主人公，男名志仁

---

① 郑秉哲在《中山世谱·附卷》序中讲述了蔡温以汉字编《中山世谱》之事："我琉球国，僻处东隅，不能自大。故自古而来，与萨州为邻交，时通聘问，纹船往来。后亦纳贡于萨州，至今数百年，不敢少懈，而事之可纪者，亦最多矣。畴昔向奉王命，始用国字，著《中山世谱》。蔡改以汉字，命之曰《世谱》。"

② 康熙五十二年（1713），琉球国王承继王位，康熙帝派江南苏州府人徐葆光任救封琉球国王的副使，并命其带天文生一起前往测绘琉球诸岛的名称和位置。徐葆光最早绘制《琉球三十六岛图》与《琉球地图》，尤其是作《琉球三十六岛图歌》把琉球群岛的主要岛屿名称、地理位置、地形地貌和文化特征用诗歌介绍出来。（参见潘相：《琉球入学见闻录》，《国家图书馆藏琉球资料汇编》下，北京图书馆出版社2000年版，第652—653页）

③ 参见鞠德源：《钓鱼岛正名：钓鱼岛列屿的历史主权及国际法渊源》，昆仑出版社2006年版，第205页。

礼久，女名阿摩弥姑，他们以"风"为缘而生下三男二女。天帝子的后代，男孩掌管世俗事务，女孩君君、祝祝均为女巫，是掌祝祭之官。

第二节 琉球文化与道教的相遇

在公元前 10 世纪到前 3 世纪之间，就有移民从中国中南部沿海地区来到琉球群岛，并逐渐从西向东迁移。天孙氏参照中国皇朝政治而在琉球建立了天孙王国，直到隋炀帝时才始称"琉虬"，以描绘形成一条弧线的琉球群岛犹如浮于海中之龙，《中山世谱》明确指出，隋大业三年（607）"炀帝令羽骑尉朱宽入海访求异俗"[①]。唐代时为避帝王"龙"之讳，改称"琉虬"为"流求"。

《中山世谱》讲述了受中华文化的影响，琉球的原生文化曾发生了四次变化。中国文化初传后即导致琉球俗习走向文明开化。唐宋文化的再次传入又推动琉球礼节渐作、政法兴起。第三次"国俗大革"发生在舜天王统治时期，"舜天登位后，制度新定，国俗大革，使王国得以巩固。第四次变革则发生在明太祖建立明朝后，"洪武之初，太祖改'瑠求'曰'琉球'，遣使招抚。王悦，始通中朝，入贡，以开琉球维新之基（国俗至此，而为四变）"[②]。明太祖派使臣杨载携带诏书出使，赐国王巴志"尚"姓，又称其国名为"琉球"，以形容这些星罗棋布的岛屿犹如海上的琉璃玉和珍珠球。明朝与琉球建立朝贡关系后，因外交与文化的往来而奠定了琉球的维新之基，对琉球文化的影响越来越大。

明洪武二十五年（1392），二十一岁的尚巴志（1372—1439）听

---

① ［琉球］蔡铎、蔡温、郑秉哲著，袁家冬校注：《中山世谱校注本》，中国文史出版社 2016 年版，第 19 页。
② ［琉球］蔡铎、蔡温、郑秉哲著，袁家冬校注：《中山世谱校注本》，中国文史出版社 2016 年版，第 20 页。

从父命进行统一琉球的大业，于明永乐二十年（1422）即位为中山国王。"巴志为人，胆大志高，雄才盖世。"①1429 年，尚巴志通过武力打败了北山和南山，结束了诸侯割据的局面，统一琉球群岛，定都首里城，建立起统一的中央集权制的琉球王国。琉球复归统一后，有三府及三十六岛，总称曰琉球。琉球人虽有自己的民族语言——琉球语，但这个参照中国典章制度而建立的琉球王国也通用汉语、推行汉文化，称大陆朝廷为"父国"，自称为"子国"。从《中山世谱》看，这一自请封王朝贡的天孙王朝前后持续了 1780 年，与大陆官方和民间社会都保持着较为密切的关系。由于琉球人长期生活在日本列岛的边缘地区，时至今日，琉球人约有 120 万人，属于日本社会中少数族群，还时刻面临着被大和民族同化的处境。

《中山世谱》在开篇《历代总纪》中即借鉴《道德经》《周易》的阴阳思想来讲述志仁礼久与阿摩弥姑故事时，又将"天帝子"作为琉球创世神话中的琉球人的祖先，其长男天孙氏为国君之始，改变了《中山世鉴》"以往来之风为缘，遂生三男二女"这种过于神话式的表述。在《中山世谱》所展现的原生文化中，自然界所有的事物都存在着灵性，"国人竦然畏惮，不敢侮侵。其神不一，名亦不同"②，尤其是对天神、山神、海神、树神和五谷神怀有敬畏和感恩之情，琉球人不仅将自然物和祖先之灵称之为"神"，而且还将女性的生殖力视为人类兴旺和食物丰收的象征而加以崇祀。人们抱着敬畏、恐惧的心理来进行祭祀，称为做"神事"。从自然崇拜、祖先崇拜出发，倡导森罗万象中都有神灵栖息的万物有灵论，形成了一种具有泛灵论特点的多神教的信仰体系。

从《中山世谱》这部琉球官方史书可见，琉球文化受到中国

---

① ［琉球］蔡铎、蔡温、郑秉哲著，袁家冬校注：《中山世谱校注本》，中国文史出版社 2016 年版，第 21 页。

② ［琉球］蔡铎、蔡温、郑秉哲著，袁家冬校注：《中山世谱校注本》，中国文史出版社 2016 年版，第 17 页。

和日本文化的双重影响，一方面对中国文化具有 一种天然的亲近感；另一方面，在宗教信仰上与日本的原始神道也具有显著的相似性。中国道教真正在琉球立足、传播与适应，是在中国明朝建立之后。当时琉球群岛从北向南分为北山、中山、南山三个诸侯王国。三个王国的"世主"都主动向明朝"进贡"，明朝皇帝也分别给予"册封"。

据《中山世谱》记载，尚巴志即位后第三年（1424），"时本年，命辅臣创建下天妃庙。（《杜公录》①云：'天尊庙，昔闽人移居中山者，创建庙祠，为国祈福。'以此考之，上天妃庙、龙王殿，亦此时建之欤。又曰：龙王殿，旧是建在于三重城。经历既久，移建于唐荣上天妃庙前矣。）"②在国王的支持下，创建供奉天妃、天尊、龙王的庙祠，祭祀道教神明逐渐成为琉球人生活中不可或缺的一部分。日本学者窪德忠曾著《中国文化对琉球文化的影响》对道教文昌信仰及劝善书在琉球的传播进行了开创性的研究③，从中可见位于琉球群岛中心的冲绳岛成为现今日本保留道教文化遗迹最多的地区。

琉球王国在尚巴志统治时进入繁荣发展时期，之后的尚氏王朝国王通过与中国明清两朝的"朝贡"和"册封"，在较为频繁的外交与贸易关系中接受着中国文化。明清两朝，为了扩大中国在琉球的政治主权及文化影响，曾先后20多次派遣由正副册封使率领的代表团从

---

① 杜公，指明代崇祯年间被朝廷作为封册正使带着《册封琉球国王敕谕》去琉球的杜三策。据说，山东东平人杜三策于崇祯六年（1633）带领使团去琉球"封世子尚丰为中山王"（[琉球] 蔡铎、蔡温、郑秉哲著，袁家冬校注：《中山世谱校注本》，中国文史出版社2016年版，第121页），回国后撰《使琉球疏》向朝廷报告出使见闻，特别提及来去在海上遭遇飓风，几致覆舟，后向龙神、天妃等神灵祈祷才获得保佑的事情。（参见赵学法：《泰山文化举要》下册，吉林人民出版社2016年版，第685—687页）

② [琉球] 蔡铎、蔡温、郑秉哲著，袁家冬校注：《中山世谱校注本》，中国文史出版社2016年版，第60页。

③ 参见 [日] 窪德忠：《中国文化对琉球文化的影响》，《第一届中琉历史关系国际学术会议论文集》，台湾中琉文化经济协会1988年版。

海路到琉球岛："去必仲夏，乘西南风；来必孟冬，乘东北风。"① 每次，这些官方派遣的使者们大约会在岛上停留半年，有时甚至"踰年始返"，不断将道教信仰和宗教仪式带入琉球。明嘉靖十三年（1534），第11任册封使陈侃出使琉球，归来后著《使琉球录》②，描绘自己所看到的地理环境和风土人情。据这部最早记载中国与琉球海上疆界的中国官方文献记载：陈侃的船队于农历五月初八，自福州梅花所出海，向东南航行，到今台湾基隆海面时再转向东方，舟行如飞，初十即过钓鱼岛。在当时琉球人心目中，过了钓鱼岛、黄毛岛等，见到古米山（即现在冲绳的久米岛），就算回家了，故欢欣鼓舞。这一生动事例记录了钓鱼岛及其附属岛屿在当时就属于中国版图。

值得注意的是，代表团成员身份复杂，不仅有正副册封使等官员，还有"医画、书办、门皂、行匠"③。为了保证海上行驶的安全，船上不仅带上饮食、物用、弓矢、器械之类物品，而且还有一些身怀技艺的人才，有时还请佛僧与道士同行。道士的工作就是负责施行斋醮法事，若海上有风浪，即命道士举醮祭礼，求神灵保佑使海上航程平安顺利。

明万历年间，琉球国王多次上疏，恳请明朝再赐华人入居琉球，但万历三十七年（1609）德川家康（1543—1616）派邻近琉球国的鹿儿岛萨摩藩岛津家九（1547—1587）率领三千士兵占领琉球，俘虏琉球国王，派兵监督琉球内政。直到1654年，琉球王国才摆脱了萨摩藩的控制，为感念中国朝廷的厚德皇恩，琉球国王主动遣使臣到中国，请求清朝继续延续和琉球的宗藩关系，给予册封。

---

① 陈侃：《使琉球录》，《台湾文献丛刊》第287种《使琉球录三种》，台湾大通书局1984年版，第23页。

② 值得一提的是，"自陈侃开始，历次派往琉球册封的使臣皆有撰写《使琉球录》的习惯。"（李金明：《试论明朝对琉球的册封》，《历史档案》1999年第4期。）这为今天研究中国与琉球关系留下了可贵资料。

③ 萧崇业：《使琉球录》，《台湾文献丛刊》第287种《使琉球录三种》，台湾大通书局1984年版，第99页。

据清李鼎元《使琉球记》记载，清嘉庆五年（1800）闰四月十二日，册封琉球正副使者赵文楷和李鼎元再去琉球。他们从京城出发后，一路上随地举行祭拜天后妈祖的活动。他们在出发前先到北京天后宫进香，在路上又到泰山谒碧霞元君祠、诣天后宫，抵达福州后，又"恭奉谕祭加封天后文"。他们的船行至南台冯港天后宫，恭请天后行像并挐公神像登舟，命道士举醮祭桅，还顺便以筊占卜两艘使船此次出海航行之吉凶。挐公，福建人又称拿公，奉为水神或河神，故经常与海神天后一起受到祭祀。这些奉行道教举醮祭桅、以求顺风吉利的做法，也由这些执行公务的使者们带入琉球。

琉球王国也以各种名义派遣使者来华访问："明清以来，琉球贡使团来华多达884次，其中明代537次，清代347次。"① 使团以明代朝廷所设的福州柔远驿为落脚点。琉球使臣是肩负着政府任务来华学习工作的，他们在留驻福州期间，从各个层面接触了中国文化，其中也包括道教文化。

第三节　道教传入琉球后的新特点

道教长期流传于福建沿海地区，闽人自古以来有信奉符箓道教的传统。到宋代时，以道法为中心新符箓派将内丹与符箓、斋醮与法术相结合，提倡道体法用说，在使"雷法"成为集各种道术之大成者时，也推动了传统正一道与新符箓派中的清微、神霄等道派在南方社会中传播。华人走到哪里，就将自己的信仰带到哪里，以此来寄托对故乡的思念、表达寻根意识，也影响到当地人对新事物的好奇与运用。

道教传入琉球后，一方面与琉球固有的原始宗教传统冲突激荡；

---

① 谢必震：《中国与琉球》，厦门大学出版社1996年版，第138页。

另一方面，又因具有一些独特的文化内涵，有时也成为国王用来化导世俗、去除当地原始巫觋之风的一种替代品，使道教向适应琉球社会需要的方向发展。据《中山世谱》记载，清雍正年间，国师蔡温任法司，兼务国师职时，"先是，本国流俗，崇信巫觋之术，悉受妖邪之惑。俗习既深，财费尤甚。由是，王谕国相、法司，禁绝巫术，而世俗归于正道"①。另据蔡温撰《三府龙脉碑记》记载，当年蔡温根据道教玄理来制定保护琉球山林的措施，鼓励发展农业、手工业，以增加琉球王府的财政收入。当时，琉球国曾出现迁都的动议，蔡温又依据道教风水术，讲述了不要随意迁都理由，获得了众人的信服。

琉球王国长期受中国文化濡染，国王也经常关心中国的政治形势。清咸丰十一年（1861）英法联军进逼北京，咸丰帝逃到承德以后，不久即患病，琉球王听说中国被夷兵骚扰，北京还有夷人活动，不仅要求佛教的护国寺、圆觉寺僧众诵经祷告，而且还在天尊庙、关帝庙、龙王殿、天后宫等道观中举行斋醮科仪活动，期望通过敬道礼佛，向各路神祇祈福，来化解清王朝所面临的困局。虽然道教在琉球群岛上始终未能建立独立的教团，也没有专职道士，但"虽无道士，却敬神仙"②成为琉球道教的鲜明特色。因此，在琉球群岛上至今保存了一些原始古朴的祭祀仪式和道教文物，以实物的方式展示着道教对琉球文化的影响。

第一，符箓是道教特有的镇邪驱魔、求雨止旱、治病养生的神秘法物，又称神符，而正一道符箓更是因琉球国王的推荐在琉球得到传播。1436 年，琉球王尚巴志和国相怀机一起，写信请求龙虎山第 45 代天师张九阳（1387—1445）③下赐神符。尚巴志去世后，怀机又为尚

---

① ［琉球］蔡温等：《中山世谱》卷九，《国家图书馆藏琉球资料续编》下册，北京图书馆出版社 2002 年版，第 325 页。

② 李鼎元著，韦建培校：《使琉球记》，陕西师范大学出版社 1992 年版，第 20 页。

③ 第 45 代天师张懋丞是明英宗时人，字文开，因生于九月九日重阳节，号九阳。

巴志的儿子尚忠王再次请张天师下赐神符及明朝天师府之奏疏。①"琉球国王受箓一事,为正一派发展史上的一大盛事。"②至于琉球国王请求受箓的原因,笔者认为,一是对符箓灵验的信仰,二是与国相怀机有关。20世纪,日本学者加强了对琉球文化的研究,考古发掘的成果表明,在冲绳本岛、久米岛、石垣岛、竹富岛等地的墓葬内都发现了一些酷似道教符箓的东西。窪德忠根据那些画着类似北斗和符咒的石片和瓦片推测:"万一就是与道教有关的实物,则说明人们接受了道教的神符。总之可以说冲绳地区对道教神符的信仰颇深。"③符箓成为道教在冲绳地区传播的象征之一。

第二,琉球人供奉的道教神灵名目众多,三清、玉皇、天尊、雷神、火神、土地神、门神、灶神、斗姥、关帝、文昌、天妃妈祖等,不仅建有一些专门供奉道教神灵的道观,佛教寺庙中也经常供奉道教神灵。中国道教传入琉球后,很快融入当地带有泛神论色彩的原生信仰之中,"请雨,每于十月垦种后,先三日斋,各官皆诣龙王殿及天尊庙拜请;又请龙王神像升龙舟,至丰见城,设雨坛拜请。"④宋代以后,中国南方道教中兴起的新符箓派的鲜明特点之一就是崇拜雷神、奉行雷法。琉球人也称雷神为雷公,这种对雷神的崇拜传入琉球后得到发扬光大。据清代周煌撰《琉球国志略》卷七《祠庙》介绍,当时冲绳岛上建有"雷神庙,在那霸护国寺前,祀雷声普化天尊,故俗呼天尊庙。"⑤琉球的雷神庙因供奉道教特有的雷声普化天尊雷神,又称天尊庙。琉球人在建造的天尊庙中,还供奉着护国保民的"关帝王"

---

① 《琉球历代宝案》记录了明成祖永乐二十二年(1424)至清朝穆宗同治六年(1867)年间琉球王国与其周边诸邻国往来的原始文书,其第一集卷四十三中有六封信函,其中有尚巴志和怀机向龙虎山张天师求请道教神符之事。

② 庄宏谊:《明代道教正一派》,台湾学生书局1986年版,第140页。

③ [日]窪德忠:《道教入门》,四川人民出版社1996年版,第223页。

④ 徐葆光:《中山传信录》卷五《礼仪》,《台湾文献丛刊》第306种,台湾大通书局1987年版,第213页。

⑤ 周煌著、陈占彪校:《琉球国志略》,商务印书馆2020年版,第161页。

和治水之神"龙王"。久米村天妃宫大门左侧建有的神堂上供奉的也是中国道教的司雨龙神，并定时开展具有民俗特点的祭祀活动，使符箓道教擅长斋醮科仪的优势发挥出来。

第三，那些具有道教文化特点的石敢当、石狮子、屏风、门镜、八卦符号等也经常出现在琉球建筑中，被用来聚气化煞，佑护宅地平安。日本学者下野敏见以泰山石敢当为线索来看道教对冲绳文化的影响："冲绳自14世纪中国福建人的归化以来，道教也传了过来，作为其中一环的石敢当大概也被传播过来了。"[①]明初迁入琉球国闽人三十六姓中就有信奉道教的人。冲绳岛上保存到今天的那些石敢当，先存在于由福建省归化人聚集的地区，后来又被派遣到冲绳的萨摩藩武士家族传入鹿儿岛，再传入日本本土。石敢当起源于古人对泰山灵石崇拜的民俗，以有形之灵石来表达对无形之道的敬畏，帮助人们远离各种灾祸与危险，克服莫名的困惑与恐惧，后被道教吸收发展为带有人格神因素的镇灾物或避邪物。这些石敢当传入琉球后，逐渐融入冲绳建筑文化之中，越来越具有本地化的倾向，表现出一些不同于中国道教的新特点，例如，冲绳建筑文化中广泛采用的石敢当上经常刻有日本修验道借助于佛教密宗的梵字、九字文和道符等神秘符号，放置在丁字路、三岔路的位置或人家的入口处来保护房基地，以提升人们远离灾祸危险的信心。正是这种对幸福平安的追求成为推进道教信仰跨民族、跨文化、跨地域传播的精神动力和主要原因。

第四，道教斗姆元君受到琉球人特别关注。琉球自古以来流传着以巫女为神职、奉行多神的原始宗教。在琉球传说中，元君是天帝子的长女，也是一位三首六臂、手执日月的女神。据说这位女神能易水为盐、化沙为米、以御外患，故人们将其视为"灵异特著"的国家守护神，尊称"辨戈天"。从"辨戈天"名称看，似佛教密宗所崇拜的印度

---

① ［日］下野敏见：《中国石敢当与日本琉球石敢当比较研究》，《福建学刊》1991年第1期，第75页。

女神辨才天女。有意思的是，清政府派遣琉球的四任册封使江楫、徐葆光、周煌、李鼎元都认为"辨戈天"即是中国道教所崇拜的北斗众星之母斗姆。例如，徐葆光在《中山传信录》卷四《纪游》中介绍了一些冲绳的神社神宫、佛教寺庙和道教神观，他们认为天女堂供奉的辨才天女即是中国道教中供奉的北斗七星之母——斗姥，又称斗姆元君。斗姆元君因与密教信仰的摩利支天女神相关，经常以三目、四首、八臂的形象来展现其救苦救难的慈悲和法力，成为社会大众奉祀的兼具道教与密教二宗教法的救度女神。其实，对于琉球人来说，斗姆是哪个宗教的神并不重要，重要的是通过供奉女神来表达期望消灾解厄、求福保泰、长生不死的美好愿望，这也是道教女神受到人们建堂供奉的重要原因。

第五，妈祖作为中国道教所信仰的海上护法女神，受到了琉球人的广泛崇拜，以至于成为道教对琉球文化产生"重要影响"的象征之一。琉球群岛位于波涛汹涌的太平洋中，妈祖信仰在东亚传播路线是从中国福建沿九州岛北上传播到日本本州岛各地的。妈祖因在海上搭救遇险船只不幸落水身亡，后人以"人行善事，死后为神"，便在湄洲建起祠庙，奉为海神，虔诚敬奉，故妈祖又称天妃、天后、天上圣母，宋代以来就受到东亚沿海地区历代船工、旅客、商人和渔民的信奉。江户中期天野信景（1663—1733）在随笔集《盐尻》卷十二曰：明永乐七年（1409）正月，敕封海神林氏为天妃，建祠京师之仪凤门祀之。妈祖信仰传到日本野间山的时间大约是中国明朝永乐年间，当时有一艘船行到久米岛附近的海域遭难，人们通过祈祷妈祖才得以平安上岸。[1] 据《中山世谱》记载，明永乐二十二年（1424）尚巴志王命辅臣创建天妃庙专门奉祀妈祖神。[2] 琉球国第二尚氏王朝时著名学者程顺则（1663—1735）所撰《指南广义》也是当时中琉航海的必备书

---

[1] 参见 ［日］河野训：《日本の神社仏阁に见られる——道教の要素》，载神道国际学会编：《道教与日本文化》，たちばな 2005 年版，第 74 页。

[2] 参见 ［琉球］蔡铎、蔡温、郑秉哲著，袁家冬校注：《中山世谱校注本》，中国文史出版社 2016 年版，第 60 页。

籍，据其中《天妃灵应纪略》记载，明朝使臣将天妃妈祖像置于出使琉球船队的主舟中，他们在海途中遭遇危险时在天妃的庇佑下化险为夷的故事更推动了妈祖信仰在冲绳、鹿儿岛、长崎等地的影响。到乾隆二十二年（1757）时，冲绳岛上已建有许多妈祖庙，以纪念这位护海运有奇效的妈祖女神，其中最著名的三座是久米村上天妃宫、那霸下天妃宫和久米岛天后宫①。妈祖信仰虽然经过跨文化传播，但依然保持着海上护法女神的特征。

20 世纪以来，冲绳社会中的道观神庙的朝拜者以华人为主，奉行的主要是《太上老君说天妃救苦灵验经》《太上感应篇》《关圣帝君觉世真经》《文昌帝君阴骘文》等带有劝善性质的道书，其祭祀仪式和道观建筑依然带有浓厚中国文化特点。华人华侨通过祭拜道教神灵，来表达对幸福平安生活的向往以及对自己祖国文化的认同与尊奉，以一种特有的方式促进着道教继续传播。②道教在琉球的传播对当地文化有着多重影响，但却未能像佛教那样因地制宜地走本土化、地方化的道路而发展成为日本佛教，其中的原因还值得深入探讨。若换个角度看，今天冲绳岛上的一些供奉道教神灵的神庙道观，通过汉文教育建立的启蒙学校、同乡会馆、定期轮流举办祭祀妈祖、关帝、斗姆、文昌等道教神灵的民俗庆典活动，也依然为传播中华文化做着特殊的贡献。

---

① 参见［日］野口铁郎：《那霸久米村の天妃庙》，载［日］野口铁郎编：《道教と日本》第三卷《中世・近世文化と道教》，雄山阁出版株式会社 1996 年版，第 155—169 页。
② 参见孙亦平：《从〈中山世谱〉看道教对冲绳文化的多重影响》，《西南大学学报》2018 年第 3 期。

第五章　道教在越南的传播

在道教尚未创立的秦汉时期，越南就属于中国的领土。越南位于中南半岛东部，北与中国接壤，西与老挝、柬埔寨交界，东面和南面临南海，领土面积不大，但却拥有众多的民族。居住在中南半岛的越南人百分之九十属于越族，又称京族，秦汉时还处于氏族社会时期，各个部落大小不一，居住分散，史称"百越""百粤"。越南学者陈重金（1883—1953）曾将越南历史分为四个阶段：上古时代（前2879—前111）、北属时代（前111—939）、自主时代（939—1802）其中又分为"统一时代（939—1527）"和"南北纷争时代（1527—1802）"、近今时代（1802—1945）即指越南最后一个封建王朝阮朝。[①] 其中，北属时代又称郡县时期，指从秦到唐末五代，越南中北部在地理与行政上都属于中原政权管辖的"交趾"。越南人自古以来就与中华民族血缘相连，在文化上更是受中华文化的哺育和熏陶，但他们也有自己的文化传统，据《安南志原》卷二记载："交趾旧俗，信尚鬼神，淫词最多。人有灾患，跳巫走觋，无所不至。信其所说，并皆允从。"越南人好信鬼事魔，崇尚祭祀，又不只崇信一种宗教，这种多神崇拜的文化传统为中国儒、佛、道三教相继传入创造了条件。道教在越南虽然经常是与佛教相依相伴，但在信仰上却以三清、玉帝、城隍、女神崇拜为特色，在历史发展中又与越南民间信仰相融合，衍化出"四

---

① 参见［越］陈重金：《越南通史》，商务印书馆1992年版，"目录"第1—3页。

不死"① 崇拜和母神崇拜、山神、河神、生殖崇拜等，以多元信仰适
应着越南人的精神需要，又在不同的历史时期，表现出不同的文化特
征。道教在越南的传播及其影响由来已久，但由于史料文献中有关道
教在越南的资料非常稀少，故至今对越南道教的研究仍寥若晨星，然
而这却是东亚道教研究中的一个重要课题。如果说，道教以跨文化、
跨民族、跨宗教的方式在东亚文化圈传播，那么，值得研究的是，道
教在何时，通过什么途径和方式传播到越南？它在跨文化传播中又
如何被越南人看待、解读和选择？形成了哪些越南化的新特点？道
教信仰在维系越南社会结构和文化系统的动态平衡方面又起到怎样的
作用？

第一节　道教在交趾的传播

道教究竟是在何时传入越南，至今尚没有定论。笔者认为，从
现有的资料看，早在秦汉时越南中北部的红河流域就成为中国的领
地"交趾"。大约在东汉末年，道教就通过一些官吏、士人传入交趾，
其长生信仰与神仙之术迎合了越南人对生命存在的深层需求而逐渐被
接受。相传在公元前 257 年，秦灭蜀国后，蜀国的末代王子蜀泮就率
领着其族民辗转来到越南北部定居，自称安阳王，建立瓯雒国（前
257—前 207）②，定都封溪（今越南河内东英县），又称为安阳国，开
始了对越南的统治。秦始皇统一六国之后，为威服蛮夷，于前 214
年，派屠睢为主将、赵佗为副将率领五十万秦军越过岭南，占领了越
南北部和广西、广东等地，消灭瓯雒国。当时的百越诸族尚处于刀耕

---

① "四不死"是越南民间宗教信仰的四个被神化了的人物：伞圆山神、柳杏公主、
扶董天王和褚童子。

② 《交州外域记》记载："交趾昔未有郡县之时，土地有雒田。其田从潮水上下，
民垦食其田，因名为雒民。"蜀泮合并西瓯、雒民，建国取名为瓯雒国。

火神的氏族部落阶段："凡交趾①所统，虽置郡县，而言语各异，重译乃通。人如禽兽，长幼无别。项髻徒跣，以布贯头而著之。后颇徙中国罪人，使杂居其间，乃稍知言语，渐见礼化。"②在征服了当地的百越诸族后，秦朝向这一带大量移民，并设立了桂林、南海和象郡三个郡县进行管理，从此越南进入了长达千年之久的"北属时代"，因属于中原管理的郡县，又称"郡县时代"。

在道教传入之前，越南本有各种形态的原生性宗教，既有祭山、祭河、祭龙、祭蛇、祭虎、祭鸟、祭榕树、祭磨子等图腾实物崇拜活动，也有祖先崇拜，还有三府道信仰，即从朦胧的灵魂观出发，相信在人生活的尘世之外还有天府、水府和阴府三个世界存在，这与道教奉行的多神崇拜也有相通之处。元鼎五年（前112）汉武帝平定南越国，设立交州作为汉代十三州之一，作为汉朝最南部的疆域。第二年，置九郡，其中的交趾、九真、日南三郡就在今天的越南境内，因此中国史籍也称越南为"交趾郡"或"交州"。东汉初"光武中兴，锡光为交趾，任延守九真，交趾、九真并今郡地。于是教其耕稼，制为冠履。初设媒娉，始知姻娶，建立学校，导之礼义。"③交趾作为中国的附属国，社会秩序稳定，自然环境优美，盛产丹砂等药材，吸引着一些爱好炼丹的道士前来。

东汉灵帝（156—189）死后，天下纷乱，大批中原士人来到相对宁静的交州避难，儒、释、道、医各家汇聚于此，设坛讲学，争鸣辩论。当时，有位佛学家牟子也带着母亲避乱来到交州。牟子自幼博览群书，博学多才，精通诸子百家，"锐志于佛道，兼研《老子》五千文"，因推崇老子的"绝圣弃智，修身保真"的学说而被称为"隐士"，故"世俗之徒多非之者"，说他"背五经而向异道"。于是，牟

---

① "其俗男女同川而浴，故曰交趾，趾通阯。"（《后汉书》卷八十六《南蛮西南夷列传》。）

② 《后汉书》卷八十六《南蛮西南夷列传》。

③ 《后汉书》卷八十六《南蛮西南夷列传》。

子做《理惑论》凡问答三十七条，参与儒、佛、道三教论辩，一方面用老庄词语、儒家思想诠释佛教；另一方面，则表明自己崇尚佛教，排斥仙道的态度。牟子撰写的《理惑论》是现存最早的中国佛学著作，其中就提到一些道教初传越南的情况。从这一最早有关道教传入越南的记载看，道教可能是伴随着儒学、佛教从广西进入越南的。

当时，在交州的避难者中有一些擅长神仙辟谷长生之术的道家术士，他们传播"王乔、赤松八仙之篆，《神书》百七十卷（大概指于吉《太平清领书》），长生之事"①，当地人积极地向他们学习，以求长生不死。牟子也曾跟着学，但不久就放弃了。有人"问曰：谷宁可绝不乎？牟子曰：吾未解大道之时，亦尝学焉。辟谷之法，数千百术，行之无效，为之无征，故废之耳。观吾所从学师三人，或自称七百、五百、三百岁。然吾从其学，未三载间，各自殒没。"②于是，牟子依据儒家和道家思想对道教的神仙辟谷长生之术提出诘难，那些术士却不敢于应对。牟子在回答"佛道言人死当复更生"的疑问时，更用佛教的魂神不灭论来批评道教的肉身不死说："魂神固不灭矣，但身自朽烂耳。身譬如五谷之根叶，魂神如五谷之种实。根叶生必当死，种实岂有终亡，得道身灭耳。"③越南佛教著作《禅苑集英》《大南禅苑传灯录》中也有类似的记载，道教的长生信仰最早是依托于神仙方术、道教神书在越南传播的，但其理论的灵活性和实践的适应性却不如佛教更能吸引人。

到汉献帝（190—220）时，在汉朝派驻交趾的官员中已有一些好道者。据越南史书《大越史记全书》外纪卷三《士王纪》丁亥二十一年（207）记载，交趾刺史张津不仅"好鬼神事"，而且还爱穿道袍、读道书、鼓琴烧香，认为这样做有助于教化民众。三国时，群雄争霸，战争蜂起，一些在三国中位居高官者，如许靖、袁沛、张子云、

---

① 　南朝·梁僧祐：《弘明集》卷一，《大正藏》第52册，第6页。
② 　南朝·梁僧祐：《弘明集》卷一，《大正藏》第52册，第6页。
③ 　南朝梁·僧祐：《弘明集》卷一，《大正藏》第52册，第3页。

许慈、刘巴、程秉、薛琮、袁忠、桓邵等，携带眷属和族人迁移交趾，其中有些人在盛产丹砂的交趾开始进行烧炼丹药的活动。后来东晋道士葛洪听说扶南出产炼丹原料丹砂，当皇帝要"赐爵关内侯"时，"洪固辞不就，以年老，欲炼丹以祈遐寿，闻交趾出丹，求为勾漏令。帝以洪资高不许，洪曰：'非欲为荣，以有丹耳。'帝从之。"[①]葛洪辞官的理由很特别，不以当京城的官为荣，而以炼丹成仙为旨，请求皇帝派他到靠近交趾的勾漏（今广西北流市）去当勾漏令，以便炼丹。可见当时交趾盛产丹砂之消息已传到江南地区。

当时的交趾太守士燮（137—226）虽为儒生，但也爱好道教的神仙术。据《三国志》记载："燮体器宽厚，谦虚下士，中国士人往依避难者以百数。"在士燮的统治下，交趾成为相对安定的地区。士燮在当地有着很高的威望："出入鸣钟磬，备具威仪，笳箫鼓吹，车骑满道，胡人夹毂焚烧香者常有数十，妻妾乘辎軿，子弟从兵骑，当时贵重，震服百蛮，尉他不足逾也。"[②]其出入的排场就连"尉他"，即第一代南越国王赵佗也比不上。《大越史记全书》也有与《三国志》相类似的记载，其中特别提及士燮服食仙药之事："王器体宽厚，谦虚下士，国人爱之，皆呼曰王。汉之名士避难往依者，以百数。"[③]士燮广招天下良才，许多汉朝名士为避难投奔而去，其中不乏身怀仙道绝技的道士，"初王（士燮）尝病死三日，仙人董奉与药一丸，以水含服，……四日复能语，遂复常。"[④]葛洪在《神仙传》中也为董奉（136—226）列传，记载了董奉先活动三国吴，后去交州传道的事迹，特别描述了董奉为士燮治病时，所用丸药之功效：杜燮为交州刺史，得毒病死，已三日。董奉时在南方，乃往，以三丸药内其口中，令人举其头，摇而消之。食顷，燮开目动手足，颜色渐还，半日中能

---

① 《晋书》卷七十二《葛洪传》。
② （晋）陈寿编：《三国志》卷四十九《士燮传》。
③ 《大越史记全书》外纪卷三《士王纪》。
④ 《大越史记全书》外纪卷三《士王纪》。

起坐，遂活。① 由此推测，当时已有道士在越南以丹书仙药为人治病，施行令人起死回生之术来进行传道活动。当时传入越南的道教是来自于中原的太平道？还是源于巴蜀地区有着"鬼道"之称的五斗米道？还是在三国吴地流传的天师道？还有待于进一步研究。

东晋末年，孙恩、卢循利用天师道发动起义则波及到交州地区。史载，卢循曾率残部三千余人袭取合浦（今广西境），与九真（今越南清化）起义军李弈、交州的李脱所领导的俚、僚等少数民族五千余人一起联合进攻交州府城，据说这位"交州的李脱可能也是民间道教的一位首领，因其信仰与五斗米道相近，因此才结集当地蛮族应接卢循的。"② 轰轰烈烈进行了十多年的孙恩、卢循大起义最终被交州刺史杜慧度（327—410）打败，卢循投水自尽。这次起义活动以"长生人"相号召，在客观上扩大了江南天师道在越南的影响。其实，交州刺史杜慧度也是一位颇有道家情趣的人："慧度布衣蔬食，俭约质素，能弹琴，颇好《庄》、《老》。禁断淫祀，崇修学校。岁荒民饥，则以私禄赈给。为政纤密，有如治家，由是威惠沾洽，奸盗不起，乃至城门不夜闭，道不拾遗。"③ 他以道家的清静无为思想来为政，禁断淫祀，以儒家思想为指导来兴学重教，但对那种打着道教旗号进行犯上作乱的活动进行了镇压。

唐朝是中国道教发展的繁荣期。为了进一步从政治、经济和文化上控制越南，唐朝利用行政手段，在越南先设置交州都护府，后改为安南都护府，通过官方途径向越南大力输入儒、佛、道三教，一些道士、巫师、风水先生也陆续来到越南进行传教活动。唐德宗时，一度担任唐朝宰相的姜公辅据说是越南安定县定成乡人，他不但精通儒典，有经论之才，而且睿智有谋，忠贞鲠直，因谏言被贬，向宰相陆

---

① 参见邱鹤亭注释：《列仙传今注、神仙传今注》，中国社会科学出版社 1996 年版，第 343 页。
② 王卡：《越南访道研究报告》，《中国道教》1998 年第 2 期。
③ ［越］黎崱：《安南志略》卷十三，中华书局 1995 年版，第 346 页。

赟求官不得，就请为道士："陆贽为相，公辅数求官，赟密谓曰：'窦丞相尝言，为公拟官屡矣，上辄不悦。'公辅惧，请为道士。"[①] 反映了姜公辅将进以儒术治世，退以道术治身，作为人生的不同进路。虽然姜公辅最后隐居福建泉州南安县九日山而仙逝，但越南人在姜公辅故乡建有"姜相祠"，将他奉为上等福神来祭祀。[②] "姜相祠"至今尚存，属于越南国家文化遗产保护单位。随着道教在越南的传播，一些道观也在各地被陆续建立起来，河内市原有创建于唐代的玄天观。[③]据《交州八县记》记载，当时交州八县有道观21所：

> 交趾名寺四，名观一；朱鸢名寺二十九，名观九；宋平县名寺五，名观四；交趾县名寺二十九，名观六；平道县名寺十二，无观；武平县名寺二，名观一；南定县名寺七，无观。其所载之号，多与今所收不合，其遗纵故址，亦无可考。[④]

修建于公元650—655年的白鹤（越池）通圣观，供奉着白鹤地区的福神三江神就是由道教神灵与越族的山神、河神信仰交融而成的，这所道观一直保存到14世纪，可见道教已被越南人选择并接受。

咸通七年（866），唐朝派静海军节度使高骈（？—887）镇守安南，他一方面整治安南至广州江道，沟通交广物资运输，发展安南的经济；另一方面，他又好神仙之术，重道士吕用之、张守一等。"在高骈时期迷信符咒的道教，传播到我国各州。"[⑤]高骈曾日夕斋醮，拜神弄鬼，炼金烧丹，费用以巨万计，实践道教法术，如召唤雷电来辟

① 《新唐书》卷一百五十二卷《姜公辅传》，《安南志略》卷十五中也有相类似的记载（中华书局1995年版，第348页）。

② 参见郑金顺：《姜公辅其人》，《泉州师范学院学报》1999年第1期。

③ 参见陈耀庭：《道教在海外》，福建人民出版社2000年版，第83页。

④ 高熊征：《安南志原》卷三引《交州八县记》，河内远东博古学院1932年版，第122页。

⑤ ［越］明峥：《越南史略》，范宏科、吕谷译，三联书店1958年版，第44页。

开江中巨石以疏通航道，促进了符箓道教在越南的传播。后来，高骈也被越南人奉之为"福神"。汉末到唐代是道教随着移民传入越南并在异域文化环境中逐渐发展的时期。

第二节　丁、前黎、李、陈朝时的道教

五代十国时期，中原大乱，各地的节度使拥兵自立。939年，出生于交趾地方豪族世家汉人吴权（898—944）乘机摆脱了中国王朝的控制，宣布独立，建立吴朝（939—967），越南从此走上了独立发展的道路。在吴朝短暂的统治之后，相继出现了丁朝、前黎朝、李朝、陈朝等四朝，持续时间长达四百余年（968—1399）之久。当时越南虽已脱离中国的行政控制而获得政治独立，但历代统治者仍继续倡导并引进中国的典章制度和宗教文化，儒家思想奉为治国之道，佛教一度被奉为国教，有的僧侣领袖还被称为国师，道教在王朝更替中，因受到历代帝王的支持而神威壮大，得以在越南社会中持续传播。

相传，丁朝的缔造者丁先皇（924—979）在一次起兵前，特地到位于今天宁平省的道观"天尊洞"去祭拜神明，在平定十二使君之乱，建立丁朝（968—979）后，他又将"天尊洞"改为"安国祠"，定国号大瞿越，年号为"太平"，期望道教神灵能够保佑国家安康。据《大越史记全书》记载，丁先皇太平二年（971）实行儒佛道并举的政策，特别给佛教和道教的领袖颁授官阶品级，任命张麻尼为僧录，授道士邓玄光崇真威仪，将道教置于佛教同等位置上来对待。丁朝要求僧道都要参加考试，考上者成为僧道，落第者勒令其还俗，以此来提升僧道的文化水平。971年宋太祖册封丁先皇为交趾郡王，丁琏为检校太师、静海节度使、安南都护。从此，宋朝统治者将安南视为"列藩"之一。979年，丁先皇在宫廷政变中被杀，宋朝出兵越南。980年黎桓受朝臣拥护，建立前黎朝。

前黎朝（980—1009）建立后，黎桓改变了与中国的对抗态度，与宋朝通好，获得册封。据《大越史记全书》的《本纪》记载，受宋朝崇尚道教的影响，前黎朝皇帝在兴统四年（992）曾经"宣华山道士陈先生诣阙"。陈先生是谁？有人认为是中国北宋著名的华山道士陈抟，但中国史书中并没有陈抟到过越南的记载。《大越史记全书》的记载至少说明，陈抟名满天下，就连皇帝也希望能够召他前来。前黎朝曾于应天十三年（1006）"改文武臣僚僧道官制及朝服，一遵于宋。"①道教在越南的影响虽然要弱于儒学和佛教，但它仍是越南文化的重要组成部分之一。

李朝（1010—1224）建立后，在二百年的统治期间还是执行儒佛道三教并重的政策，但尤重道教，原因之一就是李朝统治者的祖先为汉人，与道教教主老子李耳同姓。李太祖（1010—1028 年在位）定都升龙城（今河内）改国号为大越后，又仿效李唐王朝，尊崇老子，将王权与神权结合起来，在升龙城内建造道教宫观天御寺、太清宫，诸乡邑寺观有颓毁者，悉令修之。顺天七年（1016），李太祖在京师"度千余人为僧道"②，让他们进行传教活动。太祖之子李太宗（1028—1054 年在位）登基时，道士陈慧龙因为其造"天命"而得宠信，获赐御衣。据《越史通鉴纲目》卷五记载，李太宗在即位当年就"初试三教，以儒、道、释试士，中者赐出身"，并将道官分为道箓、威仪、都官三级。李太宗天成四年（1031）"诏发钱凭工，造寺观于乡邑，凡百五十所。"同年，"道士郑智空奏请赐道士受记箓于太清宫，制可。"因年代久远，这位道士郑智空究竟为何人？不得而知，但这段记载则说明，道士郑智空奏请求皇帝允许太清宫举行授箓仪式并赐道士号，得到李太宗的正式批准。可见道教进入越南后，经过越南人一段时间的解读与整合，得到了他们的认同与受容，已有了一批

① 《大越史记全书》卷十《黎纪》。
② 《大越史记全书》卷七《李纪》。

入道者。他们在越南传播中国道教也得到了李朝最高统治的认可。李仁宗龙符元化二年（1102），建造开元、太阳、北帝三所道观供道士们开展斋醮科仪的传道活动。

据《大越史记》卷二记载，李仁宗"天符睿武四年（1123）十一月，还京师，儒道释并献贺诗。"李神宗也崇奉佛道二教，他曾下令免除僧道杂役。天彰宝嗣二年（1134），李神宗幸京师五岳观，有人献神龟，龟胸上刻有"天书下示圣人万岁"八字。李神宗十分欣喜，乃下令于五岳观中修建延生殿。次年四月，李神宗又亲临五岳观，庆祝金银三清尊像落成。据称，这是越南史书中有关越南道观造三清神像的首次记载。李英宗"政隆宝应七年（1169）春三月望月食，海门鱼死，命朝野寺观僧尼道士诵经祈祷。"[1]从某种意义上说，李朝是将道教作为皇族宗教来加以尊奉的。

陈朝（1225—1399）开国皇帝陈太宗陈日煚崇敬道教则是因为欣赏道教的修仙之术和符水斋醮科仪。陈日煚（1225—1232年在位），本福州长乐邑人，姓谢名升卿，少有大志，不屑为举子业，好与博徒豪侠游，屡窃其家所有，以资妄用，遂失爱于父，但其叔父却对他呵护有加，助之外游。陈日煚来到与安南国（交趾）为邻的邕州，为安南国田相国女儿所悦，应邀参加会试，考中第一名举人，被选纳为女婿。安南国王无子，遂以国事授相，改名陈日煚，成为安南国王。[2]陈太宗虽为陈朝的开国王，但实际上掌权者是他的两位从叔陈嗣庆、陈守度。陈日煚在位时，十分欢迎中国道士前来越南传教，故陈朝时道教颇为兴盛，"陈朝国王及王族多有为道士者，虔诚的道教徒更是比比皆是"[3]。据《大越史记全书》卷六《陈纪》二载，陈英宗兴隆十年（1302），"时有北方道士许宗道随商舶来，居之安华江津，符水

---

① 《大越史记全书》卷四《李纪》。

② （宋）周密撰，朱菊如等校注：《齐东野语》卷十九《安南国王》，华东师范大学出版社1987年版，第237页。

③ 李养正主编：《当代道教》，东方出版社2000年版，第348页。

斋醮科仪兴行自此始。"① 许宗道是福州道士，他从海路来到越南后，积极帮助陈朝军民抵抗元军，且屡修黄箓大斋，为天瑞长公主、天真长公主，以及陈英宗等祈禳超度，祈求子嗣和福寿，得到国王与皇太后的宠信，专门布施金银为之修建京师太清宫，推动了道教斋醮科仪在越南的流行。如陈太宗第六子昭文王陈日燏就"笃慕玄教，通于冲典，时以赅博称。上皇在阁有疾，常命行安镇符法，其被鬓加冠，如道士状。"② 崇道的陈日燏"至四十八岁大病几死，诸子设醮请减己寿以延父龄，上帝感诸子之孝，再与日燏二纪，故日燏寿至七十七岁。"③ 符箓道教斋醮科仪的求福消灾功能增强了道教的社会影响力，也吸引了一些国王致力于追求修道成仙。

陈朝国王年老退位后，有的去隐居修道，如陈宪宗（1329—1341年在位）晚年"委国于子，退而学道，号太虚子，凡表章进贡犹用名。"④ 有的皇帝甚至弃位去修仙，成为道士。据《三祖实录》的记载，陈仁宗（1258—1308）自幼好佛，16岁即位当皇帝之后，仍于"万机之暇，旁招禅客，讲究心宗。寻参慧忠上士⑤，深得禅髓，常以师礼事之。"他早年曾跟随着六祖惠能的弟子慧忠禅师学禅，倡导"即心即佛说"和"无念说"，不仅创竹林禅派，推进了禅宗在越南的传播："仁宗更喜好禅学，曾到安子山东究寺出家。登基之后，他把朝政交给太子陈英宗，自己却周游全国传禅说法，后于安子山东究寺创立了竹林禅派。其教法以临济为主，又融合了无言通禅派和草堂禅派的思想，成为越南化的临济禅。竹林禅派后来逐渐走上了禅净合

---

① 《大越史记本纪》卷二《陈纪》二中也有类似的记载。

② 《大越史记本纪》卷七《陈纪》。

③ 朱云影：《中国文化对日韩越的影响》，广西师范大学出版社2007年版，第472页。

④ [越] 黎崱：《安南志略》卷十三，中华书局1995年版，第317页。

⑤ 慧忠是越南禅宗无言通禅派第十七代宗师。唐元和十五年（820），百丈怀海的弟子无言通（？—826）将惠能南宗禅正式传至越南，创立了无言通禅派，也称越南禅宗后派。陈仁宗创立的竹林禅派是在无言通禅派的基础上发展起来的。

一的道路，成为越南禅宗后派的一个支流。"① 晚年的陈仁宗则隐居于武林洞修道："武林洞，昔安南陈四世国主陈仁王，弃位隐其中以成道，号曰竹林道士。"②

陈朝末年胡季牦（1336—约1407）掌握了朝廷大权，他竟令道士阮庆劝陈废帝（1377—1388年在位）出家修仙，禅位于皇太子："帝从其言，于是奏录奉道入仙籍，季犛创葆清宫于大吏山之西南，请帝居之。帝乃禅位于皇太子。"当皇太子成为陈少帝（1398—1400年在位）后："季犛迫令帝出家，奉道教，居淡水村玉清观。"③ 最后，陈少帝也被迫放弃帝位，出家当了道士。李、陈朝帝王优礼道士，建造道观，隐居修道，使当时越南社会中出现了崇道氛围，中国道士也可以比较自由地在道观中开展斋醮科仪活动，促进了符箓派道教在越南的传播。

第三节　胡朝、后黎朝和阮朝的道教

1400年，胡朝（1400—1407）建立。中国明王朝为恢复陈朝，出兵越南，于1407年推翻了胡朝，将越南归于明朝统治之下。为了加强对越南道教的管理，明朝在越南各府州县设立了道纪司、道正司、道会司。据《安南志原》载，当时越南有12个道纪司，24个道正司，50个道会司，92所道观，道教被纳入层层管理之下。1428年，黎利（1385—1433）率领军队，又将明朝军队驱逐出越南，建立起后黎朝（1428—1789）。

为巩固新王朝，太祖黎利独尊儒术，从儒学角度来整顿社会等级尊卑秩序，并对佛、道均实行抑制政策，不仅延续丁朝的做法，令僧道参加考试，中者为僧道，落第者勒令还俗。黎太祖顺天二年

---

① 洪修平、孙亦平：《惠能评传》，南京大学出版社1998年版，第410页。
② ［越］黎崱：《安南志略》卷一，中华书局1995年版，第24页。
③ 《大越史记本纪》卷八《陈纪》。

（1429）六月十日下旨："诸僧道有通经典及精谨节行，期以今月二十日，就省堂通身检阅考试，中者听为僧道，不中者仍勒还俗。"① 在这样的环境中，道教的社会地位每况愈下，但道教所倡导的延年益寿、长生成仙依然得到了那些王公贵族、文人学士的欣赏。黎朝统治者中也不乏崇信道教者，如，黎宪宗（1461—1504）在位时，蝗虫成灾，于是他就命道士作法禳蝗虫；天下大旱，就命道士向"昊天至尊玉皇上帝"祈雨。② 道教的斋醮仪式在越南仍然有着广泛的社会基础，一些新道观也得以修建起来。1567 年，莫氏谦太王等一些亲王、公侯捐钱在海阳省修建道观；黎神宗（1619—1662）因崇尚道教，当时越南境内出现了最大的堂道之一"内堂道"③；1681 年，后黎朝的政治军事家郑柞（1606—1682）重修河内镇武观，正殿中供奉的镇武真君铜像，高 3.46 米，重 4 吨，散发披肩，左手握印，右手持剑，膝下有龟蛇合体之造型，表现出玄天大帝的造型和威武神态。因历代君王常到此施法镇妖，镇武观也被视为皇家道观。

道教的置身于世外，顺其自然，闲心养性的人生态度也受到了后黎朝文人的追捧。他们将老庄倡导"寡欲""知足""知止"等思想运用到自己的生活中，通过著述诗文来宣扬道教的避世、养生、贵己、轻物的思想，推动老庄道家和道教信仰在士人中的传播。明人严从简在《殊域周咨录》卷六中介绍了中国书籍在当时越南传播的情况，在诸多传入越南的汉籍中有些与道教相关，"若其天文、地理、历法、相书、算命、克择、卜筮、算法、篆隶、家医药诸书，并禅林、道箓、金刚、玉枢诸佛经杂传并有之。"④《玉枢经》是道教帮助人们开启智慧、消灾降福的经书，大概因在中国云南流行而后传入越南的。

---

① 《大越史记实录》卷十《黎纪》。
② 《大越史记实录》卷十《黎纪》。
③ [越南] 许氏明芳：《老子思想及道教在越南的影响和发展》，参见洛阳老子学会网站 2012 年 10 月 21 日。
④ 严从简著，余思黎点校：《殊域周咨录》，中华书局 1993 年版，第 238—239 页。

17世纪，基督教传教士涌入越南，以传教为名开始对越南进行一种文化蚕食，例如，西班牙传教士用简单的拉丁文注释汉喃字中的一些词语，在将汉喃拉丁化的同时，也把越南文化剥离出中华文化圈所营造的汉字环境，这在客观上抽离了道教经典在越南传播的文化土壤。当越南社会陷入分裂和内战后，为了以儒家思想统一人民的思想，黎纯宗龙德二年（1733）发出了"禁天下营造寺观佛像"的指示，以阻止佛教与道教在越南社会的传播。

1802年，阮福映（1762—1819）统一南北方，建立越南历史上最后一个王朝——阮朝（1802—1945），定都富春（今顺化），初订新国号为南越，但清朝改为"越南国"，册封开国皇帝阮福映为"越南国王"。阮福映继承后黎朝传统，独尊儒学，与中国清朝保持着密切的外交关系和文化交流。此时的越南道教与中国道教的发展相似，从社会上层走向民间。在越南民间社会活动的道教并未像佛教那样盛行，它主要是在道观中进行的神灵崇拜、扶乩降神、拜神占卦和劝善说教等活动，不仅逐渐越南化，而且还向其他宗教渗透，如有的佛教寺庙内也供奉玉皇、真武、北斗等道教神像，客观上也扩大了道教神灵的影响力。

1862年，法国发动了侵越战争，迫使越南与之签订《西贡条约》，越南沦为法国的殖民地。随着传教士大量涌入越南，开始对越南进行一种文化蚕食，尤其是汉喃字的拉丁化，动摇了道教存在的文化基础。道教仅成为越南人的一种民间信仰，保留在社会下层的民众生活中。法国学者石泰安（1911—1999）1942年来到越南，曾对越南人家中和寺院中大量的盆栽景观做了研究，他发现这些盆栽上总是装饰着道教的铭文，[①] 由此可见道教文化在越南社会生活中遗留。一般认为，19世纪之后，道教在越南已趋于衰落[②]，其实情况并非如此简单。

[①]　石泰安：《微型世界——远东宗教思想中的袖珍花园》，安娜·塞德尔：《西方道教研究史》，上海古籍出版社2000年版，第115页。

[②]　参见许永璋：《论道教在越南的传播和影响》，《史学月刊》2002年第7期。

今天，越南社会中还有一些道观在进行传教活动，例如，河内市还剑湖畔的玉山祠是 1843 年在毁坏的玉山寺基础上重新修建起来的道观，主殿是文昌殿和关帝庙，供奉关帝、吕祖、文昌和陈兴道等，其中除越南陈朝民族英雄陈兴道外，都是明清时在中国受到广泛崇拜的道教神祇。在玄天观、安乐堂等道观中也将佛道儒及越南民间信仰的神灵并列供奉。胡志明市的庆云南院是越南现存的唯一保存着全真道特色的道院，由始建于光绪二十五年（1899）中国广东南海茶山庆云洞分灵迁来，故称"南院"。

庆云南院建于 20 世纪中叶，山门上有对联："庆立庙门宏开普度，云环吾道广设津梁"，横额为"众妙之门"。南院的正殿是二层楼房，底层大殿中供奉慈航道人（即观世音），前陪侍文昌、关帝和吕祖；左供奉赤松真人；右供奉华佗仙师。二楼设有释迦殿、观音殿、地藏殿以及太清殿，生动地诠释了全真道三教合一的信仰。同时，庆云南院外还有"隐修阁"，内设"柳真君府"，供奉越南母道教所崇拜的柳杏圣母。据称，柳杏圣母已被吕祖收为弟子，成为越南道教的神仙。道教与越南本土的民间宗教信仰相结合，衍化出一些具有越南民族文化特色的新道派，其中影响最大的就是母道教与高台教，庆云南院也入乡随俗地接受其信仰。另外，清初由江西人黄德辉在传统道教基础上创立的"青莲教"，又称"金丹教"[1]，在清末民初传遍全国，由湖北传入广东后改名为先天道，然后传至越南。[2] 先天道创办的道堂、斋堂在二十世纪上半叶有显著的发展，传播到越南后，成为今天道教在越南传播的文化基地。

---

[1] 有关青莲教的内容，请参见马西沙、韩秉芳：《中国民间宗教史》，上海人民出版社 1992 年版，第 1141 页；[日] 武内房司：《清末宗教結社と民衆運動——青莲教劉儀順派を中心に》，神奈川大学中国语学科编：《中國民衆史への講座》，东方书店 1998 年版，第 111—133 页。

[2] 参见游子安：《道脉南传：20 世纪从岭南到越南先天道的传承与变迁》，载金泽、陈进国主编：《宗教人类学》第 2 辑，社会科学文献出版社 2010 年版，第 232 页。

第四节　富有民族特色的新道派

从时间上看，道教在创立之初就传入越南，在跨文化传播中道脉辗转直到今天。从传播途径上看，早期道教先从陆路（云南或广西）传入越南，后来在东晋时，孙恩、卢循起义又通过海路将天师道传入越南。金元时创立的全真道，在明末清初南下传教的过程中，形成了多条传播线路：有的是从江南传到东南沿海，随着福建、广东、广西、港澳等地的华侨移居越南；有的是从两湖传到云南，然后进入越南。如日本学者武内房司认为，19世纪末，先天道的教义与相关经书从云南传到越南，如汉喃研究院所藏《瑶池王母消劫救世宝忏》《重刻破迷宗旨》。① 有的是从两湖传到广西，然后进入越南。例如，湖北武当山是真武大帝信仰发源地，后传遍东亚各地，在中越交通沿线的城镇中大多建有供奉真武大帝的道观："从中国广西友谊关（原名镇南关）经谅山进入越南北方，在谅山有镇北真武祠。从谅山南下，有北宁省的瑞雷武当山的天真武祠，有红河东岸的巨灵的镇武祠。渡过红河到达河内市，就有西湖的真武观等二三个真武祠。这些越南北方的真武祠大多设置在从中国进入越南的路线上，而且这些真武祠的真武神像大多面向北方。"② 由此可见真武大帝信仰从云南传入越南的路线以及真武观与中国道教的密切关系。有的是从两湖传到广东、香港，然后传入越南："粤东枝派，由彭依法水祖，传谢师承景、陈师炼性、黄师文早、陈师复始由楚北入广东清远，传林师法善，开清远蜦峡山藏霞洞；又传李师道荣，开清远岐山岑坑锦霞洞。"③ 中国广东、

① 参见［日］武内房司：《中国民众宗教の传播とツェトム化——汉喃研究院所藏诸经卷简介》，［日］板垣明美编：《ツェトム化一变化する医疗と仪礼》，横滨春风社2008年版，第183—197页。
② 陈耀庭：《道教在海外》，福建人民出版社2000年版，第84页。
③ 《道脉源流记》，星洲大光佛堂、飞霞精舍1949年版，第33页。

香港、越南地区先天道道堂一脉相传，由彭依法水祖开源，"三花传五气"：谢承景、陈炼性、黄文早、陈复始、林法善，由"七圣主任普度"，五老是"承办者"。清咸丰年间，先天道湖北祖师陈复始入粤传道，度化清远宿儒林法善，并于同治二年（1863）集资兴建藏霞洞，成了先天道在岭南道脉的发源地。由于陈复始与林法善师徒的努力，岭南先天道得以开展。其中藏霞洞与锦霞洞的创立尤为关键，'北藏南锦，性命双修'，乃香港先天道堂的脉源。① 藏霞一脉后传播到越南，以"藏霞"命名者为"总堂"，下设各种分堂，如永安堂、永乐洞、敬圣堂，因此，越南道教与中国道教形成了一种源流关系。

道教在跨文化、跨民族、跨宗教传播的过程中又如何被越南人看待并解读的？越南是一个多宗教并存的国家，各宗教之间并不互相排斥，其中对越南影响最强烈、最持久是儒佛道三教。道教神灵丰富了越南人的信仰世界，道教教义也能在一定程度上满足长期处于农业社会的越南人在情感上和精神上的需要，但与儒教和佛教相比，道教在越南的漫长历史发展中，可谓一波三折，时盛时衰。这种盛衰一方面与统治者对道教的态度相关，另一方面也与道教神灵信仰具有浓厚的中华民族文化的特点，在越南民间社会传播过程中不断地被越南化密切相连。"越南接受中国文化的特点，主要是把中国文化加以简化和实用化，以适应越南的国情。越南在学术上形成了一种简化、明快的风格。"② 这使道教在越南的跨文化传播中形成了以下特点：

第一，神灵信仰是道教在越南传播的主要象征符号。越南道教延续了中国道教多神信仰的传统，其信仰的内容极其丰富，种类繁多，无奇不有，至今在越南的府县村社中还有一些供奉着道教三清、真

① 参见游子安：《道脉南传：20世纪从岭南到越南先天道的传承与变迁》，载金泽、陈进国主编：《宗教人类学》第2辑，社会科学文献出版社2010年版，第239页。

② 戴可来：《对越南古代历史和文化的若干新认识》，《北大亚太研究》第2集，北京大学出版社1993年版，第106页。

武、关帝、龙王、城隍、文昌、吕祖等神灵的道观、神祠和帝庙，道教神灵的内涵也在不断地越南化。相传，李朝于河内西湖东南畔创建真武观[①]的目的之一，据说是有狐精和龟蛇等精怪常常破坏红河堤防，故皇帝祈求道教的四大护法神之一真武大帝降灵，消除精怪作乱，故也称镇武观或龟圣祠。到 15 世纪后半叶，可能是自然灾害因素逐渐淡化，真武观中又将真武大帝与文章学问、科举士子的守护神文昌帝君合祭，迎合了士人祈祷功名的一种文化诉求。道教神灵在越南的传播表现出两个特点：一是突出的功利性，以迎合了百姓求福禳灾的精神需要，如史载："初九为玉皇诞辰，皆往道观瞻拜礼供"[②]，以求祈福消灾。二是信仰上的混杂性，以满足越南人当下生活的各种精神需要。道观既是百姓开展祭神的活动场所，也是进行慈善活动的地方，因此有些道观也被称为向善会、劝善坛等，表现出伦理化、民间化、世俗化的特色。

第二，道教在越南虽然经常与佛教相伴而行，但还是以神仙方术和斋醮科仪为传播方式来彰显自己的独特性。从历史上看，"在越南主要有三大宗教：道教、儒教和佛教，这三大宗教好像只是一体的三方面，越南人们在习惯上很难分出三大宗教的独立性。假若有和尚和道士们专心信奉他们唯一的佛教和道教时，人们对他们都是平等的恭敬，而一律供养，绝无厚此薄彼之差别。假若走进道教的庙观，看了他们那一套规律与仪式，人们也许认为这也是佛教。无疑的，如此的佛道相混淆，常常会带来迷信的色彩，只有助长人们的愚昧。然而也

---

① 有关真武观创建年代有三种说法：一说是李朝顺天元年（1010），相当于中国的宋真宗大中祥符三年；一说是李朝龙瑞太平年间（1054—1058），相当于宋仁宗至和、嘉事占年间；一说是李朝龙符二年（1102），相当于宋徽宗崇宁元年。不管怎样，它和中国真武大帝信仰流行的时间是在宋代这一情况，完全是吻合的（卿希泰：《简明中国道教通史》，四川人民出版社 2001 年版，第 229 页。）李朝以后，真武观一直受到历代帝王的重视和崇敬。后黎朝圣宗还在洪德元年（1470）为祈求降雨到真武观崇拜真武玄天上帝。

② 《安南志原》卷三，河内远东博古学院 1932 年版。

能使人们在短促的生命中，获得相当的利益和思维方法。"①道教的符咒治病、求嗣、投胎、求雨、解禳、风水、占卜等以关注人的生命为特色，在越南民众中有着广泛的影响，以至于越南佛教在传播中也或多或少带有了道教色彩。道教的神灵经常出现在佛寺的供台上，但还是保持了宗教信仰的独特性，以三清、玉皇、真武、文昌，灶君、财神、祖师爷等为象征符号，以斋醮科仪来适应越南人拜神消灾的精神需要。

第三，道教神灵与越南民间信仰相混杂，还衍化出一些越南化的新特点。从神灵信仰上看，越南道教中出现了伞圆山神、柳杏公主、扶董天王和褚童子神化为"四不死"信仰、圣人崇拜、母神崇拜、生殖崇拜等富有越南民族文化特色的神灵。例如，今天越南河内玉山祠中供奉的兴道王神像，据说其原型为陈朝将领陈国峻（1213—1300）。陈朝建国后，曾遭受蒙元帝国三次入侵，在英勇善战的陈国峻的率领下，陈朝军民奋勇抵抗，最后取得了胜利。陈国峻曾研究道教的"八卦九宫图"，著《万劫宗秘传书》传给后人，该书以《孙子兵法》为基点来总结古代战争的成败得失，也介绍了一些道教秘术。陈国峻被誉为民族英雄，受封为"兴道王"，人称陈兴道，后成为越南道观中供奉的神灵。越南道观有点类似于中国明清时出现的那种将道教、佛教、儒教、民间信仰和村社祭祠混杂在一起的庙宇，但增加了一些越南民间信仰的因素。今天的河内真武观内庭院幽静，房屋建筑柱雕彩绘，屋脊装饰有辟邪异兽，与中国南方道观建筑相似，其中不仅供奉真武大帝，而且还供奉着母道神、行业神和佛像。

第四，越南道教与佛教及民间信仰相融合，逐渐衍化出一些具有越南民族文化特色的新道派，其中影响最大的就是母道教与高台教。在今天的越南，崇拜道教神灵的主要有两类人：一是华侨，如先天道徒；二是新道派的信徒，如高台教徒。20世纪初，越南人吴文昭

---

① 慧海：《越南之佛教》，张曼涛主编：《东南亚佛教研究》，台湾大乘文化出版社1978年版，第308页。

（1878—？）、黎文忠（1876—1934）融合各种宗教因素，创立高台
教。高台教从道教的"知足常乐""清静修行"等教义出发，劝说人
们放弃名利、钱财和奢华，摆脱对物质的贪图，以求得灵魂的自在坦
然。高台教虽然糅合了儒、佛、道、基督和伊斯兰的各种信仰成分，
但崇拜道教神灵，倡扶乩降神，要求信徒重视祭祀祖先，在平时生活
中要有所禁忌——忌杀生、忌贪欲、忌荤、忌色、忌粗口，为此，在
每天六点、十二点、十八点、二十四点都应焚香诵经的宗教祈祷活
动。高台神将玉皇大帝的眼睛悬挂在最高处，称之为"天眼"，成为
其独特的宗教符号。保留了一些道教因素的高台教适应了现代越南人
的精神需要，在越南南部湄公河三角洲地区的越族人中颇为流行，在
越南成为仅次于佛教和天主教的第三大宗教。

　　第五，劝善书是道教在越南传递教理教义和对民众进行道德教化
的一种方式。越南人注重孝道，劝导子女应该孝敬祖父母和父母，因
此，越南人每家每户都设有神龛、神台和神位，作为敬奉祖先的祭
坛，并感激父母的养育之恩。在越南传播的道教文献主要是宋元新符
箓派所奉行的道经及劝善书，其中《太上感应篇》《文昌帝君阴骘文》
《太上清静经》《真武妙经附救劫宝章》等最为流行。在越南林立的祠
观中，玉山祠刻印的各类神灵事迹的劝善书影响最大。[1] 这种劝善书
以道观印本的方式在民间传播，以浓郁的伦理化色彩，来引导百姓积
德行善、忠君孝亲，以获得灵魂的恬静和安宁，在维系越南社会结构
和文化系统的动态平衡方面发挥了一定作用。[2]

---

① 参见刘玉珺：《越南汉喃古籍的文献学研究》，中华书局 2007 年版，第 39 页。
② 参见孙亦平：《从跨文化视域看道教在越南的传播与影响》，《西南民族大学学报》
　　2013 年第 3 期。

第六章 东亚道教的信仰特点

　　道教在创立之初即尊中国古代具有重要影响的大哲学家老子为教祖，敬称为"太上老君"，奉《老子》五千言为《道德经》，通过探讨宇宙天地的变化之道，推天道以明人事，研究自我的生命构成，寻找生命长存之道，由此塑造出内涵丰富的神灵观。道教多姿多彩的神灵世界以太上老君为教祖，以三清为最高尊神，包括诸天神、地祇、人鬼、仙真等，既表达了道教神灵对人间生活的统领作用，也宣扬人若努力修行，就可以长生不死、得道成仙而具有神通。虽然，传播到不同国家与地区的道教在历史发展中出现了一些独特的民族文化特色，但道教的神仙信仰却犹如一条红线，将不同民族的文化脉络联系起来，使东亚道教具有了一种以"得道成仙"为基本信仰的共同文化特征。值得研究的是，道教在东亚社会的传播过程中，如何与不同民族宗教信仰碰撞与交融，不断地丰富壮大东亚道教的神灵世界，以一种生动形象的方式来表达对那种无限整体之"道"的信仰与崇拜。

第一节　道教神灵在日本的影响

　　神灵观作为宗教最基本最核心的观念，它反映了神和人的关系，虽贯穿于一切宗教的发展过程之中，但不同宗教的神灵观各具特色。道教崇信"道"无所不在，"神"无所不有，相信有众多的神灵仙真存在于天地自然之间与人的身体之中，表现出典型的多神教特征。"道"本身的丰富性折射出道教信仰的复杂而多元的状态，道教认为各位神灵仙真的地位、神通和灵力是各不相同的，因此，崇拜者可根据自己的需要来加以崇拜，表现出广泛性与适应性，这使东亚道教形成了没有绝对唯一神的信仰，但有至上神信仰的基本特征，为道教向东亚社会的传播奠定了基础。道教虽以多神信仰在东亚传播，但在传播过程中经各国人士的解读、诠释与重塑，表现出民族化、区域化的特色，也丰富了东亚道教的神灵世界。

在道教正式传入日本之前，日本社会中弥漫着浓厚的原始神道气氛。原始神道大约出现于公元 1 世纪左右的弥生时代，由日本原始宗教演化而来，从自然崇拜、祖先崇拜、生殖崇拜出发，提倡森罗万象中均有神灵栖息的万物有灵论，号称有天地神祇八百万，形成一种具有泛灵论特点的多神教信仰体系。从《古事记》和《日本书纪》中可见，与中国道教相似的是，山神、水神、海神、田神、地神、雷神、太阳神都成为信仰对象，一些动植物也被奉为"神明"，通过各种祭祀活动营造出一种具有浓郁的日本民族风情的宗教氛围。

原始神道强调神与祭神者之间存在着自然而完美的连带意识，如日本的"神"发音为"がみ"，音译为 Kami，在词源上与"上"的发音相同，泛指处于自己上位的人，如"がみ"可用于形容各阶层：如一个氏族的"かみ"可称作"氏神（うじがみ）"，太政大臣的"かみ"可称作"一上（いちのがみ）"，最高天皇的"がみ"可称为"御上（おかみ）"。同时，日本人还将死人灵魂、值得敬拜的山岳及树木之灵、狐狸等动植物之灵，甚至那些令人骇闻的凶神恶煞称为"かみ"。日本人称一切神明为"がみ"，汉字传入日本后，就用"神"字来表示它。在原始神道中，人与神相联系而存在，没有本质上的差别，但有上与下的分别。人一旦死后，就有了成为"神"的依据，由此推理人是可以成为"神"的。这种现世超越的观念与道教的神仙观颇为相似，但有所不同的是，道教以"得道成仙"

为基本信仰，因神仙幽隐，故更强调修道者应远离尘世，与世异流，隐居于风景秀美的山林，采用种种特异方法进行修炼，通神接真，以获得个体生命的永恒。

道教传到日本之后，其神灵信仰也逐渐进入日本的神道祭祀体系中。平安朝出现的四部史书《续日本纪》（797）、《日本后纪》（840）、《续日本后纪》（869）和《日本三代实录》（901）中，已约定俗成地使用"神道"一词来指称日本的固有宗教了。道教斋醮科仪也融汇到天皇宫廷中的礼仪制度和祭祀仪式中。延喜五年（905）醍醐天皇命令藤原时平（871—909）等人编纂一套朝廷的律法条文和祭祀仪式规则。这部 927 年完成的《延喜式》有五十卷，在继承《大宝律令》的神祇制的同时，又重新规定了四时祭、临时祭、伊势神宫祭等，其中卷八中有二十七篇为祭祀神明时诵念的祝词，又称"延喜式祝词"。《东文忌寸部献横刀咒》是具有浓厚道教色彩的祝词，其中谨请的道教神灵有：

> 谨请皇天上帝、三极大君、日月星辰、八方诸神、司命司籍、左东王父、右西王母、五方五帝、四时四气，捧以银人，清除祸灾。捧以金刀，请延帝祚。

这些皇天上帝、三极大君、日月星辰、八方诸神、司命司籍、左东王父、右西王母、五方五帝、四时四气等，一般认为这是神道教对道教神灵信仰的借鉴与吸收。这不是来自日本神道教的神祇仪式，而是来自道教仪式。其中还列举了六月晦和十二月晦大祓时所用的物品："金装横刀二口、金银涂人像各二枚。"这些"忌寸"使用的物品，据说由阿直岐、王仁从朝鲜半岛带到日本，然后在家族中代代相传。献银像金刀以禳灾祈福是道教的特色，与日本固有的神祇祭祀有着不同风格。祝词最后还使用道教的咒文："咒曰：东至扶桑，西至虞渊，南至炎光，北至弱水，千城百国，精治万岁，万岁，万岁，万万岁！"①既然道教的神灵信仰、阴阳观念、祭祀物品、祝词咒语都运用到皇家祭礼中，构成道教教团的诸要素都已存在，为什么道教并没有在日本得到长足的发展呢？

当外来宗教信仰进入日本民族的主流意识形态时，必然存在一个与本土文化相互碰撞与融合的过程。从日本历史上看，老子《道德经》在日本知识分子阶层产生了重要的影响，但来源于老子的太上老君，后作为道教崇拜的三清之一道德天尊却并没有在日本得到广传，其原因大概有：第一，太上老君信仰保留了太多的中国民族宗教的特色。第二，《道德经》是哲学经典，老子在日本的形象更多的是哲学家。第三，神道教有"八百万神"的说法，是具有泛灵崇拜的"唯神之道"。这种"唯神之道"虽有与老子之"道"有相似的内容，但"神道"又绝不是汉籍中道教所奉之"道"。正如本居宣长在《直毗灵》中所说："我皇国的神道，是由天照大神传下来的神之道，这意味是和汉籍的道绝不相同的！"这是因为神道之"道"是日本民族固有的自然之道、日用之道。第四，神道不仅是日本民族固有的自然之道、日用之道，也是与日本天皇制紧密相连的历史之道和政治之道，因此，在日本人看来，神道是高出其他所有"道"之上的真实之道。长期以来日本人看待中国文化时所持有的民族文化本位的心理倾向，在一定程度上阻碍了将老子奉为神明来加以崇拜的太上老君信仰在日本的传播。

日本人是拿来主义，但拿来的东西必须是自己所无并对自己有用的。中古时期，一些"外来神"逐渐为日本人所接受，道教崇拜的元始天尊、太一神、泰山府君、文昌帝君、关帝、妈祖等，不仅对日本神道教的信仰和教义有所影响②，而且还受到了一些日本人的特别崇

① 《延喜式》卷八，载［日］黑板胜美、国史大系编修会编：《新订增补国史大系》26，吉川弘文馆 1966 年版，第 170 页。

② 参见［日］福永光司：《日本文化与道教——从以天皇为思想信仰谈起》，载《世界宗教研究》1982 年第 2 期。

拜。在中国宋元两朝交替之际，一些商人、僧侣往返中日两国，道教的关帝信仰也随之传入日本，得到了开创武家政治的幕府第一代将军足利尊氏（1305—1358）的重视。足利尊氏于 1338 年建立室町幕府后，即派遣半官方性质的贸易商船与元朝进行所谓的"天龙寺船贸易"，既获取商业利润，也大量汲取大陆文化。在道教信仰中，关帝是作为武神、伏魔神、财神和结社、会馆的守护神被崇拜，传到日本后，足利尊氏将关帝奉为武士阶层的信仰，崇敬的是关帝具有的武神性质。足利尊氏得梦告向元朝求武神，将获得的关羽像安置在京都左京区真如町灵芝山大兴寺来进行祭祀，关帝信仰由此开始在日本传播。

推进神道教神灵观演进的动力是那些"渡来神"、"外来神"或"异域神"与日本神道信仰的碰撞与交融。道教的一些神灵慢慢走进日本人的神道信仰世界，有的还变身为日本人所崇拜的民俗神，例如，七福神、仁王、牛头天王、龙王、三宝荒神、摩利支天、道祖神等。神道教在两千多年的历史发展过程中，随着佛教、道教与基督教等外来宗教的传入，其神灵观的内涵也有从多神信仰向主神信仰演进的趋势，最终，复古神道受基督教一神信仰的影响，出现了将天照大神奉为国家神的观念，宣扬的日本民族至尊，国家至上的神国意识，倡导尊皇攘夷思想，以复兴天皇权威相号召，来建立以神道教为统治思想的世界秩序，为后来"国家神道"奠定了基础，因此，神道教的神灵观相继出现了精灵神、祖灵神、国家神三种类型①。

一种宗教能够在民族不同的异域传播开来，其自身需要具有强大的生命力和向外推展的能力。道教是比较注重于隐逸修行以获得自我生命长存的中国民族宗教，中世纪以来，为道之士莫不飘然绝迹幽隐之地潜心修行。道教神灵信仰虽然也陆续传入日本，但却没有产生像

---

① 参见 ［日］诹访春雄著，凌云风译：《日本的祭祀与艺能：取自亚洲的角度》，湖南美术出版社 2002 年版，第 130 页。

佛教神灵那么大的影响，这种佛显而道隐，使道教神灵最终融化在日本神道信仰中。除了上述的原因之外，笔者认为，既与道教和神道教在信仰类型上具有的相似性有关，也与两种宗教呈现出的民族文化的差异性相联。

从神灵的类型上看，道教与神道教都属于富有民族文化特色的多神教，且都形成了自己庞大的神灵谱系。道教神灵种类繁多，其外在形象各有仪容仪表特征，但其内在品质却都以道与气为承载体或显像物，这也是人能够通过修行而得道成仙的根本依据。在道教发展史上，道派林立且分歧较大，虽然各道派所崇拜的神灵类型存在着差异，但大都延续着这种神质之同与神形之别来展现自己的神灵观。神道教也崇敬多神，《日本书纪》称有 80 万神、《古事记》说有 800 万神，《万叶集》则说有"千万神"，而《出云国风土记》则有 1500 万神之说，但天照大神作为众神的中心，则是日本人心中永远不落的"太阳"。随着时间的推移，神道教信仰的神灵数量和类型越来越多，由本土神话传说而来的神灵大多属于天津神（天神族）和国津神（地祇族），有日本学者将之分为：氏神（守护氏族的神）、天王（消灾除病的神）、天神（掌管学问的神）、八幡（镇护国家的神）、伊势（祭祀皇室的氏神）、熊野（山岳信仰的神）、山王（以比叡山为神体的山神）、稻荷（稻谷的精灵）、鹿岛（武士崇拜的神）、浅间（富士山的神）、诹访（守护农业的水、风神）、爱宕（镇火的神）、淡岛（医疗、医药的神）、住吉（航海、渔业的守护神）、宗像（交通运输的守护神）、盐灶（制盐业的守护神）、金比罗（海难的救助神）、出云（开发和守护国土的神）等系统。① 这种分类法得到了神道学界大致认可，由此可见神道教所信仰的各种具有特殊权能的神灵已遍布于日本人信仰生活的方方面面，使与其类似而又有太多异域文化色彩的道教神灵很难插足进来。

---

① 参见［日］阿部正路：《日本の神様を知る事典》，日本文芸社 1986 年版。

从神灵的性质上看，所谓神性是指神所特有的权能与属性。道教崇拜那些法力无边、可操控各种自然力量以及人的生命成长的诸神，如三清、玉皇、斗姆、北斗、太乙救若天尊等，这是把人自身的人性和能力神化的结果。如太乙救苦天尊，以大圣威德于天上、人间、地狱变化救生，表现出不同的神性：在天界为东方长乐世界的太一福神，在人间是救苦度厄的大慈仁者，在地狱是荐拔亡魂的日耀帝君，在外道摄邪呼为狮子明王，在水府呼为洞渊帝君①，但都围绕着如何引导人驱邪消灾以获得长寿、平安、幸福，乃至得道成仙而展开。神道教也将那些令人畏惧与崇拜的对象称之为"神"，但认为其有和魂、荒魂、幸魂和奇魂四种性质："和魂是神灵在静态状况下所表现出的宁静和平作用，具有温和仁慈之德；荒魂是神灵在动态状况下所表现出的积极斗争作用，具有勇猛进取之德；幸魂是神灵的护佑作用，使人获得幸福；奇魂是神灵使人成就事业的灵妙作用。其中，和魂和荒魂是神灵作用的两个主要方面，两者统一于同一神体之中。如伊势神宫内宫的主祭神是天照大神，内宫正殿是祭祀天照大神和魂的地方，而距内宫不远的别宫——荒祭宫，则是祭祀天照大神荒魂的地方。"②神道神灵观内涵着的不同神性，特别表达了日本古典神话中有关净秽两极对立观念，如，天照大神为首的神道诸神居住在无比清净的高天原世界，而统治下界中津国土的是天照大神的后代。这种将凶秽、罪恶和灾祸当作"恶"来躲避，把净状无秽状态看作是"善"来对待与追求的净秽两极对立的观念，导致了神道教中出现了通过"被禊"来消除污秽的观念。随着忌避凶秽范围的扩大，把凶秽完全排除的"物忌"③意识也围绕着如何通过祭神仪式保持洁净而展开，并借助于儒家伦理和佛教净土信仰中的清净、觉悟、除罪等思想，由此发展为

---

① 参见《太一救苦护身妙经》，《道藏》第 6 册，第 182 页。

② 王守华、王蓉：《神道与中日文化交流》，河北人民出版社 2010 年版，第 264 页。

③ 神道教中的"物忌"就是行斋戒。为了祭祀神祇，使祈祷达到天人感应的功效，神官必须保持身心的洁净，故在饮食和行为上都必须行斋戒，即为"物忌"。

律令制国家的一种制度而逐渐替代了原始神道"祓禊"。如出现于平安时期律令细则集《弘仁式》就强调："律以惩肃为宗，令以劝诫为本。"这就使道教神灵在进入日本律令制文化语境后很难将那种带有深厚功利性色彩的中国式的"消灾求福"的优势发挥出来。

从神对人的作用上看，道教认为神不仅存在于天地之间，也存在于人的身体之中，这种独特的"身中之神"的观念，使人通过自己身体感官就可感知神的存在。"老君曰：人哀人，不如哀身，哀身不如爱身，爱神不如含神，含神不如守身，守身长久，长存也。"[①]中国人崇拜道教神灵的目的是期望神灵保佑自己免遭祸害，求得福佑，修道的目的是为了使生命无限延长，最终成为与道合一的神仙。"道教与神道教皆以自然崇拜为教宗，推崇人与自然和谐共处。环顾我们的周围如海洋、群山、湖水、花朵等事物，都是良好的生存环境与生态平衡的一部分。和谐不仅成为这两种宗教的象征符号，同时也成为两教教徒恪守严从的教义教宗。"[②]但由于神道教属于"泛灵多神信仰"，崇拜栖息于山洞、泉眼、森林等山清水秀之地的神灵（kami），故这些存在于大自然中神灵具有移动游走的性质，虽然与人的生活密切相关，但普通人无法感知它的存在，只有用两种方式来象征它：

一是通过"神托"，即某种自然物或人造物如镜、剑、树木、岩石、神篱、磐境等来作为神体的象征物——"依代"来呈现。在日本人的神道信仰中，神灵并非常在人间，仅在祭祀时降临，并通过某种媒介物显灵，故日本先民将供神灵下降时暂时栖居的象征物称为"依代"。他们相信神灵通常依附于长绿树木、岩石等物体之上，而把日常生活中对自然的恐惧感与神秘感汇集于此，将之作为神灵赖以"显灵"之物，由此而产生的原始神话成为古老的日本神道信仰之源。

二是通过依附于巫女的"神托"，以巫女托梦或神灵附体的方式

---

① 《西升经》，《道藏》第 11 册，第 505 页。
② ［英］米兰达·布鲁斯-米特福德、菲利普·威尔金森：《符号与象征》，生活·读书·新知三联书店 2010 年版，第 171 页。

来传达神的旨意，人出此来感知它的存在。按照日本民俗学家柳田国男（1875—1962）的看法："这种巫女的神通，主要显示在能说出人们谁也不知道、从来没听说过的神明称呼，而且有求必应，每应必灵地几次传出'神旨'来印证的。当然，这也是使那'神名'远扬，神社得以巩固下来的主要原因。"①

日本人对神道的信仰、敬畏和祭祀的目的在于防止神灵"作祟"。神道教认为，若砍伐一棵树，杀死一只动物，都会引发大自然的失衡，导致某种疫病的流行，某种灾难的降临等，这就是神以"作祟"的方式来表示它对人的愤怒，或表示对人的惩罚和谴责，但人的这种过错是可以通过拜神仪式或净化仪式来挽救。编纂于平安朝初期的法令集《延喜式》卷八的祝词中，有篇祝词的名称叫"迁却祟神祭"，大概意思就是要"把作祟的神搬走"。天武天皇所创立的新神道方针，就是要通过"祓禊"把这些作祟的神放逐到遥远地方，再建立新的符合律令的神道。这种用神道来保佑国家律令制和天皇制的顺利发展是道教神灵观传入日本后所缺乏的先天性内容。

神道教的神灵还有一些道教所不具备的特点，第一，神能够通过"分灵"来增强影响。如果某个神灵因其神德厚、神威高、神名响，就可以根据需要，通过为其建造神社，对该神进行"劝请""分灵"来扩大它的社会影响。例如，发祥于九州的宇佐神宫的八幡神，在神佛习合的过程中，神名远扬，后被"劝请"到奈良的手向山八幡宫、京都的石清水八幡宫、太宰府的筥崎八幡宫和仙台的大崎八幡宫。坐落在苍绿杉木树丛中的大崎八幡宫是仙台的第一守护神社，至今已有400年历史。据说早在平安时代，大纳言兼右近卫大将兵部卿坂上田村麻吕（758—811）为平息虾夷叛乱，祈求武运长久，将武门守护神"宇佐八幡宫"迎请至现在的岩手县水泽市，创建了"镇守府八幡宫"。后又被安土桃山时代奥羽地方大名、江户时代仙台藩始祖

① ［日］柳田国男：《传说论》，中国民间文艺出版社1985年版，第87页。

伊达政宗（1567—1636）于 1607 年迁至现所在地，创建了大崎八幡宫。石清水八幡宫后被劝请至镰仓的鹤冈八幡宫。现在日本全国有超过四万座的八幡神社，都是由宇佐神宫八幡神的分灵而来，这就使各地的八幡宫或八幡神社之间具有一种割不断的连带关系。道教中也有为同一些神灵在各地建立宫观道场的做法，例如，吕祖、真武、关帝、财神、土地神等，但各地道场之间缺乏以"分灵"为线索的紧密联系。

第二，神道教相信神既是某地的主宰者，也是某地的居住者，神镇座于一定的场所，这成为日本人居住文化的信仰基础。日本人在建筑房屋前或者迁入新居前，必须举行向镇守神或地主神祭祀的活动，称为地镇祭，虽然中国道教也有祈求土地神保佑的祭祀仪式，但神道教举行地镇祭的目的在于：一是向土地神表达敬畏的心情：请允许我居住在这里，我一定和你共存共荣；二是净化土地：在日本人看来，每一块土地上都有各种因缘，或者说还有一些不洁净的东西，需要通过举行诸如"地镇祭"或"家のお祓い"等仪式以消除这些不洁的因素。

第三，神道教将天照大神的后裔天皇视为具有人和神的双重性格的"现人神"。原始神道的主体是那些植根于山水、土地和森林中的自然神，它们原本不具有人格，人对神只有一种朦胧的敬畏感，尚未形成有序的神灵谱系。5 至 8 世纪时，与日本接受中国文化的影响有关，在大化改新后，国家体制形成。大王为了证明自己统治的合法性与神圣性，通过强调"君权神授"，把自己的祖先与神相联系，最初是以大王国家的根据地与祖先神 Yamato 之名通行全国，中国人用汉字"倭"、"大倭"和"大和"等称之。奈良朝建立了律令制和天皇制的国家，模仿唐朝都城长安和北魏都城洛阳建成帝都平城京，随着版图的扩张，大王也成了天皇，据此后世人们把天皇视为天照大神的后裔，成为具有人和神的双重性格的"现人神"，以宣扬皇祖神灵附于御体保佑着大和民族，天皇接受全体子民的顶礼膜拜。这种神灵观中所内含的"敬神崇祖"浸透到日本精神的深处，也为以"祭政合一"为核心的天皇制提供了神圣依据，这是中国道教神灵观中所没有的内容。

第四，神道教所谓"御灵信仰"是对那种死于非命，或者年轻夭折，死后成为"冤魂"或"亡灵"，来到人世"作祟"怀有恐惧，希望能够用一种方法来平息那些"亡灵"的怨恨，摆脱其邪祟的信仰。其实，对"亡灵"的恐惧感普遍流传于东亚各民族中，由此而生发出个人或家族这种血缘集团内部的对记忆之中祖先亡灵的超度，以让"亡灵"被神灵接引超升仙界，如道教的黄箓斋："黄箓者，开度亿曾万祖，先亡后化，处在三涂，沉沦万劫，超凌地狱，离苦升天，救拔幽魂，最为第一。"[1] 如果说，在东亚普遍流行的"亡灵"的原型是从祭祀祖先之灵的"祖灵信仰"中产生出来，那么，神道教则从"冤魂"发展出独特的"御灵信仰"，并将那种私人的、家族的超度亡灵的祭祀仪式转变成公众的、社会性的神道仪式。"御灵信仰"自奈良时代开始，萌芽于政治斗争失败者们的冤魂，那些死后被神化的人之灵魂被称为"灵神"，因具有惩治恶人的超能力又称"荒人神"，而"亡灵"则是同族祖先之灵，顶多在一个家族中有影响，并不被社会所共知，这样，"御灵"就超越了血缘关系的范畴，成为一种具有社会影响的公共存在物。

"御灵"一词最早出现在《日本三代实录》，这种忌避凶秽的"御灵信仰"是佛教传入日本后，在奈良到平安前期的民间社会中开始发展起来的，这是一种融合了神祇信仰与佛教因素而出现的"神佛习合"的信仰形态[2]，逐渐成为一种民间祭礼。"御灵"本身是那些冤屈的亡魂，人们出于敬畏心理对于那些制造灾害报复社会的"冤魂"的敬称。到了平安时代的初期，宇多天皇和醍醐天皇相继对国家的政治

---

[1]　[南宋] 王契真编纂：《上清灵宝大法序》，《道藏》第 30 册，第 650 页。

[2]　义江彰夫认为："御灵（冤魂）信仰象征的是神佛结合思想的第二阶段。"（义江彰夫：《日本的佛教与神祇信仰》，商务印书馆 2010 年版，第 98 页。）

与经济制度进行改革，使日本从一个立足于公地和公民观念的律令制国家转变成一个立足于私有和家产观念的王朝国家。随着土地所有制的私有化，地方豪门和村落首领以神宫寺和密教思想为依据，试图摆脱从前的以祭神活动相号召来征收租税的做法。

醍醐天皇登基后，藤原时平和菅原道真分别担任朝廷的左右大臣，官居右大臣菅原道真（845—903）出身平民，因遭贵族出身的左大臣藤原时平的谗陷，被醍醐天皇贬黜而死。后来其冤魂自称是密教的"梵天"，又得到神道神祇的保护，成为神佛习合的"天满天神"，以无上的法力在京城中"作祟"，把陷害过自己的天皇和大臣一一置于死地，成为日本的"御灵信仰"中最典型的、也是第一大怨灵神。据《扶桑略记》中记载，菅原道真死后，平安京就开始了一连串的异象灾难，如日食、月食、彗星、地震、落雷、旱灾、豪雨、大火、疫病等。尤其是那种突然而至接连不断的大雷，人们认为这是菅原道真显灵回京复仇的象征。于是，民间传说受冤屈而愤死在九州岛太宰府的菅原道真受天神之封而成为雷神，专门为世间不平之事而四处闪耀雷光。在到接二连三的怪事发生后，人们慢慢地感到无名的恐惧，"御灵信仰"流传一时，逐渐发展为一种社会政治运动。这种对恶灵、怨灵、冤魂的神化而形成的御灵信仰是神道教的一个重要特征。下出积与认为，御灵信仰出于日本人出于对疫病防治和现实利益的需要：

其中也受到渡来人带来的大陆思想的影响。佛教与道教对鬼魂的敬畏与祭祀在日本社会中演化为一种具有民族文化色彩的怨灵、冤魂信

---

① ［日］下出积与：《日本古代の道教·阴阳道と神祇》，吉川弘文馆1997年版，第181页。

仰，这种信仰与日本上层社会和下层民众共同关心的防止疫病的利益诉求相结合成为一种民俗文化活动。

这种"御灵信仰"所具有的反王权特征的复仇方式，后来逐渐发展成为一种要求造成怨灵失败身亡的罪魁祸首赎罪偿命的社会政治运动，将怨灵的怨恨与对王权政治的不满结合起来，其怨灵故事被写成文艺作品，甚至登上艺能舞台，每当灾害和恶疫在社会上蔓延时，那些怨灵就会被人们加倍地回忆起来，然后由朝廷或市民发起在民间举行"御灵会"的祭祀活动来进行安抚，神道教的"镇魂祭"就是这种"御灵信仰"的宗教仪式。"在'御灵会'上，除了僧侣在灵前诵经说法，到场的大众还举行歌舞、骑射、相扑等各种娱乐活动。"① 这种集镇魂祭祀、发泄情绪和歌舞娱乐为一体的"御灵会"，就成为整个日本国民共同参与的神道信仰而传承下来，又阻碍了道教信仰在日本的传播。

第五，道教的星斗信仰传入后通过与密教、神道教相结合在日本社会中一直盛行。道教的北斗七星被视为众星中之最胜者，名曰妙见。密宗将之神格化为具有守护国土、消灾却敌、益寿延命等功德的天神，又称妙见菩萨、妙见大士、北辰菩萨、尊星王、妙见尊星王等，道教的北斗七星与密教的妙见菩萨异名而同体。据《妙见宫实纪》《八代神社记》记载，680 年秋，妙见菩萨乘神兽"龟蛇"从中国明州（浙江宁波）渡海来到日本熊本八代郡土北乡八千把村竹原津。"龟蛇"乃是北方玄武之象，妙见菩萨实为道教之神。据说，妙见菩萨在此停留了三年之久，当地人将之尊为保护神加以供奉。795年，桓武天皇下令在此修建妙见宫，这是现在的八代神社内三宫中的上宫。后来，二条天皇于 1160 年、后鸟羽天皇于 1186 年分别建造了妙见宫的中宫和下宫。直到明治初年（1868）妙见宫才正式更名为"八代神社"而沿用至今。② 每年 11 月举行的热闹非凡的大型民间"妙

---

① ［日］义江彰夫：《日本的佛教与神祇信仰》，商务印书馆 2010 年版，"导读"第6 页。

② 参见周洁主编：《日本的祭礼》，世界知识出版社 2010 年版，第 362 页。

见祭"的喜庆节日,至今仍然是九州的三大节日之一。人们相信,信仰妙见菩萨能免除灾祸,四海太平、五谷丰登;能消除平日的凶杀及三十六衰、七十二厄等一切不虞之灾,并使虔诚敬信之辈转凶为吉,除祸赐福,延长寿命。到镰仓时代,各地建造了北辰神社、妙见神社等,妙见菩萨被请为保护神,北斗众星之母"斗姆元君"也被尊为日本武士的保护神"摩利支天"①而深受敬拜。据宋代道书《玉清无上灵宝自然北斗本生真经》记载:"斗姆元君"相传原为龙汉年间周御王的爱妃,号"紫光夫人",先后诞下九子,后来都成了天上的星宿,因地位尊贵故被称为"斗姆"或"斗姥"。其大儿子和二儿子是"四御"中的"天皇大帝"和"紫微大帝",其余七个儿子就是"北斗七星"。到宋代时,"斗姆元君"被神霄派奉为雷霆主神,与密教的摩利支天相融合。故道观中供奉的斗姆形象十分独特,造型多样,深受密教影响,主要有三目、四首、八臂,手持各式法器,于月轮中,乘猪车而立,身作金色,因具有护身、隐身、得财等功德,成为保佑人生平安、顺利的战神。这种共同的神灵信仰成为东亚道教的凝聚力所在。

第二节　星斗信仰在朝鲜半岛

在朝鲜半岛传播的道教神灵,既有三清四御等高位神,更有星斗神、龙王神、城隍神、土地神、守门神、井神、风神、树神、水神、河神、桥神、后土神、痘神等功能神。这些神灵在传播过程中,逐渐染上了朝鲜传统宗教的色彩,例如城隍神虽然还是如中国道教那样是村庄和城镇的守护神,但在朝鲜半岛,人们将城隍神信仰引入并

---

① 摩利支天,梵文"提婆"之意,是隐身和消灾的保护神,上管三十六天罡星,下管七十二地煞星和二十八宿星,故神威显赫。

融合于"仙郎"信仰之中。"城隍堂（仙王堂）意味着由人树木（堂树）和石头的垒积（累石坛）形成神域（堂山）。但在城隍堂中立神祠（堂家），其中也祠祀骑虎蓄须的山神或神仙的画像。此神皆为山神——神仙——天神。有人称城隍堂为'老姑堂'，但这是巫教式地被当地习俗化了的说法，在那里祠祀的是女神。城隍堂设在部落的镇山上、入口处、山路边，或设在郡的镇山上，它也与佛教揉在一起，在寺刹的入口处必有城隍堂。"[①] 城隍堂的旁边立有由木头或石头制成长柱，雕成形象恐怖的"天下大将军"或"地下女将军"的木偶或石佛。人们通过城隍堂时，要投石礼拜，又用五色布条拴在树枝上进行祈祷。据说是可以起到为部落辟邪消灾的作用，这是中国道教中比较少见的现象。

随着道教在东亚社会的传播，道教星斗信仰传入朝鲜半岛后很快就为当地人所接受，逐渐融入其固有的天神祭祀传统中，并在社会生活中产生了独特的影响。道教通过星斗醮祭来表达人们期望"洞晓星历"以达到消灾解厄、求福保泰、长生不死的美好愿望。因此，星斗信仰既是道教重视自然秩序、国家安康和关注人的生命成长的思维方式的一种体现，也是道教在东亚传播的标志之一。

中国古人讲究仰观天文，俯察地理，十分重视星象的变化对人生活的指导意义。早在《史记·天官书》中就把全天的星象分为五大区域。北极星属于中宫，其附近的天空被划分三垣——上垣太微垣、中垣紫微垣和下垣天市垣，黄道带内的二十八宿则分属于东南西北四宫，这奠定了中国古代天文学星座划分的基础，也成为道教星斗信仰的天文学依据。道教出于宗教政治诉求和延年益寿的需要，从天人感应出发，崇拜日月，通过"观气望星"形成的星斗信仰，既体现在符箓上画的星象图案，法尺、令牌、道镜、法剑上刻着的二十八星宿或

---

① ［韩］都光淳：《韩国的道教》，载［日］福井康顺等监修，朱越利等译：《道教》第三卷，上海古籍出版社1990年版，第102页。

北斗七星符号，道场醮坛的设计、步罡踏斗之类的科仪程序的编排上，也贯穿于道教宇宙观中的天层结构和神仙谱系的建构中，并通过内外丹养生术而落实到人的生命修炼过程中。值得研究的是，道教星斗信仰以何种方式在东亚传播？在朝鲜半岛传播过程中出现了哪些民族性、地域性的新特点？

在东亚人的心目中，离开了日月星辰的自然循环和春夏秋冬的四季变化就无法理解宇宙万物生灭的生命现象。若抽象之"道"只能存在于不断变化的现实经验世界之中，两者是密不可分的，那么，生命之本也需要通过经验世界来表征。道教认为，"星"为万物之精，从"日"所生，故其字形由"日"与"生"构成。在道教看来，天幕上闪闪的星斗虽高高在上，但却以不可思议的神性掌管着天地运转、四季交替、五行分布、百官设置和人生吉凶，由此出现了"人星混同"思想。在古代东亚民间社会中广泛流传着"天上一颗星，地上一个人"的俗语，形容地上有一个人出生，天上便增添一颗星；若是天上陨落一颗星，地上便死一个人，以此来说明人的生死会通过星象表现出来，如朝鲜半岛就有"五星聚奎钟生贤人""将星坠地病死英雄"之类的说法。然而天上群星璀璨，并不是每一颗都能成为道教的信仰对象，只是那些耀眼夺目的五星七曜、四灵二十八宿等才被赋予不同的形态、神性与神职，进入道教的神灵信仰体系。如果说，以北极星为表征的太一神特别受到统治者的敬仰，那么，北斗、南斗、太岁、三煞、文曲星、奎星、彗星、牛郎织女星等则深受大众的喜爱。在朝鲜半岛，人们通过拟人化的方法，编造出许多引人入胜的神话故事，丰富了道教的星神世界。

中国史籍中有关道教传入朝鲜半岛的最早记载是《旧唐书·高句丽传》，当时有"道士等行镇国内，有名山川"[1]，使朝鲜半岛自古流行的天神崇拜中逐渐出现了道教星斗崇拜的因素。据《高丽史》卷

---

[1] 《三国遗事》卷三，《大正藏》第49册，第988页。

五十六《地理志》记载:"摩利山在府南,山顶有堑星坛,世传檀君祭天坛。"江华岛上摩利山,亦称摩尼山、磨利山等,相传是朝鲜民族始祖和开国君主檀君降生处,也是檀君祭祀天神的地方,山顶上的圆丘有檀君命其三个儿子所筑的祭坛,称堑城坛。三国时,高句丽、百济、新罗的大王们都曾来这儿进行祭天活动。到高丽时代,摩利山顶的祭天之坛逐渐演变为道教星斗崇拜的场所。

据《高丽史》卷一百二十三《列传》卷三十六《白胜贤》记载,元宗五年(1264),蒙古国要求高丽国王前去朝观,国王不愿,乃听从术士白胜贤的建议,亲自到江华岛摩利山进行醮祭天神。由于这种醮祭天神活动一般在星星闪烁的夜晚举行,故堑城坛又称为堑星坛,有学者据此"肯定它是道教仪式"[1]。保留到今天的堑城坛据说是高丽元宗十一年(1270)开始修建的,由自然石块垒成,容易倒塌,在历史上经常重修,故史籍中记载的堑星坛大小不一。据《新增东国舆地胜览》卷十二《江华都护府》堑城坛记载:"堑城坛,在摩利山顶,垒石筑之,坛高十尺,上方下圆。上四面各六尺六寸,下圆各十五尺。世传朝鲜檀君祭天处,本朝仍前朝之旧,醮星于此祠,下有斋宫。"2009年5月按原样修复的堑城坛高6.3米,分下坛和上坛两个部分,下坛是直径8米多圆形,上坛是边长6米多四方形,犹如道教斋醮科仪的道场,在东南方有20多级台阶象征着祭坛正面。

道教星斗信仰来到朝鲜半岛后,融入祭祀天神的活动中。据史料记载,那些在摩利山堑城坛进行的仪式大都称之为"醮"。李能和认为:"摩利山之醮祭,其源本出檀君无疑也。李朝诸祀录,或云摩利山是祭星之所,或云是祭天,或云是祭玉皇上帝,其名虽异,而其实则一。盖因檀君之事,原来带有神事而兼仙风的色彩故也。"[2]高丽朝就派遣官吏担任堑城坛的祭官。到了朝鲜时代,祭官称为行香使,一

---

① [韩]徐永大:《江华岛"堑城坛"与道教仪礼》,载金勋主编:《道与东方文化》,宗教文化出版社2012年版,第16页。

② [朝鲜]李能和辑述:《朝鲜道教史》,齐鲁书社2016年版,第128页。

般由二品官员担任，如，世宗十年（1428）十一月壬戌"传旨礼曹，自今灵宝道教、三界大醮、神杀醮及堑城醮行香使，忽遣代言，以二品以上差定。"①此外还有献官、执事、典祀官等，形成了一个庞大的祭团。高丽时代到朝鲜时代，摩利山顶的堑城坛既是国家祭祀天神的地方，也是道教星斗信仰醮祭仪式的场所，出现了将道教玉皇上帝与朝鲜天神檀君相等同的信仰，这种信仰通过程式化的醮祭仪式而渐渐具有了朝鲜民族文化的特色。

　　道教星斗信仰在东亚地区的跨文化、跨民族、跨宗教传播的过程中如何被当地人看待并解读的？高丽太祖王建（877—943）崇尚道教斋醮科仪式，其后的一些高丽国王如成宗、显宗、文宗、睿宗、毅宗发扬光大之，"国家故事往往遍祭天地及境内山川于阙庭谓之醮"②，陆续建立起八仙宫、太清观、福源宫、昭格殿、浮事色、九曜堂等道教宫观，为祝国泰民安而频繁举行各类醮祭星斗的活动，如太一醮、昊天上帝醮、昊天五方帝禳、老人星祭、三界神醮、百神醮、本命星宿醮、五瘟神醮、星变禳醮等，③其中有一些属于道教星斗信仰的范畴，以至于高丽王朝思想家崔承老（981—996）批评说："我朝宗庙社稷之祀尚多，未如法者，其山岳之祭星宿之醮，烦渎过度。"④例如，太一醮的祭祀对象是负责宇宙运行的北极星神。昊天五方帝禳的祭祀对象是包括昊天上帝和其属僚五方星斗构成的天神系统。老人星祭的祭祀对象是主管南斗六星的南极长生大帝，又称南极老人星、老寿星。道教中有"南斗主生，北斗主死"的说法，将南斗六星神格

---

① 《李朝实录》第七册《世宗实录》卷四十二，日本学习院东洋文化研究所1954年刊行，第622页。

② 《高丽史》卷六十三《礼》五《杂祀》，《四库全书存目丛书·史部》第160册，齐鲁书社1996年版，第567页。

③ 参见［日］福井康顺等监修：《道教》第三卷，上海古籍出版社1990年版，第71页。

④ 《高丽史》卷九十三《崔承老》，《四库全书存目丛书·史部》第161册，齐鲁书社1996年版，第396页。

化，奉为司命主寿的六位星君，隶属于南极长生大帝管辖。中国道教中受到广泛崇拜的老人星传到朝鲜半岛后，"大抵朝鲜人之对老人星之观念，唯在寿字而已"①。本命星宿醮的祭祀对象是北斗星。星变祈禳醮的祭祀对象是彗星等。高丽朝时的"星宿之醮"就有种类繁多之特点。

其中，祭祀北极星神的太一醮在朝鲜半岛得到广泛传播。道教将天上二十八星宿分为四组，以四灵来命名，即东方青龙，南方朱雀，西方白虎，北方玄武。北极星则位居中天紫微垣，为协助玉皇大帝执掌天经地纬、日月星辰及四时节气的"帝星"来加以崇拜。从天文学上看，北极星是小熊座的主星，居于天宫之中央，距地球约 400 光年，北斗七星围绕着它四季旋转，古名勾陈一，又名北辰。与北斗七星不停地移动不同，北极星一年四季似乎总是在正天极附近，是夜空中能见到的亮度和位置较稳定的恒星，故称"指极星"。北极星在众星之中居于中宫的最高位，又称"天极星"。天帝常居北极星，神名太一，在汉代就受到帝王的祭祀。北极星看上去好像不动，但却能以中宫之位而主四极，既为天帝太一神座，也是地上帝王的象征，这使天子作为天帝的代行者君临天下也就有了天文学的依据。汉代出现的太一神祭往往选择在满天星斗的夜间进行。祭祀者举头仰望北极星进行礼拜，活动从日没开始，至翌日黎明结束。醮祀天皇太一后成为道教为国为民消灾解厄之祭，传入朝鲜半岛后，受到历代国王的高度重视，发展为以国王名义举行，由道士主持的道教祭祀活动，在京城与地方五道随方立殿以祀之："高丽置大清观以祀太一，又以太一迁移，随方立殿以祀之。李朝承袭丽制而变其规模，在京城则不别建大清观以祀太一，而合置太一殿于昭格殿。在地方则于五道，各设太一之殿，而取其道内之人，为殿直掌醮祭之事。"②

---

① ［朝鲜］李能和辑述：《朝鲜道教史》，齐鲁书社 2016 年版，第 132 页。
② ［朝鲜］李能和辑述：《朝鲜道教史》，齐鲁书社 2016 年版，第 122 页。

　　由于北斗七星围绕着北极星四季旋转，故道教经常将北极与北斗一起加以崇拜。如果说，祭祀北极星的太一醮包含着一些政治色彩，那么，北斗信仰则更多地表达了百姓对人生幸福的关注。从天文学上看，北斗星是大熊座中由排成勺形的天枢、天璇、天玑、天权、玉衡、开阳、摇光七星组成，又称北斗七星。在中国古代的《天官书》和《天文志》中，北斗星的职能是帮助人们分阴阳、建四时、辨方向、定季节。在不同的季节里，北斗星在天空中的位置不同："斗柄东指，天下皆春；斗柄南指，天下皆夏；斗柄西指，天下皆秋；斗柄北指，天下皆冬。"① 六朝道书《上清太上回元隐道除罪籍经》中就有在不同的日子里供奉北斗七星中的一颗，以求消灾求福保命的说法。道教认为，人面有七窍，内应乎心；魄有七真，受魄于斗。若能通过存思与星斗相感应，北斗七星即径入于人身中镇守泥丸紫房，护佑人的生命。人若依北斗七星的排列位置而行步转折，就犹如踏在罡星斗宿之上，通过感应北斗七星之神气，可使神灵降临三界，拯救众生。《太上玄灵北斗本命长生妙经》不仅确定了北斗七星各自的名讳、职司，而且将北斗星视为人生之主宰，认为它可以为人的生命成长提供一种星相学的参照，每个人都可以根据自己的生辰，在北斗七星中找到自己的主命星。唐代时，随着道教斋醮科仪的逐渐完备，内含着本命星崇拜的北斗七元灯仪等也盛行起来：天皇大帝、紫微大帝、北斗七星君都是斗姆感气而生之子，只有斗姆才能说具有最伟大的灵验。

　　这种崇拜北斗七星就可以度厄消灾、保生延命的说法，也得到东亚各国的广泛认同，促使北斗七星信仰在朝鲜半岛流行起来。高丽帝王热衷于举行道教星辰醮祭活动，对此，新、旧唐书的《高丽传》都有记载："其俗多淫祀，事灵星神、日神、可汗神、箕子神"②。12世纪初，当时正值中国的辽、金、宋、元各族以武力逐鹿中原，高丽帝王

---

① 《鹖冠子·环流》。
② 《旧唐书》卷一九九《高丽传》。

不希望看到由民族矛盾导致的战争与动荡漫延到朝鲜半岛，故对外采用文武并用的政策，对内采取以文治国的方略，在继续奉行佛教的同时，又期望通过道教星斗信仰来获得神灵佑护而使国家安泰。据《高丽史》卷十四《世家睿宗》记载，宋徽宗大观四年（1110）遣道士二人前来传道，选弟子传习道书，是为高丽朝有道教之始。受宋徽宗的影响，睿宗笃信道教，在任太子时就开始醮祭活动，建造了朝鲜半岛上最早、也是最正式的道观——福源宫。"福源宫位于王府北边太和门内，殿内画有三清像，睿宗、毅宗曾在此亲自主持醮祭。"①

睿宗在位期间经常举行道教星斗醮祭仪式，如，睿宗三年（1108）五月，率近侍三品以上官员醮昊天五方帝于会庆殿；睿宗十五年（1120）六月，又亲醮于福源宫，命道士执掌进行太一醮、三清醮、昊天五方帝醮、三界神祇醮、本命醮、南斗醮等，由此将为国家消灾祈福的重任置于道教星辰醮祭中，又使道教具有了"国教"的地位。为使醮祭如律如仪，富有文化内涵，睿宗还从宋朝引进教坊乐②、大晟乐③以增加道教星辰醮祭的文化气息与艺术水平。毅宗（1127—1173）对星辰醮祭有着特别的兴趣，在其执政期间，为祈求自身长寿和国家安康，经常频繁地举行大规模的星斗醮祭活动。例如，在毅宗二十三年（1169）就进行了如下活动：正月己卯日，醮祭二十八宿和北斗；二月乙未日，醮祭十一曜、二十八宿；己酉日，醮祭十一曜、南北斗、二十八宿、十二宫神；三月辛酉日，醮祭太一、十一曜、南北斗、十二宫神。二十四年（1170）三月己巳日南极老人星出现，毅宗令全国祭老人星。四月辛巳，毅宗亲祭老人星于内殿，后又命太子在福源宫醮祭老人星，并派遣使者去各地的老

---

① 《中京志》卷三，参见［韩］金得榥：《韩国宗教史》，社会科学文献出版社 1992 版，第 45 页。

② 教坊乐是中国唐、宋、元、明时由教坊教习演奏的用于庆贺、宴享的宫廷俗乐。

③ 宋徽宗于崇宁四年（1105）将"宫廷雅乐"定名为"大晟乐"，并专门设立大晟府来进行管理。

人堂，专祭老人星。星斗信仰成为道教在朝鲜半岛传播的象征符号之一。

太宗即位之初，就率众朝拜摩利山，于堑城坛进行祭天仪式。那些在摩利山堑城坛进行的仪式大都称之为"醮"，一般在夜里举行，祭祀对象主要有玉皇上帝、三清神、老子、二十八宿、阎罗王等道教神灵，也有说是祭祀道教的四上帝位（即四御）和九十余位星官，[1] 是非常典型的道教星辰醮祭。世祖二年（1456），由国王亲自带领众臣在每年 10 月 3 日檀君降生日来摩利山堑城坛举行的祭天仪式，后将此事专委道家掌之。明宗十四年（1559）七月癸酉礼曹启曰："摩利山则其祭仪式，异于他名山之祀，专委道家掌之"[2]。在开天节于摩利山堑城坛举行以星斗醮祭为中心的祭天仪式成为民族文化传统一直保留下来。

中国道教斋醮科仪复杂而有序，与星斗信仰相关的是，要在所建醮坛上，假方丈之地，铺设罡单，上面绘有四灵（青龙、白虎、朱雀、玄武）二十八宿和九宫八卦，以此象征九重之天。为与神潜通，高功法师要脚踏云履，穿上"罡衣"，在罡单上随着道曲，按北斗七星之方位，九宫八卦之图格，踏出禹步，先举左足，一跬一步，一前一后，一阴一阳，初与终同步，置足横直，步如丁字，以法天地造化之象、日月运行之度、阴阳相交之会，又称"步罡踏斗"。这种"步罡踏斗"的基本步态贯穿于中国道教各种斋醮科仪中，相比而言，朝鲜道教的星斗醮祭仪式没有这么复杂的程序，但比较注重焚香供物拜神，诵读青词斋文，以召集诸神，驱邪制鬼，达到度厄消灾的目的。

朝鲜王朝建立后，专门设立道教宫观——昭格署，它既是国家官

---

[1]　[韩] 徐永大：《江华岛"堑城坛"与道教仪礼》，载金勋主编：《道与东方文化》，宗教文化出版社 2012 年版，第 12 页。

[2]　《李朝实录》第二十六册《明宗实录》卷二十五，日本学习院东洋文化研究所1957 年刊行，第 273 页。

署，也是道教醮祭星辰的主要场所："昭格署由三清殿，太一殿，直宿殿，十一曜殿以及内外诸坛组成。在三清殿里祠祀玉皇上帝、太上老君、普化天尊、梓潼帝君等十余位神仙；在太一殿里祠祀七星；在直宿殿祠祀太白星；在十一曜殿祠祀日、月、木、火、土、金、水七政和罗睺、计都、紫气、月孛诸星；在内外诸坛祠祀四海龙王神、冥府十王、水府诸神等约有数百以上。"①太宗四年（1404）要求昭格署提调金瞻专门负责详定星辰醮祭之事，把道教星辰醮祭纳入国家宗教的管理体制之中。金瞻倡导尊奉与祭祀星辰神，这非常符合太宗期望通过祭祀以求国泰民安的心理。

昭格署中的太一殿专供道教星神；三清殿则供奉玉皇大帝、太上老君、普化天尊、梓潼帝君（文昌）的神像，受人瞻拜。"昭格署祀老子为首之外，大抵以星辰为醮祭主要之对象可知也。而其所谓星辰者曰火星、曰北斗、曰金星、曰太阳、曰太阴、曰直星、曰真武、曰星变祈禳，即如太白昼见，彗星经天等时之醮祭，禳灾之事也。"②这种星辰醮祭往往由朝廷官员来主持。在醮祭时，官员特别穿上白色衣服，头缠乌巾，③然后带领众人，在摆着各种水果、粢饼、茶汤和酒等供品的神像面前焚香百拜。道士则头戴逍遥冠，身着黑衣。在鸣磬二十响后，由两个道士念诵道经，将祝辞书写在蓝纸上，然后予以火化。众人一边看着纸灰飞扬上天，一边祈祷能够通达神灵，保佑自己得子、财运、消灾和幸福，形象地展现了道教星斗信仰的社会功能。仅太宗一朝，在昭格殿举行了十多次星辰醮祭活动，期望由此来消解

---

① ［韩］都光淳：《韩国的道教》，载［日］福井康顺等监修：《道教》第三卷，上海古籍出版社 1992 年版，第 75 页。

② ［朝鲜］李能和辑述：《朝鲜道教史》，齐鲁书社 2016 年版，第 108 页。

③ 李圭景解释说："我东朝官士庶常服，上衣用道袍，有青白二色。吉服尚青，常服尚白。亦有贵贱之分，贱者不得着袍。儒生以此为公服，以此为祭服。然问其制度原始则不能对，虽老师宿儒亦不知其缘起者，无可考据证信之迹故也。"（《五洲衍文长笺散稿》卷四十五《道袍辨证说》，明文堂 1982 年版，第 447 页。）据此，官员们可能是穿着常服来参加昭格署醮祭活动的。

天象变化和自然灾异带来的不良影响。

李朝以来，太祖、太宗信奉七星，到处建七星阁，行七星请之法，形成了一些富有民族特色的风格，如"于仁王山七星堂，祈神者，必用盲人读经，盖因盲是道流之系统，故然也。"① 相传在祈祷日子里，若士人至此拜神，则必中科甲。这种习俗从保留到今天的高丽朝举行星辰醮祭时所写的青词斋文看，道教星斗信仰传入朝鲜半岛后，一方面在崇拜对象和基本礼仪上延续了中国道教的传统；另一方面，在醮祭仪式中也出现了一些民族化、地域化的新特点，由此丰富了朝鲜道教的内容。

首先，摩利山堑城坛成为重要的户外醮祭星辰的场所。"以祀典观之，则昭格署乃祀星辰矣。天子然后祭天，诸后只祀山川。"② 天子在昭格署祭祀星辰后，再去摩利山堑城坛去祭天，皇后则去祭祀山川。这种以国王的名义举行的堑城醮属于国家祭祀范畴，有定期祭祀（每年春秋两季各举行一次）和临时祭祀（根据国家形势的需要随时举行）之别，其目的在于通过集体性的崇拜活动来祈福禳灾，期望天神佑护国家太平繁荣，故仪式十分隆重肃穆。到朝鲜王朝时，堑城醮已发展为一种隆重的国家祭祀活动。其祭官有行香使、献官、执事、典祀官等，一般由朝廷专门派遣官员来担任。行香使经常由二品或三品官员担任，可见堑城坛醮祭的规格很高。据说在举行堑城醮前40天，昭格署官员就要进行祭酒和祭品的准备工作，"排坛著净衣，陈设祭物，堑城祭礼亦依此例。"③ 虽然堑城醮遵循了中国道教以清静之心献上素食祭品的传统，但还是出现了一些民族特色，例如，在春秋行祭时，以酒敬奉神灵。在进行堑星坛醮仪时，要在坛上设帐供神，

---

① ［朝鲜］李能和辑述：《朝鲜道教史》，齐鲁书社2016年版，第193页。

② 《李朝实录》第二十册《中宗实录》卷十三，日本学习院东洋文化研究所1957年刊行，第448页。

③ 《李朝实录》第十七册《成宗实录》卷一七二，日本学习院东洋文化研究所1957年刊行，第227页。

将神的名字写在纸榜（纸神位）上，然后奉上青词斋文，献上茶汤酒等祭品，以示敬意，醮祭完毕后，再用火将纸榜烧掉，颇有地域文化的特色。

其次，朝鲜道教的星斗信仰具有佛道杂融之特色。朝鲜半岛的道观，如高丽王朝的福源宫，朝鲜王朝的昭格署、大清观等虽然是星辰醮祭的重要场所，但"朝鲜佛寺到处建有七星阁，祈福祈子者皆祭供之"。① 另外，佛教僧人在佛事作法时，也有"七星请之法"，即召请北斗七星作为大圣七元星君降临道场作为如来佛之右辅，与日光菩萨和月光菩萨之左辅相并列，形成了道佛混杂之特色。笔者认为，若诉诸历史，朝鲜半岛所行的本命星醮礼，虽为佛教密教修法之坛场，但却沿用了道教北斗七星醮祭，宣扬通过祭其人之本命星，以祈息灾延命，这种佛道杂融之特色逐渐使星斗信仰成为朝鲜佛教与道教共有的宗教仪式。

再次，北斗七星神出现了女性化倾向。由于星辰是"阴"的象征，因此在中国道教中出现了斗姥元君，又称斗姆元君等女性星神。据成伣《慵斋丛话》记载，朝鲜王朝时"昭格署皆凭中朝道家之事。太一殿祀七星诸宿，其像皆被发女容也"。李圭景认为这是模仿中国醮祀而来的，"昭格署仿中国醮祀太一殿祀七星诸宿，其像皆被发女容也。"② 其实，这恰恰是道教星斗信仰在朝鲜半岛传播中出现的新特点。

最后，道教星斗信仰融入朝鲜民俗活动中。道教宣扬南斗司生、北斗司死，朝鲜人不仅重视南斗北斗醮祭，而且还将之用于丧礼中，如"我朝鲜俗，人死则用木板穿七孔，如北斗状，或纸绘北斗像，以支尸身，名之曰七星板。"③ 另外，祈祷直星就可免遭各种灾难的信仰

---

① ［朝鲜］李能和辑述：《朝鲜道教史》，齐鲁书社 2016 年版，第 194 页。

② ［朝鲜］李圭景：《五洲衍文长笺散稿》卷四十二《东国道教本末辨证说》，明文堂 1982 年版，第 362 页。

③ ［朝鲜］李能和辑述：《朝鲜道教史》，齐鲁书社 2016 年版，第 193 页。

也融入朝鲜民俗活动中。例如，朝鲜男子从十岁起，女子从十一岁起，就按罗睺星，土星，水星，金星、日星，火星，空星、月星，木星的顺序，每个人每年都有与自己年龄相配的星，称为"直星"。"适值日直星和月直星之年的人，用纸剪成太阳和月亮般的形状，把它装在木头上后插于屋脊，以此消灾。为驱除月直星带来的灾难，也有在月亮升起时提灯迎月的做法。适值水直星之年的人，用纸包饭后于半夜投入井中，以此禳灾。在民间，最忌罗睺直星（处容直星）。也有孩子们从冬天起就用木制的蓝、红、黄色的三只葫芦挂在腰间，于上元节前夕的半夜里悄悄地把它扔在路上，以此驱邪。"① 随着岁月的流逝，道教星斗信仰演化为富有朝鲜民族文化特色的民俗活动保留了下来。

第三节 以得道成仙为共同信仰

道教致力于探讨宇宙天地的变化之道，并将对"道"的哲学思辨贯穿于对生命问题的探究中，其"得道成仙"信仰一直贯穿于道教在东亚地区千百年的发展之中。各种宗教都信神，唯独道教信神又崇仙。从严格意义上说，神与仙是两个具有不同含义的观念。在道教看来，神是先天性的存在，仙则是人通过对肉体和精神两个方面进行长期修炼的结果，故仙是可学的："若夫仙人，以药物养身，以术数延命，使内疾不生，外患不入，虽久视不死，而旧身不改，苟有其道，无以为难也。"② 人通过修炼"外去其华，内养其寿"即可得道成仙，因此"得道"与"成仙"在道教中是两个等价的概念。

道教的神仙信仰成为一种人生理想在东亚地区广为流传，并与不

---

① 参见［日］福井康顺等监修：《道教》第三卷，上海古籍出版社 1990 年版，第106 页。

② 葛洪撰，王明校释：《抱朴子内篇校释》，中华书局 1985 年版，第 14 页。

同的民族传统文化相融合，虽出现了一些新变化，但追求得道成仙则为共同信仰。例如，檀君神话是朝鲜半岛本有的古老传说，"表现出一种好像大致在公元前二千年前形成的图腾崇拜思想"①，但据朝鲜神仙家书《青鹤集》记载：朝鲜东方仙派祖师桓因，即檀君，得道于明由，明由得道于古之仙人广成子。这样，朝鲜族的始祖、古朝鲜的创建者檀君就与中国神仙有了传承关系，其仙脉由文朴氏、永郎等传递下来，后有文朴氏住在阿斯达山中，据说他的眼呈四角形，且永葆童颜。可能是受中国道教神仙信仰的影响，朝鲜半岛的檀君崇拜中的一大亮点就是追求"长寿与长生"。

道教传入越南后，其神仙信仰"越南在接受中国宗教影响的同时，也奉祀许多产生于本土的神灵。仿照中国，历朝政府都册封、加封一些本土神灵，如越南母道教神灵云乡柳杏公主、真娘、丁圣母、二征夫人；助秦始皇攻伐匈奴的李翁仲、助雄王平殷的扶董天王；传授制伞工艺的裴国忾、传播刻印技术的梁如鹄等行业神。"②越南神话集《粤甸幽灵集录》中的"英灵浩气"篇就记载了修道成仙成神的传奇事迹：

应天化育元忠后土地祇元君（即后土夫人）

盟主灵应昭感保佑大王（即铜鼓山神）

广利圣佑威济孚应大王（即龙肚王气神）

开元威显隆者忠武大王（即开元神）

冲天勇烈昭应威信大王（即扶董土地神）

伞圆佑圣匡国显应王（即伞圆山神）

开天镇国忠辅佐翊大王（即腾州土地神）

忠翊武辅威显大王（即白鹤土地神）

---

① ［韩］都光淳：《韩国的道教》，载［日本］福井康顺等监修，朱越利等译：《道教》第三册，上海古籍出版社1992年版，第52页。

② 刘玉珺：《越南汉喃古籍的文献学研究》，中华书局2007年版，第112页。

善护灵应彰武国公（即海清郡土神）

利济通灵惠信王（即南海龙王神）①

这些神仙不仅是中国道教和越南本土宗教信仰融合的结果，而且也有了一些越南民族文化特征灵，如中国道教中最受崇拜的"三清"传到越南后就变成"女性神"，成为越南道观中的最高尊神"上天圣母"，这反映出在越南这样一个农业国家中女性所具有的重要地位。越南道教十分崇拜的"兴道王"，其原型为民族英雄陈国峻，犹如中国道教崇拜的"关公"。越南道观中供奉从越南民间传说产生的"四不死"神，它们是：抵抗洪涝之神——伞圆山神、反抗外侵之神——扶董天王、发奋自强之神——褚童子、为了凡间生活而放弃天上生活之神——柳杏公主。这些富有越南民族文化特色的道教神仙，在越南民间社会受到了广泛的崇奉祭祀，在当地人的生活中有着很大的影响。

有了生命才能创造一切。对生命的珍惜与爱护是道教神仙信仰的核心与源泉，这也表现在日本奈良时期出现的文学作品中。如日本现存最早的诗歌总集《万叶集》中就有一些用优美的韵律、生动的形象和比喻的手法来描绘神仙、仙境和追求得道成仙的心态的诗歌，如《员外思故乡歌两首》：

盛年难再至，衰老总堪哀；纵食飞云药，青春岂再来。

飞云药已食，又得见京城；不肖虽卑贱，青春定再生。

表达了对青春已逝的伤感，以及对服食"飞云药"以永葆青春的向往。据中村璋八的分析："这里的'飞云药'是升天思想，'青春定

---

① 《粤甸幽灵集录》，载陈庆浩、郑阿财等编：《越南汉文小说丛刊》第二辑《神话传说类》第二册，台湾学生书局 1992 年版，第 5 页。

再生'是不老不死思想。这也反映了浓厚的道教思想。"①在日本文化中，死亡并不单纯地意味着与"生命"相对应的另一极，而是更多地被理解为"生命"的升华和永存。这种对死亡的哲学思考，其实就是在日本文化语境中出现的对"得道成仙"这种生命理想的礼赞与歌颂。

神仙信仰的核心在于追求"不老不死"，这是人类自古以来就有的共同愿望。道教的神仙信仰传播到东亚各国，以神话的形式唤醒了对东亚人对长生不死的追求，激发了他们超越时代与历史的自由想象。平安朝，大江匡房（1041—1111）的《本朝神仙传》以"神仙"为名，介绍了三十七位日本修仙者的事迹：倭武命、上宫太子、武内宿弥、浦岛子、役行者、德一大德、泰澄大德、久米仙、都蓝尼、善仲、善箕、窥诠法师、行叡居士、教待和尚、报恩大师、弘法大师、慈觉大师、阳胜仙人、同弟子仙、河原院大臣之近习侍、藤太君、源太主、白箸翁、都良香、河内国树下僧、美浓国河边人、出羽国石窟仙、大岭僧、大岭山仙、竿打仙、伊豫国长生翁、中箕上人童、橘正通、东寺僧、比良山仙人、爱宕护山僧、沙门日藏等。②他们的身份可分为三类：其一为神话人物，如浦岛子；其二为修道仙人，如役行者、久米仙、阳胜仙人等；其三为佛教僧侣，如弘法大师空海、河内国树下僧等，但他们都是修仙的实践者。

《本朝神仙传》还将成仙方式分为九种：长生不老、尸解、死后相遇、显神通、脱俗、空中飞翔、升天、辟谷、不知其所终，颇有道教之意趣，生动地展现了道教成仙的不同层次：可谓上者飞仙，中者潜化，下者尸解。生与死是相联系而存在的，在大江匡房的眼中，从追求生命永生的意义上看，佛与仙有共同之处，"大江匡房的神仙思

---

① [日] 中村璋八：《日本的道教》，载 [日] 福井康顺等监修，朱越利等译：《道教》第三册，上海古籍出版社 1992 年版，第 17 页。

② 参见 [日] 川口久雄校注：《古本说话集·本朝神仙传》，朝日新闻社 1967 年版。

想并非是信仰层面上的，而是一种知识、心情、爱好旨趣。"①日本历史上流传的那些的"神仙"从一个侧面说明，道教在与不同民族文化的冲突与交融中，虽然出现了一些本地化的新特点，但自由神通且长生不老的神仙信仰却犹如一条红线，将不同民族的文化脉络联系起来，使"东亚道教"具有了一种共同的文化特征。

大江匡房将那些以脱俗、辟谷、行气为修仙方法来追求长生的那些奇异之士的生平事迹聚集在一起，冠之以"神仙"之名。这仅表达了大江匡房个人的兴趣爱好与文学旨趣，还是日本已存在依据着道教神仙信仰而形成的修仙群体？江户时代田中玄顺编撰的《本朝列仙传》与《本朝神仙传》堪称日本神仙传记之双璧，其中也记载的久米仙人、蛤蟆仙人、大伴仙、安云仙、蝉丸等故事，既表达了追求得道成仙之信仰，也充满着日本文化风情。例如，生活于平安时代的盲人琵琶师蝉丸，是日本和歌及能乐界的著名人物。能乐谣曲《蝉丸》，把蝉丸说成是醍醐天皇第四皇子，因目盲而被丢弃逢坂，他的姐姐因生来自然卷发倒竖也被丢弃。他们都集"贵"与"贱"于一身，在逢坂关相遇，彼此怨叹自己的身世后又各奔东西。有人认为，蝉丸并非真正目盲，而是借此隐于山林而不问世事，最后修道成仙了。

松田智弘将《本朝神仙传》与《本朝列仙传》进行对比研究，他发现，日本历史上出现的奉行道教神仙信仰的修仙者，既没有建立固定的修仙场所，也没有形成师徒的传授次第，更没有创立教团组织。日本神仙在成仙后就在人间消失了，而不会像中国道教所描绘的神仙在升天之后，还会再下降人间来救济苦难的百姓。作为单纯的只修仙道的仙人，在日本没有受到祭祀或崇拜，那些受到崇拜的，也是因为他们同时也是佛或神。②后来出现的由日本临济宗禅师虎关师炼编纂

---

① 　[日] 下出积与：《道教と日本人》，讲谈社 1975 年版，第 78 页。
② 　参见 [日] 松田智弘：《日本と中国の仙人》，岩田书院 2010 年版，第 119—120 页。

的《元亨释书》专列"神仙"条，记载的神仙所采用的修仙术与中国道教相似，但他们的身份却是佛僧。[①] 可见中国神仙信仰在日本的传播过程中逐渐出现了一些新特点，使东亚道教中心与边缘的差异凸显出来。

道教对生命的看法与神道教有相通之处。神道教从万物有灵论出发，认为人与物都拥有自然天性，故一切生命都是平等的。绳纹时代，人们通过在陶器上刻画植物花纹来表达对自然物鲜活生命力和强壮生殖力的赞美。生命既是美丽的，也是富有活力的，然而却处于不断的生死循环之中。万物有生即有死，生命形体在死后散化，又会衍化为其他生命形式。万物的生命形体是彼此转化、生死轮回的，形成的你中有我，我中有你的关系，由此，日本人似乎并不执着于某种生命的外在形式，而是比较倾向于万物的生命形式是不断转化的。人的生命过程犹如植物的发芽、生长、开花、结果、落叶、枯萎的生命过程一样，从幼小到壮大，从生长归于寂静。神道教以生命力充盈为美，以生命形态鲜活为美，以衰败死亡为丑，日本人由此而形成了一种"哀"（あはれ）的思想，以表达人面对自然事物的生死流转、无常变化时哀伤心情。既然一切事物都处于转瞬即逝的生死流转之中，那就应当尊重人的自然天性。既然生命苦短，诸行无常，那就应当及时行乐。这种生命观使日本人成为比较注重感官享受的民族："在日本人的哲学中，肉体并非邪恶。享受合理的肉体快乐也不是罪恶。精神与肉体并不是宇宙间相互对立的两大势力。"[②]

神道教中既蕴含着类似于中国道教的那种"顺乎自然之道"的生命观，也表达了日本人所特有的那种对生命本然的信仰和崇拜。神道教重视人的生命，宣扬人应当爱惜自己的生命，努力在生活中展现出

---

① 参见《元亨释书》，载蓝吉富主编：《大藏经补编》第 32 册，华宇出版社 1984 年版。

② ［美］鲁思·本尼迪克特：《菊花与刀——日本文化的诸模式》，浙江人民出版社 1987 年版，第 160 页。

生命的本真。神道教表达了对"生成之善"的赞赏，例如《古事记》所讲述的国土生成的神话中，生存与繁衍就成为最重要的主题，据说其中有多达 35 处的性描写，以此来说明神灵的产生和世界的创造[①]。在神道教看来，人的天然欲望和道德之恶没有必然的联系。需要摒弃的"恶"仅仅是那些不净或不洁等妨碍生命成长的东西，因此通过斋戒祭祀仪式，可以促使不净或不洁的东西得到净化，使生命更加纯洁。这种贵生恶死的生命观所表达的对生命的热爱，为道教长生成仙信仰在日本的传播奠定了基础。

从神仙的类型上看，中国的神仙往往是人通过特殊的技能修炼而成的，其形象各异，有相貌堂堂的美男子，有白发白须、手持藜杖的男性老人，有年轻美丽的以西王母为尊的女仙，也有形态怪异的中年男子。从性别上看，中国道教中的男仙占大多数。道教神仙信仰传到日本后有了一些新变化：

第一，日本出现了一些女仙神话。这些女仙大都属于"羽衣仙女型"，如日本最早的物语文学著作《竹取物语》中的辉夜姬、《浦岛子传》中的龟姬仙女等，这种"羽衣仙女型"的神话故事虽然与在中国广泛流传的七仙女故事非常相似，但又增加了仙女的特异功能，既表达了道教对长生成仙的信仰，又体现出日本民族文化中对现世利益的追求，长期以来对日本社会文化与习俗都产生了重要的影响。第二，神仙经常会从天上或海上来到人间，与普通人结婚，如《浦岛子传》中的龟姬仙女与渔夫浦岛太郎的故事。第三，特别有才能的人才能成为神仙。最典型的例子就是徐福受秦始皇派遣去东海仙岛上求仙药，来到日本后，被奉为神仙。日本人还将历史上做出杰出贡献的政治家、武家、宗教家，如圣德太子、空海、亲鸾、藤原道长、足利尊氏、织田信长、丰臣秀吉、德川家康等伟大人物神秘化后奉为神仙，以表达特别的崇敬。日本的神仙思想主要就是围绕着以上

---

① 参见叶渭渠主编：《日本文明》，中国社会科学出版社 1999 年版，第 67 页。

三个方面展开的，[①] 但经常与佛教交织在一起，这从《本朝神仙传》中就可见一斑。

在中国道教神仙中，影响最大的组合神仙莫过于"八仙"。"八仙"缘起于唐宋时期，虽然在明代以前，八仙之名，众说纷纭，以至于有汉代八仙、唐代八仙、宋元八仙等不同说法，直到明代吴元泰的《东游记上洞八仙传》才定为：铁拐李、汉钟离、吕洞宾、张果老、曹国舅、韩湘子、蓝采和、何仙姑。[②]"八仙"来自人间社会的不同阶层，有着不同的生活经历，如有的原是将军、皇亲国戚，也有的原是乞丐、道士等，但自身都有生动神奇的成仙故事。"八仙"与一般神仙所具有的那种道貌岸然的形象也截然不同，汉钟离袒胸露乳、吕洞宾性格轻佻、李铁拐酗酒成性、张果老倒骑毛驴等，但都表现出超凡、正义、喜乐、善良的性格特征，分别代表着男、女、老、少、富、贵、贫、贱不同的人生境况。这七男一女的"八仙"组合通过"八仙过海""八仙祝寿"等传说而得到老百姓的广泛认同。他们所持的檀板、扇、拐、笛、剑、葫芦、拂尘、花篮等八样东西也被视为神奇的"八宝"。"八仙"这一组合神仙在明清之后，成为年画、刺绣、瓷器、花灯及戏剧的重要题材，因为普通群众喜闻乐见而产生了广泛的社会影响。

道教的八仙信仰传到了东亚各国后出现了一些新变化。在朝鲜半岛，高丽文宗时曾建造"八圣堂"来祭祀"八仙"。后来，仁宗在僧人妙清的鼓动下，在平壤林原宫城（又称大花宫城）中专修"八圣堂"供奉八仙，并举行颂扬八仙功德的祭祀活动，扩大了八仙信仰的社会影响。在高丽中期以后，八仙信仰又与佛教相融合，出现了佛仙融合的香徒团体。这种以半仙半佛为特色"八仙"虽然也是"七男一女"的组合，但从具体名称到基本内涵与中国道教崇拜的"八仙"都

---

① 参见[日]下出积与：《日本古代の道教·阴阳道と神祇》，吉川弘文馆1997年版，第44—52页。

② 参见吴元泰：《八仙出处东游记》，天一出版社1985年版。

不同：

    1. 护国白头岳太白仙人，实为德文殊师利菩萨；

    2. 龙围岳六通尊者，实为德释迦佛；

    3. 月城天仙，实为德大辨天神；

    4. 驹丽平壤仙人，实为德燃灯佛；

    5. 驹丽木觅仙人，实为德毗婆尸佛；

    6. 松岳震主居士，实为德金刚索菩萨；

    7. 甑城岳神人，实为德勒叉天王；

    8. 头岳天女，实为德不动优婆夷。

朝鲜半岛的"八仙"，其意思是住在光明灵山上的神仙，它们名字来自朝鲜境内主要的山峰，另有一个佛或菩萨的称号。"八仙"是由朝鲜本有的山岳信仰、神仙思想再与道教神仙、佛教菩萨融合而成的。这大概是道教信仰进入朝鲜半岛后，为当地的佛教及民族文化所同化的结果。

日本也有类似于"八仙"这种组合神仙，称为"七福神"，即能够给人带来吉祥、幸福与希望的七位神，包括六位男神和一位女神：大黑天、惠比寿、毗沙门天、辩才天、福禄寿、寿老人、布袋和尚，其中只有惠比寿来自日本神道教，他是两位大神伊邪那歧和伊邪那美的第三个儿子夷三郎。"夷"为东方之义，惠比寿被认为是来自于东方的福神，他本来是掌管渔业丰收之神，后来又成为兼管商业繁荣之神，是大阪西宫神社供奉的神祇。其他六位神则反映了日本人对外来文化的吸收与融会。大黑天、毗沙门天、辩才天来自印度。大黑天原为印度教的战斗神，皈依佛教后成为护法神，成为主管农业丰收的神。毗沙门天是佛教四大天王中的多闻天，象征着威严。辩才天是印度教大梵天王的妻子辩才天女，是掌管智慧和财富的女神。福禄寿和老寿星来自中国道教，福禄寿是主宰幸福、厚禄和长寿之神。老寿星人脑门，瘦脸长须，鹤发童颜，手持宝杖，常有梅花鹿相随，白鹤为伴，是不老神。布袋和尚相传是生活于中国五代宁波奉化的神僧契此，是弥勒菩萨的化身，也是福德圆满的象征。七福神是由一神二道四佛组合成一组神仙群体，与道教八仙组合一样，其中只有一位女神仙。据说，日本七福神起源于佛教《仁王经》的"七难即灭、七福即生"之观念，有的说起源于魏晋时期"竹林七贤"，也有说"七"的概念来自《周易》中"反复其道，七日来复"的思想，还有的说是道教以元月初七为"人日"的思想促使日本产生为人间带来福德的"七福神"。

相传，有关"七福神"的信仰始于室町时代后期社会处于战乱动荡之时，人们在京都建有专门祭祀福神的神社和佛寺。福与富音相同，随着日本商业活动的兴盛，人们既希望福神保佑人们过上安宁幸福的生活，也希望帮助人们获得更多的财富。因此，在求福求富愿望的促进下"七福神"信仰逐渐形成。由于"七福神"的乘宝船渡海的情节与"八仙过海"相似，因此也有人认为，七福神这样的神仙组合形式来源于中国道教的"八仙"。[1]

七福神信仰表达了人们追求无病无灾、家业兴旺、生活富足的朴素愿望。因此，日本七福神济济一堂，主持着人间福德，赐予人们幸运、福分、财富、寿考、健康、安宁等，人们所衷心祈求的美好愿景被七福神一揽子全包了，因此他们在日本民间社会有着极其崇高的地位。正月初，日本人祭七福神、拜七福神、食七草粥，各种习俗都反映了对七福神的崇敬。这与道教八仙信仰蕴含的以福禄寿为幸福的思想具有相似之处，因此，日本人称道教八仙为"中国的八福神"。

七福神像八仙渡海那样，但却是聚在一起乘坐宝船的神仙群体，船上装满金银和稻米包。每逢新年正月，日本人就到神社及寺庙中

---

① 参见叶汉鳌：《日本的"七福神"信仰与中国的八仙》，载湖南省艺术研究所编：《沅湘傩文化之谜》，湖南师范大学出版社1991年版。

去参拜七福神，以求一年吉祥如意。这种求福求富的心态渐成一种风俗，日本人相信，新年的第一个梦，若能梦见装满金银和稻米包的"宝船"，一年里就会大吉大利。因此，过年之前，有的日本人还会把绘有"宝船"的图画买来放在枕头底下，以求过年睡觉时能梦到"宝船"，这个风俗在江户时传遍了全日本并保留至今。"除了广为人知的七福神之外，日本还有几处八福神，基本集中在关东地区，其中较为有名的有横滨的濑谷、八王子，千叶县的八千代市以及琦玉县的栗桥町。当然其主体都是上述的七福神，只是另外加了一位，如濑谷加的是达摩大师，而八王子、八千代和栗桥町新增的则是毗沙门天之妻，福德自在之神吉祥天。关西地区，在京都的著名寺院——北法相宗大本山清水寺中，还藏有被称为清水寺七大不可思议的八神福版画，这里新添的一位则是作为多福象征的日本女性阿福。"①但相比之下，七福神在日本的影响更大。供奉七福神的神社遍及全国，直到今天，每当新年来到时，一些比较遵循传统的人仍然将祭祀七福神作为新年中一种必不可少的文化习俗。

"得道成仙"作为东亚道教最核心的信仰，是一个充满活力的重要表征，它促使了道教神灵谱系始终处于一个动态的、变化的、开放的状态，并随着时代的不断发展，随着传播地区的不断扩大，吸收、构造和淘汰神灵的活动从来就没有停止过，因此从整个东亚道教史上来看，道教的神灵谱系不是一个静止的、封闭的体系，也没有形成一个完全一致的固定模式，其总的趋势也由纷杂无序向比较井然有序的方向迈进。

---

① 王静波：《试论中国道教对日本七福神信仰的影响》，载《中国道教》2009 年第 4 期。

第七章　在东亚传播的道书及思想

　　道教在漫长历史发展中，积累了卷帙浩繁的经籍书文。道教经书作为记录道教知识、思想、学术和技艺的载体，它以文字、图像、符号等形式展现了道教的教理教义、教规教戒、修炼方术和斋醮科仪，保留了中国古代历史、哲学、文学艺术、养生学、医药学等丰富内容。道书的内涵十分丰富，从狭义上看，指道教创立后造作的各种道教之书。由于道教始终以老庄道家思想作为其教理教义的理论基础，因此从广义上说，道书也包括那些被道教奉为经典的道家之书，这从流传至今的明版《道藏》就可见一斑。

　　道教能够在东亚传播还得益于以先秦口语为基础而形成的书面语——古汉语文言文。东亚是一个多民族、多国家和多文化并存的地区，各民族都有自己的语言。即使是汉族人，也会因为生活地域广阔，方言种类繁多，口语的差别也非常大，甚至出现不能沟通理解的情况。东亚各国虽然山海相隔，但在创造自己的文字之前，都有利用汉字表记来反映本国语言的方法，如在朝鲜半岛称作"乡札"，新罗人用表记法写成的诗歌被称作"乡歌"；在日本称作"假名"，日本人用表记法写成的诗歌被称作"和歌"；在越南称作"汉喃"，越南人用表记法写成的诗歌被称作"国语诗"①。在古代东亚社会中，古汉语文言文作为中国古代的一种书面语言，却成为超越东亚各民族母

---

① 在越南历史上，长期以汉字作为官方文字，除短命的胡朝（1400—1407）曾试图推行"汉喃"之外，故传世文献多用汉字书写，直到越南最后的一个封建王朝阮朝（1802—1945）建立，才将"汉喃"作为官方文字。

语、超越汉族各种方言而通用的"共同体语言"。文言文的"字本体"特点使之在东亚地区传播的过程中,一是能够容纳"多音",不同民族的人可以用自己的语言去阅读它;二是能够保持相近的格式,即使不同民族的人能用自己的语言去阅读它,但只有遵循文字本来的意思才能理解它。古汉语文言文既为传播中国文化的思想、政治、文化、知识和宗教提供了一种共同语言,也为容纳和保留各地方言和民族母语的"声音"留下了特别的空间,由此而形成了举世闻名的"东亚汉字文化圈"。

东亚各国因共同使用汉字而大致阅读同一类书,促进了文化上的趋同性。这为道教在东亚地区由中心向边缘传播提供了一种文化助力。道教经书主要是以文言文为载体的,这一优势一定程度上消弭了道教在古代东亚传播的语言障碍,故有道教的传播始终是以道书的传授为先导的提法。从历史上看,道观与道士在东亚社会中很少出现,但道书却在东亚得到了较为广泛的传播,这能否反映出东亚道教的生存样态呢?值得研究的是,有哪些中国道书传播到东亚世界?它们在异域文化中产生了怎样的影响,又如何推动了东亚道教的形成与发展?

第一节 道书在朝鲜的传播

中国道教在漫长的历史传播中创作了数量巨大、内容甚丰的道书。这些道书通过贸易、交流、赠送等方式渐渐传播到东亚各国。"在古代东亚世界,受容中国书籍的多少,是衡量一个国家文明程度的重要标志。"[①]那些记录、积累道教信仰与知识的道书也成为我们获取并了解道教在东亚地区传播的有形线索。从汉籍中零散出现的道书中可见,道书在东亚各国传播的情况是不同的,传到朝鲜与日本的数量比

① 陈小法:《明代中日文化交流史研究》,商务印书馆 2011 年版,第 241 页。

较多，影响比较大。

　　中国与朝鲜领土相接，唇齿相依，早在殷亡周兴，箕子受封于朝鲜时，就挟典籍而去，故中国书籍很早就传入朝鲜半岛。朝鲜李朝史书《增补文献备考》中《艺文考》曰："箕子率中国五千人入朝鲜，其诗书、礼乐、医巫、阴阳、卜筮之流，皆从往焉。"后来，汉武帝灭卫氏朝鲜而置乐浪、真番、临屯、玄菟四郡，派遣许多中国官员前去管理，可能也会携带书籍前往的。据《和汉三才图会》记载，《山海经》在三国时就传入百济，并通过百济王遣阿直岐又传入日本：

　　　　晋太康五年，应神十五年秋八月丁卯。百济王遣阿直岐者，贡《易经》、《孝经》、《论语》、《山海经》及良马……。

《山海经》讲述的后羿神话与高句丽流传的解慕漱、朱蒙神话"都是东夷系英雄神话的结构"①，因流行于东方而有着相近的地域文化背景。《山海经》神话中出现的有翅膀的鸟人、仙药、飞升等元素与道教神仙所内含的长生不老观念有着渊源关系②，反映了齐燕沿海也是道教神仙信仰的发源地之一。《山海经》传入朝鲜半岛后吸引了一代代文人学士，为道教神仙思想的传播提供了文本依据。

　　道教信仰与教义的理论基础是老庄思想，老庄著作具有较高的思想品味和"汪洋恣肆"的浪漫情调，它们成为促进道书在东亚传播的开路先锋。据《三国史记》记载，生活于4世纪的近仇首王手下的莫古将军就曾用老子的"知足不辱，知止不殆"来进言。到三国时，《道德经》为许多文人所喜爱，或被传抄阅读，或被研究发挥，如高僧元晓在著述中经常引用老子思想来诠释佛教。7世纪，高句丽君主宝藏王听信大臣渊盖苏文以道教兴邦的建议，遣使去唐朝拜见皇帝，

①　叶舒宪、萧兵、[韩] 郑在书：《山海经的文化寻踪：东西方文化的碰撞》，湖北人民出版社 2004 年版，第 247 页。

②　参见朱越利：《从〈山海经〉看道教神学的渊源》，《世界宗教研究》1989 年第 1 期。

"求道教以训国人"①，促进了道教及道书在朝鲜半岛的传播。

新罗统一之后，尚无本国文字，为了让人们更好地阅读，新罗十贤之一的薛聪（645—701）是高僧元晓之子，他创吏读文字②，用朝鲜语来训解儒家经典和其他汉籍，使更多的人可以在一定程度上消除语言障碍，方便地阅读汉籍。新罗末期，许多道书随新罗留学生传入朝鲜半岛。据《海东传道录》中记载，唐玄宗开元中（713—742），新罗人崔承祐、金可记、僧慈惠入唐留学，在游终南山时见到钟离将军，听其传授道书和口诀，就得到了钟离将军所授的道书《青华秘文》《灵宝毕法》《金诰》《人头五岳诀》《内观玉文宝箓》《天遁炼魔法书》等钟吕内丹道的道书。他们于石室中修炼内丹，三年丹成。后来崔承祐与僧慈惠回国时，又于渡海途中收到"五种仙典"——《参同契》《黄庭经》《龙虎经》《清净经》《心印经》都是道教内丹炼养之书。

其中，《参同契》被中国道教誉为"万古丹经王"。上清派道书《黄庭经》因讲养生要诀也备受修道者的喜爱，如，尹君平从某异人那里接受《黄庭经》之传授，精于道法之修炼。据说他体温高，连冬天也要洗冷水浴，把铁片放在他的腋下，马上会发热，八十岁时死去，因尸体太轻，故世间称其为尸解仙。这些讲究内丹修炼的道书传到朝鲜半岛后，不仅为朝鲜道教丹鼎派的发展提供了理论依据，而且也引起了文人学者的极大兴趣，如文学家崔致远入唐时曾学习道教还返仙法，回国后作《参同契十六条口诀》，后被奉为"东方丹学"之鼻祖。

《海东异迹》也以神仙"异迹"的形式介绍了内丹道书在朝鲜半岛的传播。南宫斗的师父权真人于太白山兰若庵遇一老僧，得新罗义湘大师入中原逢正阳真人钟离权所传道书："《黄帝阴符经》《金碧龙

---

① ［朝鲜］金富轼：《三国史记》，吉林文史出版社 2003 年版，第 255 页。
② "吏读"又称"吏吐""吏道""吏套"等。

虎经》《参同契》《黄庭内外经》《崔公入药镜》《胎息》《心印》《洞古定观》《大通》《清静》等经，于是，他就其庵独居修炼，魔鬼万方来措辞，以不闻不见消之，凡苦志十一年，乃成神胎。法当解去，上帝命留此统。"[1] 后来，权真人在教导弟子时说："《黄庭》《参同》道家上乘，诵之不懈，而《度人经》乃老君传道之书，《玉枢经》乃雷府诸神所尊佩之，则鬼神钦此。"[2]

《玉枢经》是道教的一部以驱邪治病为特点的道书，因短小精练而受到朝鲜人喜爱，民间出现了一种诵经治病的风俗。据说，人若遇上灾难九厄，请盲人帮助诵念此经，就可消灾解厄。到朝鲜王朝时，朝廷和民间机构相继刻印《玉枢经》供民众诵读使用，其中比较著名的是英祖九年（1733）宁边郡妙香山普贤寺刊印的朝鲜刻本，该经前绘刻有四十四神像，经文中有海琼白真九注、祖天师张真君义、五雷使者张天君释、纯阳孚佑帝君赞，经末附有各种符箓。因此《玉枢经》在朝鲜半岛传播的民间道教中影响最大[3]。

高丽王朝延续了三国时代为国王讲论经史之风尚，相继修建了宝文阁、修文殿、集贤殿作为侍讲机构。[4] 一些讲述神仙事迹的中国书籍陆续传入，例如《洞冥记》《十洲记》《搜神记》《说苑》《世说新语》《高士传》《太平广记》等，扩大了道教信仰神仙信仰在朝鲜半岛的影响。据生活在高丽仁宗时（1123—1146 在位）的文人林椿《逸斋记》中介绍，高丽道士李仲若幼时曾读《道藏》，羡慕神仙。[5]

---

[1] [朝鲜] 洪万宗辑：《海东异迹》，《韩国文献说话全集》第六册，太学社 1991 年版，第 429 页。

[2] [朝鲜] 洪万宗辑：《海东异迹》，《韩国文献说话全集》第六册，太学社 1991 年版，第 430 页。

[3] [朝鲜] 车柱环：《韩国道教思想》，人民出版社 2005 年版，第 55 页。

[4] [朝鲜] 崔承熙：《集贤殿研究》，《历史学报》第 32 辑，韩国历史学会 1966 年版，第 3 页。

[5] 根据时间推测，这部《道藏》大概是宋代修编的，然后由新罗末期入唐留学生带入朝鲜半岛的。

生活于朝鲜王朝的李万敷（1664—1732）曾检阅昔高丽诸贤文集，发现其中多有吟述《参同契》者，由此认为《参同契》已为高丽国人所习闻，但他又指出，一些士人虽读《参同契》，却又因喜爱儒学而辟之，见地终落下乘，惟付诸一叹而已。例如，柳成龙（1542—1607）既学周敦颐的主静说，又曾读道书《参同契》。《参同契》虽与儒家之静功有共通处，但终究是"向往处异耳"，可见儒、道之间还存在着门户之见。除内丹道书之外，大型道教类书《道藏》也传到了朝鲜半岛。

到朝鲜时代，《道德经》受到了学者们的关注，李珥注释《道德经》的最初动机，乃是宣祖五年（1572）朝廷中萌动着党争，李珥担心这种政治纷争会影响到政局的稳定，乃从《道德经》中取出2098字编辑成《醇言》，并以"虚心""节制"为主题来进行发挥，希望当权者能够接受老子的自我节制思想，结束残酷的党争，好好治理国家。在儒家思想弥漫的朝鲜王朝，从栗谷李珥开始，力图用儒家思想来阐释并改造老子思想，由此促进了老子《道德经》在朝鲜半岛的传播。

学者们则积极注释《道德经》，流传至今且影响较大的主要有五种注本，表达了不同的注老倾向。栗谷李珥的《醇言》最早用儒家理学思想注释《道德经》译本，"可以说是开韩国学者站在性理学立场上解读道德经之先河。"[1]西溪朴世堂（1629—1703）的《新注道德经》注重阐扬老子思想中的"修身治人"，推进朝鲜半岛的"理学"向"实学"转化。徐命应（1716—1787）《道德指归》、李忠翊（1744—1816）的《椒园谈老》和洪奭周（1774—1842）的《订老》则利用老子思想来批判改造儒学，这些注老著作从不同的角度推进了朝鲜时期道家哲学的发展。

道书通过官方与民间两种渠道进入朝鲜半岛，由官方渠道进入的主要是道教劝善书。宋代以后，道教陆续编纂了一些宣扬为善去恶的

---

[1]　[韩]李宣伣:《〈醇言〉与〈道德经〉的儒家解读》,《中国哲学史》2001年第3期。

读物——劝善书，如《太上感应篇》《太微仙君功过格》《文昌帝君阴骘文》《关圣帝君觉世真经》等，因通俗易懂而在社会上得到迅速传播。朝鲜王朝建立后，明太祖就派使者前去传教，明成祖于1417年遣使入朝时还特别送上《善阴骘书》六百本作为礼物，其中有《玉皇宝训》《注生延嗣妙应真经》《敬信录》《感应篇图说》《三圣训经》《过化存神》《功过格纂要》等①，都是当时在中国十分流行的道教劝善书。劝善书以劝人积德行善为主旨，适应了当时朝鲜社会进行伦理教化的需要，一下子在社会上的流传开来。一些朝鲜人还依据《训民正音》用韩语对劝善书加以注释或翻译。到朝鲜王朝中期，内忧外患日益严重，在帝王的倡导下，朝鲜人开始自己印刷出版劝善书，如宪宗十四年（1746）刊行了《太上感应篇图说》、高宗十三年（1876）刊行了《关圣帝君圣迹图志全集》、高宗十四年（1877）刊行了《关圣帝君圣迹图志续集》、高宗十七年（1880）再版《太上感应篇》、高宗四十三年（1906）刊行了《关帝明圣真经》、哲宗三年（1911）刊行《太上感应篇图说谚解》等；其中高宗二十一年（1884）出版了《关圣帝君圣迹图志全集》韩文本，进一步推动了道教劝善书的翻印和传播，扩大了道教信仰和伦理道德在朝鲜半岛的影响。

由民间渠道进入的主要是道教的养生修炼书，它们大多是被一些来华朝鲜人带入，然后在民间传播的，受到朝鲜思想家的关注。这些文人学者表面上倡导儒家理学，私下里却对道教内丹修炼术有着浓厚的兴趣，如李退溪、徐敬德、郑希良、朴枝华、李奎报、南孝温、郑磏、郑碏、李之菡、郭再佑，权克中等，一些道书也进入他们日常阅读范围。如徐敬德研读老庄，修习仙道，用气的聚散变化思想来诠释生命现象，"死生人鬼，只是气之聚散而已。有聚散而无有无，气之

---

① 参见 [韩] 李德懋：《盎叶记》卷二"中国书来东国"条，《韩国文集丛刊》第 258 册，景仁文化社 2001 年版，第 522 页。

本体然矣。"①他宣扬虚即气，机自尔，理之时，复之机，知之止的气
不灭论，成为开创朝鲜气论哲学体系第一人。南孝温在诗句中引用
了《黄庭经》《阴符经》《指玄篇》等道经，表达了对道教内丹的极
大兴趣。

郑礴（1506—1549）在丹学修炼方面造诣尤深，在朝鲜丹学派中
的地位仅次于金时习。他所著《龙虎秘诀》对《胎息经》进行了借鉴
与发挥。其弟郑碏（1533—1603）则热衷于医学研究，参与了《东医
宝鉴》的编纂工作。朝鲜小说家许筠（1569—1618），字端甫，号蛟
山、惺所，又号白月居士，他对佛教、老庄、道教、阳明学和天主
教都有研究，"将生命一系于学问、思想的自由"②，在创作《闲情录》
时，曾在 1614、1615 年两次来到中国帝都燕京，购买了四千余册的
中国书籍，其中包括许多明代笔记和小说，这对他的文学创作有很大
影响。许筠曾著《洪吉童传》《严处士传》《荪谷山人传》《张山人传》
《南宫先生传》《蒋生传》等仙道小说。许筠著述中记载的道书有：《参
同契》《黄庭内外经》《度人经》《胎息经》《金碧龙虎经》《黄帝阴符经》
《定观经》《心印经》《玉清金笥宝箓》《崔公入药镜》《洞古经》《大通
经》《清静经》《玉枢经》《仙传拾遗》《金丹正理大全》《玄关杂记》《张
紫阳集》《修真十书》《规中指南》《中和集》《道书全集》。③ 从书名看，
大多为讲解内丹修炼的道教仙学之书，除汉晋道教的《参同契》《黄
庭经》之外，宋金元新出现的全真道南北两宗的内丹道书也流入朝鲜
半岛。《道书全集》在《金丹正理大全》的基础上，增添了五十多种
全真道南北两宗主要的内丹道书刊行而成。《道书全集》出版二十多
年后，许筠在北京买到，带回朝鲜半岛细细研读，并以收集的道书为
依据，撰写了《闲情录》。许筠对内丹道书的介绍，也从一个角度展

---

① [朝鲜]徐敬德：《花潭集》卷二《鬼神死生论》，《韩国文集丛刊》第 24 册，景
　仁文化社 1996 年版，第 307 页。
② 韩国哲学会编：《韩国哲学史》下卷，社会科学文献出版社 1996 年版，第 21 页。
③ [朝鲜]许筠：《许筠全集》，成均馆大学大东文化研究院影印 1981 年版。

现了道书在朝鲜王朝传播的大致情况。

18 世纪，随着中朝两国的政治统治和民族国家状况的变化，朝鲜人对中华传统文化的兴趣也有所下降，对道书在朝鲜半岛的传播或多或少产生了阻碍作用，但到 19 世纪时，却有个别学者受西方学术研究的影响，搜集道书进行研读，并运用现代科学方法将道教作为独立对象进行研究，其中最著名的是实学派思想家李圭景。

李圭景，字五洲、啸云，是实学派"四大家"诗人之一的李德懋（1741—1793）之孙。李圭景自幼受实学派学说的熏陶，因目睹西方资本主义势力入侵和朝鲜社会矛盾激化，决心通过推广各国的科学知识来促进朝鲜社会的发展，于是潜心写成《五洲衍文长笺散稿》六十卷，是用汉文写成的一千五百篇短文，涉及天文、地理、政治、经济、社会、历史等学科，对有疑问或记述不准确的部分还加以考据，成为一部研究朝鲜科学技术史和民俗学的"百科全书"，其中的《道教仙书道经辨证说》《东国道教本末辨证说》《返还辨证记》《元晓义湘辨证说》《三韩始末辨证说》《白头山辨证说》《二斗下降辨证说》《宫室制度辨证说》《灵宝真灵位业图辨证说》等都是有关道教的考证性文章，成为朝鲜道教研究的开创之作。如《道教仙书道经辨证说》认为，中国的仙书道经"其经卷帙甚多，可谓充栋汗牛！"并从历史的角度，对一些仙书道经进行较为细致的考察，具有重大的史料价值。《五洲衍文长笺散稿》中有关道教的文章，从不同的角度证明道教在朝鲜半岛得到了传播，这为后来李能和撰写的《朝鲜巫俗考》《朝鲜道教史》提供了重要的帮助。

据丁煌著《南韩公藏道教文献窥略兼论其价值》记载，韩国同行曾协助他求得在韩国流传的道书原件多达 63 种，如《孤云诀》（清抄本，正一天师道教咒语类）、《金口妙诀》（清抄本，道教占课卜选孤虚之法）、《关圣帝君圣迹图志全集》（康熙二十三年，卢湛辑）、《吕帝君尊生治心妙经》（光绪六年重刊）、《文昌帝君醒世经》（清宁子注释，崔晃跋）等，说明韩国至今还保留一些道书。[①] 其实，若能对朝鲜半岛上散落的道书进行系统整理，可能还会有一些新发现能够帮助我们更好地认识道教在朝鲜半岛的传播情况。

第二节 道书在日本的传播

在流传至今的日本汉籍中，有关道观与道士的记载很少，而有关道书的记载却比较丰富，可从文献史的角度帮助我们理解道教在日本的传播样态，并从神仙信仰、哲学思想、医药养生和修炼方术等方面来探讨道教在日本的文化影响，以及日本人是如何通过阅读、诠释道书而有选择地接纳道教的。

东晋南北朝时，中国道教内部自发地开展造作道书的活动，促进了上清、灵宝等新道派产生，逐渐积累起卷帙浩繁、内容甚丰的经籍书文，不仅在中国社会中得到广泛传播，而且伴随着移民的脚步，通过携带、贸易、交流、赠送等方式传入日本。从历史上看，道书的流传有自觉与不自觉两种方式，前者为弘道者主动向受众积极传道，后者则是其他文化传播过程中的顺带行为。道书传入日本的方式大概属于后者。

大和朝廷统一日本后，朝鲜半岛的百济开始向日本派遣五经博士并输出中国书籍。据《隋书·倭国传》记载，应神天皇以前的日本"无文字，唯刻木结绳，敬佛法，于百济求得佛经，始有文字"。应神天皇时，百济国王派了一位博学多才且认识汉字的使臣阿直岐去日本。阿直岐又向应神天皇推荐了精通中国典籍的王仁。有人认为，王仁在向日本传播儒家经典时也带去了一些道书。阿直岐和王仁到日本

---

① 参见丁煌主编：《道教学探索》，台湾成功大学历史系道教研究室、台南市道教会1991年版，第4号。

时，正值天师道在中国广泛传播。中国江南及东南沿海一带成为道教兴盛发展的地区之一。随着茅山上清派、灵宝派、山东琅邪派之青巫的流传，出现一批卓有成就的道士，如葛洪、陆修静、陶弘景等，推进了江南道教的发展。福永光司认为，《周易参同契》《抱朴子》《真诰》等道书也通过不同途径传到日本，逐渐对日本的天皇制度、神道信仰、天皇的两种神器——剑与镜、神社中悬挂的五色幡等产生了影响。①

另据《日本书纪》卷二十二记载，道书还由佛僧从百济带入日本。推古天皇十年（602）："冬十月，百济僧观勒来之，仍贡历本及天文地理书，并遁甲方术之书也。是时选书生三四人，以俾学习于观勒矣。阳胡史祖玉陈习历法，大友村主高聪学天文遁甲，山背臣日立学方术。皆学以成业。"百济僧观勒到日本传授历法、天文地理、遁甲方术知识，吸引了一些日本人向他学习。他带来的遁甲方术之书，属于道教方术的范畴。"这是有关道教的书籍传到日本的记载在文献上的首次出现"②，反映了道教被百济佛教僧人传入日本，以其独特的道术在日本初具影响。

若对照历史，可见老庄之书在这些遁甲方术之书传入之前，就已在日本社会传播并产生影响。当推古朝摄政王圣德太子在建立中央集权制的"皇统"，制定"冠位十二阶"、颁布"宪法十七条"时，虽尊儒学和佛教为日本思想的基础，但对老庄思想和道教信仰都有所借鉴，"以老庄思想为核心的道教思想，在圣德太子之前已传入日本，并且影响了圣德太子这位推进日本历史的执政者和日本的政治制度。"③以上有关道书初传日本的资料是零碎而散乱的，史料有不同记载，学者也有

① 参见［日］福永光司：《古代日本と江南の道教》，载《道教与古代日本》，人文书院 1987 年版，第 77—96 页。
② ［日］中村璋八：《日本的道教》，载［日］福井康顺等监修、朱越利等译：《道教》第三册，上海古籍出版社 1992 年版，第 6 页。
③ 李威周：《老庄思想与日本》，载《东亚文化集刊》第 1 辑，商务印书馆 1989 年版，第 168 页。

不同说法，至今仍无法让人拼凑出一幅完整的景象，但从中依稀可见：随着 4 世纪后叶至 5 世纪东亚出现的移民潮，道书通过不同的途径和方式陆续传入日本，并逐渐在社会生活中产生其特有的影响。

奈良时，随着一批批遣隋史、遣唐史、学问僧到中国求学，中日文化交流得以广泛展开。大学寮教育以有利于"国家事功"作为选择外来文化的标准，将德与刑作为政治之基，倡导取儒舍道。唐代律令规定《孝经》《论语》《老子》为科举考试的必修科目，但日本律令仅将《孝经》《论语》作为必修书，如《养老律令》规定，"若《孝经》《论语》全不通者，皆为不第"，却不取《老子》。《养老律令》从孝谦天皇天平宝字元年（757）开始施行，到明治维新废止，持续使用了 1100 年，成为日本史上使用时间最长的明文法令，这必然影响到以老庄思想为理论基础的道教在日本的传播。

不过，随着道书传入日本，也有一些日本人通过阅读道书来亲身实践道教的成仙之术，体验得道成仙之理想。日本第一部和歌集《万叶集》收录了奈良时期的诗人、汉学家山上忆良（660—733）在晚年多病时写下的《沉疴自哀文》，表达了对"道人方士，自负丹经入于名山，而合药之者，养性怡神，以求长生"[①] 的羡慕，其中就引用了《志怪记》《寿延经》《抱朴子》《帛公略说》《游仙窟》《鬼谷先生相人书》中的文句和思想。这些书都有追求养生成仙之旨趣，应属于广义的道书范畴，由此可以探寻道教的神仙信仰和修仙之术对日本人的思想和生活产生的实际影响。

道教在日本平安朝的影响虽然不如儒学和佛教，但在接受的大陆文化中仍然有许多道教思想成分。日本真言宗弘法大师空海在来华之前曾撰写《聋瞽指归》，借评判儒、佛、道三教的优劣，以明自己的学佛之志，引用中国文献约 90 多种，后改名为《三教指归》，其中就包括《老子》《庄子》《淮南子》《列子》《列仙传》《抱朴子内篇》《本

---

① 杨烈译：《万叶集》上，湖南人民出版社 1993 年版，第 196 页。

草经》《黄帝内经素问》等道书①。从《二教指归》中出现的神仙真人、神丹炼丹、延命延寿、吞符饵气、神仙之小术等道教词语，可见道教神仙信仰和修道之术迎合了日本人追求延年益寿的需要。

从《日本国见在书目》的编纂目的可见，天皇之所以要藤原佐世修编书目，乃是因为当时为皇家保管图书的冷然院遭遇火灾，损毁了很多，于是藤原佐世将冷然院中火后余存之书，再参照当时图书寮、大学寮、弘文院、校书殿、大政官文殿、御书所等收藏的图书，撰成了《日本国见在书目》。该目录尾题为"本朝见在书目"。如果说"本朝"指编纂者在当下所见的汉籍目录，那么，这里所用的"见在"，就是指火灾后"十不存一"之余书。②原来究竟有多少汉籍传入日本，又有多少道书藏于冷然院中，已不可详考了。

该目录模仿《隋书·经籍志》的体例，将当时在日本传播的汉籍，从易家到总集家分为40类，收集了经、史、子、集各部文献约有1568部，17209卷。③从这个日本现存最早的一部敕编汉籍目录可见，道教的主要道书已传到日本，并收藏于宫廷或王公贵族的书库中，但却没有将道书作为专门的一类，而是分列于道家类、杂家类、杂传家类、五行家类和医方家类中。

在道家类中收录的道书有：河上公注《老子》二卷、王弼注《老子》一卷、周文帝注《老子》二卷、唐玄宗御注《老子》二卷、周弘正撰《老子论赞》二卷、《老子德论略》一卷、《老子赞义》六卷、后汉严遵撰《老子指归》十三卷、燕居士撰《老子十条略》一卷、《老子发题私记》一卷、贾大隐撰《老子述义》十卷、梁武帝撰《老子

---

① 《三教指归》卷上，《定本弘法大师全集》，密教文化研究所1991年版，第41页

② 据江户时期的儒者安井衡（1799—1876）于嘉永辛亥年（1858）撰《书〈现在书目〉后》中说："先是贞观乙未，冷泉院火，图书荡然，盖此目所因作，而所以有'现在'之称也。后复经数经兵火，著录者十不存一，良可惜也"（安井衡：《书〈现在书目〉后》，《续群书类丛》附，图书刊行会，亦见《息轩遗稿》卷三）。

③ 此卷数依据严昭墫先生《日本藏汉籍珍本追踪纪实》，载《著者叙说》，上海古籍出版社2005年版，第7页。

义疏》八卷、周弘正撰《老子义记》六卷、王弼撰《老子义疏》八
卷、周文帝撰《老子义疏》四卷、张君相撰《老子义疏》四卷、无名
先生撰《新撰老子义记》十一卷、《老子要抄》一卷、《老子抄文》一
卷、唐玄宗御制《老子疏》六卷、《老子私记》、《老子元生》十二卷、
《纪图经》一卷、《化胡经》十卷、李轨撰《孝子音》一卷、君文操
撰《太上老君玄元皇帝圣化胡经》十卷、后汉司马彪注《庄子》二十
卷、郭象注《庄子》三十三卷、张议撰《庄子义记》十卷、王穆夜
撰《庄子义疏》二十卷、同撰《庄子义疏》九卷、贾彦咸撰《庄子义
疏》五卷、张机撰《篇庄子》十二卷、续行仙集解《庄子疏》五卷、
周仆射撰《庄子讲疏》八卷、《庄子私义记》十卷、《庄子后撰》二十
卷、《庄子后序略》一卷、《庄子集解》四十卷、《庄子要难》十八卷、
《庄子字训》一卷、西华寺法师成英撰《庄子疏》十卷、道士方守一
撰《庄子音义》十卷、徐邈撰《庄子音义》二卷、《庄子音义》三卷、
冷然院《庄子音训事义》十卷、《南华仙人庄子义类》十二卷、周文
王师鬻熊撰《鬻子》一卷、楚之隐人《鹖冠子》三卷、东晋光禄勋张
湛注《列子》八卷、陆善经注《列子》八卷、《天瑞》一卷、《文子》
十二卷、杜夷撰《幽求子》二十卷、葛洪撰《抱朴子内篇》二十一
卷、冷然院《广成子》十二卷、符朗撰《符子》六卷、张讥撰《玄书
通义》十二卷、《道胘》一卷、《本际经》一卷、《太上灵宝经》一卷、
《冲灵真经》八卷、《消魔宝真安志经》一卷。

在杂家类收录的道书有：吕不韦撰、高诱注《吕氏春秋》二十六
卷、淮南王刘安撰、高诱注《淮南子》三十一卷、葛洪撰《抱朴子外
篇》五十卷、《汉武内传》二卷、《神仙传》二十卷、《搜神记》三十
卷、《列仙传》三卷等。

在五行家类收录的道书有：《三甲神符经》一卷、《三五神禁治一
切病存法》一卷、《太一经》二卷、《黄帝注金匮经》十卷、陶隐居撰
《握镜》二卷、董氏撰《黄帝龙首经》二卷、《玄女经》一卷、《印书
禹步》一卷等。

在医方家类收录的道书有：《黄帝素问》十六卷、《黄帝甲乙经》十二卷、《黄帝八十一难经》九卷、《太清神丹经》一卷、《太清金液丹经》一卷、《神仙服药食方经》一卷、《五岳仙药方》一卷、《葛氏肘后方》三卷、《老子神仙服药经》一卷、孙思邈撰《千金方抄》一卷等。①

从《日本国见在书目》的书目分类可见，日本人将道家与道教作为同一概念来理解，并没有将道教作为一种独立的宗教来看待。值得注意的是，第一，在种类繁多的道书之中，有25种《老子》注疏、21种《庄子》注疏和一些有关道家经典的注疏，其中的《老子论赞》《老子德论略》《新撰老子义记》《老子要抄》《老子抄文》是道教经籍及《艺文志》类书籍中所没有，可能是日本人撰述的著作，反映了"《老子》一书在日本知识层的传播"②。第二，除了老庄道家著作外，《日本国见在书目》主要记载了魏晋南北朝的道书。第三，在为数不多的唐代道书中，《本际经》自"安史之乱"后大部分陆续散佚，《道藏》中只残存第二卷《咐嘱品》，这里记载的"《本际经》一卷"就尤显珍贵了。

平安朝，藤原家族世代掌管政权，大江家族世代以文为名，他们对汉籍的欣赏引领了当时日本社会关注中国文化的风气。儒者大江匡衡（952—1012）为天皇侍读，在奉诏为天皇讲解中国文化时，也介绍了当时皇家贵族的读书情况，他在《述怀古调诗一百韵》中写道："执卷授明主，从容冕旒塞。尚书十三卷，老子亦五千。文选六十卷，毛诗三百篇。"③从中可见《老子》也成为皇家贵族的必读书之一。大江匡衡著有《江吏部集》三卷，其中"讲老子经之文"记载了

---

① 参见［日］藤原佐世：《日本国见在书目》，中华书局1991年版，第37—76页。

② ［日］增尾神一郎：《日本古代の知識層と〈老子〉———〈河上公注〉の受容をめぐつて》，野口铁郎、酒井忠夫编：《道教與日本》第二卷《古代文化の展开と道教》，雄山阁1997年版，第128页。

③ 《江吏部集》中卷《人伦部》77，日本九州岛大学图书馆编藏松平文库照片复制本，第98页。

当时天皇在宫中经常召集学者们开展讲习《道德经》的活动："又近侍老子道德经御读，国王理政之法度爱显，长生久视之道指掌，讲竟之日，有所感悟。老子者，天地之魂精，神灵之总气，变化自在，何代无之，老子未生已前，化胡已来，变为代代帝王师。"①他们所讲的老子并不是那位讲玄论道的哲学家，而是道教所崇尚的那个具有不同化身且颇有神通的"代代帝王师"的老子。大江家族通过为天皇讲读老子，推动了兼具"治国理政之法"和"长生久视之道"的道教哲学在日本上层社会的传播。

久安五年（1149）担任左大臣的藤原赖长（1120—1156）被时人誉为第一流学者，他在日记《台记》②中记录了自己的阅读书目，虽然主要是儒家经典，但其中也有《老子》《庄子》等道家著作，并记载了皇亲贵族等上流人士在庚申日相聚一堂举行讲读《老子》的活动。著名藏书家藤原通宪（1106—1159）所撰《通宪入道藏书目录》收录了三百余种和汉书目，其中就有《抱朴子》《黄帝太一法》《游仙窟》等道书。另外还有一些《日本国见在书目》未曾记载的《太上老君说常清净经》《老子经》《列仙传》等道书也在社会上流通。③

镰仓、室町幕府时期，中日文化的交流不再由官方主导，而主要是以五山僧人和武士阶层为中介在民间进行。日本僧人阅读中国典籍的范围较广，他们将大量的佛教书籍带入日本，其中也夹杂着少许道教文献。延久四年（1072），成寻（1011—1081）入宋求佛法，将收集到的各类佛经托弟子带回日本，其中就包括了《太上老君枕中经》《本

---

① 《江吏部集》中卷《人伦部》73，日本九州岛大学图书馆编藏松平文库照片复制本，第 94—95 页。

② 《台记》一册十二卷，又名《宇槐记》，是藤原赖长从保延二年（1136）至久寿二年（1155）的日记，但完整保存下来的仅有 1142 年（康治元年）至 1148 年（久安四年）、1150 年（久安六年），其他年份则有缺漏。该书记事详细，是研究日本保元之乱前政治动向和社会风俗的重要史料。

③ ［日］中村璋八：《日本的道教》，福井康顺等：《道教》第三册，上海古籍出版社1992 年版，第 27 页。

卓括要》等道书。① 圆尔辨圆（1202—1280）于日本嘉祯元年（1235）入中国，在南宋都城临安附近的天童寺、灵隐寺和净慈寺等地学佛修道，后于仁治二年（1241）回日本，在京都东山开创了东福寺。圆尔辨圆回日本时，携带的全部汉籍约有 2100 余卷，就存放在东福寺的普门院书库中。1353 年，东福寺主持大道一以编成《普门院经论章疏语录儒书等目录》，其中就有《老子》《庄子》等道家著作。② 展示了当时日本人对中国图书的爱好，广收中土图书但不求甚解的情况。

明成祖即位后，在大修武当山道教宫观的同时，又敕令第 43 代天师张宇初（1359—1410）重修《道藏》。经过几代人的努力，完成的《正统道藏》和《万历续道藏》不仅为道教发展提供了文献依据，而且也成为展示明朝国威的标志性文化成果，不久就传到东亚各国。当时的德川幕府倡导教育应以儒学为宗，在各地建学校，称为"藩学"，在将儒家典籍作为教材的同时，还列入一些老庄道家著作供学生学习。到幕府末年，佐伯文库已收藏了一部《道藏》。"该《道藏》除其中一部分是补写之外，大部分是明正统十年重修的《正统道藏》。该《道藏》包含了全部 5305 卷中的 4115 卷。这是一部缺欠 1190 卷的不足本，毛利氏本非道教信徒，该《道藏》一定是其作为一般的珍本而收藏的。"③

后来，大学者林述斋（1768—1841）又将这部《道藏》藏于红叶山文库。明治时代（1868—1911），日本政府受西方文化的影响，废藩学，建官立学校，又将该《道藏》移藏于宫内厅书陵部（现为宫内厅图书馆）。这部《道藏》标有句读等记号，可能曾被人细心阅读过。据严绍璗先生考证，"宫内厅书陵部藏本当属《万历道藏》"。④

---

① ［日］成寻著，王丽萍校点：《新校参天台五台山记》，上海古籍出版社 2009 年版，第 474 页。

② ［日］大道一以编：《普门院经论章疏语录儒书等目录》，《大正藏·法宝总目录》第三册，新文丰出版社 1995 年版，第 971 页。

③ 王勇、［日］大庭修主编：《中日文化交流史大系·典籍卷》，浙江人民出版社 1996 年版，第 95 页。

④ 严绍璗：《日本藏汉籍珍本追踪纪实》，上海古籍出版社 2005 年版，第 76—77 页。

日本汉学家岛田翰（1879—1915）曾著《汉籍善本考》，考察了日本藏中、日、韩刊刻、抄印汉籍之版本的源流、传播及校勘考释的情况，其中收录的旧抄本中有《老子道德经》二卷、杜光庭《道德真经广圣义》三十卷、《南华真经注疏解经》三十三卷等道书，旧抄本后都附有明《万历道藏》本，以资比较。[①]

中国明清时期出现的一些新道书也陆续传到日本。李锐清编著《日本见藏中国丛书目初编》[②]收录了1988年之前日本十六所著名图书馆、文库之典藏，共得2400多种丛书，其中《子类·道家》收有40种具有丛书性质的道教文献，如《道藏》附《续道藏》《道藏举要》《重刊道藏辑要》《张三丰先生全集》《金丹正理大全》等，其中还有一些不见于《中国丛书综录》的道书，如《道言内外秘诀全书》《道书五种》《伍柳仙宗》等。

在日本传播的道书包含着丰富的内容，既涉及道教的神仙信仰、教理教义，也有专注于祈福消灾、驱鬼消魔的斋醮科仪及治病养生之书，还有劝善书。"这些道经，并非仅仅藏在当时日本宫廷或贵族的书库之中，无人问津，而是拥有相当数量的读者。通过阅读道经，而变得爱好道教教理并亲身实践道教方术的人也不少。"[③]谷口一云（1626—1720）就曾以道士自居，招收弟子，讲授道经。他讲授的道书有《河上公道德经》《石函记》《中峰紫霞道人长生丹下》《太上感应篇》《三皇玉诀》《阴符经》等，这些道书的抄本至今还保留在日本天理图书馆中[④]。其中有些道书经过日本人的理解阅读后还增添了一些新内容，例如，日本天理图书馆所藏吉田文库的《太上老君说常清静经》后列有《修真几转丹道图》，以图文并茂的方式展示了道教的内丹功法。[①] 以日本汉籍中记载的道书为线索，可从一个侧面了解道教在日本的传播及其文化影响。

第一，在日本最有影响的道书是《老子》和《庄子》。圣德太子时老庄之书已在日本得到传播。平安朝编撰的《日本国见在书目》中也收录了许多老庄之书。9世纪时，日本社会中出现了一些热衷于讲授老庄学的学者，如政治家春澄善绳曾专门为仁明天皇讲解老庄。被日本人尊为"学问之神"的菅原道真不仅对老庄思想深有研究，而且还在私塾中传授老庄学。"从平安朝到镰仓前后，《老子》河上公注，《庄子》的郭象注，是广泛阅读的版本。"[②] 由于历代都有爱好并接受老庄的学者，他们通过注释老庄之书来阐发自己的思想，不仅促进了日本哲学的发展，也为深入了解道教思想奠定了基础。室町时代，一些留学中国的禅僧将中国的老庄学著作带入日本，推动了道教思想在日本的传播。南宋福建理学家林希逸的《鬳斋三子口义》以儒注老庄的方法，不仅促使日本知识分子开始系统地研究老庄学说，而且也反映了他们希望以新视角来对老庄思想进行新解读以引领社会变革的一种努力。这也是《鬳斋三子口义》在中国默默无闻而在江户朝风靡一时的深层原因。德川幕府时期，随着融儒、佛、道三教为一的朱子学在日本盛行，注老阐庄也逐渐成为一种学术时尚。朱子学的代表人物林罗山（1583—1657）自幼就爱好中国宋儒的著述，同时对《老子》也有特别的兴趣，他曾用日语注释《老子》，被称为"倭训"。他还将朱子与老子思想相贯通，力图解决当时日本社会所面临的种种问题，表现出一种批判精神、实用精神和变革精神。江户时期的一些哲学家，如中江藤树、贝原益轩、荻生徂徕、海保青陵、贺茂真渊、本

---

① 参见［日］松下道信：《吉田文库所藏〈太上老君说常清静经〉》，《皇学馆大学神道研究所纪要》第二十七辑（2011年3月5日发行）。

② 李威周：《老庄思想与日本》，《东方文化集刊》第1辑，商务印书馆1989年版，第172页。

居宣长、安藤昌益、天野信景、三浦梅园、平田笃胤、广濑淡窗、青木北海、长谷川延年等，他们或将老庄思想与儒学、神道相结合，促进老庄思想的日本化，或通过老庄而了解了道教的长生成仙信仰，有的人还亲身践行道教养生术。

第二，那些讲述修道之术的道书也受到日本人的重视。道教提倡采用种种修道方法来达到降神佑己、延年益寿、长生成仙的目的。这些修道方法在道教中统称为道术或方术。8 世纪时，"被当作医术采用的道教方术咒禁和符禁，作为种种防灾治病的护身之物，已为当时上层阶级的人们所接受，并且也逐渐扩展到民间"①，甚至造成了淫祀迷信之风在日本社会蔓延的负面影响。那些记载或讲述道术之书，经日本人的阅读与诠释，又逐渐具有了日本民族文化特色，例如，《抱朴子》所说的"三尸说"本为倡导修仙者必先去"三尸"，只有淡泊自守，无知无欲，神静性明，广积众善，服药益生，才能得道成仙，传入日本后却发展为富有民族特色的"守庚申"活动②。"平安时代以后，根据《老子三尸经》进行的守庚申活动是以天皇为中心进行的。当时守庚申的做法主要是赋诗、作文、下棋等娱乐活动，还有丝竹管弦伴奏，至黎明前天皇下赐赏品后方散场，不消说还要饮酒助兴。"③这种做法既与朝鲜半岛以国王为中心的庚申守夜活动④ 相类似，也可说是道教的"三尸说"与日本的佛教、神道教、修验道、咒术式医学以及日本民间的各种信仰的混合物。道教的"九字秘咒法在其发源

---

① ［日］福井康顺等：《道教》第三册，上海古籍出版社 1992 年版，第 11 页。

② 道教认为，人身中有三尸虫，名为彭踞、彭颛和彭蹻，每逢庚申日，它们待人熟睡之后，就会上到天庭告人之罪，折人之寿。因此，学道者每逢庚申日就要彻夜不眠，使三尸虫不能从身体中出去，称为"守庚申"。

③ ［日］窪德忠：《道教史》，上海译文出版社 1987 年版，第 304 页。

④ 高丽元宗六年（1265）四月庚申："太子邀宴安庆公，奏乐达曙。国俗以道家说，每至是日，必会饮，彻夜不寐，谓之守庚申。太子亦徇时俗，时议非之。"（《高丽史》卷二十六《世家元宗》，《四库全书存目丛书·史部》第 159 册，齐鲁书社 1996 年版，第 527 页。）

地中国早已淹没，然而它却仍然活生生地存在于日本。日本神道教吸收道教传统的修持方法，加以完善与发展，创造了一套融咒术、手印、步法等为一体的九字切法，从而使这种来自中国的古老修炼法在日本得以光大发扬。"①江户时期思想家贝原益轩曾著有《养生训》，其中收录了道教的丹道、导引、按摩、调息、房中术等修炼方法。②从这些中日文化交流的成果来看，道教方术最终被日本文化改造、消化了。

第三，特别关注道教医药养生书。道教重视人的生命存在，故对医药养生有着特别的关注。初创时期的道教就以符水咒术为人治病作为济世传道的重要手段，后来又陆续创作了一些具有实用性的医药养生之书。自古以来，日本人对中国医药学就一直十分仰慕与重视，这也是道教医药养生书能够在日本流行的重要原因。藤原佐世编撰《日本国见在书目》时，列有医方家165家，其中不仅有一般的医书、本草书，而且还有道教的医药书，如《葛仙翁肘后备急方》八卷、《神仙服药食方经》一卷、《千金方》三十一卷。唐代道士孙思邈所撰《备急千金要方》和《千金翼方》传到日本后，成为日本流传的医药书之源，医师们也以熟悉与运用此书来衡量医术水平。"在平安时代，医学生学习的医书全由中国传来的，他们对这些医书中所包含的道教医学一定非常熟悉，也具体进行过实践。这种传统在贝原益轩的《养生训》及其它书中均有反映。藤原明衡因想用中国药材实行长生法，就向宫廷司掌医药的官员请教此法（《云州消息》卷中末）。公元一八六一（文久元年）编著的《太上养生要诀》就是典型的道教医学。"③在江户时代，日本医师一般都根据道书来了解道教医药学，并实践道教养生术。

---

① 李远国：《中日文化史上的宗教交流：九字秘诀的传播与演变》，《中华文化论坛》2008 年第 3 期。

② 参见［日］贝原益轩：《养生训衍义》，王道瑞等编：《中国医籍提要》上，吉林科学技术出版社 1984 年版，第 631 页。

③ ［日］窪德忠：《道教史》，上海译文出版社 1987 年版，第 303 页。

第四，宋代道教中出现了以《太上感应篇》为代表的宣扬为善去恶的通俗读物——劝善书——以道德教化的形式广泛流传。15 世纪，种类繁多的劝善书就传到了日本，不仅在日本民间得以出版发行，而且还影响到思想文化界。17 世纪，哲学家中江藤树（1608—1648）曾为《阴骘文》作注，并在其著作《鉴草》中引用了它。在他的影响下，其弟子们也重视道教劝善书所宣扬的善恶报应思想。后来，荻生徂徕（1666—1728）还让其夫人将《功过自知录》译成日文，并刻成雕版，赠给悦峰和尚，让他印刷出版，以普及道教劝善书所倡导的伦理思想。长谷川延年（1803—1887）崇拜文昌帝君，15 岁时首次读《太上感应篇》《阴骘文》等劝善书时，就深受感动，立志将劝善书中所宣扬的为善去恶的道德准则贯彻到自己的生活中。21 岁时，他得到了清代刘樵辑编的善书大成《文帝全书》三十种，于是陆续将其中的《太上感应篇》《宋理宗御书》等刻印成单行本，分送给爱好者阅读，后又斥巨资将《文帝全书》印刷出版。此外，他还抄写了《阴骘文》《道法心传》《文昌司禄宏仁梓潼帝君敕封》《文昌帝君省心录》《座右十二则》《劝世百字歌》《孝仙一气论》《关圣帝君觉世真经》《关圣帝君训孝文》等，推动了道教劝善书在日本社会的传播。据统计，自江户以来，日本收藏的有关文昌帝君的劝善书有几十种。从使用的文字上看，有中国传去的汉文本、朝鲜传去的朝文本，还有日本的和文本。有的汉文本在今天的中国已难以寻觅，如《文昌帝君省心录》《文帝全书》等，其文献价值显得尤其珍贵。今天，在东京东洋文库、东京大学东洋文化研究所、京都大学人文科学研究所等处收藏的有关"文昌帝君"的劝善书有 20 多种，各种不同的版本、注本、译本达50 多种，并以木刻本、石印本、活字本、铅字本、影印本、缩印本等形式展现出来。①

总之，道书虽然通过各种途径和方式传入日本，并在日本社会

---

① 参见王兴平：《文昌文化在日本的传播和影响》，《中国道教》2000 年第 2 期。

中产生了一定的文化影响，但在传入日本的汉籍中只占很小的一部分，这从一个侧面反映了道教作为中国的传统宗教，未能像佛教那样在日本建立起众多的寺院和独立的教团组织，也未能像儒学那样渗透到日本社会生活和意识形态的各个方面并成为日本文化不可分割的一部分，而是始终处于边缘状态。然而，若换一个角度来看，道教虽然没有在日本建立教团组织，走上独立发展的道路，但它却以一种关注人生命成长的"东方智慧"，在历史上被日本人有选择地接受，并渗透到日本人的精神世界与社会生活中，这是值得重视的东亚文化景象。

第三节　东亚道教的诗词咒颂

与中国道教诗风昌盛有关，东亚道教在文学创作上的贡献也表现在诗词咒颂等方面。在历史上，道门中人特别喜欢利用诗词歌赋来抒发自己对道教的信仰，描绘仙境的美好，表达对得道成仙的向往之情。今天，当我们翻开《道藏》，就可见许多道书中包含了大量的诗词咒颂，还有一些道书就是用诗的形式写成的，其中最著名的莫过于用三言、四言、五言韵文或离骚体写成的《周易参同契》和用七言诗写成的《黄庭经》《悟真篇》了。同时，一些喜好道教的文人士大夫也创作了众多的意境悠远的道教诗词。随着唐代诗风大盛，斋醮仪式中也演化出步虚词、青词等新文体，佛教的偈颂则演变出了道教的咒颂，大多为五言或四言韵文，以诗化的形式表现出来。金元时，全真派创始人王重阳开以诗论道、言志、咏怀、传教之风，诗体的形式更趋多样，不仅有五言诗、七言诗，还有一字诗、三字诗、藏头诗等。道教诗词咒颂不仅内容丰富，而且体裁繁多，有咏道诗、游仙诗、咒语诗、炼丹诗、步虚词、赞颂词、签诗、仙歌玄曲等，通过不同的方式影响到东亚文人学士的文学创作。

　　游仙诗是歌颂、赞美神仙云游八极、得道飞升的诗词，其源头可以追溯到汉代以前民间流行的歌赋，例如，战国时颇具浪漫主义色彩的《楚辞·远游》已具有了游仙诗的特征。游仙诗在体裁上多为五言诗，句长十句或十六句。魏晋南北朝时期，社会中求仙之风盛行，士人与道士争相创作游仙诗。曹操、曹丕、曹植、嵇康、阮籍、何劭、张华、郭璞等人都是写作游仙诗的高手，而道士葛玄、吴猛、许谧、杨羲等人也创作了大量的想象奇异、神韵非凡的游仙诗。梁朝萧统在编《文选》时，特别将"游仙"单列为一种文学体裁，可见当时游仙诗已有了众多的成果。

　　如果说，文人游仙诗是通过对神仙意象和神游逍遥之境的大胆想象来寄托自我的理想，那么，道士游仙诗则表达了修道思想与神仙境界的结合。道教游仙诗因绘声绘色地描绘了神仙自由逍遥的生活、天上仙境的奇异风光，以及人希望与神仙共游的向往，从而开创道教诗词中的浪漫主义之诗风，也促进了神仙信仰在东亚社会的传播。[1] 朝鲜时代，儒士爱作诗，其中有许多仙气悠悠，如李晬光的《芝峰类说》中就记载了多首《游仙诗》：

　　　　仙子朝乘鹤背高，天飚吹送赤霜袍。归来乍醉瑶池酒，玉女水盘荐碧桃。
　　　　五色云中谒玉皇，碧霄随意驾鸾凤。花间一笑三千岁，未信仙宫日月长。[2]

这类游仙诗从一个侧面反映了道教神仙信仰在朝鲜半岛的影响。

　　咏道诗是赞美道教"得道成仙"的信仰，吟咏道教"清虚自然"

---

① 　参见孙亦平：《论道教游仙诗所体现的生命关怀》，《商丘师院学报》2020 年第 5 期。
② 　[朝鲜] 李晬光：《芝峰类说》卷十六《续朝天录》，《韩国文集丛刊》第 66 册，景仁文化社 1996 年版，第 146 页。

思想，歌颂道教宫观胜地自然景色以及与道人相互赠答的诗歌。这种咏道诗也广泛存在于东亚学者的著述中。金时习（1435—1493）既修禅也崇道，曾著《梅月堂诗集》中保留了许多咏道诗，通过描述炼丹过程中的身体经验和心理体验表达了对道教修炼的欣赏：

> 玉清坛上退朝还，环佩珊珊态度闲，灵宝度人缮六气，黄庭换写养三关。
>
> 奇香满灶晨成药，异气浮空夜入班，乞我半升铛折脚，年来我亦煮溪山。

朝鲜李朝的儒者徐敬德（1489—1546），一生不慕名利，他虽认为"天下有三道，儒最上，佛次之，仙又次之，学之亦然"，但长年隐居于松京（今开城）郊外的花潭的莲花池畔，模仿庄子与鱼同乐，既体会知足常乐的生活，他曾著诗曰：

> 花潭一草庐，潇洒类仙居。山簇开轩面，泉弦咽枕庐。
>
> 洞幽风淡荡，境僻木扶疎。中有逍遥子，清朝好读书。①

在寂寞孤独之中，徐敬德将自己的生活融入自然风景之中，通过穷究自然万物之道、宇宙变化之妙，使道家的逍遥自在和道教的仙道精神跃然诗中，故被周围人称为"真神仙中人也"。

李珥（1536—1583）则潜心研习儒佛道，他曾著诗《家宿草堂》来表达自己淡泊名利、超凡脱俗的学道心情：

> 学道即无著，随缘到处游；暂辞青鹤洞，来玩白鸥洲。

---

① 《花潭集》卷一《山居》，《韩国文集丛刊》第24册，景仁文化社1996年版，第292页。

身世云千里，乾坤海一头；草堂聊寄宿，梅月是风流。①

　　这首五言咏道诗是他在游览金刚山后赠予山人普应的诗，表达了出乎山水，随缘云游，于清幽雅趣之风景中宽敞悠远的情怀，也透露出诗人对风流之道的喜爱。

　　道教在日本未能得到广泛传播，但神仙形象却深入人心，从流传到今天的日本汉诗《怀风藻》看，其中有一些颂扬神仙信仰的诗歌也属于咏道诗的范畴，它特别反映了东亚道教在信仰上的共性。朝臣巨势多益须（663—710）在48岁时作《五言春日应诏》二首，其中第二首：

姑射遁太宾，崆岩索神仙。岂若听览鄹，仁智寓山川。
神裄弄春色，清眸历林泉。登望绣翼径，降临锦鳞渊。
弦竹时盘桓，文酒乍留连。熏风入琴台，莫日照歌筵。
岫室开明镜，松殿浮翠烟。幸陪瀛洲趣，谁论上林篇。

　　据研究，在日本汉诗中，"姑射"一词最早见于此，这成为确认"八世纪前期《庄子》东传的一个重要依据"②。在巨势多益须心目中神仙应该是什么样子？他不仅以《庄子》的姑射神人为参照，而且还以汉代上林苑文人所向往的"一池三山"为依据，通过巧妙地描写上林苑文人隐士相聚饮酒歌舞，对弄弦竹之雅趣，来展现那种幽玄文雅的仙境之美。

　　大学头调忌寸老人《五言三月三日应诏》则将自己在春日宸驾出宫游行时借景抒情来表达道教神仙的思想精髓——无为的自然观和天下太平的社会观：

---

① 《栗谷全书》卷一《诗》上，《韩国文集丛刊》第44册，景仁文化社1996年版，第15页。

② 王勇：《中日关系史考》，中央编译出版社1995年版，第99页。

　　玄览动春节，宸驾出离宫。胜境既寂绝，雅趣亦无穷。折花梅苑侧，酌醴碧澜中。神仙非存意，广济是攸同。鼓腹太平日，共咏太平风。

　　诗人以真实深沉的情感和高远超俗的思想形象地传达了道教神仙信仰，使人感到在可感可知的现实世界之外似乎还存在着另一个美好而神秘的世界，这才是一种理想境界。这说明《怀风藻》已从初期的模仿和借用老庄道家的词语，转到掌握和运用道教神仙的思想精髓，既提升了日本汉诗的境界，也以诗歌的形式扩大了神仙信仰在日本社会中的影响。

　　藤原总前《五言七夕》以五言诗的方式表达了每年农历七月初七这一中国汉族的传统节日七夕节的神韵。在那秋气初起，草木飘香的早秋夜晚，人们抬头可以看到牛郎织女在银河相会，这是中国人的爱情节，但诗人却称"凤驾飞云路，龙车越汉流"为神仙会，表达了咏道诗的神韵：

　　帝里初凉至，神衿翫早秋。琼筵振雅藻，金阁启良游。
　　凤驾飞云路，龙车越汉流。欲知神仙会，青鸟入琼楼。

　　步虚词作为一种诗体，其何时出现，历来说法不一，有的说是由汉末三国时的葛玄所创，有的则说出于魏晋时期，如《太上洞渊神咒经》卷十五中就列有《步虚》。早期步虚词以五言为主，后来受唐诗的影响，又出现了七言等不同的形式。步虚词主要是通过描写仙境的美好，以及人通过旋虚而行，来用心体会太上老君的智慧，以去除妄想杂念，再通过吟咏天神，步随声转，以使天神降临，达到身心得道之妙。这样，步虚词不仅成为展示道教得道成仙的最高"真理"的一种方式，而且还能达到"娱神"、"乐神"和"降神"的目的。道教不仅用步虚词来赞诵神仙的缥缈轻举之美，仙境的奇观异景之玄，更希望通过颂神降灵来祈福消灾祛祸，这反映了人们所面临的各种社会与人生问题，以及希望通过宗教仪式为众生拔度苦难，解灾却患。步虚词通过描绘超凡神仙和仙界景象，不仅让人通过吟咏之而对诸天神仙加以尊敬和崇拜，同时还将"吐纳""胎息""心斋"等养生方法贯穿于"步虚旋绕"之中，通过"吟咏帝一尊，百关自调理"的功夫来遣除各种欲念，使人把纷繁杂乱、变化不定的意念集中在丹田上，以荡涤心中的尘滓，去除世俗的气息，以使人在咏诵中产生一种的飘飘欲仙的感觉。步虚词因辞藻华美、内涵丰富和独特的宗教感染力而成为一种文学佳作。

仙歌玄曲是一种可以用器乐来配合演唱的歌谣，大多为五言诗，它的出现与魏晋南北朝时的佛道之争有关。仙歌玄曲往往采用第一人称的说唱形式来讲述神仙故事，已初具叙事诗的基本特征，一般篇幅都比较长，也称为"道门乐府"。

咒语诗是以诗体形式表达的召神驱鬼、求道治病的祝告之辞。南北朝时，各具特色的真文咒、洞渊神咒、三皇咒、上清咒等在道门中流传。咒语诗比较注重对自然情景和自然节奏模仿，也注意典故的运用和气氛的渲染，表现出明显的爱憎之情。例如，《太上洞渊神咒经》卷一曰："五浊之世，世官挠急，不矜下人，下人吁嗟，万民怀怨，天下悠悠，日月失度，五谷不成，人多流亡，大水皆起。"[1]表达了作者希望天神能够惩治贪官，帮助百姓战胜天灾人祸的态度。上清派的重要经典《上清大洞真经》中的上清咒则表达了希望通过存思行气而使神仙降临："天朗气清，天光洞明。金房玉室，五芝宝生。玄云紫盖，来映我身。仙童玉女，为我致灵。九气齐景，三光同辀。上乘紫盖，升入帝庭。"[2]斋醮科仪中往往有《入户咒》《卫灵咒》等仪节，以求通过念咒而与神相通，得到神灵的保佑，如《入户咒》曰："四明功曹，通

---

① 《太上洞渊神咒经》卷一，《道藏》第6册，第4页。
② 《上清大洞真经》卷一，《道藏》第1册，第513页。

真使者，传言玉童，侍靖玉女，为我通达，道室正神，上元生气，入我身中。"①咒语诗在道门中得到了广泛的运用，成为一种独特的诗体。

咒语诗一般为四言，有的最后还加上"急急如律令"的句子，表达了念咒者的迫切心情。"急急如律令"原是汉代官方文书中的结语，以表达此文书要赶快送达到相关人士手中，让他们尽快遵照命令执行，后成为中国道教常用的一种咒语，如道教斋醮科仪中，在召将、驱邪、发符、施令时，都要用"急急如律令"来表现道教法场的庄严与威势，表达人们希望通过敬神上章尽快与神相沟通的心情。

中国道教的"急急如律令"这一咒语后在东亚地区得到广泛传播，"日本的修验道、阴阳道和吉田神道的文书和仪式中都有'急急如律令'的使用。"阴阳道书中经常在咒文、祭文的最后使用"急急如律令"一语，如《阴阳杂书》中曰："太白方、宿咒一、明心二、明福者三，明福者千万，福者急急如律令。"②受阴阳道和修验道的影响，"当时天皇在立春之日的早朝中，都要唱念'万岁不变水，急急如律令'。"③吉田神道的《神道大护摩次第》中有《符印立炉中心咒文》曰："天灵节荣，愿保长生，太玄之一，守其真形，五脏神君，各保安宁，急急如律令。"④这一咒文的思想内容与语言表述犹如中国道教咒语诗的翻版。

炼丹诗则是描述炼丹过程与内容的诗歌。道教认为，炼丹的过程是非常神秘的，只可意会，不可言传，故经常采用诗歌的形式，用比喻、隐喻、象征的方法来记录炼丹的过程、描述炼丹的效果。炼丹诗的篇幅一般比较长，如著名道经——《太清金液神丹经》《黄庭经》《周易参同契》和《悟真篇》都是用诗体写成。这些道经本身就是一部具

---

① 《太上黄箓斋仪》卷一，《道藏》第 9 册，第 181 页。

② ［日］中村璋八：《阴阳道における道教の受容》，载［日］野口铁郎、酒井忠夫编《道教与日本》第二卷《古代文化の展开と道教》，雄山阁 1997 年版，第 151 页。

③ 陈耀庭：《道教在海外》，福建人民出版社 2000 年版，第 51 页。

④ 卿希泰主编：《中国道教史》第四册，四川人民出版社 1996 年版，第 594 页。

有很高文学价值的诗歌集。炼丹诗一般朗朗上口，便于修持诵读。《黄庭内景经》甚至认为，咏诵之万遍即可成仙：

> 上清紫霞虚皇前，太上大道玉晨君，闲居蕊珠作七言，散化五形变万神。是为黄庭曰内篇，琴心三叠舞胎仙，九气映明出霄间，神盖童子生紫烟。是曰玉书可精研，咏之万过升三天，千灾以消百病痊，不惮虎狼之凶残，亦以却老年永延。①

在道教看来，咏诵不仅可以起到活脉通血、补养元气的作用，而且还可以让人的心理在不知不觉中接受内丹道的影响，体悟内丹之奥秘。

炼丹诗如果仅停留在内丹修炼秘诀的提示上，尚不能称为出色的炼丹诗，因为内丹道更重视对内在修炼经验的体悟与把握，炼丹诗不仅要以"水火""铅汞""龙虎"等特殊的内丹词语来描述修炼家们独特的修炼经验，更要通过逼真的描写、象征的手法来表达对道教得道成仙信仰的确认。炼丹诗通过比喻来接近修炼经验之本然状态，将人的内在性情与气脉等生理变化扩大到外在自然的层面，以此谋求人与自然的和谐，这种纯粹内在生命探求，超越了那种提倡道德意志或伦理实践的教理教义，却让人们体验到了新鲜的生命情趣，以一种独特的方式更新了与外在世界的交感，更成为内丹修炼在东亚传播的一种共性。

在朝鲜半岛，炼丹诗最早可以追溯到新罗末年内丹学的出现。到朝鲜王朝时期，随着全真道内丹术在朝鲜半岛的传播，许多文人因热衷于内丹修炼而创作了大量的炼丹诗，由此来表达作者所体悟的独特的修炼经验。这些炼丹诗往往在中国道教的《周易参同契》《黄庭经》和《悟真篇》等道书中寻找词汇与典故，用汉诗形式表现出来。

---

① 《太上黄庭内景玉经》，《道藏》第 5 册，第 908 页。

炼丹诗与一般仅为欣赏自然，表达心理感受的诗词还有所不同，它内含着修炼口诀，用隐喻来表现内丹家在修炼过程中内心世界潜在的无意识的内景，并将内景感受与外景事物一一对应，由此来强化内丹修炼对人的身体所产生的功能性作用。在朝鲜半岛流传至今的炼丹诗中，金时习创作的炼丹诗最具有代表性，他的《梅月堂诗集》中收入了二千多首汉诗，其中有一部分就是意蕴丰富的炼丹诗，例如《服气导引》：

> 养气灵丹非鼎炉，只应肘后一神符。圣贤不赚贻余去，愚知无嫌在我乎。
>
> 明日射窗清霭动，晚烟归洞淡云孤。自从会得山居趣，摩诘重来不可摸。①

此诗首先指出内丹修炼的"炉鼎"安于人的身体之内，其实就是"肘后"所意指的"督脉"，"一神符"需要通过服气导引去体证督脉中阳气的运化过程，这是圣贤留下的真实经验，虽是愚智的"我"也应认真去修炼。当阳光透过窗户反射出清霭之飘动，晚霞烟云展现出天象之变化，其实这都是"凝神入气穴"的修炼过程中人所能内观到的景象。金时习以山居中所观察到的外在自然景观来形容内丹修炼过程中的内在身心体验，他认为，自己诗文所表达的这种意境，即使是擅长山水画的王维（701—761，字摩诘）再生也无法将之逼真地描绘出来。

这种吟诵道教内丹修炼境界的诗文往往通过对自然景色的描绘来表达通过修丹而直契生命存在的感觉，言简而意深，例如金时习的《无题》曰：

> 终日芒鞋信脚行，一山行尽一山青。心非有想奚形役，道本

---

① 《梅月堂诗集》卷六，《韩国文集丛刊》第13册，景仁文化社1996年版，第197页。

无名岂假成。

　　宿露未晞山鸟语，春风不尽野花明。短筇归去千峰静，翠壁乱烟生晚情。①

当金时习在山林中行脚时，从"一山行尽一山青"而想到人因有身而为形所役，与无名的大道相比而为有限的生命存在，因此，只有通过修炼内在的精气神，才能使龙虎交媾而获得生命长存之道。他以"翠壁乱烟生晚情"的景象来表达内丹修炼的神秘经验中所获得的内外景交融之妙趣。"韩国炼丹诗创作主体当然是仙家。在选择以内丹为主的道教修炼法这一点上，也称其为'修炼道教'，考虑到以健康长寿为目的这一点的话，也可称其为'养生家'。他们的存在理由，首先要指出的是朝鲜政治状况带来的隐逸思想。但朝鲜初期接受的道教思想可以在此得到确认，这才是重要的。可以说在这样的脉络上，朝鲜道教活动主体不是那些隶属于道教教团的道士们，而是在身份和信仰方面享有充分自由的仙家。"②这些炼丹的仙家，一方面以自然景物的变化来比喻修炼者内在的身心变化；另一方面，又以内丹修炼的身心感受来吟诵外在的自然事物之景致，这种双向致思方式突出了道教独有的追求超越于物外的生命长存之道，其中洋溢着发现生命之天真的喜悦。

　　赞颂词是在道场上配合器乐唱诵的诗词，如《启堂颂》《举三宝颂》《祈雨颂》《举奉戒颂》等，都是斋醮科仪中的重要仪节。为了便于诵唱，赞颂词大多为五言，如《启堂颂》：

　　　　勤行奉斋戒，诵经制六情，故得乘空飞，耀景上玉清。

---

① 《别本东文选》第2册，汉城大学校奎章阁1998年版，第43页。
② [韩]安东浚：《论韩国炼丹诗的审美趣味》，陈鼓应主编：《道家文化研究》第24辑，三联书店2009年版，第110页。

精心奉经教，吐纳炼五神，功德冠诸天，转轮上成仙。[①]

赞颂词在东亚各国的道场活动中经常使用。除道场赞颂词之外，还有一些是托仙真之名而对神灵、仙真、法术、宫观等所作的赞颂词。道教诗歌词章既继承了魏晋南北朝流传下来的步虚词以及包含在各种道经中的诗歌咒颂的传统，也发展出了道教文学中的新文体。这些诗颂词章广泛地运用于斋醮科仪之中，成为表现东亚道教思想和信仰的一种文学形式。

第四节　东亚小说中的道教因素

道教小说是用小说这种文学形式来表达对道教的信仰，以人物修仙活动来渲染对道教的感情，从整体上看呈现出亦真亦幻、虚实相间之特点，却以一种形象化的方式成为推进神仙信仰在东亚传播的促进力量。

道教小说出现于六朝时期，发展到唐代时已达到高潮。"道教对中国古典文学，产生两个重要影响：一是提供许多神奇、诡谲、瑰丽的意象；二是刺激了人们的想象力。"[②] 有意思的是，唐代佛教在社会上的影响要超过道教，但在小说创作领域，由于道教的神仙故事与传说为文学创作提供了大量的素材和想象的空间，因此，唐代道教小说无论是在数量上，还是在质量上都要超过佛教。从数量上看，记载宋以前小说的《太平广记》收录的道教类小说有八十多卷。如果细加分类，那么"道教小说可分为志怪体、传奇体、话本体、章回体四大类"[③]。

① 《太上黄箓斋仪》卷一，《道藏》第9册，第181页。

② 葛兆光：《道教与中国文化》，上海人民出版社1987年版，第376页。

③ 卿希泰主编：《中国道教》第四卷，东方出版中心1995年版，第55页。

"志怪"一词出于《庄子·逍遥游》中的"齐谐者，志怪者也"，但用"志怪"来表示内容奇异怪诞的小说则是六朝时的事了。当时，神仙传记大量涌现，志怪小说也风靡起来，以神仙传记为主来"搜奇记逸"直接影响到唐代道教文学创作的内容与形式。唐代小说以"叙述宛转，文辞华艳"为特点，在那种有意识而为之的创作中逐渐去除六朝小说的"粗陈梗概"而变得丰满起来。从内容上看，道教志怪体小说又可分三类：

第一，神仙道人传记体小说：《神仙感遇传》《道教灵验记》《墉城集仙录》《王氏神仙传》《仙传拾遗》，此外还有《金莲正宗仙源像传》《绘图三教源流搜神大全》《海山奇遇》中有关道教人物的传记。第二，地理博物体小说：《博物志》《玄中记》《博异记》《录异记》等，以旅行家的口吻来介绍某地奇异的地理特征、珍贵罕见的物产来反映道教信仰与思想。第三，表现道教的梦幻奇异现象和灵验故事的杂记体小说：《幽明录》《枕中记》《玄怪录》《宣室志》等。总之，道教志怪体小说通过完整的故事情节、真实的时空背景、生动的人物形象、以"纪实"的表达方法来婉转地叙述灵迹异闻的神怪性，使道教的神仙信仰表现得更为丰富、更为生动。

传奇小说虽然是由六朝那种单纯地说神道鬼的志怪小说发展而来，但描述的对象却有所不同，它大多以神异、侠义与爱情为主题，这些情节曲折的奇闻逸事拉开了现实主义与浪漫主义相结合的序幕，成为用浪漫主义手法来反映当时复杂的现实生活的一种文学表现方法，这在道教传奇小说中表现最为突出。据说"传奇"一词出于晚唐裴铏撰《传奇》。宋人认为唐人小说中涉及许多神仙诡谲之事，故概称之为"传奇"。唐初时《古镜记》描述了道教的重要法器——古镜所具有的压邪法力。《枕中记》则讲述了卢生遇道士吕翁，做了黄粱美梦，梦醒之后，觉悟入道。唐末道士杜光庭作为晚唐传奇小说家，他的《虬髯客传》以侠义为主题，虽然大力宣扬效忠李唐王朝的思想，但其中也穿插了李靖与红拂的浪漫爱情、虬髯客的豪爽侠义和道士的神异之功。① 这些道教传奇小说通过搜奇述异，塑造了许多颇具魅力的求道者形象，讲述了许多颇具神异传奇色彩的故事，其中有不少故事还成为后代道教戏剧的题材，如《虬髯客传》即为《红拂记》的原型。

宋代市民文学崛起的标志是说话艺术的兴盛，以道教的神仙信仰为题材，唐人传奇小说一脉延伸出宋代话本传奇，为东亚道教小说增添了新的形式与内容。源于宋代话本体传奇、确立于元末的章回体小说成为明清时期中国长篇小说的一种传统形式，其中的神魔小说《三遂平妖传》《韩湘子全传》《封神演义》《绣像八仙四游记》《西游记》《飞剑记》《铁树记》《女仙外史》《绿野仙踪》等，以神魔斗法的形式，将道教神仙塑造成为善罚恶、修道济世的正义化身。随着道教小说在东亚社会传播，这四种形式都有新作品出现，其中比较突出的是志怪小说和神仙传奇，它们成为了解道教在东亚传播的重要参考资料。

朝鲜半岛自古以来仙风弥漫，小说之萌芽虽可追溯到高丽朝之前的"说话"中，但"小说"一词始于高丽王朝李奎报的《白云小说》。一般认为，金时习的《金鳌新话》才标志着朝鲜古代小说的形成，而它恰是一部颇有道教神仙色彩的作品。"生活于李朝中宗、明宗时的鱼叔权（1505—1567）在《稗官杂记》四卷中将《补闲集》《栎翁稗说》《太平闲话》《济州风土记》等称为小说，即淫谈、史话、诗话、日记、地理、闲谈、杂说等，皆入小说之广义范围。"② 由此可见，在古代朝鲜半岛，小说的范围是十分广泛的，但只有那些以神仙信仰、异象神迹和修道成仙为意蕴的作品才可被视为道教小说。

朝鲜王朝出现的文学作品——汉文野谈故事集《於于野谈》《五山说林》《芝峰类说》《青庄馆全书》中经常以具有神异事迹的道士为

---

① 孙亦平：《杜光庭评传》，南京大学出版社 2005 年版，第 459 页。

② 陈宁宁：《浅论韩国小说之演变》，载中华学术院编辑：《文学论集》，中国文化大学出版部 1978 年版，第 804 页。

主人公。但大多数可以归之于道教小说的作品却隐藏在《三国遗事》《高丽史》《殊异传》《三国史记》等史著中，包含在《海东高僧传》《海东异迹》《青鹤集》《海东圣迹志》等传记及《大东韵府群玉》《太平通载》《笔苑杂记》《白云小说》《破闲集》等稗说文学中。例如，1875 年出版的《海东圣迹志》认为朝鲜自古以来就是神仙之国，故运用小说手法对半岛上流传的神仙圣迹故事进行描述，其中有一些是真实的修道人物，如金可记、崔致远、姜邯赞等。

　　洪万宗撰写的《海东异迹》也是一部带有传奇色彩的神仙传记。洪万宗（1645—1725），又译为洪满钟、黄万宗，字于海，号玄默子、长洲、梦轩，原籍丰山，出身于书香世家，其父洪柱世、其祖洪鸾祥，都曾以文名世。洪万宗一生体弱多病，整日足不出户，以书为友，曾"合诸家所著，而专取诗话"辑成韩国诗话总集《诗话丛林》，来表达对朝鲜半岛"上下数百载骚人墨客山僧闺秀名章警句"的欣赏之情和对"我东方诗学之盛"的自豪感。洪万宗因身体一直不好，在药饵之余，热衷道教的长生修炼术，著有《海东异迹》《海东要览》《五旬集》等。

　　《海东异迹》分上下集，上集收录了《北窗先生诗集序》《北窗先生行迹》《北窗先生遗训》等有关郑磏的行迹和作品，以展示北窗先生"于儒道释三教及技艺诸术皆不学而能，尝试仙家六通之术，入山静观三日便洞悉顿悟，能知百里外事如合契。"① 下集则收录了朝鲜半岛上流传的各种求仙者的异迹，是朝鲜著名的神仙传记集。《海东异迹》前有朝鲜丹学派后裔郑斗卿写的序文。郑斗卿（1597—1673），字君平，号东溟，擅长诗文、书法，著有《东溟集》，早年为官，后因老辞官隐退，喜好修道之术。郑斗卿认为朝鲜道教的历史悠久："我东山水雄于六合，自檀箕以来，服气炼形吸风饮露之辈

---

① ［朝鲜］洪万宗辑：《海东异迹》，《韩国文献说话全集》第六册，太学社影印1991 年版，第 380 页。

必多矣。"洪万宗在《题辞》中也强调，三神山都在朝鲜，所以关于神仙的故事十分丰富。《海东异迹》将朝鲜仙道之源追溯到檀君："檀君名王俭，古初神仙人也。"①这个以檀君为宗祖的神仙谱系按人物出现的时间顺序排列到朝鲜王朝：

　　檀君、神志、昆始仙人、永郎、述郎、南郎、安详、于勒、文武王、玉宝高、金可记、崔致远、处容、戒边大师、金谦孝、苏嘏、金龟仙人、大世、仇柒、仙桃圣母、蔷薇仙女、连珠仙女、东明王、乙密仙人、安市君、百济宫人、李灵幹、姜邯赞、权真人（权克中）、金时习、洪裕孙、南趎、郑希良、智异山仙人、徐花潭、朴守庵、李土亭、徐孤青、李楠、郑斗卿、李济臣、姜绪、赵忠南、寒溪老僧、柳亨进、郭再佑、田禹治、尹君平、南师古、杨士彦、金慕斋、赵重峰、许氏、张汉雄、偰道人、西川客、汉拿山老人、智异山长者、太白山老人、权青霞、索囊子、蒋都令、申维翰、申斗柄、雪鸿子、片金子、休休子、成居士、闵应圣、金自兼、朱柴、成揆宪、金百练、金致、海中书生、朴烨、朴龟、丙子异人、权华山、吴尚濂、金执义、任叔英、慎海翊、许浩、许穆、吴世亿、兴仁门异人、勿缁屯异人、金大谷、郑絉、岭南士人、宋沉、春川姬、郑敦始、汉江仙人、东村李仙、罗州郑仙、林埍。

在《海东异迹》收录的近百名修仙者中，有的是传说中的神仙人物，如檀君、神志、昆始仙人、永郎、述郎、南郎、安详等；有的是具有神异事迹的道士，如田禹治、尹君平、南师古等；有的是热衷于修仙的文人，如金可记、崔致远、金时习、洪裕孙、郑希良等；还有的是

---

① ［朝鲜］洪万宗辑：《海东异迹》，《韩国文献说话全集》第六册，太学社影印1991年版，第394页。

英雄人物死后被奉为神仙，如姜邯赞、郭再佑等，所记载的修仙者比《海东传道录》更为丰富。虽然"韩国仙家是一个与道教人物相混用的概念，朝鲜王朝时期韩国道教不是通过结成一定的宗教社团有组织地开展活动的，而且为了从事道教修炼而出家、专心于道教活动的人物极其少见"①，但从他们的修仙实践看，在朝鲜王朝传播的道教形成了内丹修炼和神异道术两大特色。

《海东异迹》比较侧重介绍奇闻逸事，来展现修仙者或具有某种特殊的道术，或可以长生不老，或能够预测吉凶祸福，或通过修炼得道而获得神通，以强调修仙者都拥有一种非同寻常的技能，特别具有故事性。例如，生活于中宗时代的南越，因"己卯之祸"被流放于谷城，"因昼寝梦遇神人传秘诀，自是一切事为不学而能，不闻而知。"②后跟权真人学道法，据说三十岁时尸解成仙。李晬光的《芝峰类说》、朴趾源的《热河日记》中也有类似的记载：

> 中宗时南越年十九登第，入文衡之荐而官至典籍。自幼多异迹，每朝就学于塾师而多不至，家人密踵之，则路中径入树林，中有一精舍，主人清雅绝尘，越趋拜讲质必日昃而归，家人诘之，辄诡对后遂为修炼之术。及登第遭"己卯士祸"，谪谷城县，仍止家焉。一日送奴持书入智异山，青鹤洞有新宇极精严。有二人焉，一云冠紫衣，一老释。终日对棋，奴留一日受书而还，奴始以仲春入山，草树方荣，及出山乃见野中获稻，怪问之，即九月初也。及越卒年三十，举柩甚轻，家人启视之，空棺也。题其内云：沧海难寻舟去迹，青山不见鹤飞痕。村田耘田者闻空中乐声，仰见南越骑马冉冉在白云中矣。

① [韩]安东浚：《论韩国炼丹诗的审美趣味》，陈鼓应主编：《道家文化研究》第24辑，三联书店2009年版，第86页。

② [朝鲜]洪万宗辑：《海东异迹》，《韩国文献说话全集》第六册，太学社影印1991年版，第434页。

在中国有"烂柯山"的故事,讲述樵夫进山观棋,"山中方一日,世上已千年"的传说,这里用来形容送奴持书入智异山青鹤洞一日而世上已数月。南越跟随权真人学修炼之术,最后白日升仙。

从《海东异迹》所记载的仙道传统看,修仙乃是为了从世间的所有不幸与桎梏中解脱出来,通过淡泊宁静的心性修养和驱病延年的身体修炼,使人能够超脱离俗而获得一种比当下生活更自由完美的状态,最终长生不死,白日升仙。因此,《海东异迹》记载了多种成仙模式,表达长期卧病在床的洪万宗对健康生命的向往和追求。

后来,洪万宗曾在病榻上花 15 天的时间撰写《旬五志》,讲述了朝鲜历史上的儒、佛、仙的逸话,其中也记载了一些修仙者的生平事迹,如:檀君、赫居世、东明王、四仙、玉宝高、金兼孝、昙始、金可记、崔致远、权真人、姜邯赞、金时习、洪裕孙、郑鹏、丁寿昆、郑希良、南越、智异仙人、徐敬德、郑磏、郑碏、郑礎、田禹治、尹世平、汉拿仙人、南师古、朴枝华、李之菡、寒溪老僧、柳亨进、张汉雄、南海仙人、蒋生、郭再佑等。人物虽然没有《海东异迹》多,但所记载的人物的生平事迹与《海东异迹》大致相似,也是以神仙传的方式再次强调了道教对生命的热爱和对长生的渴求。

金时习(1435—1493)用汉文创作的《金鳌新话》是朝鲜第一部小说集,包括《万福寺樗蒲记》《李生窥墙传》《醉游浮碧亭记》《南炎浮洲志》和《龙宫赴宴录》。这五篇风流奇话之后还有两首题为《书甲集后》的七绝诗,描绘了作者著书时的情景:

> 矮屋青毡暖有余,满窗梅影月明初,挑灯永夜焚香坐,闲著人间不见书。
>
> 玉堂挥翰已无心,端坐松窗夜正深,香插铜瓶乌几净,风流奇话细搜寻。①

---

① [朝鲜] 金时习:《金鳌新话》,岳麓书社 2009 年版,第 163 页。

《金鳌新话》以缠绵悱恻的情节，哀婉艳丽的风格，既表达了对美好爱情的渴望，也反映了对道教神仙的敬仰之情，通过将鬼仙人格化，把幽冥世界现实化，以人仙之恋、人鬼相交的虚幻故事来反映现实生活，强化了道教神仙信仰的神秘性与鲜活性。《金鳌新话》于"壬辰之乱"时传入日本，受到日本读者喜爱，被称为"奇书"。后来该书在朝鲜半岛失传了，却在日本得到了多次刊印。

朝鲜小说家金万重（1637—1692）用朝鲜语创作的《九云梦》和《谢氏南征记》两部小说也充满着道教意味。《谢氏南征记》是讲家庭中妻妾矛盾，宣扬善恶报应的现实主义作品。《九云梦》作为朝鲜长篇小说之滥觞，男主人公杨少游以儒家修齐治平思想为指导，自己官至翰林、尚书、丞相、大元帅，与八位仙女在经历了坎坷曲折的爱情后，依次和她们结为姻缘，生了六儿二女，最后建立了一个一夫多妻式的大家庭。他们在享尽人间的荣华富贵后，要远走他乡寻仙访道时，经六观大师的点拨，终于从梦中惊醒，看破红尘，一起回归于"极乐世界"。杨少游与八仙女在世间再次重逢时，从相识、定情到结合的浪漫故事，互不雷同，他们之间的爱情故事，以离奇之情节、哀婉之感情、丰富之典故、纯正之教化，表达了一切荣华富贵都是虚妄不实的"梦境"的思想，其宏大的结构有点类似于《红楼梦》，其奇幻的内容有点类似于《枕中记》《南柯记》，其基调则是欢娱、享乐和顺利，而不是悲苦和逆境，反映了到金万重生活的李朝肃宗时期，程朱理学已融合儒、佛、道三教。该书虽以儒家人生观和佛教生死观为指导，其中也充满着追求道教神仙信仰之风格，是朝鲜"梦小说"之开端。

朝鲜中期文学家许筠也创作有《严处士传》《苏谷山人传》《张山人传》《南宫先生传》《洪吉童传》《蒋生传》等颇有道教色彩的仙道小说。《张山人传》讲述了张山人学道的故事。张山人的父亲具有超常的技能，能"视鬼而役使之"，其父离家出走后，给张山人留下了《玉枢经》《运化玄枢》两部道书，张山人阅读万遍后，也能召鬼神、降猛兽，达到了出神入化的境地。后来，他又到智异山拜一位异人为师，日诵经书十遍，不食三年，又练得其他道术。有一天，张山人与两位僧人行至峡谷中，突然有两只老虎躬耳摇尾地俯伏在他们前面。山人自骑其一，令二僧并跨其一。至寺门时，虎伏而退去。张山人在智异山隐居十八年后回到京城，曾用祈禳术杀死空宅里的蛇，还能使死鱼死鸡复活。1592 年，日本军入侵朝鲜半岛的"壬辰倭乱"爆发。张山人被倭寇砍了一刀后，流出来的血竟然是白色的油脂，立而不僵的张山人吓退了倭寇。张山人死后火化时，得到了七十二粒舍利。这篇故事情节完整的小说，既展现了道术的神奇性，也说明道教在朝鲜半岛往往与佛教相伴而行。

《南宫先生传》讲述了南宫斗离奇遇仙，修炼内丹，功败垂成的故事，据说与中国唐代传奇小说中的杜子春的求仙故事[①]在主旨意蕴、内容题材、故事模式、叙事特征上均呈现类同化特征。[②]南宫斗是全罗道的一个富豪，32 岁时登第后，长期逗留在京城生活。南宫斗性格"伉倨自矜，性刚忍敢为，恃才豪横于闾里，倨不为礼于长吏。"[③]他回乡后发现，留在家乡管理农田的小妾与其堂侄私通，一怒之下将他们杀害。南宫斗因义愤杀人遭官府追捕，被迫逃亡到金台山落发为僧，法名总持，持戒行甚严。不久，仇家追捕而来，南宫斗因山神在梦中提醒，逃向头流山，居双溪月余，又奔向太白山，至宜宁野庵憩焉。受年轻僧人指点，南宫斗入茂朱赤裳山拜师。其师是一位老僧，但他们修炼的却是道教功法。南宫斗的老师"苦志十一年，乃成神胎"，见南宫斗"君有道骨，法当上升"，于是授之道书，以期南宫斗能练成不死飞升术。但南宫斗却因修炼过程不忍痛

---

① 参见程毅中点校：《玄怪录》、李复言撰《续玄怪录》，中华书局 1982 年版。

② 参见张丽娜：《中国"杜子春故事"对朝鲜〈南宫先生传〉的影响》，《学术交流》2012 年第 2 期。

③ ［朝鲜］许筠：《惺所覆瓿稿》卷八《南宫先生传》，《韩国文集丛刊》第 74 册，景仁文化社 1996 年版，第 206 页。

苦而功败垂成，老师送他下山时，又授予他"老君之书"，让他回去后继续修炼。从许筠的描述看，南宫斗所炼的"不死之功"是以禁欲为特征的内丹道。

道教小说在日本则以物语文学的新样式来呈现。10世纪，在日本文学中出现一种用文学笔法来表达对神仙的理解以及对成仙追求的物语小说。《竹取物语》作为日本最早的物语文学作品，其中的赫映姬故事塑造了一个"羽衣仙女"的神话。一位伐竹翁在竹林中遇到藏在竹筒中的女婴，就和老伴收留其为养女。从此，老人伐竹时经常会在竹子中发现金子，不久就成为富翁。女婴三个月就长大成人，因在夜间也能光彩照人，而取名"赫映姬（ガぐや姬）"，又称"赫夜姬""辉夜姬""细竹赫映姬"，其意为"闪光的姑娘"。这位美貌无比的姑娘吸引了包括天皇在内的诸多达官贵人的注意，其中有五位贵族王子前来向她求婚。她提出要嫁给那个能帮助她找到自己所喜爱宝物的人。赫映姬要求他们分别去寻找天竺的佛石钵、蓬莱的玉枝、唐土的火鼠、龙首的五色玉、燕子的子安贝，以表诚意，然后才能嫁给他。这些求婚者有的冒险求宝、有的采用欺骗方法，但都没有找到宝物。天皇听说后，想凭借自己的权势来强娶她，也遭到赫映姬的拒绝。最后，赫映姬在中秋之夜，在皇家迎亲队伍的包围下，迎来了月宫使者，自己披上羽衣，在那些凡夫俗子的茫然失措中，升天返回到她的故乡——月亮。[1]

《竹取物语》对人物的内心世界的描绘，对生命的现实与理想、短暂与永生的体悟，追求与世俗尘世相对的长生与永恒，展现了道教神仙信仰的特点。文中出现的"蓬莱""不死之药""飞升"等词语，尤其是天皇用"壶"装"不死之药"、将自己写的"不能再见赫映姬，安用不死之灵药"的诗文与不死之药一起置于富士山上烧掉、仙女羽

---

[1]　此引文来自严绍璗：《中日古代文学关系史稿》，湖南文艺出版社1987年版，第257—260页。

衣飞升上天等，都具有道教神仙文化的意象。这篇小说故事的背景富士山，至今烟火不灭，成为日本人心中的圣山、仙山、不死之山的文化渊源，也可算是道教神仙信仰在日本传播的一个实例。

有关《竹取物语》的来源，学者们多有探讨研究，其中，藤冈作太郎认为，《竹取物语》是对中国魏晋时代《汉武帝内传》的改编，故与中国道教的关系密切。[①] 严绍璗先生认为，《竹取物语》以女主人公赫映姬最终回归月亮作为结局，这是以中国秦汉时代以来道家方士的"日月神客体论"作为构思的基础，即把太阳和月亮幻化为与"人"一样具有生命力的"日神"与"月神"。[②]

笔者认为，《竹取物语》是一部典型的道教小说，而且还成了"羽衣仙女型"类的道教小说之源。后来日本流传的静冈美保松原的天女、伊香小江的天女、丹波国的仙女等神话，虽然人物、情节和结局有所不同，但都属于"羽衣仙女型"这一类型。静冈美保松原的"天女的羽衣"故事，讲述了一个贫穷的男子爱上了美丽的天女，偷藏起了她的羽衣。男子借此让天女成为自己的妻子，并与她生下孩子，过着幸福快乐的生活。可是有一天，天女发现了那件被偷走的羽衣，不顾丈夫与孩子的恳求，毅然穿上羽衣返回天庭。残存于《近江国风土记》中的《伊香小江》也讲述了"仙女下凡的故事"[③]。古时，在伊香郡与胡乡的伊香小江上，有八仙女化作白天鹅下来洗澡。一个名叫伊香刀美的男子看到后，就让白狗偷走其中小妹的羽衣隐藏起来。姐妹7人升天后，唯独把丢失羽衣不能飞升的小妹留在人间。小妹便与伊香刀美结为夫妇。他们生下2男2女，成了伊香连的祖先。后来，小妹找到了羽衣，穿到身上便飞天而去，只剩伊香刀美在人间

---

① 参见 ［日］藤冈作太郎：《国文学全史》1《平安朝篇》，平凡社1971年版，第134页。

② 参见严绍璗：《日本中国学史稿》，学苑出版社2009年版，第19页。

③ 此段引文来自卫惠林：《日本神道教中的图腾文化要素》，《台湾大学考古人类学刊》第三一、三二合刊，第2—3页。

独自悲叹。

《丹后国风土记》中的《奈具神社》讲述了与《伊香小江》类似的故事，在结尾处则揭露了人间的贪婪：丹波郡比治里的比治山顶，有个叫真奈井的泉，八位仙女从天上降下来洗浴。住在这里的奈佐老夫妇正好看到，急忙就拿了一件仙衣藏起来。洗浴完后，其他仙女都向天空飞去，但是失去羽衣的仙女留在了人间，她按照老翁的要求做了他们的女儿。此后的十几年里，仙女酿造了许多好酒。人们只要吃一杯这种酒，便百病痊愈。有了这种神奇的仙酒，老夫妇很快就发财了。但是，发了财的老夫妇有一天对仙女说："你不是我们的女儿，赶快滚吧！"面对如此薄情的人，仙女悲叹着，擦着眼泪离开了比治里，经过了荒盐里、哭木里，好不容易来到船木里的奈具村，于是留在村里生活下去，成为保佑稻米丰收、人口繁衍的丰宇贺能卖命神被供奉于奈具神社中。

《日本书纪》卷十四《雄略天皇记》中记载的浦岛太郎传说，讲述了人间男子浦岛子与龟姬仙女相遇的故事，后来逐渐演化为道教小说：

> 秋七月，丹波国余社郡管川人，水江浦岛子，乘舟而钓，遂得大龟，便化为女。于是浦岛子感以为妇，相逐入海，到蓬莱山，历睹仙众。

生活于 5 世纪末雄略天皇统治时的丹波国（今大阪一带）余社郡管川人渔夫浦岛子，有一次乘舟在海上垂钓，三天三夜钓得一只五色龟。浦岛子不忍心杀了这只大龟，就把它放归海里。几天之后，五色龟变为一个穿着华丽美女乘船来迎接浦岛子，一起来到一座漂亮的宫殿，两人结婚后一起去了龟女的故乡——道教崇拜的蓬莱山（日本人称为常世国）。

奈良朝中期出现的《浦岛子传》对渔夫浦岛子与龟女故事中的作了进一步的神仙化描写，如浦岛子与龟女结婚时"共入玉房"。龟女配以"驻老之方",施以"延龄之术",让浦岛子"朝服金丹石健,寡饮玉酒琼浆。"这正是道教十分强调的通过服食"丹石"和"行气"的修炼来追求自我生命的永生。浦岛子在荣华富贵的仙境般的生活中却时时"魂浮故乡","暂侍仙洞之霞筵,常尝灵药之露液,久游蓬壶之兰台,患甘羽客之玉杯",因思念着故乡的父母,最后终于决心"还旧里寻访本境"。龟女见挽留不成,临行前赠以玉匣。浦岛子回到家乡后发现,仙中才几年,世上已"七世",父母早已不在人世。于是,浦岛子违背龟女的告诫,打开了玉匣。玉匣中冒出一阵清烟,顿时"紫烟升天无其赐,岛子忽然顶天山之雪,乘合浦之霜矣",浦岛子化身仙鹤,"芳兰之体率于风云,翩飞苍天",在这紫烟升腾中而去,遂不知所终。① 此故事不仅建立在道教蓬莱仙境之上,而且还有道教特有的"鹤千年,龟万年"的思想。道教神仙信仰的要素,如仙境、海宫、金庭、蓬莱、长生等都在《浦岛子传》中得到体现。

松田智弘在《浦岛子传承にTける神仙的要素》中指出,受中国道教《汉武帝内传》中的西王母下降、《游仙窟》中的遇仙故事、《元始上真众仙记》中的"凡人有因缘者,或在深山迷误,入仙家使,为仙洞玉女所留,请先功厚也"等的影响,后来的《万叶集》《丹后国风土记》《日本灵异记》《今昔物语集》所记载的《浦岛子传》,强化了其中不老不死的蓬莱仙境,玉匣的神奇作用,蝉脱的灵异、风流气调等神仙要素。②

延喜二十年(920)出版的《续浦岛子传》是浦岛子遇蓬莱山神女故事的扩写版,其用语多出自六朝时期的道书,如《真诰》《灵宝无量度人上品妙经》等。后来,以丹波为中心的日本沿海一线出现的众多神社都与浦岛子神话故事有关,如竹野郡纲野町的岛儿神社、西

---

① 《风土记》中也有相同的内容,参见《日本古典文学鉴赏》第二卷,角川书店1977年版,第393—404页。

② 参见 [日] 松田智弘:《古代日本の道教受容と仙人》,岩田书院1999年版,第216—234页。

浦福岛神社、纲野神社、六神社，谢郡伊根町的宇良神社等，都围绕着道教"神仙谭"而展开。

在日本流行的这些神仙故事中，有关女仙的传说比较多。不同于中国道教的神仙大多是白发瘦骨，隐于深山幽谷中修炼的形象，日本人认为，美丽的女仙在形象上更符合道教长生不老的信仰要求。这些仙女不仅美丽善良，而且具有超人能力。她们来自天上，因偶然事件下降人间，与普通人结婚，生儿育女，成为母亲，最后又离开人间，翱翔飞升天界，由人"变异"为仙。这种人"变异"为仙的构思与中国道教对神仙的描绘颇为一致，这构成了东亚道教小说的一个重要内容。这样，神仙信仰不仅是日本文学层面上的意趣，而且也深入到日本人的信仰和生活之中，甚至被夸大为"神"的另一种形式。

道教的神仙信仰隐含于日本物语小说之中。紫式部创作的《源氏物语》也具备了一些道教知识，据千田稔研究："紫式部名字里有'紫'字，而紫色是道教最崇奉的颜色，可见她是有意识地运用，并且是一个地位相当高的、能接近天皇的女性。"①

日本最早的神仙传记《本朝神仙传》记载的神仙式的人物大多入山修行，奉行道教的辟谷、服食、禁咒等道术。例如，美浓国河边人在河边以石为枕，不吃不喝地睡觉，人们用弓压腹他也不动，几乎如死人一般，与北宋道士陈抟所修的"睡功"（也称"蛰龙功"）十分相似。橘正通怀才不遇，就前往高句丽修道成仙。还有与山神斗争的将军倭武命，最终化为白鸟而升天成仙。这些修仙者成仙的方式也是多种多样，有长生不老、尸解成仙、死后相遇、显示神通、超凡脱俗、空中飞翔、白日升天、辟谷不食、不知其所终。可见《本朝神仙传》对道教修仙之道的继承与发扬。

越南最早的神仙传记大概是《岭南摭怪》，此后陆续有《大南显

---

① ［日］千田稔：《中国道教在日本》，载蔡毅编译：《中国传统文化在日本》，中华书局 2002 年版，第 63 页。

应传》《见闻录》《听闻异录》《喝东书异》《会真编》等问世。"道教传入越南,接受仙话而后编造仙话,汉文小说中有了土生土长的越南仙人。中国志怪小说中的仙人具有的本领,他们都具有,不过他们能够为越南人所喜爱,说到底还是因为他们不离越南人之'常'。这些仙人行为虽怪而有常人之心。"① 这些神仙传奇小说一般篇幅不长,内容上虽多有虚构成分,但却表达了越南人的神仙观念。

《喝东书异》是阮尚贤(1865—1925)撰写的越南志怪传说集,因所记录的故事主要发生在越南喝东地区,故名。全书收录故事66篇,其中《地仙》《探花生》《虎父》《天榜》《无头》《石犬》等颇具道教神仙色彩。《地仙》讲述的是生活于后黎朝时的范员在修道成仙之后,以自己特异之术,富民教民。天旱时节,他让采蓝人到蓝生长茂盛处采摘;酒不好卖,他告诉卖酒女到举行婚礼的地方去售酒;他教未精风水学的风水先生,使之学问大长;他用能自生不止的一文钱使贫穷老妪衣食无忧。范员以行各种善事来实现救世济人的理想,成为越南人心中贫困弱小者的保护神。

《会真编》是清和子据中国和越南的民间传说和野史资料用汉文撰写的越南道教神仙传记集,大约成书于阮朝绍治七年(1847),现存最早的刊本是嗣德三年(1850)的玉山殿本。会真之真,即真人之意。该书分乾、坤二卷:乾卷收录了越南男性神仙13名,坤卷收录了女性神仙约14名。神话中的男仙多为皇帝、官吏、书生、道士和樵夫等俗人修炼而来,女仙则是游于人间的仙女,这种男仙和女仙的身份差异是值得研究的。书中记载的神仙的活动时间从越南雄王神话时代到19世纪初,跨越整个越南历史,其中有一些神仙与中国道教有密切的关系,例如大约活动于唐代长安昊天观道士符契元在《会真编》中被奉为神仙。② 《会真编》中的"鸿山真人",把《大南显应传》

---

① 王晓平:《亚洲汉文学》,天津人民出版社2001年版,第286页。
② 《会真编》,陈庆浩、王三庆主编:《越南汉文小说丛刊》第二辑《笔记传奇小说类》第五册,台湾学生书局1992年版,第246页。

《见闻录》《听闻异录》《喝东书异》中有关范员入山采药得到仙人指点之事，改编为范员由老叟引领进入老榕树底圆窟中，得授《黄庭经》，成为"鸿山真人"的故事。

据《见闻录》记载，范员的父亲范质为神宗朝甲辰科进士，官至左侍郎，但范员却不爱仕途而常思考人生问题，他认为："人生八十年富贵，不过黄粱一大梦"，于是"常读《列仙传》，心慕之，遂屏去经籍，专学吐纳之术，久之若有所得。"旧题刘向撰《列仙传》是中国最早的有系统的叙述神仙事迹的著作，记载了从神农时雨师赤松子到西汉成帝时仙人玄俗等七十一位仙家事迹，特别表达了不论身份高低，只要获得某种机遇，采用一定的方法勤奋修炼，就能够脱胎换骨、超凡成仙的思想。范员受此书的影响，最终弃儒修道，获得了超凡的本领：

> 数岁后，如长安，因访友过河而北见老榕树婆娑。欲到时，叟忽于背后莞然曰："君何迟耶？吾候之久矣。"即以一枚扒石，见树底圆窟尺许。携而入，见石潭上有一小庵。叟与烹火，从容曰："山中无所有，惟古书一囊遣怀耳！"范发而诵之，觉尘骨舒爽。居数月，叟语之曰："垂白在堂，君且归去。他日于紫虚岗见之。"乃授《黄庭》一卷。送之出门，范由是得法，神妙莫测。[1]

这里提到的树底圆窟、石潭小庵为道教仙境的象征。因老叟授予范员道教经书《黄庭》一卷，范员由是得法而具有了犹如神仙般神妙莫测的超凡能力。《见闻录》在描绘范员送跟随自己入仙境的阮生返村时写道："即以杖授阮，使之骑，如小儿竹马，嘱使瞑目，曰：'及地

---

[1] 《会真编》，陈庆浩、王三庆主编：《越南汉文小说丛刊》第二辑《笔记传奇小说类》第五册，台湾学生书局1992年版，第252页。

乃开也。'揽竹杖腾空而飞，瞬息及地，已在村外。"但在《会真编》中，范员可以"跨青驴，自天而下"，还能够"俄顷腾空而去"，并以一种艺术夸张的手法来描绘范员具有以酒灭火、以衣灭火的超凡能力。"越南汉文志怪小说中的仙人范员等，实际上更像得道者。他们掌握了无中生有、化无为有、生生不灭、履险如夷的超人超自然的奇术，还是要来到人群之中扶危济困。"① 以上各种对范员事迹的描绘表达了越南人对神仙所寄托的美好理想。

假托越南后黎圣宗所作古代传奇小说《圣宗遗草》三卷，取材于文人作品、民间传说及寓言，其内容包括《枚州妖女传》《蟾蜍苗裔记》《两佛斗说记》《富丐传》《二神女传》《山君谱》《蚊书录》《花国奇缘》《禹门丛笑》《渔家志异》《聋瞽判辞》《玉女归真主》《孝弟二神记》《羊夫传》《尘人居水府》《浪泊逢仙》《梦记》《鼠精传》《一书取神女》等。② 这些故事往往用第一人称来叙述神仙妖怪的事，尤其是对男士与仙女姻缘的描绘，颇具道教传奇小说的色彩。

神话传说往往是民族精神和宗教信仰的曲折表现。道教的仙学思想和神仙传说也丰富了越南古代文人的创作思维。1329 年，陈朝人李济川用汉语文言文写成的《粤甸幽灵集》记载了二十八篇越南各地神灵祠庙的灵验异事。每篇都是先说该神的略传，次述显灵事迹，最后再记后代帝王敕封的名称。李济川在序文中提出"神"应具有聪明正直和爱国献身的精神，品类异常和千变万化的神性，从而将儒家的"入世""有为"和道教的"灵验异事"贯穿到神灵观中，按照越南人民的审美心理和文化视野，来表达当时越南人是将英雄崇拜与神灵信仰相结合来构塑自己的民族宗教信仰的，其中的《嘉应善感灵武大王》记述中国东汉末统治交趾的士燮的事迹，《校尉英烈威猛辅信大

---

① 王晓平：《唐宋志怪与越南汉文志怪的文学成就》，载《汉学研究》第二辑，中国和平出版社 1997 年版，第 381 页。

② 参见《圣宗遗草》，陈庆浩、王三庆等编：《越南汉文小说丛刊》第二册《传奇类》，台湾学生书局 1987 年版，第 95—180 页。

王》讲述大力士李翁仲被奉为"福神"的由来,《保国镇灵定邦城隍大王》讲述升龙城隍神苏百的传说,《忠翊威显大王》讲述越南神灵"土令长"的灵验故事,都充满着道教意蕴。

《岭南摭怪》是 1493 年陈世法撰写,武琼(1452—1516)、乔富(1446—?)修订的,也是传奇故事类的传记性文集。"岭南"指华南五座山南边的一片土地,自古以来是越族人世代繁衍生息的地方。"摭怪"则是罗列了越南民间流传的"不待刻之石,编之梓而著于民心,碑于人口,黄童白叟,卒能通道而爱慕之"①的神仙传说故事。它记叙了越南陈朝以前历史上出现的民族英雄神的灵异之迹:"董天王之破殷贼,李翁仲之灭匈奴,南国有人可知也。褚童子之邂逅仙容,崔伟之遭逢仙偶,为善阴骘可见也。"②这些栩栩如生的神灵与道教神仙相类似,得到了越南人民的广泛喜爱,《岭南摭怪》也属于道教仙传小说的类型。

越南第一部汉语传奇文学作品《传奇漫录》既有着独特的越南文化情调,也有着浓厚的中国道教文化色彩,属于道教的杂记体小说。其作者是生活于 16 世纪后黎朝中期的阮屿。阮屿有关道教的知识大概受其老师阮秉谦的影响。阮秉谦(1491—1585)字亨甫,号白云居士,别号雪江夫子,是越南南北朝时期的文学家、教育家,后被高台教奉为"圣人"之一。阮屿模仿中国六朝志怪、唐宋传奇,尤其是明代瞿佑《剪灯新话》才创作了《传奇漫录》。该书共四卷,每卷由五个故事组成:卷一有《项王祠记》《快州义妇传》《木棉树传》《茶童降诞录》《西垣奇遇记》;卷二有《龙庭对讼录》《陶氏业冤记》《伞圆祠判事录》《徐式仙婚录》《范子虚游天曹录》;卷三有《昌江妖怪录》《那山樵对录》《东潮废寺传》《翠绡传》《沱江夜饮记》;卷四有《南昌女

---

① 《岭南摭怪列传》,陈庆浩、郑阿财等编:《越南汉文小说丛刊》第二辑《神话传说类》第一册,台湾学生书局 1992 年版,第 5 页。
② 《岭南摭怪列传》,陈庆浩、郑阿财等编:《越南汉文小说丛刊》第二辑《神话传说类》第一册,台湾学生书局 1992 年版,第 5 页。

子录》《李将军传》《丽娘传》《金华诗话记》《夜叉部帅录》。① 这些故事大多取自越南民间传说，在每篇故事末尾，作者都依据道教的善恶观对人物的思想和行为进行评析。《传奇漫录》以清丽的文笔、丰富的想象力，赞颂了那些具有为善去恶、超凡脱俗、神奇变幻的神仙式的人物，可谓有警戒者、有规篦者，其目的主要是以通俗易懂的善恶报应的故事，来教化民众诸恶莫作，众善奉行，由此而获得了世人的广泛称誉，被后人评价为"标志着越南文学进入其历史上真正的传奇故事时期"②，使道教的信仰与思想在越南社会中产生了很大的影响。

后来越南著名女作家阮氏点（1705—1748）还写了续篇《传奇新谱》，但却淡化了《传奇漫录》中的道教色彩。例如《传奇漫录》中的《徐式仙婚录》讲述了县官徐式因救一折花女子而得以与道教女仙南岳魏夫人之女绛香结为伉俪的浪漫故事。③《传奇新谱》中《碧沟奇遇记》则改为人间男子陈渊与南岳仙姝绛娇缔结姻缘时，绛香仅为新人婚礼上的座上宾之一④。这些传奇故事集虽内容各异，但有一个共同的特点，就是将中国的一些本无关联的神话传说联系在一起，再融入越南人民的想象与智慧，重新演绎成一个个富有美丽动人情节、内容结构统一的神话传说故事。总之，道教在与越南民族文化的冲突与交融中，在文学创作上也出现了一些富有当地民族文化的新特点与新形式，使"东亚道教"在文学领域也具有了一种共同的文化特征。

---

① 参见《传奇漫录》，陈庆浩、王三庆等编：《越南汉文小说丛刊》，《传奇类》第一册，台湾学生书局 1987 年版，第 5 页。

② 杨葆筠：《中国文化在东南亚》，大象出版社 1997 年版，第 112 页。

③ 参见《徐式仙婚录》，陈庆浩、王三庆等编：《越南汉文小说丛刊》，《传奇类》第一册，台湾学生书局 1987 年版，第 205—210 页。

④ 《传奇新谱》，陈庆浩、王三庆等编：《越南汉文小说丛刊》，《传奇类》第二册，台湾学生书局 1987 年版，第 50—68 页。

第八章　东亚道教的医学成就

　　人若执着于生命存在就会依赖"医学"。道教从"得道成仙"的信仰出发，以长生不老和现世幸福为中心，将如何维持"生命存在"作为修道的重点，这也成为道教医学生长的文化土壤。道教医学在继承和吸收中国古代医学成果的基础上发展起来，作为一门处理人体健康问题的科学，它既与一般医学相同，以预防和治疗生理和心理疾病来提高人体的健康素质为根本宗旨，又有一些不同之处：道教医学以长生成仙为信仰，以带有神秘色彩的术与药为医疗手段，配合着行使辟谷、服饵、调息、导引、房中术、行气、仙丹、符水、禁咒等道术，始终保持了一种宗教性特征。以医术和医药作为医疗手段构成了道教医学的主要内涵，故在古代缺医少药的年代中，一些杰出的道医在救死扶伤的医疗实践中，探索出一套行之有效的医学理论与治疗技术，所取得的医学成就成为东亚道教中不可分割的重要组成部分。

第一节　《东医宝鉴》与道教医学

　　道教医学随着中国文化而传播到朝鲜半岛。到高丽王朝时，中医学在朝鲜半岛发展起来，其中也包括一些道教医学的内容。朝鲜王朝时期还出现了一些包含道教因素的医药学著作。例如，李宗准（？—1499）《神仙太乙紫金丹方》、朴云（1493—1562）《卫生方》、郑惟仁（生卒不详）《颐生录》、许浚（1546—1615）《东医宝鉴》、李昌庭

（1573—1625）《寿养丛书类辑》、崔奎瑞（1650 1735）《降气要诀》，其中《东医宝鉴》特别反映了道教的长生信仰与养生实践对东医学的影响。

从《东医宝鉴》可见，朝鲜王朝前期的医学已经全面接受了道教医学的养生论，如《东医宝鉴》搜集的中朝古今医书中的三分之二、约80多种来自中国，其中包括一些道教经典，如《参同契》《肘后方》《抱朴子》《黄庭经》《千金方》《真诰》《养性延命录》《胎息经》《活人书》《清静经》《悟真篇》《翠虚篇》《还丹论》《白玉蟾语录》《橐籥歌》《洞神真经》《金丹问答》《易真论》《仙经》等①，尤其是那些全真道南宗的道书，宣扬通过修炼人体内的精气神而促进身心健康乃至于长生成仙，《东医宝鉴》却将它们作为医学书收录，可见在朝鲜东医学中，道与医之间的密切关系。

《东医宝鉴》的作者许浚（1546—1615），字清源，号龟岩，朝鲜京畿道阳川人。许浚自幼勤奋努力，于朝鲜宣祖时考入内医院，跟随名医柳义泰学习，后以擅长内科医术成为皇室御医。宣祖二十五年（1592）"壬辰倭乱"时，许浚以御医身份扈从王侧，因护圣有功，战后受封杨平郡，官至崇禄大夫。许浚用朝鲜语（又称"谚解"）撰写了多种医学著作。朝鲜宣祖二十九年（1596），许浚上奏，希望能够根据"中朝方书"编纂一部通俗易懂的医书，以普及医学知识，提高全民的防病意识，得到了宣祖的支持。

于是，宣祖命许浚与儒医郑碏、太医杨礼寿、金应铎、李命源、郑礼男等一同设编辑局，参照朝鲜《医方类聚》《乡药集成方》来整理中国医书并着手编撰《东医宝鉴》。工作开始不久，第二次朝日战争，又称"丁酉之乱"（1597）爆发，诸医生四散，但许浚在战乱时期仍然坚持编写工作。儒医郑碏的兄长郑磏是道教内丹的实际修炼者，许浚

---

① 参见［朝鲜］许浚编著，郭霭春等校点：《东医宝鉴》，中国中医药出版社1995年版。

通过郑碏接触到道教医学和内丹术，所著《东医宝鉴》以道教医学为指导共有 25 卷，其中正文 23 卷，目录上下 2 卷。

许浚以"修养为先，药石次之"为编纂思路，根据宣祖提出的"内藏方书五百卷，以资考据"的要求，在众多医书中选择有利于身心修养与药石治病的名篇佳句编写出一部"使民易知"的简便易懂、便于查阅的实用医书，其中充满着道教色彩。道教医学既是依照"天人合一"的思维方式进行的一种哲学式玄想，也具有依照人体的生理变化而进行临床医学治疗的实用性，修道始于净化身心，再通过形神并重或性命双修，使身心达到自然和谐健康的状态，追求"身道合一"也成为《东医宝鉴》养生观与治疗观的理论依据。

《东医宝鉴》认为，"道家以清静修养为本，医门以药饵、针灸为治。是道得其精，医得其粗也。"故开篇就以《黄庭经》为指导来阐述其医学思想，首先把身体分为"内景"与"外形"两部分，以道教气化论为中心，又借《悟真篇》的生命观[①]，将人体复杂的生命现象作为医学的基础，再从"道得其精，医得其粗"出发，安排的内容篇章具有从内而外、从头到脚来观察人的生命现象，从人到自然，从药物到针灸来治疗人的疾病的思维倾向。据此，《东医宝鉴》将"东医学"分为五个部分：

内景篇：从内科的角度阐述精、气、肾、血、津液等和五脏六腑的功能；

外形篇：从外科的角度阐述人体解剖的生理学、病理学现象；

杂病篇：除内、外科之外的各种疾病，如妇产科病、小儿科病的诊疗法；

---

① 参见 [朝鲜] 许浚编著，郭霭春等校点：《东医宝鉴》，中国中医药出版社 1995 年版，第 5 页。

汤液篇：从药物学的角度来讲述各种治疗药剂的配方；

针灸篇：针法和灸法。

从整体上看，《东医宝鉴》相对于"外形"更注重"内景"，这可能与许浚受道教《黄庭经》影响，用"内景"表示人体内部的景象有关。在内景篇中，又将构成人体生命的三个要素——精气神，作为整个人体的"脏腑百体之主"，相对于"医"更注重如何寻生命本真之"道"，并将这种"内本外末"和"道本医末"的观念贯串于治疗观与养生观之中。然后在杂病篇中记载了关于天地六气、风寒暑湿燥火等自然环境对人身"内伤外感诸病"的影响。最后再论述医疗救治的药物与方法。由此可见道教信仰在《东医宝鉴》中的重要作用。

《东医宝鉴》开篇《内景篇》为探讨人的身形，以明代名医龚廷贤（1522—1619）撰于万历十五年（1587）《万病回春》中的人体侧面像为蓝本，绘制出的《身形脏腑图》描画了一个似乎正在进行修炼的人，深呼吸的嘴巴，炯炯有神的眼睛，省略掉手与足的侧身，以头和颈椎为中心，以精、气、肾、血、津液为联系而形成的一幅生动清晰的五脏六腑图：

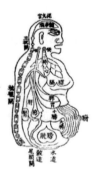

这幅朝鲜王朝留传至今的唯一的《身形脏腑图》，借用了唐代道士孙思邈的身体观，但又从天人感应思想出发，将天地视为大宇宙，

人体看作小宇宙，并作了自己的发挥，头象征着天，足象征着地，颈椎连接天与地，将宇宙运行与人体变化由此统一起来，血气从下丹田出发，沿着尾闾关、夹脊关和玉枕关，到达泥丸宫，形成了上下周流运行的周天循环路线。

第一，《东医宝鉴》采用了"丹田有三""背有三关"等道教内丹修炼中的专用语，将三丹田视为人体中精、气、神聚集的三个部位，背部的"三关"理解为人体精气升降通路上的关窍，这与道教内丹修炼中的周天功法有密切关系。道教根据气在体内的循环运动，将"三丹田"玄想为修炼之关窍，但《东医宝鉴》有关精、气、神所归属的"丹田"与道教内丹学有所不同，这就是"上丹田一气，中丹田一神，下丹田一精"，特别强调了"脐"的部位，这相当于下丹田，又可能与内丹修炼中的胎息法相关。《身形脏腑图》还使用了尾闾关、夹脊关和玉枕关等道教内丹术语来标注身体中的穴位、展示五脏六腑的位置以及道教运气经过的周天循环路线，表达了朝鲜王朝时人们对身体观的看法基本上来自道教的身形观。

第二，《东医宝鉴》也遵循道教思路，把"脑"部位标明为泥丸宫。道教不仅对脑的意识活动作了介绍，而且认为脑健康是身心健康的重要保证，探索了心、脑与意识活动的关系。道教认为，脑为髓之海，位于人的头顶中，并把大脑分为"九宫"，即九个活动区域，每一部分主司人体的相应器官，中间一宫即为元神所居的泥丸宫。泥丸宫在头顶正中，为"百会穴"，是任督两脉的交会处，起还精补脑之功，因此道教将脑视为"一身之灵也，百神之命窟"。这里的"神"既指人的意识，即大脑的记忆与思维功能，同时也被视为意识人格化的象征，故经常与心、意、性通用。《黄庭经》明确地把"泥丸"称之为主神明的脑神，"泥丸百节皆有神"、"脑神精根字泥丸"、"一面之神宗泥丸，泥丸九脑皆有房"。《东医宝鉴》也用"泥丸"来指称脑的形象或脑神，并遵循《素问遗篇·本病论》的看法，将脑神所在的"泥丸宫"宗教化："心为君主之官，神明出焉，神失守位，即神游上丹田，在帝太一帝君泥丸宫下。"① 从而改变了前人所认为的"心主神明"的看法。

第三，《东医宝鉴》重视"气"在养生与疗病中的作用。《东医宝鉴》引用《素问》《灵枢经》等中医书，从形气之始、胎孕之始、四大成形、人气盛衰、年老无子、寿夭之异、形气定寿异等来探讨人的生命过程，其中有关精、气、神的内容则来自道教，例如，在"身形"的"丹田有三"条中引用了《悟真篇》薛式注，认为精、气、神三要素能够相互转化、相互滋生，但它们各自却不能独立存在，因此，如何保持精、气、神三要素之间的动态平衡就成为治疗术的关键，这种整体观来源于道教养生论。道教认为，人的身体是否健康主要是由五脏之气来决定的。五脏之气清则身体健康，五脏之气浊则百病丛生，气的盛衰决定了身体的健康和寿命的长短，故《东医宝鉴》十分重视通过意念来调节"气"在身体内部的循环运动，通过炼气行气使之作用于四肢经络、五脏六腑，通过疏通血气来增强身体的自我调节功能，并将气的修炼贯穿于医疗术之中。

第四，《东医宝鉴》受道教内丹修炼的影响，重视五脏中的心与脾："心形如未敷莲花，中有九空，以导引天真之气，神之宇也。心重十二两，中有七孔三毛，盛精汁三合，主藏神。"② 道教既注重对"脑"的认识与开发，也重视"心"的修炼和"神"的发挥，这构成了道教养生论的重要内容，也为《东医宝鉴》所遵循，它不仅将心中的窍、毛作为区分上智、中智、下智、愚人、下愚人的标志，而且强调将心作为五脏的主宰："心居肺下、肝上，五脏系通于心，心通五脏系。心之系，与五脏之系相连，故五脏有病先干于心。"③ 心为脾之母，脾是心之子，脾居心下，心脾一气相通。《东医宝鉴》将脾脏作

---

① [朝鲜] 许浚编著，郭霭春等校点：《东医宝鉴》，中国中医药出版社 1995 年版，第 4 页。

② [朝鲜] 许浚编著，郭霭春等校点：《东医宝鉴》，中国中医药出版社 1995 年版，第 96 页。

③ [朝鲜] 许浚编著，郭霭春等校点：《东医宝鉴》，中国中医药出版社 1995 年版，第 96 页。

为五脏的中枢。脾脏的模样似马蹄，如刀镰："在天为太阳，在地为太阴，在人为中黄祖气。道家以脾为黄庭，黄者中央之色，庭者四方之中也。脾居一身之中央，故曰黄庭。"①脾居于身体中央，道教称"黄庭"，经络之气交于中，营运真灵之气，又为治心病之要穴。《东医宝鉴》倡导以内炼精气神为主的各种自我身心锻炼的功法，通过调息、调心、调身来达到疏通人体内经络、改善血循、调和血气、治疗疾病的目的。

第五，《东医宝鉴》还引用道教的阴阳五行平衡的治疗观以及"治未病"思想："是以至人消未起之患，治未病之疾，医之于无事之前，不追于既逝之后。"②宣扬身体的保养与治疗都应遵循道教《清静经》的"清静修养为本"思想，宣扬"心地自然清净，疾病自然安痊。"③通过寡欲、内视、静坐以达到忘我、无我状态的"以道治心""以道疗病"，这种防病于未然的思想对古代朝鲜东医学产生了很大的影响。《东医宝鉴》认为，病之源未必不由因"心"而生，由此将"疗人之心"置于"疗人之疾"之上④。医术的最高境界是"疗人之心"，帮助人恢复"心地自然清净"。"虚心合道"的基本原则就是减少贪欲，去除杂念妄想以"治其心"，与道相合以"正其心"，以无病长寿合于"道"作为医疗的最终目的。

《东医宝鉴》作为朝鲜王朝时期最负盛名的汉方医书，其来源是中国医学，尤其是道教医学，因对指导临床医学具重要的参考价值，成为朝鲜"东医学"的代表作，据说也得到当时朝鲜国王光海君的高

---

① ［朝鲜］许浚编著，郭霭春等校点：《东医宝鉴》，中国中医药出版社1995年版，第99页。
② ［朝鲜］许浚编著，郭霭春等校点：《东医宝鉴》，中国中医药出版社1995年版，第5页。
③ ［朝鲜］许浚编著，郭霭春等校点：《东医宝鉴》，中国中医药出版社1995年版，第6页。
④ ［朝鲜］许浚编著，郭霭春等校点：《东医宝鉴》，中国中医药出版社1995年版，第6页。

度认可。《东医宝鉴》作为东亚道教中重要的医学著作，在 18 世纪时就在东亚世界引起了关注，不仅翻译成多国文字国出版，而且受到了广泛的好评，2009 年 7 月 31 日成为世界上第一部被联合国教科文组织列入世界记忆遗产（Memory of the World）名录的古代东医学著作。

第二节　实用道教医药书在日本

道教医学所说的药物主要分为两种：一是以服食金石草木等天然物为主以养生治病；一是以服食人工烧炼的金丹大药以求得道成仙。由于草本植物与动物、矿物以及其他种类的药物相比，具有采摘方便，便于服食用，毒性小等特点，因此，在寻求长生不老药的过程逐渐发展出中国最初的本草学。自古以来，日本人对中国医药学就一直十分仰慕与重视，这也是道教医药书得以在日本流行的重要原因。据《新撰姓氏录》记载，早在日本钦明天皇二十三年（562）吴王照渊之孙知聪，先寄居在朝鲜高句丽，后携带着 160 卷医药书移居日本，其中就包括中国针灸医著《针经》、描述解剖知识的《明堂图》等，一般认为这是中国医书传入日本的最早记载。日本人称中医为"汉医"，积极学习中也关注到那些具有实用性的道教医药书，其中在日本影响最大的是南朝陶弘景及唐代孙思邈的著述。

一、陶弘景的《本草经集注》

奈良时代，遣唐使就将江南茅山道教宗师陶弘景的《本草经集注》传入日本，受到了日本人的特别关注。据说，后来在大阪道修町出现的制药业就是以此书为理论依据的。[①] 奈良朝曾学习唐朝设典药寮，置医博士、针博士、按摩博士负责诊疗和药园管理，教医学生学

---

① 参见 [日] 福永光司：《道教と古代日本》，人文书院 1987 年版，第 62 页。

习《本草经》《甲乙经》《素问》《针经》《脉经》《明堂经》等中国医书。虽然医学生学习教材中的"本草"是陶弘景的《本草经集注》，还是唐代官修的《新修本草》，历来看法不一，但从《大宝律令》制定后仅两年的古都出土的木简上记载有"本草集注"这一点来看，当时把《本草经集注》作为指定教材的可能性更大一些。

《本草经集注》大部分内容后被辗转收入唐代《新修本草》、宋代《证类本草》和明代《本草纲目》等书中，其原书在中国早已亡佚，但它的古卷本残卷在日本还有保存。《新修本草》是唐代药学家苏敬（599—674）在陶弘景《本草经集注》的基础上主持编成的，共收集药物 800 余种，这是世界上第一部由国家正式颁布的药典，又名《唐本草》。和田萃认为，《新修本草》是以陶弘景《本草经集注》为基础，从其中的神仙思想和仙药之方可见古代日本的民间道教的实态。[①] 陶弘景《本草经集注》在日本却受到特别重视，依此进行本草学的教学，并在都城藤原京（今奈良县橿原市）设置药园栽种本草药物。1934 年，日本开始发掘藤原宫遗址，出土了一批木简残片，其中有两片木简上分别书有"本草集注"和"本草集注上卷"等字样，还有一片记有"大宝三年"的日期。大宝三年是唐代武则天的长安三年（703），此时正好是日本文武天皇时代，他曾仿照唐代律令制定了国家法律，于大宝元年（701）完成并颁布《大宝律令》，其中还有关于医药的法令《医疾令》。

平安时代延喜十八年（918）大医博士深江辅仁编成《本草和名》上下两卷。这本日本最早的本草学著作，以《新修本草》第三至第二十卷中的药物为主要依据，另外还有 29 种药取自孙思邈的《千金方》，一共列举了 1025 种药物。《本草和名》以"和名"即日本语对中国药物给予鉴定与命名，推动了中国本草学在日本的传播，但并

---

① ［日］和田萃:《药猎と〈本草集注〉——日本古代の民间道教の实态》，载［日］野口铁郎、酒井忠夫编:《道教与日本》第二卷《古代文化の展开と道教》，雄山阁 1997 年版，第 36 页。

没有特别重视道教医书。到 984 年日本医生丹波康赖撰写《医心方》时，"既是葛洪《葛氏方》的重要传本，也对陶弘景的《本草经集注》多有引用"[1]。

镰仓朝之后，日本陆续出现了一些本草书，例如，延庆四年（1310）河东直麿编《国手十图》；1709 年，贝原益轩编《大和本草》十六卷中收录了药物 1366 种，并对这些药物的特性进行了观察与研究；1741 年，小野兰山编《本草纲目启蒙》四十八卷更是集当时日本本草学之大成。可以说，在西方文化传入日本之前，日本医药学是以中医学为核心发展起来的，其中对道教医学多有借鉴，但并非主流。

1849 年，日本医学家森立之、小岛尚真等人撰成《重辑神农本草经集注》七卷，大体上复原了当时仅存残篇的《本草经集注》内容，初稿本现藏日本国会图书馆。1908 年，橘瑞超等人受大谷光瑞之命赴中亚探险，从敦煌石室获得卷轴残卷一种，卷子最后一行文字为"本草集注第一序录，华阳陶隐居撰"，可以推断是陶弘景的《本草经集注》，但仅存该书的序录部分，初步推测抄于我国六朝至唐朝初期，现藏于日本龙谷大学图书馆。1915 年，中国藏书家罗振玉（1866—1940）从小川琢治（1870—1941）处得到该卷子的照片，将其影印收入《吉石庵丛书》中。从现仅存有敦煌石室所藏残本《本草经集注》可见，它不仅是道教本草药物学的珍贵资料，也推动了道教医药学在日本的传播。直到明治十七年（1884），明治政府下令禁止汉医在日本传播，道教本草药物学在日本急剧衰落，以现代医药科学为特征的博物学随之而兴盛起。

二、孙思邈《备急千金要方》等

孙思邈的《备急千金要方》和《千金翼方》是最早一批传到日本

---

[1] 据研究"《医心方》所引《葛氏方》底本与陶弘景所增补《补阙肘后百一方》存在一致，其成书上限在南朝梁，下限在隋以前。"（田芮凡、梁永宣：《〈医心方〉所引〈葛氏方〉成书年代考论》，《北京中医药大学学报》2018 年第 4 期。）

的中国道教医籍，一直受到日本医家的推崇与敬重。江户朝汉医学家多纪元坚（1794—1823）为影印宋本《备急千金要方》作序时说："晋唐以降，医籍浩繁，其存而传于今者，亦复何限？求其可以扶翊长沙，绳尺百世者，盖莫若孙思邈《千金方》者焉。"① 如幸岛宗意在《倭版书籍考》卷五"医书之部"中说："医书之泊来于日本，以《千金方》最早。卷首为医学诸论，是后世医门的规范等。"701 年，日本仿效唐制制定《大宝律令》，设医药令，确定"汉医"为正统医学时，就将《千金方》作为培养医生的必修教材。古代日本流传着很多医学著作几乎都离不开的孙思邈《千金方》，医师们也以熟悉与运用此书的能力来衡量医术水平。

孙思邈的道医著作传入东亚后，受到人们的广泛欢迎，被多次刻印。东亚的大型医药学类书，如日本《医心方》、朝鲜《医方类聚》《东医宝鉴》等不仅在编写体例上参照学习，而且还大量征引了其内容。江户时期永观二年（982），丹波康赖依据中国道书《千金方》《抱朴子》《太清经》《延寿经》《玉房指要》等编著《医心方》时，其中引用《千金方》条文达 1273 条，共 480 余处，故丹波康赖说："脱离了《千金方》，就谈不到《医心方》。"

到平安朝，日本人学习中医药学，运用道教医方治病的事例就不胜枚举了。藤原佐世编撰《日本国见在书目》时，列有医方家 165 家，其中不仅有一般的医书、本草书，而且还有道教医药书，如南朝道士陶弘景撰《神农本草经》七卷、《葛氏肘后方》十卷、唐代道士孙思邈的《千金方》三十一卷等。道教医学作为中医学的重要内容，在养生保健的基础上传播的"防病胜于治疗"的理念，采用术与药的方法来追求长生延年的理想都受到日本人的欢迎。日本医师一般都了解道教医药学并通过临床药物治疗来实践道教养生术。大医博士深江

---

① 孙思邈著，李景荣等校释：《千金翼方校释》，人民卫生出版社 1998 年版，第 464 页。

辅仁奉敕撰《本草和名》中有 29 种药取材于《千金方》。后来的医学家小岛尚质和多纪元坚都对《千金方》推崇备至。贝原益轩也在《养生训》中表达了对孙思邈道医思想的重视。

到江户时代，红叶山文库是当时接受并收藏汉籍最多的地方，仅唐本医书就有 323 部，其中也包括一些道教医药学著作。正如当代日本医史学家宫下三郎说："中国医学传到日本，即形成所谓汉方医学，其中对日本影响最大的是唐代孙思邈的著作。汉张仲景的《伤寒论》在江户时代后半期一个世纪，虽然也获得高度评价，但若与孙思邈《备急千金要方》的影响相比较，可以说是昌盛一时，就其影响的深远来讲，没有超过孙思邈的著作。"① 在东亚各地传播的道教医学有着不同的地域性和民族性的特点，但都是为了解决人体病痛，故孙思邈的《千金方》得到日本人的学习与研究。

据 20 世纪 80 年代初统计，日本现藏《千金要方》版本有：宋刊本、元刊本、道藏本、真本千金方等十多种版本，"目前，日本藏《孙真人备急千金要方》宋刊本两种，一本今存米泽市立图书馆，为宋绍兴十七年（1147）刊、绍熙庆元年间（1190—1200）补刊本，此本已经被认定为'日本重要文化财'，共三十三册。一本今存静嘉堂文库，为宋刊元明配补本，共二十四册。此处一并记述。"② 另外，"日本现存元大德十一年（1307）梅溪书院《千金翼方》刻本，后日本文政十二年（1829）又重刻元大德梅溪书院刻本。③ 从中可见孙思邈道医著述在日本的传播以及在东亚地区实际医疗活动中的影响。

---

① [日] 宫下三郎：《孙思邈在日本》，载《中华医史杂志》1983 年第 1 期。

② 严绍璗：《日本藏汉籍珍本追踪纪实》，上海古籍出版社 2005 年版，第 292 页。

③ 据清代杨守敬：《日本访书志》卷九中说："《千金翼方》三十卷，校元本。日本文政己酉从元椠摹刻本。其原本系多纪氏聿修堂物，今未知所在。此本系小岛尚质以初印本硃校于界栏上，盖据宋本、元本、明王肯堂校刊本及《新修本草》诸书合校者，自丁亥讫己亥首尾十二年始成，其精核可想。"

第三节　符箓治病与金丹成仙

在道教中，每个道派都有自己擅长与侧重的道术。东汉末年出现的太平道和五斗米道，宣扬画符念咒可以使人"精神自来，莫不相应，百病自除"，使用符箓禁咒为人治病，以此来招揽信众，弘道传教。《太平经》在宣扬守一、辟谷、服气等炼养术的同时，也介绍了丹书吞字、祝谶召神、责己悔过等符箓禁咒术，开道教符箓派之先河。符箓治病与金丹成仙成为道教符箓派与丹鼎派在修道之术上的重要分野，并对道教医学的发展有着重要的影响。

符箓、祈禳、禁咒之术源于古代巫术，道教在继承后则将之发扬光大。为了张扬符箓的神圣性与神秘性，道士们用笔墨或丹砂在黄纸或木板上书写符文时，往往依照篆体或虫书鸟迹的古文，以曲折的笔画作云气缭绕状，以显示天书玄妙皆是九气精像①。魏晋南北朝时，道士们就将符箓与精气说结合起来，在原有的复文、云篆、象形的构图中再加入中国哲学的阴阳、五行、三才、四象、八卦等思想观念来显示其奥妙无穷，使符图变为颇具艺术性和观赏性的复杂而神秘的象征符号。南北朝时，道教符箓派得到进一步的发展并形成不同的派别。唐代道教在综合各派道术的基础上，其符箓禁咒术的内容也越加丰富，除了传统的以符咒为人治病之外，还以符箓配合着卜筮算命、观星望气、堪舆风角之术。宋元时，中国道教符箓派与丹鼎派相融合发展出新符箓派，如太一、天心、神霄、东华、正一和清微等，这些派别在天人感应的基础上，通过内用成丹、外用符箓的雷法来呼召风雷、伏魔降妖，进一步推进了符箓咒语治病之术在东亚的发展。

在《道藏》文献中，有关符箓的文献就多达千种，所呈现的符图大致可分为三类：一为天象符，如星宿、雷电、云彩等；二为地理

---

① 《太上洞渊神咒经》卷十二，《道藏》第6册，第46页。

符，如山川、地形等；三为用于说明人的生命活动方式的人体符，如内炼符、修真符、治病符、驱邪符等。道教宣扬无论是画符，还是施符，都必须以诚心为要，还以"咒语"配合着符箓使用。道教认为，道士在行符时，口中常诵念三言或四言的咒语，其大意或是传达天神的禁令，或是对天神表达心愿，或通过对病人念咒语，以符箓招神为之除疾。在符箓治病的过程中，"吞符"是通过让病人喝符水，令天神之旨进入人体之中以达到治疗效果，"配符"则可使天神随身护佑。道教还倡导，若将符箓贴之于门窗，投置于山水，或于道坛上焚烧，都可以达到召神驱鬼，使"灾害不能伤，魔邪不敢难"，使百病消除的功效。

朝鲜半岛在三国时期文献史料中就出现有关咒禁师的记载，反映了中国道教符箓派在高句丽时传入后，将符箓咒语与朝鲜民族的"古俗遗传"相结合，发展成一种带有神秘性的驱邪治病之民俗。到朝鲜王朝时，在为国家举行禳灾祈福的斋醮科仪时，道士巫师也通过使用一些符箓咒术来达到降神驱鬼的目的。那些"为王之师表"的巫师，不同于古代萨满主祭天神，而是用恰当的话语来劝王修德禳灾。这种道德劝善为符箓咒术树立起权威性与神圣性，也为道教符箓派在朝鲜半岛的传播提供了依据。

符箓治病之术不仅渗透到朝鲜民间宗教中，而且也逐渐为朝鲜医学所接受，《东医宝鉴》就将道教有关符箓咒禁和风水图谶的观念贯穿医疗术中，例如生孩子的产房中不仅要贴上产图及催生符，道医在助产时还要念咒语，以求诸神护佑，"以朱书于产母房内北壁上，先贴产图，次贴催生符，次贴借地法。读咒借地法，三遍而止。"①《东医宝鉴》将道教符箓术运用到产妇生娃的过程中，作为护佑产妇平安顺利生产的一种心理疗法。

---

① ［朝鲜］许浚编著，郭霭春等校点：《东医宝鉴》，中国中医药出版社 1995 年版，第 757 页。

　　直到 20 世纪出现的带有道教因素的新兴宗教，如甑山教主姜一淳依然将符箓咒术作为传教方式，通过展现不可思议的神通来吸引民众，故《典经》中记载了一些富有朝鲜民族文化特色的符箓咒语，如神明符、智觉符、虚灵符、真法咒、二十八宿咒、二十四节咒、心经道通咒、七星咒等，用于疾病治疗及传道活动中。姜一淳在传道过程中，要求信众反复读诵，并传于万人。古老的道教符箓咒术通过新兴宗教在现代韩国社会中得以继续传播。

　　据《日本书纪》记载，应神天皇时，王仁从百济到日本时就带去了一些符箓道术之书。到八世纪时，"被当作医术采用的道教方术咒禁和符禁，作为种种防灾治病的护身之物，已为当时上层阶级的人们所接受，并且也逐渐扩展到民间。"[1]道教医学中可以用来治病的符箓咒禁种类繁多，既有针对不同疾病的，也有可治万病的。这种符箓禁咒之术虽然颇具迷信色彩，但在科学不发达的古代日本社会中却大行其道。577 年，百济国王曾派遣咒禁师到日本，敏达天皇就把这些精通历法、天文、遁甲方术的咒禁师安置在难波大别王寺中。这些咒禁师用道教与佛教的咒禁来拔除邪魅鬼祟以治疗疾病，其中也包含带有宗教性的心理暗示疗法，曾在日本社会生活中活跃一时。大化改新后，持统天皇五年（691）十二月还曾下令赏赐从百济移民到日本的咒禁博士木素丁武、沙宅万首[2]，以表彰他们为日本发展做出的贡献。

　　根据日本《养老律令》记载，奈良朝设置典药寮作为医学和药学教育的专门机构，并在典药寮设置"咒禁师两人，咒禁博士两人，咒禁生六人。"但与中国不同的是，第一，日本咒禁师的官位虽低于医师，但却高于针灸师与按摩师。第二，隋唐的咒禁师是以道教与佛教的咒禁术来治疗疾病，但日本的咒禁师所使用的咒禁术仅限于道教系统的道术，

---

① ［日］中村璋八:《日本的道教》,载［日］福井康顺等监修,朱越利等译:《道教》第三册,上海古籍出版社 1992 年版,第 11 页。

② 参见《日本书纪》卷三十《持统天皇》,载［日］黑板胜美、国史大系编修会编:《新订增补国史大系》1,吉川弘文馆 1981 年版,第 412 页。

其内容还包括厌胜符等，更加充满了迷信色彩。咒禁师是一个十分微妙的角色，他既可用咒禁术来役使鬼神，来帮助人恢复健康，也可用也咒禁术来妖妄惑众，影响到社会安定。后来出现的《僧尼令》中"卜相吉凶"条将咒禁术作了区别："凡道士、僧尼等卜相吉凶，及左道巫术、疗疾者皆还俗；其依佛法持咒救疾，不在禁限。"左道巫术属于禁限的范围之内，这虽然限制了道教在日本的传播，但在日本民间社会中一直保留着用道教符咒来治疗疾病、驱除亡灵的做法。

从驱除亡灵的角度看，据《诸国百物语》记载，日本人认为"亡灵"恐惧的东西是"牛王宝印"以及"阴阳道咒符"之类的符文。若身上佩带符文，就能够避开"幽灵"的视线，保护人们免遭"幽灵"或"亡灵"的侵害。[1] 日本妖怪物语小说《怪谈牡丹灯笼》[2]讲述了日本战国初期天文年间应仁之乱后，京都衰败荒废，陈尸遍野，书生荻原新之丞在路上偶遇美丽小姐弥子，一见钟情后人鬼相恋的故事，其中特别提到以道教法符驱鬼的方法。小姐夜夜打着牡丹灯笼降临书生家与之鱼水欢聚，但邻居却发现这位美丽的小姐其实是亡灵变成的妖怪。为了防止"亡灵"的侵害，新之丞跪倒在地，苦苦哀求卿公救他一命。卿公拿出纸笔写了一道法符，用御神的锦织小袋束好，让新之丞贴在自家外门上。这种以符文驱鬼的做法在道教中可谓比比皆是。

从道教医学的角度看，道教基于五脏六腑观而形成的冥想还神法在日本被发展为一种医学治疗术。《太平经》提出的悬像还神法，主要是依照人体各器官列出相应神明的名称、服色、大小及职司，指出凡人常有各种疾病的根源皆在于与其机体中的某个器官相应的神明"去不在"，进而要求人"悬其像"，"思还神"，通过这种内观冥想式

---

① 参见 [日] 谚访春雄著，黄强译：《日本的幽灵》，中国大百科全书出版社1990年版，第134页。

② 《怪谈牡丹灯笼》受明代文言短篇小说集《剪灯新话》的影响，以妖怪物语的形式来讲述人鬼情，其中也传播了一些道教特有的符文驱鬼等因素。（参见 [日] 三游亭圆朝著，井上ひさし编：《怪谈牡丹灯笼》，株式会社学习研究社1982年版。）

的宗教性祈祷，祈求神灵归来佑护自身，以达到治疗疾病的目的，为日本人所吸收。新义真言宗兴教大师觉鑁（1095—1143）著《五轮九字秘释》，其中的五脏神像图、冥想五脏神像、冥想还神法等观念都直接来源于道教①，所勾勒出一些鲜活的道教因素，生动地反映了道教医学在日本的传播情况。

道教医学除了运用符箓治病之外，还借鉴丹鼎派探索用炼丹术制作金丹妙药以养生治病的方法，在这一过程中，不断地积累了人类对自然界物质的认识和经验，取得的很多医药学成果在人类科技史上产生过重大影响。早在战国时期流行的方仙道中就包含了服食仙药可以长生不老的内容，炼丹术逐渐萌芽。司马迁在《史记·封禅书》中就记录"祠灶则致物，致物而丹沙可化为黄金，黄金成以为饮食器则益寿，益寿而海中蓬莱仙者乃可见，见之以封禅则不死"，继而才有汉武帝"亲祠灶"，并遣方士入海求蓬莱安期生之事。方仙道士用丹砂诸药点化成的黄金，可能是一种含有铜合金成分的药金。他们认为药金胜过自然的真金，用它制成饮食器具，用之可以延年益寿，甚至长生不死。

现存早期的炼丹著作主要有讲述水法炼丹的《三十六水法》，以及汉代出现的《黄帝九鼎神丹经》《太清金液神丹经》和《周易参同契》等，为道教开展炼丹活动提供了经典依据。魏晋时，葛洪在《抱朴子内篇》中，不仅从理论上说明服食还丹金液是仙道之极，而且还第一次直接陈述了炼丹的药物性质、鼎器尺寸、火候进退、变化过程和金丹名称，尤其是对丹药的品种、剂量、比例和炼制方法作了详细的说明，将神秘的丹方经诀向社会公开，希望开发出有形之"药"来帮助人实现形体长生成仙的生命理想，从而使金丹道成为魏晋道教仙学的核心内容。

---

① 参见［日］田中文雄：《觉鑁〈五轮九字秘释〉——道教·医学的两侧面について》，载［日］野口铁郎、酒井忠夫编：《道教与日本》第一卷《道教の传播と古代国家》，雄山阁1997年版，第173页。

由于道士们将长生成仙的愿望寄托在服食烧炼的丹药上，丹药中内含的那些对人体有毒性的铅、汞、硫、砷一类的物质若处理不当就会带来一些负作用，甚至还会危及人的生命，因此历代为追求长生不死反被金丹所误的人，包括道教炼丹家和上层统治者、王公贵族在内，可以说是不计其数。对此，炼丹术信仰者一方面将服食丹药后产生的种种中毒症状予以宗教性的解释；另一方面又发展出一系列的解毒之方，在解毒的过程中推进着道教医药学的发展。道教炼丹术士对待金丹大药及其毒性副作用的态度，说明道教医学中宗教神秘主义与科学观念相互纠结共存的现象具有典型意义。由于丹鼎派的宗旨是追求长生，以服食之术表达了对生命的热爱之情，故受到人们的广泛欢迎与接受。道教炼丹术在唐代达到了登峰造极之境，它的影响不仅波及中国社会各阶层，而且还传播到东亚的日本和朝鲜。

丹鼎派的炼丹术在新罗末期就由留学唐朝者传入朝鲜半岛。从《海东传道录》的记载来看，在朝鲜半岛传播的丹鼎派似以内丹道修炼为主。"新罗崔承祐、金可记、僧侣慈惠在唐留学时受道书与口诀于钟离权，并且依此修炼成功，然后返回新罗，传授道教精要，且建立以修炼为主的道教支派。而确实致力于传承其道教神谱的人物则是崔致远，他在唐也学过还返之学（即修炼法），返国后人们因此把他视为海东丹学的鼻祖。"[1] 他们往往以中国道经为丹道修炼的指导思想。虽然在朝鲜半岛传播的主要是内丹道，但在一些著述中仍可寻找到人们修炼、服食外丹的记载。生活于高丽时期的文学家李奎报（1186—1241），字春卿，号白云山人，出生寒微士族，颇具才情，精通经史百家佛老之书，受老庄道家自然无为思想的影响，一生喜爱诗、酒、琴，自称"三嗜好先生"，他积极参与道教修炼与斋醮活动，曾作《金丹赞》来描绘天帝授予的九鼎金丹之神奇妙用。[2]

---

① [韩] 车柱环：《韩国道教思想》，人民出版社 2005 年版，第 36 页。
② 参见《别本东文选》第 4 册，汉城大学校奎章阁 1998 年版，第 389—390 页。

有着"万古丹经王"之称的道教著作《周易参同契》受到了朝鲜人的关注，后出现了多种注本，推动了道教服食金丹治病或成仙的思想在朝鲜半岛的持续发展，如朝鲜儒学家李退溪（1501—1570）从追求长寿的角度出发，受朱熹化名"空同道士邹欣"作《参同契考异》一卷的影响，对《周易参同契》非常感兴趣。

在朝鲜王朝时代，丹鼎派被一些热衷于修炼成仙的士人与佛僧所信奉，从赵汝籍所撰《青鹤集》中就可见，当时有一些修仙者，如青鹤先生魏汉祚、云鹤先生李思渊、金蝉子李彦休等，周游于山水之间，进而结为师友关系，共同探讨有关修炼道术。他们独特的生活方式与理想追求，表明了道教丹鼎派所开发的修炼术、养生术和医疗术不仅引起了时人的注意，而且也成为一部分人所奉行的生命的修炼方式。在当时医药不发达的朝鲜半岛，丹鼎派道教的修炼法中虽然包含着一些"不合乎常识、迷信又荒唐"的成分，但其独特的养生功效还是得到了人们的认可。

《东医宝鉴》卷九《杂病篇》中就列有一些制作丹药的方法。如"太乙紫金丹"又名"紫金锭"，也叫"万病解毒丹"，人若中蛊毒就当服此丹药。1497年李宗准刊行的《神仙太乙紫金丹方》中对"太乙紫金丹"名称及药性进行了详细的介绍，可推测它与道教医学有关。"玉枢丹"又名"追毒丹"，其治病与服用方法与"太乙紫金丹"相似，故也有说是"太乙紫金丹"的别名，但其制作时却要在"太乙紫金丹"中再添加一两雄黄和五钱朱砂。

在朝鲜半岛，制作玉枢丹之前，先要在内医院对"医药之神"进行祭祀，然后再对风、云、雷、雨进行祭祀。据说，这种对"风、云、雷、雨"的玉枢丹祭礼是明朝洪武三年（1370）四月，明朝的朝天宫道士徐师昊作为祭官来朝鲜半岛传授的道教祭仪之一。[①] 另据金迈淳（1776—1840）撰写的《洌阳岁时记》中《六月》篇记载："内

---

① 参见［韩］安東浚：《论韩国医学与道教之关系》，《道学研究》2005年第1期。

医院以季夏土旺日，祀黄帝，制玉枢丹进御。内赐阁臣三枚。"在初夏时制作"玉枢丹"先要先祭祀黄帝。这种"玉枢丹祭"是否可看作是道教炼丹方法与道教祭仪对朝鲜医学产生影响的证据呢？

纵观千余年来东亚道教炼丹术中积累的化学知识和取得的化学成就，主要集中在以下几个方面：关于丹砂、金、银、铅、汞、砷、矾等的化学反应知识，例如，火药的发明和秋石（一种荷尔蒙制剂）的炼制等；关于各种矿物的溶解和合成反应知识；矿物与冶金方面的发现；炼丹炉和剑、镜等道教法器的铸造带动了冶铸技术的发展。这些道教医药学知识为来华的日本人所喜爱，有些还被带回日本。

据《三国志》卷三十记载，古代日本邪马台国时就有"男子无大小，皆黥面文身"，起初为辟邪，后来则以此来表明自己所属的部落及地位的尊卑，并有"以朱丹涂其身体，如中国用粉"的习俗。2007年10月，在奈良县樱井市缠向遗迹的出土文物中，就发现了用丹砂为原料的红花花粉。据国际日本文化研究中心研究员平松隆圆研究，古代日本人也是喜爱红色的民族，他们用丹砂把全身涂红是为了表达对生命的热爱，因为红色是血液的象征，是生命能源的颜色，是火田耕种的表达，更是太阳神的表征。[①] 今天保存于日本奈良东大寺内的正仓院的珍宝多为开元、天宝年间的盛唐顶峰之作，这些大唐珍宝主要由遣唐使带回日本。"《东大寺献物帐》与《法隆寺献物帐》中的唐镜珍品皆为圣武天皇生前的喜爱之物"[②]，这些唐镜将仙山、大海、龙鱼、神兽、仙鹤、巨鳌、禽鸟、云彩、帆船等内容组合在小小的铜镜中，被称为"蓬莱仙境纹"，这既是道教炼丹术的副产品，也以实物的形态传播了道教神仙信仰。

据《续日本纪》卷十记载，圣武天皇在天平元年（729）4月颁

---

① 参见 [日] 平松隆圆：《化妆にみる日本文化：だれのためによそおうのか?》，水曜社 2009 年版，第 63—73 页。

② 王纲怀：《止水集——王纲怀铜镜研究论集》，上海古籍出版社 2010 年版，第 184 页。

布的禁令中提到"合药造毒"一词可见，道教的炼丹合药术在奈良朝就已得到传播。弘法大师空海虽然奉佛，但对道教炼丹术已有所了解，其《三教指归》中的《虚亡隐士论》受到《抱朴子内篇》的影响① 而介绍道术："白术黄精，松脂谷实之类，以除内痾；蓬矢苇载，神符咒禁之族，以防外难。呼吸候时，缓急随节，扣天门以饮醴泉，掘地府以服玉石，草芝肉芝，以慰朝饥，茯苓威喜，以充夕惫。……又有白金黄金，乾坤至精，神丹炼丹，药中灵物，服饵有方，合造有术，一家得成，合门凌空，一铢才服，白日升汉。"服食、神符、咒禁和调息法虽有益于长生，但最重要的"药中灵物"还是"神丹炼丹"，将之作为成仙之关键，这明显地受到了葛洪提出的"欲求神仙，唯当得其至要，至要者在于宝精行服一大药便足"思想的影响。但空海将之斥为"神仙小术"，圣武天皇更因丹药有些负作用，而下令禁止制造。

　　但希望健康长寿是人类的共性，道教炼丹术对神仙不死之药的追求，在客观上对人的养生与保健也有一些促进作用。平安朝编纂的《日本国见在书目》中仍然列有一些道教炼丹书，如《抱朴子内篇》二十卷、《太清金液丹经》一卷、《五岳仙药方》一卷、《千金方》三十一卷、《延年秘录方》四卷、《神仙芝草图》一卷等，其中都有丹经仙方的内容，反映了当时日本人对道教炼丹术的关注。

　　日本民间还出现过一些有关炼丹活动的记载。在藤原冬嗣、菅原清公等奉嵯峨天皇命于弘仁九年（818）编纂的汉文诗集《文华秀丽集》中有《访幽人遗迹》诗曰："借问幽栖客，悠悠去几年。玄经空秘卷，丹灶早收烟。"其中就提到了"丹灶"。桑原腹赤撰《奉和伤野女侍中》则表达了一种对生命流逝的忧伤和求仙药不得的遗憾心情。② 据《续日本后纪》记载，一些日本天皇为追求健康长寿也服食

① 波户冈旭：《〈虚亡隐士论〉与〈抱朴子〉与》，载《上代汉诗文与中国文学》第二编第二章，笠间书院1989年版，第168页。

② ［日］小岛宪之编：《日本古典文学大系》第69卷，岩波书店1964年版。

丹药，如仁明天皇（810—850）嘉祥二年（850）三月临去世前曾对侍臣说，自己从小体弱多病，负扆之年既修仙服药，仙龄之长，亦踰三十年，他之所以能够活下来，乃得之于"修善行仁，服食补养之力者欤。"① 为了健身长命，一些天皇有了服食丹药的爱好，但丹药中毒也是绕不开的问题，因此在丹波康赖编《医心方》卷十九、二十中，就记载了丹药之服用和中毒之治疗的方法。② 到平安中期，源顺（911—983）编纂的《倭名类聚抄·丹药部》中记载的丹药就有："九微丹、紫灵丹、招魂丹、四神丹、三景丹、太一三使丹、五灵丹、八石丹、金膏丹、玉粉丹、紫游丹、玄黄丹、流珠丹、紫雪丹、凝阶积雪丹、白雪丹。"从这部书既是日本最早的"汉和辞典"，也是最早的百科全书式工具书，可见，当时在日本传播的丹药种类还是挺多的。这些丹药在日本古代社会的传播现象，从一个侧面反映了"道教的炼丹术曾在日本风靡一时，并且产生了非常重大的影响。这种影响至今仍可见一斑。如，在药店里人们随处可以看到品种繁多的各式'某某丹'，再如，把金箔纸放在酒、寿司、糖块、汤面、抹茶里，人们认为这样既能显示奢华又能强健身体。"③

道教炼丹实践中所积累的经验和知识依旧裹着宗教神秘主义的包装，但其中取得的一些科技成就在当时却走在世界前列，视为近代实验化学的先驱。如东晋葛洪对雄黄的处理就已经暗示着火药的发明，他记载的炼制单质砷的方法也比西方早九百多年。半夏汤来自《黄帝内经·灵枢》，葛洪可能又作了一些改进，将之与其他药材相配合作为治疗霍乱的急方。治寒热诸疟方，这是葛洪在《肘后备急方》总结出对治在江南地区流行的疟疾病的药方，其中有"青蒿一握，以水二

① 《续日本后纪》卷二十《仁明天皇》，载 [日] 黑板胜美、国史大系编修会编：《新订增补国史大系》3，吉川弘文馆 1976 年版，第 239 页。

② 参见 [日] 丹波康赖撰，高文铸等校注：《〈医心方〉校注研究本》，华夏出版社1996 年版，第 664 页。

③ 黄玮：《道教炼丹术在日本》，《中国道教》1989 年第 3 期。

升渍，绞取汁，尽服之。"①当代科学家屠呦呦正是改高温提取法为乙醚提炼，成功发现"青蒿素"并运用到医疗临床中，研制出抗击疟疾的良药，取得了世界公认的科学成果。

南北朝炼丹家陶弘景已认识到芒硝即是硝酸钾，"能化十二种石"，是一种很好的熔剂。他还发现钾盐被烧灼时可产生紫色火焰，这是世界化学史上最早用火焰反应对碱金属盐进行定性的分析，后世用火焰光度法的原理对碱金属盐进行分析的做法即来源于此。此外，陶弘景还记载了将煎乌头生物碱改为日晒干燥，以不使乌头生物碱的毒性丧失而制成生物碱吗啡的方法，在西方直到十九世纪初才由一位德国科学家塞纳特（Friedrich Serturner，1783—1841）制造出生物碱吗啡。唐宋时，随着道性论的盛行，道士们开始转向从传统的内修术中寻找长生成仙的新理路，促进了外丹向内丹的转变，道教炼丹术开始衰退，但其所取得的知识和技术却被广泛地运用到古代化学、医药学与养生学之中，推动了东亚道教医学的发展。

第四节　顺阴阳五行的治疗术

道教医学建立在对人体生命的构成与运动的细致观察上，由此发明了顺阴阳五行变化来对治疾病的治疗术。如吉元昭治（1928—）认为，道教医学的主要内容可分为三个层次：第一层，也是中心层，与汤液、针灸、本草等中国传统医学基于同一基础，其中与服饵、外丹也有关系。第二层，也是中间层，导引、调息、却谷、房中、内丹等为增进健康、长生的自我锻炼，也就是所谓的养生；第三层，也是最外层，具有符、箓、咒、祝、斋等神秘性、魔术性要素，相当于现在

---

① 《葛仙翁肘后备急方》卷三，《道藏》第 33 册，第 29 页。

的护身符，辟邪物、神签、符咒、占卜、祈祷、庙会等。① 虽然道教中一直存在着以画符念咒等现代人看来是迷信手段来为人治病消灾的做法，但从根本上说，道教医学是以精气学说为基础，以阴阳五行学说为主线，以脏腑学说为中心，以经络学说为构架，以汤液、针灸、本草、导引、调息等为治病方法，逐渐形成一个完整的人体生命科学的理论体系，也促进了东亚古代医学的发展。

道教的医学观、治疗术与生命观紧密联系在一起。道教认为，人的形体是精、气、神、血、津、液等多重元素有机组成的一个生命体。"形"指人的躯体结构，是人有形的生命存在的物质载体。从"天人感应"思想出发，道教把人身之形态与天地相比附，人身与天地之间，息息相通，彼此感应，有着共同的运动规律。人之所以生病，乃是因为阴阳之气失和，偏离了阴阳五行动态的平衡，造成了身体不同部位的正气虚损和不同种类的邪气入侵，形成了各种疾病。这种在"气"的范畴上展开的对病因的探寻和生命活动的描述，推动了道教医学实践及养生术在东亚地区的发展。

朝鲜儒学家李珥的医学观深受道教"养气论"影响："修短之数，虽曰在天，保养天机，其不在人乎？是故养气于未然之前，治病于已然之后，顺受正命，而不失摄生。医病之方，不过如斯而已。"② 他将养气作为治病的前提的做法受到朝鲜人广泛的认可。"气"是维持人体生命活动的最基本能量物质，它有不同的来源，又表现出不同的功能：先天元气来自父母，定位在肾；后天水谷之气来自人每天消化吸收的物质，定位在脾胃；呼吸之气，定位在肺。气流布全身各处，在脏腑就叫脏腑之气，在血脉则称营卫之气，在经络则称经络之气。

如李圭景在《气治神治辨证说》中将道教的医病分为气治和神

① 参见 [日] 吉元昭治：《道教与中国医学》，载 [日] 福井康顺等监修，朱越利等译：《道教》第二卷，上海古籍出版社 1992 年版，第 244 页。

② 《栗谷全书》拾遗六《杂著》三《医药策》，《韩国文集丛刊》第 44 册，景仁文化社 1996 年版，第 566 页。

治："医病有气治神治，按物理小识，气治在乎运转，以呼吸为橐钥，或放气以出邪，或闭气以专注，通关熟行，其效甚捷，久行积验，其病日轻。神治则静坐凝神，视病何起，属何藏腑，循经络而运散之，寒思火，燥思水，先对治，徐从治，足以起死，须专一耳。"[1]用行气服气法来顺阴阳五行，以对治身中的各种疾病，离不开对经络学说的认识与运用。

经络学说在道教医学中占有重要地位，道教医学与中医学相似，将经脉分为正经、奇经两大类。正经有十二条：即手足三阴经，手足三阳经，内属脏腑，外接肢节，为气血运行的主要通道。另有十二经别、十二经筋、十二皮部作为十二正经分出的别支，以补充正经之不足。奇经有八脉：督、任、冲、带、阴跷、阳跷、阴维、阳维，它们具有统率、调控十二正经的作用。孙思邈在《千金方》中说明了"阿是穴"的取法和应用，并绘制了"明堂三人图"，分别把人体正面、背面及侧面的十二经脉和奇经八脉用不同颜色绘出，他提出的用针灸方预防治疗疾病，倡导的顺阴阳五行的治疗术为东亚道教医学作出了贡献。

与中医学诊病、按摩、点穴、布气、针灸以十二正经为主不同，道教医学治病与修炼重视奇经八脉，尤其是任督两脉。督脉为"阴脉之海"，任脉为"阴脉之海"，冲脉则为"五脏六腑之海"，又称"十二经脉之海"。络脉为经脉的分支，有孙络、浮络和十五别络之分，它们分布人身表里。人体内部以经络来联系五脏六腑、五官九窍、四肢百骸、皮肉筋骨等各个器官组织，上下直行曰经，左右横行曰络。经络为精气神运行的通道，阴阳相贯，左右相连，前后相接，循环无端，使气血周流全身，人体表里和谐。这样，气、血、精、髓等通过经络在人体内形成有序的能量流，组成并维持着人体的生理机

---

[1]　[朝鲜] 李圭景：《五洲衍文长笺散稿》卷四十九《气治神治辨证说》，明文堂1982年版，第601页。

能和运动功能的生命能量。若通过呼吸吐纳行气的修炼，最终促进人体内的气、血、精、髓的生理机能不断改善，生命能力就会不断提高。道医在运用气功治疗疾病的过程中，往往会配合念神咒、存想、禹步、印诀等道术，以更好地来禁伏会对人体造成伤害的对象，以达到预期医疗效果的一种法术。

道教医学还借用阴阳五行的相生相克来说明"人身是一小宇宙"之理，由此来探讨疾病发生的原因，寻找治病的思路与方法。阴阳是天地之枢机，五行是阴阳之终始。非阴阳则不能为天地，非五行则不能为阴阳。既然"金木水火土"是构成世界最基本的五种物质，阴阳的对立统一是事物消长变化的根本原因，那么，人体和自然事物一样，都时刻处于阴阳五行相生相克的过程之中。天地有阴阳五行，人有血脉五脏，它们之间形成了一种对应关系。

人若能夺天地之机，顺阴阳五行之气，无始无终，则能得道而成仙。当人体的五脏——肝、心、脾、肺、肾，在阴阳平衡的状态下，就会相资相生，促进身强体壮，延年益寿。若阴阳失调，人体的五脏就处于相胜相克的状态下，其中有一个脏器受到损害，其他脏器也会受到牵连，人就会生病。道教医学认为，在人体的五脏中，最易受到伤害的是脾胃。脾胃为身体之本，气血为生化之源。人体所需的能量主要是靠脾胃吸收、运化、输送到全身。人食五谷杂粮难免会吸收一些有害物质。这些有害物质首先会伤及脾胃，因此，道教医学的防病与治疗往往从调理脾胃入手，通过脾胃吸收人体所需营养，来补充肾之元气，保存心肝肺之气血。只有身体强健，才能防止病害侵入。

道教医学从构成人的生命元素的研究出发，以阴阳五行之气的变化来研究疾病发生的原因、临床表现、身体功能代谢的变化，建立起由"脉象学说""脏腑学说""经络学说""病因学说""病机学说""养生学说""气功学说"组成的医学理论体系，为人们诊断、治疗和预防疾病提供了理论依据。如在病因学说上，陶弘景突破了前人将人的生理系统分为脏腑、经络、气血、津液等几类的做法，在《肘后百一方》中提出按病因来分类的学说。他认为，病虽有千种，但病因大略只有三条：一是脏腑经络，因邪生疾，是为"内病"，如中恶、心腹痛、伤寒、时气、中风、水病、发黄等急性病；二是四肢九窍，内外交媾，是为"外病"，如痈疽、疮疥、耳目等病；三是假为他物，横来伤害，是为"他犯病"，如虫兽伤、中毒等病。[①] 陶弘景从人体自身条件和外界环境影响来说明致病的原因，由因至果，再寻找治病之良方。

道教医学针对各种疾病而发明了治疗术与金丹药草木方，但其治疗与养生的原则却在于通过调和阴阳五行之气，扶正祛邪，以防病于未然。这种"防病胜于治疗"思想与道教医学以实证性为理论研究与以临床治疗为进路是联系在一起的。因此，东亚道教医学中比交常见的治疗法一般分为药物治疗、气功治疗、针灸治疗、禁咒治疗、房中之术等。

这种依据阴阳五行之气而形成的养生及治疗观，在东亚道教医学中得到发扬光大。20世纪，野口晴哉（1911—1976）在建构整体气功法时还依据道教医学的"气"的观念，通过气功为人治病的基础在于"感应"和"内观"。首先，治疗者在治疗身体有病疾或心理有障碍的人，就与他同步呼吸，把气集中在病灶部位。接着治疗者的身体向对方作出反应，使体内共有同一病灶，这就是"感应"。从自己身体的内部来感受和观察病灶，这就是"内观"。治疗者通过与被治疗者共有同一疾患，并且从自己身上治愈，用这种方法来治疗被治疗者的身心疾患，来源于道教的气功疗法思想与实践。[②]

---

① 参见《葛仙翁肘后备急方序》，《道藏》第33册，第3页。

② 参见［日］高田公理：《中国医学·民间疗法と道教思想》，千山稔编：《环海シナ文化と古代日本——道教とその周边》，人文书院1990年版，第176页。

第九章　东亚道教的文化形式

道教在漫长的历史发展过程中，为满足信仰者的精神需要和信仰群体的社会需要，通过建筑宫观、雕塑绘画、斋醮科仪、绿章青词、诗词歌赋和神仙传记等手段与方法，创造出丰富多彩的文化形式，使神圣而神秘的道教信仰通过物态化、艺术化的样态在东亚得到广泛传播。

第一节　民族特色的宫观建筑

道教的活动场所本称宫观，是道士修行、供奉祭祀神灵、进行斋醮祈禳活动的场所，也是道教作为一种社会实体的具体展现。道教宫观遍布中国各地，随着道教在东亚的传播，一些独具特色的道教宫观也随地而建立起来，丰富了东亚道教的内容与形式。

唐代道教在统治者崇道政策的影响下，修建宫观进入了一个高潮期。道教认为宫观是天上仙境在人间的体现，因此，堂、舍、室、洞等各类宫观建筑一般以顺应自然为特色，宫观中央一般为供奉神灵的殿堂，有的还建有斋醮祈禳的坛台，并建有讲经诵经之室和道士居住之屋，形成了比较固定的建筑格局。一般的称为"观"，一些规模宏伟且又经常受到帝王敕封的则多称为"宫"。其建筑格局往往是仿皇宫中轴线对称布局，大致由位于南北中轴线上的观门、道坛、天尊殿（堂）、讲经堂等主要建筑与中轴线东、西两翼的供道士女冠焚香诵念、修道斋戒的院、房、楼、阁等附属建筑组成，表现出富丽堂皇的皇家气派，对后世道教宫观建筑影响很大。

唐朝时，随着道教在朝鲜半岛的传播，宫观建筑也随之而出现。早先来到高句丽的道士主要以佛寺为道观。新罗王统一朝鲜半岛后，出现了一些专门用来举行道教祭神仪式的神坛。到高丽时代，太祖把专为祭祀亡者的八斋会，发展为祭祀天神和五岳山川道教活动，修建道观在其中举行为国家安康祈福的祭祀活动。

宋徽宗得知道教在高丽王朝的传播情况后，乃于大观年间（1107—1110）专派两名道士去高丽传教，受到了高丽睿宗的欢迎。据《宋史·高丽传》记载，当时高丽"王城有佛寺七十区，而无道观。大观中，朝廷遣道士往，乃立福源院，置羽流十余辈。"[1] 笃信道教的睿宗听从了宋朝道士的建议，仿造宋朝道观太一宫而在都城建立朝鲜半岛上的第一座道观——福源院[2]。据此，李能和认为，此举"是为高丽有道教之始"[3]。

福源观这座高丽时代最具有代表性的道观就坐落在王宫附近，是仿造宋代道教宫观的式样而建造的，其中建有三清殿、天皇堂等。睿宗二年（1107）在延庆宫后园为供奉元始天尊像而建玉烛亭。之所以取名为玉烛，乃是根据《尔雅·释天》"四气和，谓之玉烛"说法，喻义着四时火气的温润明照，可给人带来温暖与希望。在玉烛亭中拜道教最高神元始天尊神，有祈求国泰民安、风调雨顺的意思。高丽时代的国家道观则是位于王府之北、太和门内的福源宫，其中建有三清殿、天皇堂等，殿内供奉三清像、混元皇帝（太上老君）

---

① 《宋史》卷四百八十七《高丽》。

② 在史料记载中，福源宫的名称不一，韩国文献多写为"福源宫"，可能因为它是皇家建筑，但《宋史·高丽传》记为"福源院"，宋人徐兢著《宣和奉使高丽图经》称为"福源观"，可能是把它看作道教宫观。

③ [朝鲜] 李能和辑述，孙亦平校注：《朝鲜道教史》，齐鲁书社 2016 年版，第 59 页。

画像，可能还建有东西南北四廊①，形成了一个比较规整的格局。这是"睿宗在执政期间为道教做的最大的事情。"② 福源宫作为皇室的内道场，其建筑形式不仅具有皇家风范，而且还蕴有道教所崇尚的阴阳调和之意。有关福源宫建造的具体时间，史料记载中却有不同的说法：

第一，北宋大观年间说。最早记载福源宫的是高丽人林椿作于毅宗十二年（1158）左右的《逸斋记》其中提到李仲若"航海入宋，从法师黄大忠、周与龄，亲传道要，玄关秘钥罔不洞释。及还本国，上疏置玄馆，以为国家斋醮之福地，今福源宫是也。"③ 李仲若是高丽睿宗宠信的"金门羽客"郭舆（1059—1130）的道友，擅长道教医术，作为使节由泉州港入宋，在中国留学，得法师黄大忠、周与灵传授道要，得道教真传。李仲若归国后，他上疏奏请建福源宫，开展道教斋醮科仪活动。林椿撰《逸斋记》是在福源宫建后的几十年，属于本朝人记本朝之事，因时间接近，可信度较高。

第二，北宋政和年间说。据宋人徐兢撰《宣和奉使高丽图经》记载，修建福源观的动议是在北宋大观四年（1110）提出，建造则在政和年间（1111—1118）"福源观在王府之北，太和门内，建于政和间。"另外，《高丽图经》还记载：

> 大观庚寅，天子眷彼遐方，愿闻妙道，因遣信使，以羽流二人从行，遴择通达教法者，以训导之。王俣笃于信仰，政和中，始立福源观，以奉高真道士十余人。然昼处斋宫，夜归私室，后因言官论列，稍加法禁。或闻俣享国日，常有意授道家之箓，期

---

① 据《高丽史》卷五十三《五行志一》记载，高宗八年五月庚子，福源宫北廊曾发火灾，《四库全书存目丛书·史部》第 160 册，齐鲁书社 1996 年版，第 359 页。
② ［韩］车柱环：《韩国道教思想》，人民出版社 2005 年版，第 155 页。
③ ［高丽］林椿：《西河记》卷五《逸斋记》，《韩国文集丛刊》第 1 册，景仁文化社 1996 年版，第 256 页。

以易胡教。其志未遂，若有所待然。①

据徐兢说，睿宗笃信道教，不仅接受"道家之箓"，而且修建福源宫作为皇家宫观，似有以道教替换佛教为国教的意图，但最终"其志未遂"。北宋大观四年，宋朝派遣的两名道士来到高丽，在高丽人中挑选出十余名精通道法的加以训导，先培养道士，再修建斋宫。斋宫是道士白天学习道法、开展祈福消灾的斋醮科仪活动的场所，而非居住的私室。笔者认为，徐兢出使高丽的时间是北宋宣和五年（1123），离大观、政和仅十几年时间，所撰《宣和奉使高丽图经》的记载可信度可能更高一些，修建福源观的动议是大观年间提出，具体的建造大约是在政和五年（1115），即睿宗十年前后② 完成的，这也比较符合道教经过官方与民间不同的渠道传入朝鲜半岛，逐渐被容受，在高丽王朝发展为以斋醮科仪为皇家服务的宗教。

从徐兢的记载中可见，在帝王的支持下，福源宫建立起斋醮制度和道士制度，成为一种专为国家祭祀服务的单位，其中的道士也穿上与朝官相类的服装："道袍不曰袍，而加道字于袍字上，则可知其命名之义，而其出于道释。又有一证，今称道袍则道服。"③ 当时在福源宫做斋醮科仪的道士大约有十余人，他们白天在斋宫里从事弘道工作，晚上则归私室过与俗人相同的生活。"道士之服，不以羽衣，用白布为裘，皂巾四带，比之民俗，特其袖少褒裕而已。"④ 道士不穿羽

---

① ［宋］徐兢：《宣和奉使高丽图经》卷十七《祠宇》，《朝鲜史料汇编》（一），全国图书馆文献缩微复制中心 2004 年版，第 159 页。

② 参见金京振：《朝鲜古代宗教与思想概论》，中央民族大学出版社 2006 年版，第 202 页。另有韩国学者梁银容认为，福源宫大约创建于睿宗十二年，见其著《福源宫建立·历史的意义》，载韩国道教思想研究会编：《道教·韩国文化》，首尔亚细亚文化社 1988 年版，第 489 页。

③ ［朝鲜］李圭景编著：《五洲衍文长笺散稿》卷四十五《道袍辨证说》，明文堂 1982 年版，第 447 页。

④ 徐兢：《宣和奉使高丽图经》卷十八《道士》，《朝鲜史料汇编》（一），全国图书馆文献缩微复制中心 2004 年版，第 174 页。

衣，以白布为裳，皂巾四带，与朝官士庶儒生常穿的道袍相似，只是袖子稍稍宽大一些。由于道士只在道观里处理与道教相关的事务，以服务国家的心态从事斋醮活动，没有像佛教僧侣那样组成宗教团体，更不向民众传教。笔者认为，这大概也是道教最终没能在朝鲜半岛上形成有组织的独立教团的原因之一。

高丽王朝为开展道教醮祭活动而陆续建立起一些道观来供奉道教神灵。因年代久远，高丽王朝究竟建了多少道观？道观建筑有哪些特点？现已不可详考，据金京振研究，高丽王朝曾经修建过16所道观[①]：

名称	修建时间	废止时间	位置	文献依据
九曜堂	高丽太祖7年	朝鲜太祖元年	都内	《高丽史》世家1
毡坛	宣宗5年以前		盐州	《高丽史》礼志5
星宿殿	睿宗元年以前	高丽末	阙内	《高丽史》世家12
玉烛亭	睿宗2年	高丽末	延庆宫	《高丽史》世家12
福源宫	睿宗10年前后	朝鲜太祖元年	阙内	《高丽史》世家18
祈思色	毅宗年代	明宗8年	阙内	《高丽史》世家19
大醮色	毅宗24年以前	明宗8年	阙内	
老人堂	毅宗24年以前		国内	别例
祈恩都监	明宗8年	高宗4年	阙内	《高丽史节要》卷15《高丽史》百官志2
祈恩都监	高宗4年	高宗45年	阙内	同上
神格殿	高宗42年	朝鲜太祖元年	阙内	《高丽史》世家24
净事色	高宗45年	朝鲜太祖元年	阙内	《高丽史》百官志2
大清观	忠宣王年代	朝鲜太祖元年	阙内	《高丽史》百官志2《太祖实录》卷2
昭格殿	朝鲜太祖元年		阙内	《太祖实录》卷2
烧钱色	13世纪以前	朝鲜太祖元年	阙内	《太祖实录》卷2
清溪拜星所	朝鲜太祖元年			《太祖实录》卷2

[①]　金京振：《朝鲜古代宗教与思想概论》，中央民族大学出版社2006年版，第202页。

在高丽王朝持续统治的 400 多年历史中，虽然太宗时就创建了道观——九曜堂[①]，但大量的道观还是建于 12 世纪前后的宣宗、睿宗、毅宗、明宗、高宗时代，道观的命名也是五花八门，有堂、坛、殿、宫、观、色、亭、都监等，这是否可以推测，与中国道观名称比较统一、建筑格局比较固定不同，高丽道观的建筑形式具有多样性的特点。虽然道教在高丽朝已建有这么多的道观，但正如都光淳所说："在韩国，尽管有道观和道士，但终于未形成道教教团，而且道士在道观中的作用仅限于祈求国泰民安、镇护国家，并不干预一般国民解决信仰问题。道观是国家或王室中心进行祈祷的地方，并非一般民众进行信仰活动的场所。"[②] 这些作为实体性存在的道观主要是王室为国家事务进行道教斋醮仪式的重要场所。

道教传入日本后，是否在日本建有供奉道教神灵的道观？一直以来存在着不同看法，过去大多认为，日本史籍中没有关于道士和道观的记载，故古代日本社会中并未建有独立的道观，虽然近代以来华人华侨移居日本后，他们在自己居住地建立起具有中国道教特色的关帝庙、文昌庙、天妃庙等，但这主要还是华人进行祭祖、拜神的宗教活动场所。随着近年来道教研究的深入，也有一些学者认为，由于道教宫观设施与佛教寺庙、神道神社具有相似性，不能因此就否认古代日本曾有道士活动并建有道观。

福永光司、千山稔、高桥彻所著《日本の道教遺迹を歩く》，据史料文献和考古发现，对日本列岛上的道教遗迹做了一个实地调查，在许多圣地与神社中发现了道教遗迹：如飞鸟朝多武峰田身岭上的两槻宫、冈本宫的遗址，在奈良县吉野郡发现宫滝、吉野宫的遗址，在

---

① 也有说，九曜堂是高宗到江都躲避蒙古兵时期为举行九星醮祭所建，回到首都开京后又将其在城内重建。（参见 [韩] 金得榥：《韩国宗教史》，社会科学文献出版社 1992 年版，第 45 页）

② [韩] 都光淳：《韩国的道教》，载 [日] 福井康顺等监修，朱越利等译：《道教》第三卷，上海古籍出版社 1992 年版，第 81 页。

朝熊山的伊势神宫、金刚证寺、八云山的熊野大社中发现道教遗迹，丹后半岛盛行的浦岛子传说，信浓的南宫大社、马城峰的八幡神社、京都的赤山禅院对泰山府君的信仰、晴明神社、吉田神社等；还有奈良县大峰山上的修验道、大阪附近妙见山上的北斗北辰信仰，京都革堂行愿寺的妙见信仰，大阪四天王寺庚申堂等都有一些与道教相关的因素。

据《日本书纪》卷二十六记载，齐明元年（655）："夏五月，庚午朔，空中有乘龙者，貌似唐人。著青油笠，而自葛城岭驰隐胆驹山。及至午时，从于住吉松岭之上，西向驰去。"第37代齐明天皇（594—661）是一位富有传奇经历的女天皇。她年轻时嫁给高向王，后成为舒明天皇皇后，生中大兄皇子（天智天皇）、大海人皇子（天武天皇）。舒明天皇死后，她于642年即位，称皇极天皇。645年中大兄皇子等发动宫廷政变后，她让位于孝德天皇。孝德天皇死后，她又于655年重新即位，称齐明天皇，迁都飞鸟，以奈良县的飞鸟地方为政治中心。即位后的第二年（656）就开始组织营造新的宫殿，相继竣工的有冈本宫、两槻宫等："是岁，于飞鸟冈本更订宫地。时，高丽、百济、新罗并遣使进调，为张绀幕于此宫地而响焉。遂起宫室，天皇乃迁，号曰后飞鸟冈本宫。于田身岭冠以周垣。复于岭上两槻树边起观，号为两槻宫，亦曰天宫。"[1] 为完成这项巨大建筑工程，齐明天皇征集数万劳夫，计划开渠运石，滥征税收和徭役，以致国内怨声载道，建成的冈本宫也被人纵火焚毁。

那么，被称为"天宫"的两槻宫是道观吗？日本学者对此曾展开讨论，黑板胜美认为，在奈良的飞鸟、藤原等地的北边有生驹山、东边有多武峰、南边有吉野金峰山、西边有葛城山，四边山上都有道观建筑存在。田身岭上的两槻宫，不仅是天皇的宫殿或离宫，也是道

---

[1] 《日本书纪》卷二十六《齐明天皇》，载［日］黑板胜美、国史大系编修会编：《新订增补国史大系》1，吉川弘文馆1981年版，第263页。

观,其中还住有道士,例如,久米仙人、大僧正行基等都是在山林中修行的道士。据说当时山上有所谓的四十余寺院存在,这些寺院其实也可以想象为道观。[①] 小柳司气太、那波利贞和洼德忠都反对黑板氏的观点。[②] 例如,那波利贞于 1952 年发表了《道教向日本国的流传》一文,论述了道教传入日本及日本道教发展的情况,他认为:"两槻宫仅为齐明天皇的离宫而非道观。"[③] 后来,下出积与撰文《齐明纪の两槻宫——民间道教的问题》,在分析前人观点的基础上进行考证后又赞同黑板氏的观点:天宫为天帝所居宫殿,是道教思想的体现,"齐明天皇所御造的两槻宫实际上就是国立的道观。"[④] 黑板胜美所说的两槻宫为国立的宫殿式道观,它有别于民间存在的教团道教所立的私立道观,而道观与道士则是道教存在的必要条件。

虽然有关日本是否建起独立的道观还在讨论中,但在日本列岛上风景秀丽处,经常有被称之为仙境或仙山之处,在一些神道神社中也建有一些带有道教信仰因素的建筑。8 世纪,佛教在日本的势力逐渐膨胀,奈良朝都城平城京的佛教寺院数量激增,直接对皇室的政治统治构成威胁。天皇为了避开政治矛盾,于 794 年把首都迁至平安京(即今京都)。平安京地处东西北三面群山环抱之中,南面的一片平川逶迤延伸到大阪海岸,还有两条河流——桂川和贺茂川由北向南穿城而过,形成了良好的风水地貌。在新都城建设中,日本人以唐都长安为蓝本,以中国道教神仙信仰和汉地佛教寺院建筑为指导,形成了平安风格的建筑特色。以道教的风水观为指导,平安京城内以朱雀大路为中心分为左京、右京两区。天皇的皇居坐落在古都北部,周围是

---

① 参见《我国古代的道家思想及道教》,载野口铁郎、酒井忠夫编:《道教と日本》第一卷,雄山阁 1996 年版,第 46 页。

② 参见[日]下出积与:《日本古代の道教・阴阳道と神祇》,吉川弘文馆 1997 年版,第 120 页。

③ [日]那波利贞:《道教の日本国への流伝に就きて》,载《东方宗教》第 2 号。

④ [日]下出积与:《日本古代の道教・阴阳道と神祇》,吉川弘文馆 1997 年版,第 117 页。

政府官员的官邸，井然有序的宅院和街道形成官邸街，成为当时日本政治的中心。

道教神仙信仰以崇尚自然为特色，对平安京的园林建筑及神社建筑都有深刻的影响。随着皇室集权的极盛，规模更大的皇家园林，又称御苑陆续出现，如建置在平安京宫城内的神泉苑、朱雀院、淳和院以及建在郊外的嵯峨院都是当时最著名的御苑。这些园林建筑大都是根据道教阴阳堪舆学说来进行设计，体现了一种道教神仙信仰的意境。例如"神泉苑大约兴建于 8 世纪末、9 世纪初。立体建筑物为唐样的二层楼阁'乾临阁'，两侧翼以曲尺形游廊，游廊端部临水池分别为二水阁形成环抱之势。水池南北长约 150 米、东西宽约 100 米，池中央为直径 50 米的'中岛'，象征蓬莱岛，岛上建音乐演奏厅'乐屋'。池的东北方有泉眼，名'神泉'，涌出细流涓涓注入池中。苑内种植奇花异树，放养各种禽鸟。神泉苑是平安朝皇室的豪华铺张的游园活动的主要场所，据史书记载，天皇每年都要在这里举行盛大的菊花宴、诗文会。平时则经常有舞蹈、相扑的表演，池上泛龙身鹢首之舟，中岛作丝竹管弦之乐。"[1]皇家园林的优美风景和仙境般的建筑风格，为皇室成员与贵族子弟在园林过着犹如神仙般的生活提供了条件。皇家贵族将神仙信仰融入园林建造中，将一些风景秀丽山林视为仙境，在上面建造宗教场所。

私家园林虽然规模小巧，但有的其中也包含着一些道教因素。如平安朝望族藤原家族的私家园林是由寝殿建筑、露地和池岛三部分组成，表现出道教的顺应自然和写意艺术相结合的建筑风格。寝殿建筑群坐北朝南，寝殿居中，以两侧回廊来联系其他建筑物，呈环抱式的不对称布局，尤其是池岛模拟道教传说中的海上蓬莱、方丈和瀛洲三神山建造的"一池三山"的仙境景观，里面再摆上象征长寿吉祥的

---

① 周维权：《日本古典园林》，清华大学建筑系编：《建筑史论文集》第十辑，清华大学出版社 1988 年版，第 123 页。

龟、鹤等象征物，来体现道教的长生成仙神仙信仰。后来，日本人又把"一池三山"进一步发展为具有日本文化特点的以水池和仙岛为主题的"水石庭"①，以石事、树事、泉事、杂事和寝殿造等建筑物及不规则状态、不左右对称的建筑格局来表现道教所崇尚的自然之美与仙境之妙。

日本的一些佛教寺庙中也供奉道教神灵，例如赤山禅院是日本天台宗总本山比睿山延历寺的别院，供奉着圆仁大师从大唐请来的赤山明神，实为道教东岳大帝的"泰山府君"。②赤山神，因来自山东赤山红门洞，其威镇四海，法力无边，又称泰山府君、新罗明神，为东亚沿海一带百姓所信奉的庇佑航海安全和渔业丰收之神。泰山府君作为中国五岳之东岳泰山大神，又称东岳大帝，随佛教传入日本后，与地狱阎罗王形象合而为一，负责掌管人的寿命生死，成为日本七大庇佑神之一。泰山府君因具有消灾除厄、保佑福禄延寿的功能而受到人们的敬慕。到镰仓时，无论文官时代还是武家时代都曾盛行泰山府君祭，泰山府君堂的出现也可视为道教神灵信仰的一种影响。

中国道教从阴阳五行思想出发而形成的太一神崇拜，对神道教的最高神社伊势神宫的建筑也有一定的影响。由于《史记·天官书》中认为"中宫天极星，其一明者，太一常居也"。伊势神宫的建筑依照群星拱天极星的格局，将皇大神宫称为内宫，丰受大神宫称为外宫。为保持伊势神宫的常在常新，每隔二十年举行一次修建新殿的"迁宫祭"。"迁宫之前的仪式上，祭场要树起写有'太一'的大旗，迁宫用的材料也刻上'太一'二字，连在场工作人员都佩上有'太一'字影。"③道教信仰及思想对神社建筑也有着潜在的影响。

---

① 刘福智、佟裕哲等编著：《风景园林建筑设计指导》，机械工业出版社 2007 年版，第 60 页。

② 参见［日］福永光司、千山稔、高桥彻：《日本の道教遗迹を步く》，朝日新闻社 2003 年版，第 158 页。

③ ［日］寺尾善雄：《中国传来物语》，河出书房新社 1982 年版，第 193 页。

　　位于名古屋市的热田神宫与三重县的伊势神宫、京都府的平安神宫并列的日本三大神社，据说是景行天皇于43年（113）修建的供奉神道教三大神器之一草薙剑的地方，具有悠久的历史。据《古事记》记载，草薙剑是被放逐的须佐之男命，《日本书纪》称为素戋鸣尊取自八岐大蛇尾部，后献给天照大神。天照大神又将它作为三大神器之一赐给日本天皇，先供奉于伊势神宫，后在景行天皇时，供奉于热田神宫。今天，热田神宫的大殿中供奉天照大神、素戋鸣尊、见稻种命、武尊和宫簀媛等五位神明，同时，宫中宝物馆还收藏有2000多件古代艺术品，其中的"蓬莱镜""蝙蝠扇"等就反映了热田神宫与道教的关系。例如，蓬莱镜背面的花纹呈高浮雕状，以岩石与巨松、波涛与海滨、天空与云彩为风景图案，中心部位是双鹤衔龟。蓬莱与鹤龟都是中国道教神仙信仰的一种象征。热田神宫也是蓬莱宫的别称，据说与徐福传说在日本佐贺、和歌山两县的影响有联系。热田神宫的蓬莱镜的制作年代大约在室町时期，"室町时期道教思想在文化上的流布，道教的祈福驱邪，求得神佑，长寿成仙的思想也深入到蓬莱镜的制作中"。①

　　福永光司在《古代日本和江南道教》中提出，日本神社中至今还留存着一些与江南道教相关联的遗迹、遗物和建筑物的残余。他以大阪的四天王寺中的庚申堂为例，说明四天王寺虽以佛教与神道的"习合"为特色，但其中庚申堂的设立却受到了江南道教中"守庚申"仪式的影响。另外，京都北野大将军社供奉的"大将军"则是道教的王城守护神。可惜这些道教的遗迹、遗物在明治维新初期就被破坏了。②

　　原始神道是不奉神像的，道教的神像雕塑传到日本，"可能道教

① ［日］今枝二郎：《道教：中国と日本をむすぶ思想》，日本放送出版协会2004年版，第207页。

② 参见［日］福永光司：《道教和日本思想》，京都人文书院1987年版，第56页。

启发了独特迷人的神道神灵雕像。"①神道教的神像往往被安置在社殿的帐幔之中，其面部的"俗形"表情与佛像形成了差异，却与道像有了相似的造像意识。例如，由朝鲜半岛东渡日本的秦氏家族为供奉松尾山神而建造的京都松尾大社是日本最古老的酒神神社，其中供奉着两座木制盘腿而坐的男女神像，是9世纪中期的作品。那座女神像模仿神秘巫女神情，象征着神秘的生命力和生产力，也表现出道教女仙所具有的那种淡泊神情。那座男神像则采用老翁的面孔，有一种生命长存的神态和自信。这种男女神像同供的做法来自道教信仰。

道教传入越南后，在当地建立了一些道观，其中最著名的道观是建于黎朝末年的玉山祠，又称玉山殿、玉山寺、玉山庙。玉山祠位于河内市中心还剑湖中的玉山岛上，通过栖旭桥与湖外相连。据文献记载，岛上原有关帝庙，后来在庙内又增设文昌帝君殿，还有瑞庆宫、左望亭等建筑，后毁于战火。1843年重修后规模进一步扩大，玉山岛呈圆形玉石状，据此取名为玉山祠。今天，玉山祠的入寺之路边建有一道围墙，寓意"忘却尘世"，寺前有三重门阙，以示入门就进入天宫仙境。玉山祠大殿分前后两殿，前殿供奉的是文昌帝君等诸神，后殿则中间供奉着关帝、右边是兴道王陈兴道、左边是灶王，既有在中国受到广泛崇拜的道教神祇，也有将越南陈朝民族英雄陈兴道奉之为神，反映了道教在中越文化交融中具有了在地化特色。

1865年，阮朝文学家阮文超又主持修葺了玉山祠，他在寺前建有镇波亭，意为"文澜砥柱，以镇波涛"，并建造栖旭桥、修筑笔塔和砚台等建筑。笔塔建在湖东岸的桃腮山坡上，分五屋，状如毛笔，相对不远处建有一座大砚台，每年中有一天，当太阳升起时，笔塔之尖影正好照入砚台，表现出笔砚相合的中国文化意蕴。笔塔入口处由

---

① [法]索安著、吕鹏志等译：《西方道教研究编年史》，中华书局2002年版，第118页。

四根呈毛笔状的石柱构成的大门，门上刻有汉字对联："临水登山一路渐入佳境，寻源访古此中无限风光。"玉山岛上绿树葱葱，浓荫如盖，四周湖水清澈，碧波荡漾，建于湖中岛上玉山祠的建筑造型，与还剑湖景色交相辉映，犹如道教所描绘的蓬莱仙境。

玉山祠内的笔塔和砚台中有不少碑刻和楹联也具有道教意蕴："玉山寺前有三重门阙，第二重门阙名题'砚台'，两旁为彩塑的龙虎壁画，右壁额题'龙门'，联云：'砚台笔塔大块文章，唐科宋榜士子阶梯'；左壁额题'虎榜'，联云：'窦桂王槐国家祯干，虎榜龙门善人缘法'；笔塔左右门墙上有阮文超所书的'福'、'禄'两个行草体大字。"① 这些碑刻和楹联增加了玉山祠的道教文化气氛，深受越南民众的喜爱。

随着真武大帝信仰在越南的流行，越南各地还建有一些供奉真武大帝的道观，值得注意的是，"这些越南北方的真武祠大多设置在从中国进入越南的路线上，而且这些真武祠的真武神像大多面向北方。"② 由此可见真武大帝信仰传入越南的路线，以及真武祠与中国道教的密切关系。例如现存河内市的真武观，面对龟圣路，背靠西湖，是河内主要的风景优美的宗教文化圣地。真武观内庭院幽静，房屋建筑柱雕彩绘，屋脊装饰有辟邪异兽，与中国南方道观建筑相似。真武观内不仅供奉真武大帝，而且还供奉着母道神、行业神和佛像，表现出越南道教与佛教及民间宗教信仰的混合。

第二节　敬神崇道的斋醮科仪

道教在创立之初就继承中国古代宗教的祭祀仪式，积极开展以斋

---

① 刘玉珺：《越南汉喃古籍的文献学研究》，中华书局 2007 年版，第 112—113 页。
② 陈耀庭：《道教在海外》，福建人民出版社 2000 年版，第 84 页。

戒思过、请祷跪拜为主要内容的斋醮活动，并制有古朴的涂炭斋、指教斋等斋仪，例如，在五斗米道早期的宗教仪式中，既有向神上章的千二百官仪，也有为病者祈祷的三官手书，还有就是涂面自缚以谢罪的涂炭斋法。随着时间的推移，这些越来越趋向于规范化的斋醮科仪，被道教用来培养信徒的宗教感情，发挥以道化人的社会功能。斋醮科仪既是道教进行宗教活动的重要方式，也是吸引道众的重要手段，因此而有"道家所先，莫近乎斋"的说法。斋，指清洁身口意的活动；醮，指上章祭祀神灵的活动；供斋醮神是道教特有的一种求福免灾的宗教仪式。

道教的斋醮仪式复杂而有序，大致为设坛、上供、祝香、升坛、念咒、发炉、降神、迎驾、礼忏、赞颂、复炉、送神等，需要许多道士一起配合进行。在作法过程中，道士先要向神报出自己的生辰和法位，然后才奏乐、散花、踏禹步、唱步虚词、绕香炉转、祈祷拜神等依次进行。整个敬神崇道的仪式隆重肃穆，其目的在于通过集体性的崇拜活动来表达对道教信仰对象的感情，希望得到神的佑护而祈福消灾，兼利天下。

唐代时，老子被奉为唐王朝的"圣祖"，道教一度被奉为"国教"。帝王为了追求国家安泰和自身福寿，崇信道教斋醮科仪所具有的祈福消灾功能，不断地敕命道士举行各种斋醮仪式，这就在客观上导致了道教斋醮科仪在社会上的盛行，以至于此时在东亚传播的道教也以符箓科仪为鲜明特征。

随着道教在朝鲜半岛的传播，道教以祈福禳灾为目的的斋醮科仪也受到高句丽帝王的重视。符箓派道教在高句丽大体上遵循着中国道教斋醮科仪的传统，经常为帝王健康长寿和国家繁荣富强举行一些斋醮祭祀活动。到高丽王朝时，符箓派道教在统治者扶持下尤为兴盛，积极为国家的宗教祭祀服务。据《高丽史》记载，崇道的睿宗热衷于道教，在位期间共举行过 27 次斋醮仪式，反映了道教传入朝鲜半岛后依然保持着多神崇拜的特色。显宗九年（1018）"秋七月乙亥大醮于球庭"，在王宫中举行道教的祈福禳灾活动。显宗十四年（1023），再次在球庭举行规模更大的斋醮科仪。受此影响，后来的高丽帝王们一直将符箓派道教奉为国教，不时地举行各种类型的斋醮科仪。这种斋醮活动在笃信道教的睿宗与毅宗在位时最为频繁。据统计，高丽王朝曾举行了 191 次斋醮活动，148 次是在睿宗建立福源宫后举行的。①由皇家主导的斋醮仪式一般具有比较固定的形式，往往还伴随着诵读斋词青词与音乐舞蹈，国王还会在斋醮的祝文上签字。这对提升高丽文人的文学艺术素养起到了积极作用。据统计，现存高丽文人为斋醮撰写的青词约有数十篇，不仅以一种象征性的方式表达了对道教神灵的宗教感情，而且也丰富了文化精英阶层的精神生活，促进了道教与朝鲜民族文化的融合。

道教斋醮科仪传入日本后逐渐向神道教仪式靠拢。"记纪神话"反映了原始神道认为人类的生息繁衍都是自然神恩赐的结果，比较关注人如何在现世中通过宗教礼仪达到与神交融的目的。在现实生活中，为迎接神的降临，感谢神的恩惠与赐予，向神灵传达生命中的祈祷与祝愿，以获得神的拯救，无名的工匠专门建造了带有神圣性的磐座、磐境来迎接神的降临，因此"古坟时代留下了众多的祭祀遗址，例如奈良的三轮山山麓的大神神社祭祀遗迹、玄海滩孤岛冲之岛宗像神社的冲津宫祭祀遗迹，都出土了大量祭礼用土陶器和玉器、石制礼器，大多是用于感激神的恩典。"②这些祭祀和神社的遗迹表现出原始神道具有多神崇拜、重视祭祀、倡性善说等功能与特点。这种自生自发形成的原始神道信仰是一种汇集信仰、道德、政治、审美和习俗为一体的集体意识，尚处于宗教学上所说的"自然宗教"阶段。

随着道教在日本的传播，其斋醮科仪也对神道教产生了潜移默

---

① 参见［韩］金澈雄：《高丽中期道教盛行其性格》，韩国道教思想研究会编：《道教·韩国的变容》，亚细亚文化社 1996 年版，第 182—183 页。

② ［日］川崎庸之、笠原一男：《宗教史》，山川出版社 1970 年版，第 7 页。

化的影响，出现于公元 701 年日本国家的基本法典《大宝律令》，其中神祇令由 20 条内容组成，概括了国家神祇官执掌的祭祀活动的主要内容：仲春（2 月），祈年祭；季春（3 月），镇花祭；孟春（4 月），神衣祭、大忌祭、三枝祭、风神祭；季夏（6 月）月次祭、镇火祭、道飨祭；孟秋（7 月），大忌祭、风神祭；季秋（9 月），神衣祭、神尝祭；仲冬（11 月），上卯相尝祭、寅日镇魂祭、下卯大尝祭；季冬（12 月），月次祭、镇火祭、道飨祭。神道教的"古传祭祀"活动的内容种类繁多，基本上是按照日本人稻作农耕的生产方式，十分注重一年中的季节转换，在春夏秋冬四季都要根据水稻的成长，在春播、夏种、秋收、冬藏时举行祭祀仪式。这种祭祀活动与日本民众生活紧密地联系在一起。

神道教的祭祀仪式与道教斋醮科仪一样的虔诚庄重，但其中又不失娱乐性，表现出一种日本民族文化独有的特点。据《日本书纪》卷一记载，神道教有在祭神仪式上歌舞的习俗，人们以一种最原始、最简单的歌舞动作来表示对神灵的崇拜感情，一般包含以下的内容：还有行禊祓、奏神乐、向神祈祷。禊祓原是伊奘诺尊从黄泉国回来后，指用水净身，以去驱灾除秽求福的活动，后发展为在某一时期内要洁净身心与各种饮食器皿的斋戒活动，以示清净圣洁；神乐又称神游，原为天钿女神为引诱天照大神走出"岩窟"所跳的舞蹈，后发展为专门祭神的歌舞音乐；祈祷虽和一般宗教的祈祷相似，但神道教信仰语言蕴藏的灵力、咒力和神力，认为"言灵"可以支配人的祸福吉凶，故《万叶集》中常有"言灵幸福之国"、"言灵相助之国"等话语。"言灵"的这种不可思议的超凡之力往往集中表现在"祝词（のりと）"中，因此用语言向神祈求、赞美、感谢，以祈求神保佑国家安泰康宁与个人平安幸福。

大江匡弼撰《五岳真形图传》所记的祭仪，虽是祭祀道教的五岳神，但神道教文化色彩却非常浓厚："对此真形之图，前置机，机上灯烛五盏，土器盛洗米，花瓶入其季草花，焚香于香炉中，人起之再拜，五拍手，唱此文。"①这种敬神仪式比较简单，其中的拍手、供物品与神道教祭仪相关。道教斋醮仪式未能在日本得到广行，可能与神道教十分重视祭祀（まつり），且在神社中形成了条理化的程序有关。

神道教的祭祀仪式是为一个地区人民的共同利益进行的祈祷活动。这种全民参与的祭祀活动，富有娱乐性、全民性、民俗性、现实性等特点，尤其体现了日本传统民众文化的特征。例如，神道教把大地当作神，在地上盖房子就要先举行"镇地祭"。为了防止火灾要举行"镇火祭"。春天为防止传染病流行，在每年樱花凋谢的时候要举行"镇花祭"，以镇治疫神。亲人死后，为招死者魂灵，要进行"镇魂祭"。另外，各地神社也模仿着天皇的祭祀，经常性地举行一些具有地域性特点的祭祀活动，吸引着村村镇镇的百姓，从某种意义上也压缩了道教在日本传播的空间。

神道教的祭神仪式不是像基督教那样注重向神忏悔，而是与道教相似，通过向神灵祭祀祈祷，期望依靠神力来祈福消灾。由于族群文化的差异，神道教的祭神仪式主要是通过神灵降临，神人共食和送神回归三个阶段来进行。祭祀者先通过洁斋修祓来清洁身心，祈求神灵降临，向神供奉币物，诵读祝词，向神祈祷和参拜；然后共食为神准备的祭品；最后是举行与神同游的活动，送神回归，从而将祭祀仪式推向高潮。神社中一般设有专管祭祀活动的祭司事务，祭祀活动由一村一乡到地方诸侯国，然后上升以天皇为代表的国家祭祀，使祭祀活动成为一个社会的共同活动。

神道祭祀是日本人精神风土和文化原型的核心，即使有一些道教神灵和斋醮科仪传入日本，这种民族宗教文化传统也会根据自己的需要将之改造成日本民众喜欢的样式。随着道教在东亚的传播，北辰祭也从朝鲜半岛传入日本，在天皇的支持下逐渐在日本盛行起来。佛教

---

① ［日］山田利明：《关于〈五岳真形图〉之传入日本》，《第一届中国域外汉籍国际学术会议论文集》，联合报文化基金会国学文献馆 1987 年版，第 6 页。

密教经典《七佛八菩萨所说大陀罗尼神咒经》中，就有"我北辰菩萨名曰妙见"[1]之说，把北辰菩萨称作妙见神。推古天皇十九年（611），百济国圣明王的第三王子琳圣渡海来到肥后八代郡，开始向人们传授崇拜北辰的礼法。后来，推古天皇特别在能波生玉宫让琳圣修妙见法。

794 年，桓武天皇迁都平安京。第二年就在宫中正式开展北辰祭。据《镇宅灵符缘起集说》记载："昔平安城号北斗堂。都四方安置妙见菩萨，其寺名灵岩寺，为王城镇守云。东山阶大屋家村有妙见菩萨，又西郊奥海印寺村寂照院号妙见山，奉镇尊星，又西九条长见寺有妙见石，北岩仓东巽有妙见山，皆是昔所祭尊星王也。"桓武天皇新建都城平安京号称"北斗堂"，建都时在京城四方都安置妙见菩萨来镇守王城。这些安置妙见菩萨的寺庙，或名为"灵岩寺"，或名为"妙见寺"。在天皇的支持下，融合中国道教星宿思想与印度密教北辰菩萨而形成的妙见信仰和尊星王法在日本社会生活中影响增大。

密教传入日本后，经过空海等人的努力，将北极星神化为天尊，视为众星中之最胜者，称为妙见尊星王。妙见者，与妙眼同义，意为于一切善恶诸法皆悉知见妙体，是知见诸法实相亦慈悲至极，是悲生眼体，此法可禳灾、护国、治疗眼疾。因为北斗星与北极星关系密切，也有人将北斗七星神格化为北斗尊星王、妙见菩萨[2]，其修法称为北辰法、尊星法、妙见法，认为其具有守护国土、消灾却敌、增人福寿等功德，也是道教北辰北斗星宿崇拜的内容。

由于星辰象征着"阴"，所以妙见天尊一般以菩萨状或乘龙于云中飞翔的天女形象出现，却有二臂、四臂之别，类似于中国道教中的斗姆。其中，二臂像为菩萨形，左手持莲花，莲上有北斗七星，右

---

[1]　《七佛八菩萨所说大陀罗尼神咒经》卷二曰："我北辰菩萨名曰妙见。今欲说神咒拥护诸国土，所作甚奇特，故名曰妙见。处于阎浮提，众星中最胜，神仙中之仙，菩萨之大将，光目诸菩萨，旷济诸群生。"《大正藏》第 21 册，第 546 页。

[2]　参见刘立善：《没有经卷的宗教：日本神道》，宁夏人民出版社 2004 年版，第 146 页。

手作说法印，头戴宝冠，结跏趺坐于五色云中，又称妙见菩萨。镰仓时代，由于北斗第七星被称为破军星，北辰妙见菩萨与天御中主神相习合，后作为武士的保护神而受到敬祀，妙见信仰也为神道所采用，各地建造了北辰社、妙见社等祠庙，与寺院的北斗堂、妙见堂并立，成为民间北辰北斗信仰的依存之处。道教北辰北斗信仰在日本社会中的发展出一些新特点，按中岛隆藏的看法，"日本北辰北斗信仰强调的是伦理性的反思和善政德治的实践，而中国道教的则强调受持北斗经"①。神道教的祭祀活动大多都为了现实生活中的某种具体的要求或愿望而去祈求神的保护，表现出很强的实用性。

道教的星斗信仰是东亚道教有代表性的斋醮科仪，但经过日本密教将北斗七星作为"妙见菩萨"阐释其内涵更为丰富。据说北辰妙见菩萨不但可预知未来，还可以镇宅灵符帮人消灾免厄。于是，天皇一年两次亲自举行献北辰御灯之祀典。在中元日进行四方拜祭时，天皇自称北斗神号，面向北辰拜属星宿。北辰祭除了一年两次的惯例之外，在发生不祥之事件时，如天皇生病，或发生自然灾害时，还可以随时于阴阳寮举行。

这种北辰祭也在神道教中发扬光大，通过北斗尊星王法以祈福消灾又表现出日本民俗文化的特点，"神道神社中有妙见神社 61 个"②，每年还要进行热闹而神圣的妙见祭典。例如，11 月 23 日妙见节至今仍为九州岛上的三大节日之一。在节日那天，祭礼队伍以狮子舞乐领头，从八代城下的盐屋八幡宫行至八代神社。舞者头戴黑色头巾，身着白色衣裳，腰上系着黑色腰带，跳着盂兰盆舞，花奴紧随其后，形成了一支气氛热烈的游行队伍，吸引了众多百姓前来参加活动。八代神社也被当地人们亲切地称为妙见神社。今天的妙见大祭已淡化了道

① 曹中建主编：《中国宗教研究年鉴 1999—2000》，宗教文化出版社 2001 年版，第 334 页。

② ［日］河野训：《日本の神社仏阁に见られる——道教の要素》，载神道国际学会编《道教与日本文化》，たちばな 2005 年版，第 81 页。

教祭礼的色彩而成为日本民间神道的习俗活动了。

第三节　上奏天神的绿章青词

青词是道教在举行斋醮仪式时献给天神的奏章祝文，即祷告词文，因为最初是用毛笔沾朱砂写在"青藤纸"上，故谓之为青词，或称青辞，亦名绿章。虽然道教在斋醮仪式中一直有向天神献上奏词章祝文的仪式，但直到唐代才将奏章祝文称为青词。唐代李肇在《翰林志》中说："凡太清宫道观，荐告词文，皆用青藤纸朱字，谓之青词。"后来人们就用青词来统称斋醮时为斋主上奏的祝文，也不管它是否写在青藤纸上。这一道教文学中新文体的出现大概也与唐代文化的诗风昌盛有关。

道教青词是向神灵表达斋主愿望与心情的祭祀文书，有"披肝沥血"①之说，带有浓厚的神灵崇拜的色彩，并沿用了官府表奏文体的格式。青词开头往往要写明斋醮主持者的姓名、官阶和所祈尊神的尊号以及为之祈祷的人物、时间、地点，然后是词章的内容，或是祈求，或是还愿，最后在"臣某"之下写明祈祷者的名字，文末还要写上"顿首""谨词""以闻""拜"等词以表示谦卑、恭敬。可见，青词作为一种沟通神人关系的祭祀文告，它早已形成了自己独特的格式。

青词主要是献给道教中那些位高权重的神灵，如元始天尊、太上道君、太上老君、三清众圣、十极灵仙、天地水三官、五岳众官。青词内容主要是表达对道教的自然之道和神灵的崇拜，是中国传统的"天人感应"的思维方式的生动反映。由于道教是多神教，每个神都有自己特殊的神性与权能，故青词还经常献给北极尊神、本命元神、

---

① 根据五行理论，木主青色，对应人体中的肝，因此，向神祭告的文书若用代表肝的青纸和代表血的朱笔来制作，"披肝沥血"才能表达斋主拜神的虔诚态度。

岳渎之神等诸神祇。

由于道教科仪中有斋、醮之别，故道教青词也有斋词与醮词之分。"斋中青词，则求哀请宥，述建斋之所祷也。至于醮谢青词，则叙斋修宥阙，祈请蒙恩陈谢之辞也。"[①]斋仪青词和醮谢青词在宗教指向上也有不同的特点。斋仪青词主要为修黄箓斋、金箓斋、明真斋、报恩斋、三元斋等所作，其内容主要是祈祷请福。醮谢青词则为北帝、南斗、九曜、周天、本命、安宅、三皇、八节、太一、还愿醮仪等所作，以忏悔谢过为主要内容，扪心省过，惟切忏祈，是敢拜奏宝章，崇修大醮，告虔下土，谓命请天，希望大道垂慈保佑人解灾度厄，祛疾延生，故青词又有"心词"之称。

由于道教斋醮科仪中的"读词"或"宣词"的仪节就是向神灵宣读青词，其中要讲明斋主建斋设醮的缘起与遇到的问题，因此，每一场仪式往往要专门撰写道场青词。唐代道教斋醮科仪频繁举行，许多文人、官吏、道士为祈祷神明而出入道场，并应斋主所请而热衷于撰写青词，既展现自己的才华，又可以为道场增色。道教青词一般用骈文写成，不仅文辞华美，而且四六文句，对仗整齐，故道门中又称青词为"四六金文"。

道教对书写青词提出了很高的要求。书写者要在静室中，使用青纸朱笔，书写格式和字体行数也有一定的规定，更为重要的是，要求书写者一定要有净心澄意、恭恭敬敬的态度，一边闭气书写，一边存想念咒，一气呵成。最后呈上简洁质朴、合辙押韵、易于记诵的词文来表达对神灵的虔诚之心，这样才能得到神灵的眷顾。

青词是写给天神看的，但却生动地反映了民间百姓的生活疾苦与精神需要。如果研究一下杜光庭所撰写的青词，就可见涉及的内容十分广泛，求雨、祛水、悼亡、安魂、祛病、消灾、忏悔、祝寿、求官、祈福等，几乎无所不有。凡是人们所向往的各种幸福以及希望解

---

① 金允中编：《上清灵宝大法》，《道藏》第 31 册，第 498 页。

决的各种困难，大都在道教青词中有所反映，展现出青词主要有两大
功能——向神祈福和谢罪禳灾以求平安。

青词是道教斋醮科仪中使用的一种祭告文书，故又称斋词，随着
道教在东亚世界的传播，广泛运用于朝鲜道教斋醮科仪中。唐代时，
来华留学的新罗文学家崔致远在中国时就曾写过许多青词，这类词至
今乃保留在有着"东方文章之本始"之称的《桂耕笔苑录》中。《桂
苑笔耕集》作为韩国现存最古老、最完整的汉文典籍之一，其卷十五
中收录有 14 首斋词，如《应天节斋词三首》《上元黄箓斋词》《中元
斋词》《下元斋词》《上元斋词》《中元斋词》《斋词》《黄箓斋词》《禳
火斋词》《天王院斋词》《为故昭义仆射斋词二首》等，另外《唐文拾
遗》中也收录了一些署名崔致远的斋词。从内容上看，这些斋词主要
是为道教节日举行斋醮仪式而撰写的，以四六骈文为主，属于典型的
道教青词，有着很高的文学水平，崔致远对写作道教青词已是非常娴
熟了，如《斋词》曰：

> 启请如科仪。伏以混成至道，本在勤行；众妙玄门，唯资善
> 闭。故曰修之身则其德乃贵，修之国则其德有余。既能事小功
> 多，可谓暂劳永逸。臣虽手提金钺，而心寄瑶台，飘飘然自有良
> 期，扰扰者谁知积学？是以三元致敬，一气存思。……臣无任
> 投辞恳迫虔祷兢越之至，谨辞。[1]

崔致远撰写的斋词文句优美，意境深远，开后来高丽王朝道教斋醮科
仪之先风。

符箓派道教在高丽王朝时传入朝鲜半岛后，频繁开展斋醮活动，
吸引了一些朝鲜文人学士撰写青词来表达祈福消灾的愿望。《东文选》

---

[1] ［新罗］崔致远：《桂苑笔耕集》卷十五《下元斋词》，《韩国文集丛刊》第 1 册，
景仁文化社 1996 年版，第 90 页。

卷一百十四至一百四十五中收有高丽著名学者撰写的道教青词，如李奎报有三十七首，数量最多，内容最丰，主要属于"道场文"，崔致远有十一首斋词。金富轼有三首青词，同题为《乾德殿醮礼青词》，崔惟清有一首《乾德殿醮礼青词》，主要用于皇宫乾德殿举行的斋醮科仪中。金克己既是高丽时代的名臣，也是著名的文学家，其所撰《乾德殿醮礼青词》《冬至太一青词》《乾兴节太一青词》《王本命青词》，不仅蕴含着老庄的辩证思想，而且还特别表达了对国家前途的关心。李毅有三首《下元醮青词》《近冬至甲子醮青词》《小王本命醮青词》。郑誧有二首《福源宫行诞日醮礼文》《神格殿行中元醮礼文》。另外李穑、郑芝、郑传道、尹淮、权近、卞季良也写有青词。

权近的《阳村集》第二十九卷收录了一些青词：《功臣都监诞日醮礼青词》《功臣都监北斗醮礼青词》《功臣都监祝上北斗醮礼青词文》《诞日醮礼青词文》《六丁神醮礼青词》《救厄兼镇兵六丁神醮礼青词》《祈雨太一醮礼青词文》《本命醮礼青词》《灵宝道场青词》《金星独醮青词》《北帝神兵护国道场青词》《堲城醮青词》。如《功臣都监祝上北斗醮礼青词文》是奉国王之命而撰的"道场醮祭之文"，其内容分为"三献"和"叙文"两部分。"三献"主要用来表达对神灵的特别敬仰，一般运用在皇家宫廷的斋醮仪式中，这也是青词到传到朝鲜半岛后出现的新特点。

高丽文士撰写的青词虽然大都是模仿中国道教青词格式来写的，但其格式却有两种：一种是全文分"三献"与"叙文"；另一种是延续中国道教的传统没有"三献"，只有"叙文"。例如，崔致远所写的青词是典型的道教青词，没有"三献"，只有"叙文"。如果仔细研究，就可见凡是运用于重大斋醮仪礼的，一般有"三献"与"叙文"，以展示仪式的隆重性。例如权近的青词，大多是为太上皇、国王祝寿，特别是以国王名义祈祷神灵保佑的青词，主要用于皇家宫廷斋醮仪式中，大都有"三献"与"叙文"，这种青词成为一种富有朝鲜文化特色的内制醮礼文。

在朝鲜历史上，撰青词最多的要数著名哲学家、文学家李奎报。李奎报作为高丽朝最负盛名的诗人，李奎报"为诗文不蹈古人畦径，横骛别驾，汪洋大肆，一时高文大册皆出其手"①，被誉为"高丽李太白"，他一生写作近万首汉诗，尤擅撰写青词。这些青词虽是写给天神看的，但却生动地反映了高丽王朝所面临的内忧外患等各种社会问题以及民间百姓正在经历的生活疾苦。

李奎报是一位充满爱国忧民思想的诗人，他的《祈雨太一醮礼青词文》是为进行祈雨斋醮所撰写的，祈叩礼拜的对象是太一神或大一神。李奎报认为，太一神居高处却有"听卑之耳"、"仁爱"之心和"造化"之力，能够有感于高丽王的诚意祈求，然后以自己的权能来左右天气的变化，解除人们正在遭受着的干旱痛苦。李奎报撰写的青词中表达出高丽道教具有一种"救济天下"和"安民治国"的理念。宗教与哲学的一个很大的不同之处就在于它不仅有一套解释宇宙、社会和人生的哲理，更有一套沟通人神关系的宗教仪式，通过祈祷上天神明来满足人们在现实生活中有时无法实现的各种需要，以在心理上得到宽慰，精神上得到力量。道教的青词就是以一种宗教形式表达了对国家命运及人民生活疾苦的关心。青词传入东亚世界，仍然是用汉语撰写，大都运用于道教斋醮科仪活动中，由此成为东亚道教在宗教仪式和文学创作中的一种共性特点。

第四节　洞天福地散布于东亚

道教的神仙信仰与修仙之地联系在一起形成的"洞天福地"在东亚社会产生了很大的影响。如内藤湖南说："在中国，道教选择风景

---

① 《高丽史》卷一百二《李奎报传》，《四库全书存目丛书·史部》第161册，齐鲁书社1996年版，第554页。

最为幽邃之处以数字命之为三十六洞天、七十二福地，这种做法与我们所说的百景、八景是很相似的，其都带有宗教的神秘色彩。这种认识上的宗教神秘感转变为一种情趣性大约是在公元5世纪即六朝时期中叶。"① 道教认为，神灵仙真，或高居天宇，或分宰山川，或逍遥江湖，所以，无论是广漠之野还是苍莽山川，都可被视为神仙寓居的灵域，同时，大自然中所蕴藏的丰富的矿物质和药用植物，又为隐居于清幽之地的道士采炼丹药、呼吸吐纳、养生摄命提供了良好的条件。千百年来，在修道者持续不断地努力下，道教的十大洞天、三十六小洞天，七十二福地不仅遍及中国近二十个省区，其所表现出的在幽深僻远的山林中修行，辟谷服饵，炼气养生，以求长生不死的信仰，缔造出许多美丽的神话传说和珍贵的历史遗迹。"洞天福地"将缥缈的神仙形象具象化，也成为道教在古代东亚社会传播的重要表征之一。

朝鲜半岛上的白头山、妙香山、松岳山、金刚山、汉拿山、智异山、五台山、太白山、伽倻山、汉阴山、黄岳山、甲山等，以幽深静僻的自然风光与意境丰远的人文景致"为滋生神仙思想创造了条件"②，有的也被视为东亚道教的洞天福地。例如，《青鹤集》中记录了青鹤派在五台山猊獜台、长白山落珠洞、首阳山青罗洞的修仙活动。李圭景在《青鹤洞辨证说》中将它们视为朝鲜半岛的洞天福地，并提出"三神山"在朝鲜半岛说：

> 海东形势险阻，山盘水迥，无非羊肠鸟道，故间多洞天福地。如中原武陵桃源、徽州黟歙贵者，不可一二道也。唐杜光庭著《洞天福地记》有三十六洞天、七十二福地，以天下之大，其所谓洞天福地一何勘也。杜少陵诗有"方丈三韩外"之句，说者

---

① ［日］内藤湖南著，刘克申译：《日本历史与日本文化》，商务印书馆2012年版，第246页。

② ［日］中村璋八：《日本的道教》，载［日］福井康顺等监修，朱越利译：《道教》第三册，上海古籍出版社1992年版，第47页。

以为三神山皆在我东，而方丈以智异山当之，瀛洲以汉拿山当之，蓬莱以金刚山当之。故以智异为方丈。①

李圭景读过杜光庭的有关洞天福地的著作，也介绍了朝鲜半岛上的那些群仙聚会的洞天福地——青鹤洞、头流洞、牛腹洞、罗乃洞、女真洞、梨花洞、桧山洞、石龙洞、岛音洞、回龙洞、栖伊山洞等。这些地方"皆深僻世"，普通人但闻而未见，以此来彰显洞天福地的神秘性。

高丽王朝时，天下动荡，李仁老依照陶渊明《桃花源记》曾写《青鹤洞记》，将青鹤洞设想为犹如桃花源一样的理想仙境，并在《游智异山》诗中借青鹤洞的自然风光表达了自己追求神仙般逍遥自在而无法实现的惆怅心情：

> 头流山回暮云低，万壑千岩似会稽。策杖欲寻青鹤洞，隔林空听白猿啼。
>
> 楼台缥缈三山远，苔藓微茫四字题。试问仙源何处是，落花流水使人迷。②

经过李仁老的描绘，青鹤洞成为许多热衷于隐遁修仙者的洞天福地。李圭景借用新罗义湘《青丘记》、高丽时李仁老《青鹤洞记》中的记载，来描绘位于智异山三山峰的青鹤洞："青鹤洞，路其狭，才通人行，俯伏经数里许，乃得虚旷之境，四隅皆良田沃壤，宜播植。唯青鹤栖息其中，故以名焉。为盖古之遁世者所居。"③这个仙境般的

---

① ［朝鲜］李圭景编：《五洲衍文长笺散稿》卷三十五《青鹤洞记》，明文堂1982年版，第44页。

② ［朝鲜］李圭景编：《五洲衍文长笺散稿》卷三十五《青鹤洞记》，明文堂1982年版，第45页。

③ ［朝鲜］李圭景编：《五洲衍文长笺散稿》卷三十五《青鹤洞记》，明文堂1982年版，第45页。

青鹤洞位于智异山的小白山脉最南端，海拔 800 米，其地貌特色是由形态各异的石头垒成，"千岩竞秀，万壑争流，竹篱茅舍，桃杏掩映，殆非人间世也。而所谓青鹤洞者，卒不得寻焉。"①青鹤洞常年笼罩在云雾间，具有神秘缥缈之感和脱俗超迈之蕴。

李圭景说："青鹤洞不过东方一小洞壑而有名于天下，如《清圣祖图鉴类函》载，朝鲜智异山中有青鹤洞其境虚旷，四隅皆良田沃壤宜播植，唯有青鹤栖息其中，故以名焉。盖我邦以秘境名者甚多，而青鹤洞独名于寰宇，是所谓遇与不遇，幸与不幸也。"②在历史上无论国家发生什么动乱，青鹤洞都会免受其害，由此成为朝鲜半岛的十大宝地之一，但只有那些立志修仙者才能找到它。据说直到 20 世纪 50 年代，还有一批热衷于隐世避世者相聚来到这里，三十多户人家形成了一个自然村落，称为青鹤洞。生活在这里的人们梳着发髻，穿传统韩服，以务农为生，保持着古代的生活风俗，"旨在落实《青鹤洞记》中的理想，遂把'青鹤洞'从虚构变成了现实"③，使青鹤洞成为现代韩国社会中保留传统生活方式的一个美丽村庄。

据《洞天福地岳渎名山记》记载，道教还传播到南方岭南地区，在广东的十大洞天中有第七罗浮天，七十二福地中有排名第十九的清远山，第三十四的罗浮山泉源，第四十九的连州抱福山。三十六小洞天中坐落于广西的有三座：

第二十，都峤山太上宝玄洞天，八十里，在容州；

第二十一，白石山秀乐长真洞天，七十里，在容州，北源。

① [朝鲜]李圭景编：《五洲衍文长笺散稿》卷三十五《青鹤洞记》，明文堂 1982 年版，第 45 页。

② [朝鲜]李圭景编：《五洲衍文长笺散稿》卷三十五《青鹤洞记》，明文堂 1982 年版，第 46 页。

③ 邵毅平：《黄海余晖：中华文化在朝鲜半岛及韩国》，云南人民出版社 2003 年版，第 210 页。

> 第二十二，句漏山玉阙宝圭洞天，三十里，在容州。有石
> 室丹井。

都峤山坐落在岭南广西容县，白石山在桂平，还有北流的勾漏山，也是东晋道士葛洪当年为采丹砂灵药，"晋葛洪欲炼丹延寿，求为勾漏令"[1]，成为远离中原的边疆"小县之爵"，也将道教文化带入越南。

越南也流传着洞天福地的说法。李太祖即位后崇奉佛道二教，曾颁赐僧道法服，耗费巨资重修各地寺观，在京师升龙（今河内）城内就左起太清宫，右起万岁寺。顺天七年（1016），度京师千余人为僧道，推动了道教盛行。当时正值北宋王朝也崇尚道教，所绘《海岳名山图》曾将交州安子山（今越南广宁省东潮县境内）列为道教的第四福地。

> 安子山（一名安山），或名象山，高出云雨之上。[2]宋皇佑
> 初，称处州。大中祥符，官赐紫衣洞渊大师李思聪，进《海岳名
> 山图》并赞咏诗云："第四福地在交州安子山。数朵奇峰登新绿，
> 一枝嫩岩接于蓝，跨鸾仙子修真处，时见飞龙戏碧潭。"[3]

安子山现在越南下龙湾附近，相传为中国道教神仙安期生修炼之地，即七十二福地中排名第二十的安山"在交州，安期先生居处"[4]，一直被尊为越南道教的圣地。《越南地舆图说》卷二也有相似的记载："安子山在东潮县，景致奇绝。相传安期生修炼于此，故名。今有丹药遗

---

①　法国远东学院订刊：《安南志原》，河内 1931 年发行，第 66 页。

②　[越] 黎崱：《安南志略》卷一，中华书局 1995 年版，第 23 页。

③　[日] 大西和彦：《东潮县安子山概观》，载王雷亭主编《泰山文化研究》第 1 辑，山东人民出版社 2014 年版，第 320 页。

④　《洞天福地岳渎名山记》，《道藏》第 11 册，第 58 页。

迹，山上有紫霄峰，卧龙洞诸胜。"① 从安子山上还有丹药遗迹可见，"洞天福地"是随着道教神仙信仰而流传到越南的。

越南东部临海，中西部多山，盛产丹砂、草药等炼丹药物。女仙麻姑在中国道教中受到广泛的崇拜，"麻姑献寿"的神话传说成为追求生命长存的美好象征，不仅中国有麻姑山，越南也有麻姑山："麻姑山，在弥沧海中，北布政州一月程，俗曰礼悌山，相传麻姑常修道于此。"② 另据记载，在清化省永福县有一个壶公洞："壶公洞在永福六域社，洞有费长房遗迹，重山高峻，俯临长江，景称幽邃。"③ 据说，洞中有石像二。相传昔有老人携一小童憩息于此，后忽不见，人以为壶公费长房后身。因刻其像祀之洞……黎圣宗尝谓安南三十六洞此为第一。④ 费长房是中国东汉方士，曾跟随壶公修道，未成辞归，因擅长医百病，驱瘟疫，令人起死回生，故后世以"壶"为行医之代称。⑤ 越南的这些洞天福地都与中国道教神仙信仰有着密切关系。例如，"佛迹山在安山县瑞桂社，一名柴山，又名古柴山，景致秀丽，下瞰平湖。山上深谷乃徐道行尸解之处，石壁有头踵痕迹"。⑥

洞天福地说也出现于古代日本，在《万叶集》中有40多首赞美吉野山犹如仙境美丽的诗歌。日本人对吉野山的向往，不仅是因为它风景秀美，还在于山中盛产水银（汞），以及对水银在制作仙药中功效的认识。据松田寿男《丹生の研究》中研究：吉野山盛产水银。水

---

① 盛庆绂：《越南地舆图说》卷十，载《小方壶斋舆地丛钞》第12册，杭州古籍书店1985年版，第99页。

② 盛庆绂：《越南地舆图说》卷十九，载《小方壶斋舆地丛钞》第12册，杭州古籍书店1985年版，第108页。

③ 盛庆绂：《越南地舆图说》十四，载《小方壶斋舆地丛钞》第12册，杭州古籍书店1985年版，第104页。

④ 参见王彦：《越南历史上的道教初探》，载《北大亚太研究》2，北京大学出版社1993年版，第248页。

⑤ 参见《后汉书》卷八十二《方术列传》。

⑥ 盛庆绂：《越南地舆图说》八，载《小方壶斋舆地丛钞》第12册，杭州古籍书店1985年版，第97页。

银是道教炼丹的主要药物，山上建有"丹生川上神社"①。古代日本人将吉野山视为仙山，犹如道教的洞天福地。

藤原明衡（989—1066）编辑的《本朝文粹》十四卷②被誉为"国风第一古典"，其中载有春澄善绳和都良香有关"神仙"问答的文章，就提到了三十六洞天、七十二福地。据说，他们可能读过司马承祯的《天地宫府图》和杜光庭的《洞天福地岳渎名山记》等。受道教"洞天福地"的影响，日本人往往将自己国土上的灵山名山视为神仙的活动地，除吉野山之外，还有加贺的白山、越中的立山、骏河的富士山。③

祥瑞多福、浸透灵气的洞天福地，不仅是道教信徒向往的圣地，而且还吸引着广大祈慕神仙的人们前来虔诚地祈祷和祝愿美好的未来。镰仓末期僧虎关师炼作《游山》，表达了云游山中时所见之景色与恬淡之心情：

> 今日最和晴，游筇唤我行。上山心自广，渡水足先清。
> 坞媚群花发，溪幽一鸟鸣。归途随牧竖，牛背夕阳明。④

在其所著《元享释书》卷十八《神仙》中记载了一些入山修炼者的事迹：都良香（834—879）是菅原道真的老师，他曾"入山修炼，不知所终。后百余年，或见大峰山窟中，颜色不衰。"⑤日本的修仙者大多

---

① ［日］松田寿男：《丹生の研究》，早稻田大学出版部1974年版，第23页。

② 《本朝文粹》收录了九世纪初至十一世纪中叶日本贵族文人所著汉诗作共67429首，并仿照中国文选体裁，按赋、诗、诏敕、官符、上表、奏章、祷告文等分类编排，其中涉及道教的神仙观念。（《日本古典文学大系》第69册，岩波书店1964年版）

③ 参见［日］下出积与：《日本古代の道教・阴阳道と神祇》，吉川弘文馆1997年版，第54页。

④ 王福祥等编：《日本汉诗撷英》，外语教学与研究出版社1995年版，第126页。

⑤ 蓝吉富主编：《大藏经补编》第32册，华宇出版社1986年版，第268页。

是佛僧，热衷于隐遁山中进行修行，如生马仙、法道仙人、如藏尼、藤太主、源太主等。"藤太主、源太主二人，居和州吉野郊，布衣乌帽，辟谷而持密咒。"[1] 其中最著名的是生活在飞鸟至奈良时代的修验道教祖役小角，他以葛城山为根据地，以咒术来役使鬼神，汲水采薪。[2] 这位颇具传奇色彩的人物，是安倍晴明的师父贺茂忠行的祖先。

役小角在葛城山将日本山岳信仰、大乘佛教精神和道教仙术相融会，弘道修行，开创的吉野金峰山、大峰山、高野山等修道场也被视为"洞天福地"，推动了修仙之道在日本的传播。在 12 至 15 世纪时，日本修验道在本质上是与道教一样是民俗宗教，"修验道山岳修行所得到的验力意味着对道教的为道思想、神仙思想、仙人谭的借鉴，而获得修道验力的入山术，验力行使的技术咒法、符咒的摄取，都包含着道教的要素。"[3] 道教的洞天福地大多位于如诗如画的山林中，幽静山林的清新空气可以冲洗人们精神的尘垢、平息人们浮躁的心灵、强健人们的身体，同时也给人们带来一种融入自然的美妙享受，因此也成为东亚道教中的修炼胜地和升仙之境。

---

[1] 蓝吉富主编：《大藏经补编》第 32 册，华宇出版社 1986 年版，第 268 页。

[2] 《续日本纪》卷一《文武天皇》，载 [日] 黑板胜美、国史大系编修会编：《新订增补国史大系》2，吉川弘文馆 1985 年版，第 6 页。

[3] [日] 宫家准：《修验道与道教》，铁口野郎编：《道教と日本》第二卷，雄山阁 1997 年版，第 302 页。

结　语　东亚道教的特点与现代价值

　　中国文化自春秋战国时诸子百家蜂起，以"推天道而明人事"的人文理性精神来看待自然世界与人类事务，经过"哲学的突破"阶段性的升华，在东亚文化中的地位就犹如轴心般地占据着绝对优势。中华文明的持续性构成了东亚文化圈的重要特征。从秦汉至明朝，中华帝国的强盛推动了光辉灿烂的中华文明向外传播，日本、朝鲜、越南都成为中国文化影响所及的地区。以"得道成仙"为基本信仰的中国道教，与儒、佛鼎足而立，并相伴着传播到东亚地区，潜移默化地成为东亚文化不可分割的组成部分，深刻地影响着一代又一代东亚人的精神世界。这既与其所属的中国文化在当时具有的丰富性与先进性相关，也与中国文化中的那种从华夏民族立场出发而倡导的崇尚"大同世界"的社会理想相连。先秦儒家提出"用夏变夷"①的观点，期望用华夏文化来影响活动于东亚的各个民族，这种对"四海一家""大同世界"的追求，也是东亚道教得以形成的文化动力。

　　从文化交流上看，东亚各国常根据自己的生存与发展的需要来容受外来文化，例如，"日本历史上曾经历过两次大的文化嫁接手术：日本古代文化的形成和发展，是与中国文明嫁接的过程相联系的；明治维新以后，日本文化又在与西方文明嫁接的过程中逐步实现从传统

---

① 　如《孟子·滕文公上》："吾闻用夏变夷者，未闻变于夷者。"这里的"用夏变夷"指的就是以华夏文化影响中原地区以外的边远民族。夏，指周朝所分封的中原各诸侯国；夷，指活动于中原之外的各族。

文化到现代文化的转型。"① 日本文化一方面对外来文化表现出很强的开放包容性；另一方面，又以"我"为主创造性地加以重新整合、改造和创建，使之和谐地融于自身文化结构之中，故出现了用"多元复合性"、"重层结构型"或"杂种文化"② 来概括日本文化特点的不同说法。这些不同的说法恰恰反映了传入日本的中国文化，无论是哲学、宗教，还是政体、科举、医学和文学艺术，在被容受的过程中都逐渐具有了日本文化特点。推而广之，朝鲜、越南等对中国文化的态度也如出一辙。中华文化是古代东亚文化的原生态之"源"的大背景也造成了东亚道教具有中心与边缘的互动传播态势、统一性与多样性共在的存在方式和主体性与超越性相融的信仰特点。

毋庸讳言，东亚道教在今天这个现代化、全球化、多元化的世界文化格局中已走向衰退，但从历史上看，东亚道教以中国道教为母体，在官方与民间的多种推力下生长与发展，在东亚世界中产生了独特的社会影响；从宗教上看，东亚道教有自己生长的土壤、受众人群、信仰目标、教义思想、宗教感情和生命理想；从文化传播上看，东亚道教是以中国道教为中心而不断地向东亚扩展，构成了东亚文化中的一个以"道"为核心的亲缘纽带。东亚道教不是中国道教复印式的翻版，而是以其独特的文化特征既影响到东亚各国文化，又被东亚各国文化改造为中国道教的变形物。

虽然道教在东亚各国遭遇到不同的解读与选择，有着各自独立的传播发展历史，形成了精彩纷呈的多元性，但神仙信仰所具有的冲破宿命的桎梏，追求长生、自由与幸福，则成为千百年来东亚人所认同的一种生命理想。若深入到东亚人的宗教信仰和文化精神的底层时，就可看到道教神仙信仰、仙学思想与修道实践所具有的"活力"。20世纪初，日本学者吉冈义丰（1916—1979）在来华调查与研究道教的

---

① 卞崇道：《现代日本哲学与文化》，吉林人民出版社 1996 年版，第 151—160 页。

② ［日］加藤周一著，杨铁婴译：《日本文化的杂种性》，吉林人民出版社 1991 年版，第 4 页。

实况后说："道教是中国的民族宗教，说起来是中国悠久历史中民族实际面貌的忠实映像。"[①]道教丰富而复杂的内容不仅是中国社会的真实写照，同时也表达了人类本有的对生命的重视之情。如果说，追求长生久视是人性的一种本能欲望，而道教的神仙信仰正是起源于人对生命的悲剧性认识，在"重视肉体生命本身，亦即重视长寿，相信死是绝对的恶，一个真正的完人应当避免死亡"[②]的思想指导下，发明各种道术来寻找一条解脱现实苦难，获得生命的自由与长存之道。这种对"长生久视"的强烈关注成为推动道教超越民族文化界限而在东亚各国得到广泛传播的精神动力。从这个角度看，东亚道教既不是博物馆中的陈设，也不是学者书斋中的虚拟课题，其在漫长的历史演变中，在宗教信仰、科技知识、文学艺术和伦理道德上取得的成就，渗透到东亚人的精神世界与物质生活中，成为东亚文化不可分割的一部分，通过重新诠释依然能够彰显其现代意义。

第一，东亚道教从宇宙生命的本体、万物发展的规律"道"出发，宣扬天、地、人一体同源。如果说人因道禀神而生形体，精气神兼备就有了活泼泼的生命，形成现实的形神相合之人。那么，从个体生命成长中来体悟"天人一体"之"道"，并将通过修炼人体内部的精气神以达到"形神俱妙"，视为"得道"的最高境界，这成为东亚道教信仰的鲜明特点，也转化为东亚哲学的一个重要思想。例如，日本江户时期哲学家安藤昌益曾著《自然真营道》，宣扬世界的最高实体是"一气之真道"。"营"是"真"与"气"的营为活动。一切自然现象都是由'气'的运动所产生出来的，其存在的活动状态与方式都是"自然知自然，又即自然矣"，通过无始无终、"自为"或"自如此"地合乎于"道"。安藤昌益认为，"宇宙的自然也是通过'自感'（自己运动）而存在的。包括人类在内的天地万物，就其本来的姿态，

---

① ［日］吉冈义丰：《道教与佛教》第三卷《跋》，国书刊行会 1976 年版，第 382 页。
② ［德］马克斯·韦伯：《儒教与道教》，商务印书馆 2002 年版，第 241 页。

即自然之相来说，是'活真自行'（自己运动）的。"①由此构筑以"自然"为本、以"真气"为用、以"互性妙道"为联系的"天人一体"的思想体系，特别具有道教哲学之意蕴。从这种"天人一体"的思想出发，东亚道教重视万事万物之间相互联系、道与术之间的互动和主体与客观的相互依存，表现出的"亲自然"的情感倾向，认为只有维护事物之根本及自然之和谐，才能促进人与天地的长久共存，在今天依然可成为探索宇宙与人生之真实本质的思维方式。

第二，东亚道教注重"以身体道"，强调通过自我的身心修炼以直契宇宙之"道"而获得生命超越，凸显出经验知识的直觉思维在求道过程中的导向性作用。东亚道教将"道"视为宇宙中无限的、永恒不变的最高实体，将"仙"视为自由与永恒的生命存在。由于"道"是超出人的感觉体验的无限，既不可言说，也不能用一般的方式把握，故道教一方面主张，只有"致虚极，守静笃"②，使人心处于绝对"虚静"的直觉状态时，才能于心中实现对"道"的观照；另一方面，又发明各种道术，以经验科学的方式来探索自然宇宙的规律，认识自我生命的奥秘。如果说，"在东方文化传统中，宗教与经验科学——对于人的生命问题的基本目标，往往是一体化的。换言之，也就是采取宗教的认识乃至认识的宗教这一形式。因此基于人的主体实践积累的经验，宗教哲学体系被组织化了……它和在外向的自然中寻求绝对超越的东西的西方思维方式相反，而是在内向的自然的'心'中寻求超越的一种思维方式。"③这种将直觉思维贯穿于"守一""存思""行气""内丹"等道术之中，表达了期望在身体修炼中通过对"道"的直觉体悟，使人的精神升华到超俗状态，在无意之中推动了东亚文化的发展。东亚道教在向东亚地区的传播过程中，将"得道成仙"的信

---

① 近代日本思想史研究会编：《近代日本思想史》第一卷，商务印书馆 1983 年版，第 12 页。

② 《老子》第十六章。

③ ［日］汤浅泰雄：《东方文化的深层》，日本名著刊行会 1982 年版，第 122—124 页。

仰转化为与经验科学一体化的养生修道术，在自我的生命成长中寻求超越之道。这种既植根于现实生命，又期望通过身心修养而趋入"得道成仙"的理想境界，是一种典型的"东方智慧"，在今天如何合理地利用其中的积极因素来启迪我们的人生是一个呈待开发的课题。

第三，东亚道教具有一种追求宁静和平的"主静文明"的特点，贯穿于东亚文化与艺术的创造之中。老子认为"道"是万物的根本，在动与静两种运动形式中，以"静"的方式来表现自己的永恒与绝对。老子把"道"确定为宇宙的本源，事物的"归根"谓之"静"，亦谓之"复命"。人的生命也是如此，老子将情意不动的"虚静之心"作为人的本性，并将之上升到天之性的高度。东亚道教在老子思想的基础上，倡导的"主静文明"有两种表现：一是追求获得终极的和精神上的寂静——归根曰静；二是隐栖于寂静山林、享受宁静淡泊之乐趣的生活态度，如中国道教注重隐修生活，认为归于"虚静"有助于使人的精神从各种重压下解脱出来。朝鲜青鹤派、日本修验道倡导的"峰中修行"等都表达了对"虚静之心"的追求，这不仅成为东亚道教的一贯传统，而且也成为东亚文化的艺术准则和审美价值的基本取向。东亚文化内涵丰富，但大多以"静"为美，以"静"为德。如生活于 17 世纪的日本学者中江藤树重视道教劝善书，认为个人的道德修养方法是慎独、知止，即以"虚静之心"来宁静生活，致良知于太虚之道。日本文化中的那种以静为美、以静为德的内向性美感与道教追求的超然物外、安宁清闲的"主静文明"十分相似。东亚道教的"主静文明"所提倡的无为无争、内省保守、知足寡欲的思想，虽然在古代得到东亚人的广泛接受，但能否成为东亚文化的基本精神，学界也有着不同看法：有的认为，"主静文明"是东亚文化的基本特征；也有的认为，对东亚文化不可一概而论："许多人认为东方人的特征是静，可以证明静是汉人与印度人的思维方法的显著特征。但是，同样属于东方人之列，日本人对于事物的变化应有敏锐的感觉。佛教与儒学传入日本之后发生了转变，具备了'动'的性质。因此，不可能把东方人的整个思维方法概括为'静的'。"①因儒学与佛教在日本的显著影响，道教的"主静"并没有成为日本文化的主流。另外，过度地求静也会限制人类进行物质创造的主观能动性，故近代以来，随着东亚人对现代化的强烈追求，这种主静文明也受到质疑，但20世纪东亚世界出现的血雨腥风的战争，也可促使我们重新思考主静文明所带来的和平主义的现代价值。

第四，东亚道教以"尊道贵德"为核心价值观，表现出的道德文明及终极关怀精神对东亚文化产生了深刻的影响。如果说，大道无形，依德而显，德具有顺从道而蓄养万物的功用，那么，德与道在人的生命中就具有直接的同一性。传播到东亚各地的道教虽在教义思想、行为规范和修道方式上各有特色，但宣扬"顺于道"者，就能成为"有德之人"却是共有的文化精神。换言之，得道之人也是一个道德完善和精神崇高之人。修道的过程就是力求克服生存与死亡的尖锐冲突，通过"修性返德"，顺乎自然的发展规律，沿着"道阶"攀缘向上，最终达到与道合一。如果说，老子所建构的以"道"为核心的思想体系，通过对社会文明异化的批判，来解构儒家的仁和礼对中国社会生活的约束而导致的人的异化，以实现对个体生命的关怀。庄子用冷眼犀利地观察人间社会，他以寓言的方式来揭露人间社会存在着的肮脏、贪婪、愚蠢、卑鄙、骄傲，也表达了对那些不合理的社会规范对人生的束缚、对思想制约的不满，那么，东亚道教因追求个体生命成长而关注人赖以生存的社会，在批评与否弃一些社会不公和无序现象的同时，更用劝善书的方式，宣扬由个人的向善推至社会道德文明秩序的建构。东亚道教通过关注形而上之"道"如何从无到有地生化万物而落实到经验世界，并经由"德"而落实到人的生活层面，让人领悟道德的自然无为之性并将其作为行事准则。正是源于人的存在之有限性而又企盼无限之

①　[日]中村元：《东方民族的思维方法》，浙江人民出版社1989年版，第22页。

超越性的精神渴望，东亚道教以"尊道贵德"架构起联系有限与无限、此岸与彼岸世界的桥梁，从而提升了人生境界，其中所包含的终极关怀精神也可以给现代人一定的启迪。

今天，摆脱民族主义的局限，通过对东亚道教的研究，挖掘其中的玄妙深刻的世事哲理、自然无为的道德智慧和强调感觉经验的修身养性术，从纷繁复杂的东亚道教中来把握时代脉搏，洞见东亚社会"文化心态"的理路，通过探讨东亚道教在整个东亚传统文化中的历史地位及其现代价值，加深对包括中国在内的整个东亚传统宗教与文化的主要特点和现代价值的把握，可为我们今天建构适应 21 世纪需要的东亚新文化提供重要文化资源和历史借鉴。

策划编辑：方国根

责任编辑：王若曦

图书在版编目（CIP）数据

东亚道教概论 / 孙亦平 著 . — 北京：人民出版社，2023.8

ISBN 978 - 7 - 01 - 025204 - 9

I. ①东⋯　II. ①孙⋯　III. ①道教－概论－东亚　IV. ① B959.31

中国版本图书馆 CIP 数据核字（2022）第 202512 号

东亚道教概论

DONGYA DAOJIAO GAILUN

孙亦平　著

人民出版社 出版发行

（100706　北京市东城区隆福寺街 99 号）

北京汇林印务有限公司印刷　新华书店经销

2023 年 8 月第 1 版　2023 年 8 月北京第 1 次印刷

开本：710 毫米 ×1000 毫米 1/16　印张：25.5

字数：340 千字

ISBN 978 - 7 - 01 - 025204 - 9　定价：89.00 元

邮购地址 100706　北京市东城区隆福寺街 99 号

人民东方图书销售中心　电话（010）65250042　65289539